PENA DE ALUGUEL

CRISTIANE COSTA

# Pena de aluguel
*Escritores jornalistas no Brasil
1904-2004*

COMPANHIA DAS LETRAS

Copyright © 2005 by Cristiane Costa

*Capa*
Angelo Venosa

*Índice onomástico*
Luciano Marchiori

*Preparação*
Claudia Abeling

*Revisão*
Renato Potenza Rodrigues
Otacílio Nunes

Dados Internacionais de Catalogação na Publicação (CIP)
(Câmara Brasileira do Livro, SP, Brasil)

---

Costa, Cristiane
    Pena de aluguel : escritores jornalistas no Brasil 1904-2004 /
Cristiane Costa. — São Paulo : Companhia das Letras, 2005.

    Bibliografia.
    ISBN 85-359-0663-0

    1. Jornalismo e literatura — Brasil — Século 20  I. Título.

---

05-3828                                          CDD-070.98105

---

Índices para catálogo sistemático:
1. Brasil : Escritores jornalistas : Século 20   070.98105
2. Brasil : Jornalismo e literatura : Século 20   070.98105
3. Brasil : jornalistas escritores : Século 20   070.98105

[2005]
Todos os direitos desta edição reservados à
EDITORA SCHWARCZ LTDA.
Rua Bandeira Paulista 702 cj. 32
04532-002 — São Paulo — SP
Telefone (11) 3707 3500
Fax (11) 3707 3501
www.companhiadasletras.com.br

*Para Paulo Roberto Pires, por dividir livros, planos e vida.*
*E Ana Clara Costa Cavalher, por dar sentido a tudo.*

# Sumário

Introdução ........................................ 11

1. Momento literário 1900 ........................ 19
   Entre a arte e o dinheiro ..................... 26

2. Momento jornalístico 1900 ..................... 38
   Escritor, profissão repórter .................. 41

3. O papel e a pena de um escritor jornalista ........... 46
   Prostituta ou mendigo ......................... 52

4. Literatura como negócio ....................... 69
   *Best-sellers* nacionais ...................... 82
   Sucesso comercial e autonomia política .............. 87

5. O papel e a pena do jornalista escritor ............. 93
   O manual de redação ........................... 98
   A cartilha modernista ......................... 104
   A doce música mecânica ........................ 106
   Os idiotas da objetividade .................... 124

6. Mediação e missão . . . . . . . . . . . . . . . . . . . . . . . . . . . . . . 131
   A lógica da esquerda . . . . . . . . . . . . . . . . . . . . . . . . . . . 134
   A lógica da direita . . . . . . . . . . . . . . . . . . . . . . . . . . . . 136
   Em cima do muro . . . . . . . . . . . . . . . . . . . . . . . . . . . . 143
   À margem . . . . . . . . . . . . . . . . . . . . . . . . . . . . . . . . . . 148
   A lógica do contrabando . . . . . . . . . . . . . . . . . . . . . . 154
   A lógica da luta armada . . . . . . . . . . . . . . . . . . . . . . . 158

7. Momento literário 2000 . . . . . . . . . . . . . . . . . . . . . . . 166
   Novos dilemas . . . . . . . . . . . . . . . . . . . . . . . . . . . . . . . 176

8. Momento jornalístico 2000 . . . . . . . . . . . . . . . . . . . . 187
   Reconfiguração do conteúdo . . . . . . . . . . . . . . . . . . . 193

9. Romances × reportagens . . . . . . . . . . . . . . . . . . . . . . 200
   O que é um escritor . . . . . . . . . . . . . . . . . . . . . . . . . . 204
   O que é um jornalista . . . . . . . . . . . . . . . . . . . . . . . . 209

10. A mesma tecla . . . . . . . . . . . . . . . . . . . . . . . . . . . . . . . 219
    Gêmeos incestuosos . . . . . . . . . . . . . . . . . . . . . . . . . . 223
    Um longo namoro . . . . . . . . . . . . . . . . . . . . . . . . . . . 231

11. Fronteiras cruzadas . . . . . . . . . . . . . . . . . . . . . . . . . . 237
    Folhetim e sensacionalismo . . . . . . . . . . . . . . . . . . . . 241
    A crônica do rodapé ao alto da página . . . . . . . . . . . . 246
    Isto não é uma crônica, ou é? . . . . . . . . . . . . . . . . . . 260
    A influência do *new journalism* . . . . . . . . . . . . . . . . . 267
    A reação via *narrative writing* . . . . . . . . . . . . . . . . . . 271

12. Real e ficcional . . . . . . . . . . . . . . . . . . . . . . . . . . . . . . 274
    A era do ilusionismo . . . . . . . . . . . . . . . . . . . . . . . . . 278
    O que não é jornalismo . . . . . . . . . . . . . . . . . . . . . . . 283
    *Blog*: a fonte fala . . . . . . . . . . . . . . . . . . . . . . . . . . . . 287
    *Making of* . . . . . . . . . . . . . . . . . . . . . . . . . . . . . . . . . 289
    O que é e o que não é literatura? . . . . . . . . . . . . . . . . 291
    O novo romance realista . . . . . . . . . . . . . . . . . . . . . . 295

13. Hierarquias alteradas . . . . . . . . . . . . . . . . . . . . . . . . . . . . 301
    *Best-sellers* e *worst-sellers* . . . . . . . . . . . . . . . . . . . . . . . . 305
    Efêmeros e perenes . . . . . . . . . . . . . . . . . . . . . . . . . . . . . 308

14. Problemas comuns . . . . . . . . . . . . . . . . . . . . . . . . . . . . 313
    Tempo é dinheiro . . . . . . . . . . . . . . . . . . . . . . . . . . . . 324
    Leitores de menos . . . . . . . . . . . . . . . . . . . . . . . . . . . . 337

Conclusão . . . . . . . . . . . . . . . . . . . . . . . . . . . . . . . . . . . 345
Notas . . . . . . . . . . . . . . . . . . . . . . . . . . . . . . . . . . . . . . 353
Bibliografia . . . . . . . . . . . . . . . . . . . . . . . . . . . . . . . . . . 375
Índice onomástico . . . . . . . . . . . . . . . . . . . . . . . . . . . . . . 385

# Introdução

Voltemos a 1904. Nesse ano, o jornalista e escritor João do Rio publicou, na *Gazeta de Notícias*, uma enquete com os principais intelectuais do período. A série partiu de onze entrevistas e 25 cartas de autores, que responderam a cinco perguntas, originalmente enviadas a mais de cem pessoas. Após três anos, as respostas foram reunidas no livro *O momento literário*, hoje considerado um dos principais documentos sobre a vida intelectual brasileira na virada do século xx.

Entre as cinco questões, está uma que o próprio autor considerava capital: o jornalismo, especialmente no Brasil, é um fator bom ou mau para a arte literária?

Um século depois, a proposta desta pesquisa, que teve o apoio da Bolsa Vitae de Literatura, é dar conta das possíveis respostas, em vários momentos literários brasileiros, à questão que angustiava o repórter João do Rio provavelmente tanto quanto um autor contemporâneo como Bernardo Carvalho: trabalhar na imprensa atrapalha ou ajuda alguém que pretende ser escritor?

E ainda acrescentar outra pergunta: para a literatura, o que significou essa aproximação entre o escritor e o jornalista? Será que é apenas um salário no fim do mês a contribuição que a imprensa vem dando à ficção e à poesia brasileiras desde meados do século XIX, quando os primeiros homens e mulheres de letras começaram a se infiltrar nas redações? É possível que, trabalhando com a mesma matéria-prima, a palavra, em algum momento o muro que separa um discurso do outro tenha se tornado apenas uma linha tênue? Ou que alguns aspectos da narrativa jornalística tenham acabado por se incorporar ou mesmo renovar o texto literário (e vice-versa)?

Esta pequena história comparada da literatura e da imprensa brasileiras divide-se em cinco períodos, concentrando-se em seus principais representantes. Em resumo, primeiro dá conta dos primórdios da imprensa, especialmente o período que vai de 1808 a 1830, quando o Brasil publica seus primeiros jornais e livros. Uma segunda etapa, que vai de 1840 a 1910, narra a transição entre o reinado do publicista e a república dos homens de letras. Seus principais personagens são José de Alencar, Machado de Assis, Olavo Bilac, Coelho Neto, Lima Barreto e João do Rio. O terceiro período discute a era da modernização, entre 1920 e 1950, com destaque para nomes como Graciliano Ramos, Monteiro Lobato, Oswald de Andrade, Nelson Rodrigues, Carlos Drummond de Andrade, Jorge Amado e Erico Verissimo. O quarto sustenta que de 1960 a 1980 houve um *boom*, com o crescimento considerável da ficção feita por jornalistas no Brasil. Aí a lista é enorme, e inclui quase todos os ficcionistas e boa parte dos poetas do período: Antonio Callado, Antônio Torres, Caio Fernando Abreu, Carlos Heitor Cony, Carlinhos Oliveira, Ferreira Gullar, Ivan Angelo, João Antônio, José Louzeiro, Otto Lara Resende, Paulo Francis, para ficar só entre os principais.

O quinto e último período vai de 1980 a março de 2004 e mostra o descarte da experiência tradicionalmente fornecida pela imprensa. Os escritores que trabalham em jornal progressivamente se afastam das editorias de *hard news*, como Política e Polícia, e passam a preferir as editorias de Cultura, dialogando diretamente com o mundo intelectual e o meio editorial.

Vale explicar que só considerei jornalistas aqueles que efetivamente trabalharam na imprensa como repórteres, pauteiros, chefes de reportagem, redatores e editores, assim como escritores apenas os que produziram ficção ou poesia. Não estão incluídos colaboradores avulsos, que se dedicaram ao articulismo, à crônica ou à crítica, nem jornalistas que escreveram livros de não-ficção, como biografias, grandes reportagens e ensaios. Essa divisão nos leva à questão "o que é um autor?", desta vez sob uma ótica comparativa.

O que é um autor jornalista e o que é um autor literário? Como e quando os dois campos se constituem em separado? Quais as diferenças entre o trabalho do escritor na literatura e na imprensa? De que forma os dois gêneros se cruzam? A partir de que momento as hierarquias entre eles são naturalizadas?

Se na fase dos grandes publicistas, como Hipólito da Costa; dos políticos-jornalistas-escritores, como José Bonifácio; e mesmo na dos polígrafos, como Olavo Bilac, os dois tipos de homens de letras ocupavam praticamente o mesmo espaço no jornal e na vida literária, a partir da virada do século xx a literatura se constituiu como um campo separado, em que um ideal de arte pura e desinteressada se contrapõe à possibilidade de profissionalização, sinônimo de massificação, do texto jornalístico.

Aos poucos, os escritores começam a se afastar e a serem afastados do jornal. O processo se exacerba a partir do *great divide* modernista, entre as décadas de 20 e 50, que, não por acaso, coincide com o primeiro *boom* do mercado editorial brasileiro e com a crescente industrialização dos jornais. Mas já nas respostas à questão de João do Rio sobre a influência do trabalho na imprensa nas obras literárias é possível verificar uma certa ansiedade de contaminação entre os reinos da arte e da técnica.

De um lado, há posições como a de Luis Edmundo, para quem o jornalista mata a sua arte por causa de 300 mil-réis por mês. De outro, defesas radicais da imprensa, como a de Medeiros e Albuquerque, que compara a baixa produtividade dos literatos a uma prisão de ventre intelectual, para a qual o exercício braçal do jornalismo seria o melhor remédio. O resultado é um empate: dos 36 intelectuais que responderam ao questionário, dez afirmaram que o jornalismo prejudica a vocação literária, onze disseram que não, onze responderam que tanto ajuda quanto atrapalha e quatro não quiseram ou não souberam responder.

Uma vez demarcadas as fronteiras, a literatura será identificada com a alta cultura e o jornalismo com a cultura de massa. Essa separação será tão naturalizada que se esquecerá que as duas atividades começaram juntas no Brasil, em 1808, quando finalmente foi permitida a publicação de impressos, com a vinda da Coroa Portuguesa. E também que a primeira se beneficiou enormemente da segunda para sua difusão, em forma de folhetim, durante todo o século xix e o início do xx.

Na prática, as fronteiras entre arte e mercado começam a desaparecer justamente quando parecem mais fortemente estabelecidas. Com a modernização da indústria editorial brasileira, surge uma literatura de mercado que já ousa dizer seu nome, praticada por autores como Benjamin Costallat, Monteiro Lobato, Erico Verissimo e Jorge Amado, todos eles *best-sellers* com experiência prévia na imprensa.

Paralelamente, cresce a necessidade de especialização da atividade jornalística. O que faz com que escritores já consagrados, como Graciliano Ramos, passem a ser incorporados não mais como cronistas, críticos ou articulistas, mas como mão-de-obra interna, vestindo em geral o uniforme do copidesque, cuja função era consertar erros, vícios e defeitos do texto jornalístico.

Curiosamente, será por meio do trabalho na imprensa de um Oswald de Andrade, de um Carlos Drummond de Andrade e de um Graciliano Ramos, a partir dos anos 20, que a literatura (ou, antes, o beletrismo) será expulsa do jornal. Limpando o terreno para uma separação radical das técnicas literárias e jornalísticas que culminou com a importação do modelo americano de objetividade, nos anos 50, esses escritores transformaram sua busca por um texto moderno, expurgado de barroquismos e seco de adjetivos, numa cruzada contra ornamentos e penduricalhos na imprensa. Mas o manual de redação baseado na cartilha modernista—realista teria que enfrentar a ira de autores como Nelson Rodrigues, para quem a divisão entre texto jornalístico e literário era inviável. Inconformado com as novas regras, que proibiam os pontos de exclamação, as reticências e os adjetivos, Nelson pregou nos copidesques o rótulo de idiotas da objetividade.

De mero coadjuvante, como o repórter sensacionalista que freqüentou praticamente toda a obra de Nelson Rodrigues, o jornalista se transformou no grande protagonista da literatura brasileira. Entre os anos 60 e 80, ele se fez presente, por exemplo, em *A festa*, de Ivan Angelo; *Cabeça de negro* e *Cabeça de papel*, de Paulo Francis; *Um novo animal na floresta* e *Domingo 22*, de Carlinhos Oliveira; no romance-reportagem e nas memórias da guerrilha. Seu engajamento propiciou uma revisão no conceito benjaminiano de narrador. Quem tem melhores condições para contar a história: quem a vê a partir de um ângulo privilegiado ou quem a vive na própria pele marcada por tortura, marginalidade, engajamento, patrulhismo ou cooptação? O que acontece quando o mesmo personagem ocupa as duas posições?

Em meio ao embate com a censura da ditadura militar, a ficção brasileira viveu seu melhor momento em termos de vendas. Uma ficção parajornalística de certa forma substituiu a imprensa amordaçada em sua missão de informar. Mas não apenas isso. Se, hoje, os escritores se ressentem da brutal retração do interesse dos leitores pela literatura brasileira contemporânea, ela pode ser creditada não apenas ao fim da censura, que devolveu à imprensa suas tarefas usurpadas, mas ao fim de um projeto de Brasil, que nasceu com o romantismo, viveu seu auge entre os anos 30 e 50, orientou praticamente toda a literatura dos anos 60 aos 80 e quase desapareceu nos anos 90. "Que país é este?" deixou de ser a grande questão que move a ficção brasileira e seus leitores. Pelo menos até que a violência saltasse das manchetes dos jornais para as páginas dos livros, telas de cinema e faixas de CDs.

A aparente despolitização da ficção contemporânea está relacionada ao novo perfil do escritor jornalista. Para identificá-lo, reeditei o projeto do repórter João do Rio e fiz uma nova enquete, entre 2001 e 2004. Meu objetivo principal era saber como os novos autores responderiam à pergunta-chave de *O momento literário*, que acabou desdobrada em treze outras. Por exemplo: pretendia ser escritor quando ingressou no jornalismo? A linguagem dos jornais oferece um aperfeiçoamento formal ou bloqueia o texto literário? A profissionalização através da imprensa permite a sobrevivência financeira do escritor ou o afasta de seu caminho? Até que ponto a obra literária é influenciada pela atividade jornalística?

Foram ouvidos 32 escritores jornalistas de todo o Brasil que começaram a se destacar a partir dos nos anos 90: Antonio Fernando Borges, Arnaldo Bloch, Arthur Dapieve, Bernardo Ajzenberg, Bernardo Carvalho, Cadão Volpato, Carlos Herculano Lopes, Carlos Ribeiro, Cíntia Moscovich, Fabrício Marques, Fernando Molica, Gisela Campos, Heloisa Seixas, Heitor Ferraz, João Gabriel de Lima, João Ximenes Braga, Jorge Fernando dos Santos, José Castello, Juremir Machado da Silva, Luciano Trigo, Luiz Ruffato, Marçal Aquino, Marcelo Coelho, Marco Pólo, Mario Sabino, Michel Laub, Paulo Roberto Pires, Rosa Amanda Strausz, Ronaldo Bressane, Sérgio Alcides, Sergio Rodrigues e Toni Marques.

As entrevistas estão reproduzidas integralmente em www.-penadealuguel.com.br. Suas respostas permitem compreender os dilemas específicos de um momento em que literatura e jornalismo já não freqüentam mais as mesmas páginas. E como, nestes cem anos de convivência, a separação entre os dois campos foi naturalizada, eventualmente apagada e hierarquicamente invertida.

Jornalistas não costumam escrever na primeira pessoa. Em vinte anos de profissão, só me lembro de ter usado o pronomezinho antipático de que falava Graciliano Ramos na introdução de *Memórias do cárcere* uma ou duas vezes. Mas realmente devo a publicação deste livro a muita gente, especialmente aos escritores jornalistas que gentilmente cederam seu precioso tempo para participar desta pesquisa. E jamais poderia esquecer o apoio de Humberto e Paulo Werneck, Wilson Figueiredo, Leo Schlafman, Flora Süssekind, João Cezar de Castro Rocha, Joëlle Rouchou, Isabel Lustosa, Muniz Sodré, Eduardo Portella, Heloisa Buarque de Hollanda, Beatriz Resende, Alzira Alves de Abreu, Lucia Riff, Cristina Yamazaki, Heloisa Jahn, Paula Barcellos, Márcio Costa, Floripes Marinho, Ilce Cavalcanti, Claudia Abeling, Renato Potenza Rodrigues e Otacílio Nunes.

# 1. Momento literário 1900

*O jornal é mais que um livro, isto é, está mais nas condições do espírito humano. Nulifica-o como o livro nulificará a página de pedra? Não repugno admiti-lo.*

Machado de Assis

A verdade é que Machado de Assis prometeu, mas não respondeu. Aluísio Azevedo mandou uma carta simplesmente para dizer que não tinha tempo. Artur Azevedo e Raul Pompéia, nem isso. Lima Barreto não foi procurado. Apenas 36 intelectuais aceitaram participar da pesquisa de João do Rio, publicada inicialmente na *Gazeta de Notícias*, entre os anos de 1904 e 1905, e reunida no livro *O momento literário* em 1907. Destes, onze foram entrevistados pessoalmente e 25 por carta.

Podemos resumir suas respostas da seguinte maneira: dez acharam que o jornalismo prejudica a vocação literária; onze disseram que é favorável; onze opinaram que ajuda o aspirante a escritor, mas também o atrapalha; três não responderam à questão; um não entendeu a pergunta.

As posições contrárias ao jornalismo podem ser exemplificadas por Luis Edmundo, para quem há "nesta terra duas instituições fatídicas para o homem de letras: uma é a política, a outra é o jornalismo", profissão em que "o desgraçado mata sua arte a 300 mil-réis por mês".[1] Ou Guimarães Passos, que compara o jornalismo a um balcão. Ou ainda Clóvis Beviláqua, quando afirma que o jornalismo "esgota as energias, dispersa os esforços e alimenta a superficialidade", não passando de "uma forte projeção de luz envolvida em densa fumarada".[2] Elísio de Carvalho é ainda mais enfático. Para ele, o jornalismo é "o mais pernicioso dos fatores", resumindo seus três efeitos mais nefastos: perverte o estilo, rebaixa a língua e relaxa a cultura.[3] Há os que ficam em cima do muro, como Pedro Couto: "Como função habitual, evidentemente aniquila boas vocações literárias", afirma. Mas sem essa mediação entre escritor e público, "como poderiam começar a aparecer belos talentos que posteriormente chegam a impor-se até aos editores?".[4]

Padre Severiano de Resende também acha que o jornalismo é bom e mau ao mesmo tempo. "O poeta ou prosador que quiser ver a sua obra passar de coisa escrita a coisa impressa tem que se submeter ao jornal. O jornal é inevitável, precisamos sofrê-lo", diz.[5] Mas, para ele, se abre caminho, a imprensa também é capaz de esterilizar um escritor — porque esgota as forças e exaure o tempo — e dispersá-lo — porque não admite a reflexão e o esmero da forma. "Como Saturno, devora a vida de seus próprios filhos."[6]

O melhor exemplo de ambigüidade é dado por Silva Ramos, para quem o jornalismo "para a arte literária é mau, para o literato é bom". Mau por seu aspecto mercantil, incompatível com a arte pura. Bom, ou melhor, "ótimo", porque torna "impossível para todo o sempre a reprodução do quadro lendário: o poeta morrendo de fome...".[7] Já outro adepto do meio-termo, Rocha

Pombo, inverte os termos: para o jornalista é mau, mas para a arte é bom, porque revela e destaca a produção literária.

É justamente essa chance de divulgação da obra ficcional ou poética que faria do jornalismo um mal necessário, como afirma Gustavo Santiago. Mas o preço seria alto: a maleabilidade exigida do jornalista, a pressa com que é obrigado a trabalhar, a "banalidade" e "leveza" a que seria forçado são vistas pelo poeta como "uma lenta asfixia da originalidade, o assassinato frio e pausado do poder criador peculiar a cada individualidade". O que não significa que não seja "um magnífico meio de reclame... para nossas obras", diz.[8]

O jornalismo também seria um mal "necessário, inevitável", nas palavras de Raimundo Correia. No entanto, a imagem que tem da profissão não é das melhores: "O jornalismo não é um fator, mas um subtraendo", declara.[9]

Medeiros e Albuquerque é, entre todos os entrevistados, quem faz uma defesa mais ferrenha do jornalismo, desmerecendo mesmo os literatos "puros", a quem chama de *ratasé* e *fruits secs*, "que, produzindo com largos intervalos, pequenas coisinhas chocas, fazem de si mesmos uma alta idéia, atribuindo a raridade da produção à sua preciosidade".[10] Sem papas na língua, ele compara a baixa produtividade do artista a uma espécie de prisão de ventre intelectual, para a qual o exercício braçal do jornalismo seria o melhor remédio. E adota uma postura que já antevê a discussão pós-moderna sobre a divisão artificialmente construída entre cultura popular e erudita.

> Sempre que uma profissão usa dos recursos de qualquer arte para fins industriais, os cultores da arte se indignam e depreciam sistematicamente os profissionais, que assim se põem na vizinhança. Quanto mais o emprego dos meios é o mesmo e há, portanto, perigo de serem às vezes confundidos, mais também os artistas os-

tentam o seu desprezo e procuram cavar um fosso profundo entre os dois domínios.[11]

Num movimento dialético, Medeiros e Albuquerque dialoga consigo mesmo, ou com um interlocutor imaginário que bem poderia ser o próprio João do Rio (ainda mais que a principal hipótese para a identidade do mentor anônimo que aparece no início e no fim do livro é de que ele seja justamente Medeiros e Albuquerque, a quem a obra é dedicada). Como um advogado do diabo, esse interlocutor questiona: "Mas o jornalismo muitas vezes não se faz por convicção e sim por negócio".

Ao que Medeiros e Albuquerque argumenta que também "há poemas friamente rimados por indivíduos que não vibraram absolutamente nada ao fazê-los". O interlocutor anônimo replica: "Mas os recursos do jornalismo são grosseiros". O escritor discorda.

> Não vejo bem por quê. São diferentes do romance ou do conto, mas visam o mesmo fim: usar de palavras escritas para impressionar cérebros humanos, fazer vibrar inteligências e corações [...] Por que razão há nisso menos arte do que em amassar meia dúzia de substâncias coloridas, borrar uma tela, e dar assim a impressão de uma paisagem [...].[12]

Para o acadêmico, "os que acham que não produzem obras-primas, porque estão jungidos aos trabalhos da imprensa, se dispusessem de todo o tempo preciso e não tivessem necessidade de trabalhar, talvez não produzissem nem nada na imprensa nem na literatura". Certamente, a necessidade de ganhar a vida pode impedir "que homens de certo valor deixem obras de mérito", mas isso poderia acontecer se tivessem qualquer outro emprego, acredita.[13]

Curvelo de Mendonça — que faz questão de frisar que é insuspeito, porque nunca foi jornalista — também é enfático: considera a imprensa mais importante do que a literatura. "[Os jornalistas] são agentes mais poderosos do nosso movimento literário do que os egoístas que, insensíveis ao meio, de quando em quando se apresentam, vaidosos, de ponto em branco, com um livro na mão. Esses livros, algumas vezes, são tão úteis ao Brasil... como à China."[14] Além de útil, o jornal é ainda, como afirma Garcia Redondo, o espaço de consagração por excelência para o escritor, sem o qual "a arte estaria às escuras".[15]

Se infelizmente "só têm grande ração os que assim vivem" presos ao jornal, como afirma João Luso, a frustração com a impossibilidade de se tornar escritor profissional no Brasil não é exclusiva dos jornalistas. Inglês de Souza chama a atenção para o fato de que "também há diretores e amanuenses de secretaria e outros rabiscadores de papel que são excelentes poetas e grandes romancistas. O que não quer dizer que a burocracia seja fator bom para a arte literária".[16] O mal não seria o jornalismo em si, mas a falta de mercado para a literatura. É o que também admite o magistrado e poeta Rodrigo Otávio.

> Em nossa terra, salvo exceções que se contam, as letras ficam no domínio do diletantismo. Muitos de nós, os chamados homens de letras brasileiros, somos realmente, na generalidade, professores, empregados públicos, advogados, jornalistas; muitos de nós, eu mesmo talvez, poderíamos ser, na França, por exemplo, homens de letras no sentido preciso, restrito da expressão. Aqui, ainda o não somos e não será possível sê-lo enquanto a literatura não for uma profissão, um meio remunerador e confessável. Por enquanto é uma ocupação de segunda, trabalho para as horas vagas, para o tempo que nos deixam as lides de nossa ocupação normal e principal.[17]

Essa frustração toma corpo num momento muito especial para a literatura brasileira, quando os homens de letras se tornam verdadeiras celebridades. Momento, como descreve João do Rio, em que "há da parte do público uma curiosidade malsã, quase excessiva. Não se quer conhecer as obras, prefere-se indagar a vida dos autores".[18] Em que o Brasil, ou pelo menos o Rio de Janeiro em torno da rua do Ouvidor, torna-se "um país de poetas", onde fervilham aspirantes a literatos nos cafés e nas livrarias. E não eram poucos os que acalentavam o desejo de ter seu nome "impresso em pequenas letras de ouro nas lombadas de marroquim, enfileiradas nas estantes ao lado de outros e outros", como confessa Rodrigo Otávio a João do Rio.[19]

Muitos viriam das camadas médias e baixas da população. Grande parte das províncias. Centro político e cultural do país, o Rio de Janeiro viu sua população saltar de 691 mil habitantes, em 1900, para 1,157 milhão, vinte anos depois. Se a *Belle Époque* tropical é considerada um período de estagnação literária, em termos estritamente estéticos, por outro lado ela desenvolveu as condições sociais para a profissionalização do trabalho intelectual. E também para a sua massificação. Ao contrário do que sonhavam os escritores, porém, essa profissionalização se daria não por meio da arte, a literatura, mas do jornalismo, a indústria. Mudanças econômicas, sociais, tecnológicas e demográficas permitiram a proliferação de jornais na virada do século, criando centenas de empregos. E formando um público para a literatura nacional.

Periódicos como *Correio Mercantil, Diário do Rio de Janeiro, Jornal do Commércio, O Estado de S. Paulo, Jornal do Brasil, O País, Gazeta de Notícias, Correio da Manhã, A República, A Noite* e *O Mequetrefe* dividiam espaço com a *Revista Brasileira, A Revista Ilustrada, Fon-Fon, Floreal, A Careta, Ilustração do Brasil, O Riso, Kosmos* e muitos outros jornais e revistas nascidos a partir da rápida evolução das técnicas de impressão. Durante esse processo de modernização, conceitos como profissionalização e massificação passam a ser sinônimos, o que explica o misto de empolgação e resistência com que é visto o trabalho da imprensa nos depoimentos a João do Rio. Os jornais e revistas tinham como trunfo servirem de berçário, vitrine, pedestal e mesmo de trampolim para o homem de letras, encarregando-se do recrutamento, da visibilidade e dos mecanismos de consagração dos escritores. Era a imprensa que dava as condições de sobrevivência e de divulgação para a produção dessa massa crescente de intelectuais brigando por um lugar ao sol. Segundo Sergio Miceli:

> Em termos concretos, toda a vida intelectual era dominada pela grande imprensa, que constituía a principal instância de produção cultural da época e que fornecia a maioria das gratificações e posições intelectuais. Os escritores profissionais viam-se forçados a ajustar-se aos gêneros havia pouco importados da imprensa francesa: a reportagem, a entrevista, o inquérito literário e, em especial, a crônica.[20]

Como resume o poeta simbolista e redator do *Jornal do Commércio* Félix Pacheco: "Toda a melhor literatura brasileira dos últimos 35 anos fez escala na imprensa".[21] Daí a ansiedade quanto à questão jornalismo—literatura. Estaria o trabalho burguês e assalariado aniquilando o artista, desinteressado e boêmio? Ou, ao contrário, abrindo as portas da fama, da prosperidade e do coração dos leitores? São perguntas difíceis, como comprova o empate técnico nas respostas da enquete de *O momento literário*.

ENTRE A ARTE E O DINHEIRO

Somando-se prós e contras, as impressões dos entrevistados de João do Rio sobre a influência do jornalismo na arte literária podem ser divididas em:

| POSITIVOS | NEGATIVOS |
| --- | --- |
| Pagamento | Mercantilismo |
| Divulgação | Banalização |
| Experiência | Esterilidade |
| Exercício | Falta de tempo |
| Legitimação | Favorecimento |

As respostas mais freqüentes são, sem dúvida, as que põem em lados opostos arte e dinheiro. A polarização entre os que ainda acreditavam numa arte pura e ciumenta e os que defendiam o papel primordial do jornalismo na formação de um escritor é típica de um momento literário que experimenta as novas regras da arte. Estão em jogo duas lógicas opostas: a do artista desinteressado pelo aspecto econômico, que busca apenas lucros simbólicos por sua obra, como a glória, e a do artista que deseja viver de seu talento, e que, portanto, precisa ter lucros reais com seu trabalho. O problema não dizia respeito somente ao momento (e ao mercado) brasileiro.

A pesquisa de João do Rio se inspirou na do jornalista Jules Heuret, organizador de uma *Enchête sur l'évolution littéraire*, com 64 escritores, publicada originalmente no jornal *L'Echo de Paris*, em 1881. As duas obras refletem os dilemas provocados pela crescente conquista da autonomia do campo literário. Campo que se acredita sujeito às próprias leis, pregando a arte pela arte, mas que tem sua autonomia alcançada justamente num momento de expansionismo industrial, que ameaça com a subordinação de todos, jornalistas e escritores, ao mercado. Nas palavras de Pierre Bourdieu:

> Doravante, trata-se de uma verdadeira subordinação estrutural, que se impõe de maneira muito desigual aos diferentes autores segundo sua posição no campo, e que se institui através de duas mediações principais: de um lado o mercado, cujas sanções ou sujeições se exercem sobre as empresas literárias, seja diretamente, através das cifras de venda, do número de recebimentos etc., seja indiretamente, através dos novos postos oferecidos pelo jornalismo, a edição, a ilustração e por todas as formas de literatura industrial; do outro lado, as ligações duradouras, baseadas em afinidades de estilo de vida e de sistemas de valores que, especialmente por intermédio dos salões, unem pelo menos uma parte dos escritores a certas frações da alta sociedade, e contribuem para orientar as generosidades do mecenato de Estado.[22]

Nova forma de dependência econômica, o jornalismo tem, por outro lado, um efeito libertador, oferecendo a jovens sem diploma ou renda a possibilidade de viver de seu próprio trabalho intelectual — mesmo que batalhando literalmente como um burro, como reclamava o polígrafo Olavo Bilac. Por outro lado, impede que o escritor se dedique exclusivamente a sua vocação.

O movimento é circular. O desenvolvimento da imprensa é indício do aumento da população escolarizada, da expansão do mercado de bens culturais e de sua democratização no Brasil. Ele alimenta-se de uma crescente população de jovens literatos sem fortuna, que, incentivados pela valorização social da figura do escritor, vão tentar "viver de uma arte que não pode fazê-los viver".[23]

Do romantismo de José de Alencar à *Belle Époque* de João do Rio, processou-se uma grande mudança no papel social do escritor. Encantados com o prestígio do homem de letras, que só fez crescer, "políticos, militares, médicos, advogados, engenheiros, jornalistas ou simplesmente funcionários públicos, todos buscavam na criação poética ou ficcional o prestígio definitivo que só a literatura poderia lhes dar".[24] E que só uns poucos poderiam alcançar.

Nesse sentido, a figura de Machado de Assis funciona como uma espécie de mito fundador da literatura brasileira. A partir dele, tudo seria possível. É como se as conquistas de um determinado indivíduo num determinado contexto histórico estivessem abertas, a partir de então, para todos os que se aventurassem a trilhar o seu caminho. Mas mesmo nosso mito fundador não brotou do nada.

Machado seguiu a mesma estratégia destes escritores jornalistas marcados pela cor, como Teixeira e Souza e Paula Brito, para encontrar seu caminho. Afinal, de que forma um jovem mulato, pobre, órfão e epilético poderia se firmar como o maior escritor brasileiro de uma sociedade escravagista? Entrando nos salões da literatura pela porta de serviço: o jornalismo. E se alguém tão estigmatizado conseguiu, por que não eu?, provavelmente pensaram outros tantos literatos pobres e mestiços que seguiram seu exemplo. Parecia apenas uma questão de empurrar a porta.

Isso foi feito em algum momento entre os anos de 1854 e 1855, quando Machado forçou a mão do destino ao tomar coragem e entrar na livraria de Paula Brito. Ali o jovem de pouco mais de quinze anos daria início a uma atividade como jornalista e escritor que só terminaria 53 anos depois. Mas também na imprensa não entraria pela porta da frente. Trabalhou como caixeiro na livraria e depois como empregado da tipografia de Paula Brito. Lá era editada a *Marmota Fluminense*, jornal que publicou seu primeiro poema, em 6 de janeiro de 1855.[25] Jornalzinho cultural, a *Marmota Fluminense* saía às terças e sextas-feiras, com apenas seis páginas, pelo menos três delas ocupadas por poesias e glosas.

Não é difícil imaginar por que o popular Paula Brito teria aberto as portas ao rapaz desconhecido. Na biografia desse poeta, jornalista, editor e livreiro, um mulato *self-made man* que parecia subverter a lógica escravagista do Segundo Império, há inúmeros pontos de contato com a vida de Machado de Assis.

Filho de carpinteiro, Paula Brito não teve uma educação formal. Na verdade, nunca chegou a ir à escola, e aprendeu a ler com uma irmã. Mesmo assim, tornou-se poeta e tradutor. Foi aprendiz na Tipografia Nacional e na tipografia de René Ogier, antes de trabalhar na tipografia de Plancher, que produzia o *Jornal do Commércio*, onde chegou a administrador e editor. Em 1831, comprou uma pequena loja com suas economias, além de uma prensa, em que publicava o jornal *O Restaurador*. Dois anos depois, já tinha dois endereços e duas impressoras. Em 1848, possuía seis prensas manuais e uma mecânica, tida como "a maior do Brasil".[26] Em 1855, quando Machado teria trabalhado para Paula Brito, suas empresas tinham nada menos do que sessenta empregados, nove deles franceses.

O escritor não foi o primeiro a ser ajudado por Paula Brito. Antes dele, o mulato Teixeira e Sousa (que teria escrito o primeiro romance da literatura brasileira, *O filho do pescador*, de 1843) encontrou apoio financeiro e literário no editor, que publicou, entre outros livros de importância, os *Últimos cantos*, de Gonçalves Dias, as comédias de Martins Pena e *A confederação dos tamoios*, de Gonçalves de Magalhães.

A Petalógica, sociedade literária e artística fundada por Paula Brito, tinha caráter absolutamente democrático. O objetivo da "Peta" (mentira) "lógica" era "contrariar os mentirosos, mentindo-lhes a fim de que eles, tomando como verdade tudo o que ouviam, o fossem repetindo por toda a parte e se desmoralizassem inteiramente, ou perdessem o vício".[27] Para Jean-Michel Massa:

Assim como tinham entrada os conservadores e os liberais, tinham igualmente entrada os lagruístas e os chartonistas: no mesmo banco, às vezes, se discutia a superioridade das divas do tempo e as vantagens do ato adicional, os sorvetes de José Tomás e as nomeações de confiança aqueciam igualmente os espíritos; era um verdadeiro *pêle-mêle* de todas as coisas e de todos os homens.[28]

Apesar de sua condição social, Machado fez parte desse círculo que reunia — durante a semana na casa de Paula Brito, e aos sábados, no Largo do Rossio, em dois bancos em frente à livraria — alguns dos principais escritores da corte, como Casemiro de Abreu, Gonçalves Dias e o jornalista Joaquim Manuel de Macedo. Lá, Machado também conheceu Francisco Otaviano, relação que lhe seria extremamente útil.

Em 1856, Machado arrumou emprego como tipógrafo aprendiz na Imprensa Nacional, tendo como diretor o também escritor Manuel Antônio de Almeida. Não teria sido o melhor dos operários. Alfredo Pujol, citado por Lucia Miguel Pereira, diz que ele "descuidava do serviço para ler nos cantos" e, por isso, foi chamado pelo diretor, autor de *Memórias de um sargento de milícias*. A conversa entre os dois escritores, em vez de uma repreensão, teria rendido a Machado a proteção de Macedo e uma grande amizade.

Embora até hoje esteja guardada no Museu da Imprensa Nacional a prensa manual em que o escritor trabalhava como tipógrafo, pesquisadores como Godim da Fonseca e Jean-Michel Massa duvidam da história, apesar de narrada por Capistrano de Abreu. Segundo Massa, nenhum documento prova que o nosso autor tenha sido aprendiz ou operário na Imprensa Nacional, mas deixa em aberto: "Nenhum documento prova o contrário".[29]

Lenda ou não, o que se sabe é que Machado teria ficado dois anos na tipografia da Imprensa Nacional. Em 1858, deixaria o emprego para ser revisor de provas de Paula Brito, e no ano seguinte ocuparia o mesmo cargo no *Correio Mercantil*, de Francisco Otaviano, poeta diletante, jornalista e político que deu a Alencar a coluna Ao Correr da Pena. Subindo esse degrau, Machado deixou de ser operário para trabalhar no andar de cima do jornalismo, embora ainda em um cargo subalterno. No mesmo ano, publicou algumas poesias no *Correio Mercantil*, que tinha posições políticas muito claras contra a escravatura e o poder clerical.

Resquícios do sentimento de inferioridade que acometia o aspirante a escritor naquela época podem ser percebidos no conto "Miloca", escrito em 1874. Quase vinte anos depois de ter escapado dessa condição, o autor narrou a história de um poeta pobre, ex-tipógrafo promovido a revisor de provas, que percebe, no olhar do dono de uma mansão, onde acontece uma festa, o desprezo que sentiria se confessasse sua profissão: "Pois este pelintra tem a honra de jantar aqui comigo, ver dançar os outros, estar aqui confundido com pessoas de certa ordem, e se há de ouvir e calar, responde quando ninguém lhe pergunta e por fim confessa-se revisor de provas".[30]

Mas a ascensão social do jovem e pobre revisor não parou no andar intermediário. Quando publicou *Memórias póstumas de Brás Cubas* pela Imprensa Nacional, onde começara como aprendiz de tipógrafo mais de vinte anos antes, Machado já não era mais um desconhecido, mas um nome ilustre da literatura nacional. A consagração podia ser percebida quando, depois do trabalho, parava para a habitual prosa com os literatos nas editoras Garnier e Lombaerts, ou nas redações de *A Semana* e de *A Revista Brasileira*.

Do último grupo, jornalistas e colaboradores da revista, dirigida desde 1895 pelo crítico José Verissimo, seria arregimentada a base da Academia Brasileira de Letras, fundada em 20 de julho de 1897, com vários escritores jornalistas ocupando suas quarenta cadeiras, entre eles Machado, Coelho Neto e Olavo Bilac. Como presidente da nova instituição, Machado fez ouvidos moucos às críticas de que a criação da Academia correspondia à instauração de uma aristocracia intelectual pouco compatível com os ares republicanos, mera importação de um modelo europeu inútil num país de iletrados.

Logo ele que, 35 anos antes, tinha ironizado o adjetivo "imortal" num artigo no *Diário do Rio de Janeiro* sobre a inauguração da estátua de d. Pedro I, chamando atenção para o ridículo de toda a cerimônia. "Mas sabe o leitor quem teve grande influência na festa de anteontem? O adjetivo. Não ria, leitor, que o adjetivo é uma grande força e um grande elemento", afirmava, para logo depois declarar:

> Bem empregado, com jeito e a tempo, como do ferro aconselha o poeta para o tornar mezinha, o adjetivo fez nos artigos ministeriais um grande papel. Veja o leitor como esta palavra — imortal — veio sempre em auxílio de um substantivo desamparado de importância intrínseca.[31]

Agora, o adjetivo "imortal" agregava a escritores como Machado valor de mercado e legitimidade social. Seus livros tinham mais chances de serem publicados e de chamar a atenção da crítica, e seus nomes de constar nas listas de convidados dos salões da alta sociedade e do circuito de conferências. Logo, o presidente da academia seria saudado como "o chefe consagrado dos nossos literatos", "o mestre das letras brasileiras", "o primeiro de todos", "o único".[32]

Com o fim do mecenato imperial e o início do processo de industrialização, estratégias conciliatórias, como a de Machado, seriam substituídas por posições mais acirradas, como a de Lima

Barreto. A dicotomia arte e dinheiro faria o campo literário (da arte pela arte) se constituir, no Brasil, em oposição ao jornalismo (da pena de aluguel), embora a ele vinculado. E o modelo ideal (aqui quase irreal) de escritor em tempo integral, em distinção ao de trabalhador braçal (ou melhor, industrial) do jornalismo. Nessa divisão do trabalho intelectual, caberiam ao jornalista as "tarefas mercenárias", ligadas à indústria e ao comércio, e ao escritor, as artísticas. A questão é que, na virada do século xix para o xx, os campos literário e jornalístico ainda não eram tão distintos assim. E mesmo Machado de Assis foi obrigado a jogar nos dois lados para sobreviver.

Em 1859, no auge de seus vinte anos, Machado escreveu três artigos que fornecem preciosas pistas sobre o que pensava sobre o assunto: "O passado, o presente e o futuro da literatura", "A reforma pelo jornal" e "O jornal e o livro".[33] Os textos têm em comum um certo deslumbramento pelo potencial democrático do jornalismo, que, segundo o jovem Machado, tinha o poder de "fazer tremer as aristocracias, mais do que os movimentos populares".[34] Não é o cético da maturidade, mas um jovem Machado de Assis exultante de otimismo quem escreveu que o jornalismo é "a locomotiva intelectual em viagem para mundos desconhecidos, é a literatura comum, universal, altamente democrática, reproduzida todos os dias, levando em si a frescura das idéias e o fogo das convicções".[35] O escritor se lançou na aventura de fundar um jornal, o *Espelho*, onde pôde escrever estas bem traçadas linhas.

O jornal apareceu, trazendo em si o gérmen de uma revolução. Essa revolução não é só literária, é também social, é econômica, porque é um movimento da humanidade abalando todas as suas eminências, a reação do espírito humano sobre as fórmulas existentes do mundo literário, do mundo econômico e do mundo social.[36]

Machado chega a pôr a literatura numa posição inferior em relação à imprensa. "Há alguma coisa de limitado e de estreito se o colocarmos [o livro] em face do jornal", afirma. "O jornal é mais que um livro, isto é, está mais nas condições do espírito humano. Nulifica-o como o livro nulificará a página de pedra? Não repugno admiti-lo."[37] A verdade é que Machado de Assis morreu em 1908, dois meses depois de publicar seu último trabalho, *Memorial de Aires*, sem que o livro tivesse matado o jornal nem o jornal matado o livro. Seu caso foi exemplar de como um gênero narrativo pode, mais do que nulificar, fertilizar o outro.

No ano seguinte à publicação dos artigos, Machado foi cooptado pela grande imprensa, contratado para o *Diário do Rio de Janeiro* pelo amigo Quintino Bocaiúva. Machado trabalhava na "cozinha" do jornal: escrevia e reescrevia os anúncios, as pequenas notícias, com um estilo já "nítido e limpo"...

> muito mais limpo do que a caligrafia onde se lhe expandia o nervosismo em rabiscos incríveis, em borrões de todos os feitios. A desordem de seus manuscritos, que só lhe saíam à custa de dedos manchados de tinta e inúmeras penas quebradas, chegou a tal ponto que contra ela se revoltaram os revisores do jornal, vendo-se o novo redator obrigado a aprender a escrever com um professor especialista, o calígrafo americano Guilherme Scully.[38]

E havia ainda o problema dos erros de português, frutos da deficiência escolar do escritor. Conta a biógrafa Lucia Miguel Pereira que o redator não tinha muita paciência para minúcias: "Não se entendia bem com a ortografia, craseava os *a* de maneira fantasista e os pronomes eram brasileiramente caprichosos".[39] Mas, naquele momento, nenhuma dessas deficiências foi entrave para a ascensão de Machado de Assis no jornal, em que também ficava encarregado da "resenha" dos debates no Senado, deixando páginas memoravelmente irônicas sobre o assunto. Machado também ganhou reputação como crítico de teatro, assinando com o próprio nome ou sob pseudônimos a Revista Dramática e outras colunas, como Comentários da Semana, Parte Literária, Conversas Hebdomadárias, Ao Acaso, Semana Literária e Cartas Fluminenses. Se inicialmente o estilo do colunista é hesitante, vai ganhar consistência até se tornar inconfundível.

> A importância do *Diário do Rio* na vida e na obra de Machado de Assis é imensa; convidando-o para lá, tirou-o Quintino Bocaiúva do amadorismo das revistas literárias, pô-lo na obrigação de enfrentar o grande público, de dar sua opinião sobre os assuntos do dia, fê-lo refletir, pensar. A disciplina da colaboração freqüente, a sensação do contato com leitores de toda a natureza amadureceram rapidamente esse rapaz de 21 anos.[40]

Como muitos escritores depois dele, Machado descobriu no jornal uma forma de alargar seu universo, freqüentando rodas distintas de seu ambiente de origem, conhecendo de alto a baixo da escala social pessoas de que, como leitor, só ouvira falar. Mas o jornal também era fonte de aborrecimento. Afastado do cargo de cronista por dois anos — seu último Comentário da Semana foi em maio de 1862 e o primeiro da coluna Ao Acaso, em 1864 —, ele continuou trabalhando todos os dias na imprensa, mas de forma anônima, assinando apenas cinco textos em 23 meses. O afastamento parece ter obedecido a questões estratégicas, num momento em que o jornal desejava moderar os ataques ao governo, embora não se saiba com certeza se foi Machado que se afastou ou se foi afastado da política.

Além da crônica e da crítica literária, Machado escrevia os editoriais e acumulava funções administrativas. Era "'pau-para-toda-obra' de funções múltiplas na redação e na administração, responsável por tudo".[41] Sobrecarregado, percebeu que teria de deixar a imprensa para voltar a escrever romances. "Nas condições em que se encontrava quando assumiu no *Diário* as responsabilidades que acabamos de mostrar, pôde sentir quanto esta atividade devorava o indivíduo, o privava de seu tempo e de sua liberdade", comenta o biógrafo Jean-Michel Massa, assinalando a reação de Machado a um problema comum aos jornalistas escritores: a absorção sem limites no trabalho jornalístico.[42]

Em algum momento — mais precisamente em 1878, ano da morte de José de Alencar — foi preciso fazer a tão temida quanto desejada opção. Aquela que liberta os maiores sonhos, mas também os piores pesadelos. Deixar o jornalismo diário foi uma aposta. "No momento, parecia errar, pois era melhor jornalista do que escritor de ficção", julgava Lucia Miguel Pereira, para quem "as crônicas do *Diário do Rio* são muito superiores aos contos da mesma época e muito superiores a *Ressurreição*, o primeiro romance, escrito aos trinta anos".[43] Doente, deixou momentaneamente de escrever para a imprensa e decidiu tirar suas primeiras férias. Seis meses depois, Machado de Assis publicou seu primeiro grande livro, *Memórias póstumas de Brás Cubas*.

Do final do século XIX até hoje, quando os postos de trabalho no jornalismo começam a escassear, por conta de informatização, forte recessão e exigência de diploma, o sonho de uma carreira literária gloriosa como a de Machado de Assis continuamente tem movido aspirantes a escritor de todo o Brasil aos grandes centros, como Rio de Janeiro e São Paulo. Mas dificilmente escapam de ter com o mercado uma relação ambígua.

O jornalismo costuma ser a porta de entrada, a forma de divulgação e até a instância de consagração de seus nomes. No entanto, muitos permanecem presos ao mito de que o verdadeiro escritor é o que consegue ser artista em tempo integral, sem concessões. Não se dão conta de que se trata de um personagem social construído pela mesma modernidade que os aproxima e afasta de seus objetivos, integrando-os ao campo literário, mas obrigando-os a vender seu tempo e seu talento. Presos à visão ambivalente do escritor como um intelectual aristocrata ou um marginal da sociedade burguesa, eles não vêem que produzem seus livros contra essas determinações e, ao mesmo tempo, graças a elas.

# 2. Momento jornalístico 1900

*Não vendes a consciência. Vendes a pena,*
*que não é a mesma coisa.*

Ramón del Valle-Inclán

Como o próprio Paulo Barreto, mais conhecido como João do Rio, responderia à célebre pergunta de *O momento literário*: O jornalismo, especialmente no Brasil, é um fator bom ou mau para a arte literária?

Escritor e jornalista, certamente João do Rio tinha posições próprias a respeito de uma questão que, se não o angustiasse, dificilmente seria explicitada como "a pergunta capital" da enquete. É provável que, dado o caráter contraditório do personagem e da questão, ele se identificasse com Olavo Bilac quando o poeta dizia que o jornalismo é um meio de chegar ao leitor. Mas dificilmente deixaria de se emocionar com a confissão logo a seguir:

Mas se um moço escritor viesse, nesse dia triste, pedir um conselho à minha tristeza e ao meu desconsolado outono, eu lhe diria apenas: Ama a tua arte sobre todas as coisas e tem a coragem, que eu não tive, de morrer de fome para não prostituir o teu talento.[1]

Já que o próprio João do Rio tentou fazer a mesma coisa com Machado de Assis, a quem confessa ter perseguido durante vários dias para pinçar uma ou outra frase, não seria um abuso buscar suas respostas a partir de fragmentos e pequenos comentários dispersos aqui e ali no livro. Por exemplo, quando ironiza o que disse o escritor Fabio Luz:

> O jornalismo estraga e esteriliza os escritores e artistas que fazem dele profissão. Para a literatura é sempre prejudicial, com suas apoteoses aos amigos e conluiados, enchendo-os de vento e vaidade, e o silêncio matador para os desafetos ou indiferentes. Dos conciliábulos das redações e dos *chopps* íntimos saem sempre as *coteries* e as consagrações das mediocridades, em torno das quais chocalham os guizos da fama(!), desviada a atenção pública do verdadeiro mérito, iludida pelas fanfarras, entontecida pelo fumo do incenso queimado em turíbulo de folha de Flandres.[2]

Como se respondesse ao entrevistado, João do Rio vai dizer que "o autor do Ideólogo, aliás uma alma delicada e simples, não compreende que já não estamos no tempo dos gênios ignorados[...]".[3] Na verdade, o tempo mostraria que João do Rio estava enganado. Muitos dos escritores incensados do período entraram para a história da literatura como absolutas nulidades. E pelo menos um gênio ignorado em sua época foi recuperado pela posteridade: Lima Barreto.

A voz de João do Rio também se faz ouvir após a resposta de João Luso, para quem "o jornalismo não favorece no Brasil a literatura; mas é igualmente verdade que a literatura não favorece o jornalismo". Comenta o entrevistador: "É na sua essência a maior verdade que eu tenho ouvido".[4]

No último capítulo, João do Rio volta a dialogar com seu mentor anônimo. Confessa, depois de tudo, só ter uma convicção: a de "que positivamente elevara ao auge a confusão de idéias, de biografias, de opiniões, de raivas, de satisfação com tanto esforço colecionadas".[5]

Já seu interlocutor conclui que o inquérito aponta o nascimento de um novo escritor. Surgido num momento em que "o Brasil civiliza-se", ele seria o oposto do literato romântico, "do tempo em que os poetas morriam dipsômanos e só escreviam por *chic* em estado de embriaguez", ou mandavam — como José de Alencar e Joaquim Manuel de Macedo — "vender suas obras de porta em porta".[6] João do Rio interrompe-o para dizer que considera a crítica muito "feroz", o que, aparentemente, demonstra certa simpatia pelo antigo modelo.

Na resposta, o interlocutor anônimo pega ainda mais pesado, transportando para a literatura o conceito do furo jornalístico e deixando antever que a concorrência seria a partir de então acrescida pela entrada das mulheres no mercado das letras, citando nominalmente a colunista e escritora Carmem Dolores.[7] "Se hoje o escritor não trabalha em 24 horas mais do que um seu colega trabalhava em dois meses há vinte anos, vê os seus assuntos aproveitados, as suas idéias escritas, o seu pão comido pelos outros e talvez com maior originalidade", comenta.[8] Para ele, o mundo se divide entre os vencedores, que são a favor do jornalismo, e os perdedores, geralmente os poetas, "que tendem a ver o seu mercado diminuído, porque o momento não é de devaneios, mas de curiosidade, de informação, fazendo da literatura [...] uma única e colossal reportagem".[9]

Se a reportagem é o futuro da literatura, ele não tem dúvida — o literato do futuro será o repórter. Idéia sob medida para concluir a obra daquele que é considerado o primeiro repórter investigativo do Brasil: João do Rio.

ESCRITOR, PROFISSÃO REPÓRTER

Antes de João do Rio, grandes escritores, como José de Alencar, Machado de Assis e Olavo Bilac, embrenharam-se nas redações. Mas o jornalismo que faziam estava muito mais próximo da crônica e dos editoriais de hoje. Baseado no modelo francês, privilegiava a análise e o comentário, e não a informação. Na história do jornalismo, o rodapé alencariano evoluiu para a crônica de Machado e Bilac, e só no início do século xx abriu espaço para a reportagem e a entrevista, até então raramente usada. Foi esse modelo de reportagem de campo que marcou o nascimento do jornalismo moderno. Conta Brito Broca:

> Cronista por excelência do 1900 brasileiro seria Paulo Barreto (João do Rio). E uma das principais inovações que ele trouxe para a nossa imprensa literária foi a de transformar a crônica em reportagem — passagem por vezes lírica e com vislumbres poéticos. Machado de Assis, Bilac e outros eram cronistas sem o temperamento de repórteres; o primeiro, principalmente, [...] jamais lhe passaria pela cabeça ir à cadeia ver de perto o criminoso e conversar com ele. Foi essa experiência nova que João do Rio trouxe para a crônica, a do repórter.[10]

Na época em que João do Rio preparou *O momento literário*, o jornalismo passava por uma fase de modernização, cuja primeira etapa tinha começado mais de vinte anos antes, com as ousadias da *Gazeta de Notícias* e do *Cidade do Rio*, que acolhiam os literatos e a literatura, pagando até 70 mil-réis por sua colaboração. Na segunda etapa dessa modernização, de 1900 em diante, os jornais se voltariam claramente para o noticiário e a reportagem.

Os jornais, sem desprezarem a colaboração literária, iam tomando um caráter cada vez menos doutrinário, sacrificando os artigos em favor do noticiário e da reportagem. As notícias de polícia, particularmente, outrora, mesmo quando se tratava de um crime rocambolesco, não mereciam mais do que algumas linhas, agora passavam a cobrir largo espaço; surge o noticiário esportivo, até então inexistente, tudo isso no sentido de servir o gosto sensacionalista do público que começava a despertar. Conseqüência: facultando trabalho aos intelectuais, aos escritores, os jornais lhes pediam menos colaboração literária — crônicas, contos ou versos — do que reportagem, noticiário, tarimba de redação.[11]

Em 1899, às vésperas do novo século, João do Rio começou a trabalhar no jornal *A Tribuna*, de Alcindo Guanabara, e logo passou a escrever regularmente para *A Cidade do Rio*, de José do Patrocínio. Com dezoito anos, presenciou um momento de transição da imprensa brasileira, a passagem da fase artesanal para a industrial. O noticiário ainda oscilava entre um diário oficial, uma gazeta literária e uma seção de caricaturas. Sua inovação foi apostar num jornalismo investigativo e de comportamento, em que crônica e reportagem se misturam, como nas histórias narradas em *A alma encantadora das ruas*.

O método de apuração de João do Rio já era o de um repórter moderno: o questionamento das fontes, a circulação por diversos bairros em busca de diversidade, o uso privilegiado das descrições *in loco*. A curiosidade do repórter era semelhante à dos leitores, confirmada pelo sucesso de seus livros e de suas séries de reportagens.

João do Rio soube se encaixar como poucos na nova imprensa, em que era preciso transitar entre os dois meios (o literário e o jornalístico) e mundos (o *grand* e o sub, o do *bas fond* e o do pobre trabalhador). Como escritor, foi antes de tudo um jornalista. Boa parte da bibliografia que apresentou ao se candidatar para a Academia Brasileira de Letras — só na terceira vez foi eleito — veio direto das páginas da imprensa ou da realidade ficcionalizada. As reportagens investigativas de *As religiões do Rio* e *A alma encantadora das ruas* foram produzidas a partir de textos já publicados na revista *Kosmos* e na *Gazeta de Notícias*. Em *A correspondência de uma estação de cura*, também inovou ao levar a técnica jornalística para dentro da ficção, procedimento que voltaria a ser utilizado pelos escritores jornalistas da década de 1960.

Paulo Barreto multiplicou seus trabalhos em jornais e revistas, como *O Dia*, *O Paíz*, *Correio Mercantil*, *O Coió*, *O Tagarela*, *Gazeta de Notícias*, *Kosmos*, *A Noite*, *A Ilustração Brasileira*, tanto quanto pseudônimos, Claude, P., João Coelho, Caran D'Ache, Joe, José Antônio José, Paulo José e, principalmente, João do Rio. Usava também o nome de Godofredo de Alencar como uma espécie de heterônimo, com vida própria, que assina o livro *Crônicas e frases de Godofredo de Alencar* e aparece como um jornalista "cavador" em *A profissão de Jacques Pedreira*. Paralelamente à carreira literária, chegou a redator-chefe da *Gazeta de Notícias*, fundando ainda alguns jornais, como o luso-brasileiro *Atlântida*, o vespertino *Rio-Jornal* e *A Pátria*, ligado à colônia portuguesa. Como jornalista, cobriu, entre outros assuntos palpitantes, a conferência do armistício, em Versalhes, após a Primeira Guerra Mundial.

Tradutor de Oscar Wilde, esse estranho dândi balofo, mulato e sabidamente homossexual, driblou os preconceitos da época, tornando-se um dos escritores mais populares do período. Em 1921, às vésperas da revolução modernista, seu enterro parou o Rio, acompanhado por uma multidão que se estima em cerca de 100 mil pessoas.

Qual o segredo dessa popularidade? Antes de tudo, a perfeita identificação do escritor com o tempo e o lugar em que viveu. Entre 1889, quando pisou pela primeira vez num jornal, e 1921, quando morreu num táxi a caminho do trabalho, João do Rio narrou como ninguém as transformações de uma cidade que se modernizava, vivendo uma verdadeira revolução tecnológica, que afetou mentes e máquinas, e política, com a troca da monarquia pela república. O tempo, que já andava lépido ao correr da pena de Alencar, fascinado pelo movimento dos pés das costureirinhas nas máquinas de costura, e acelerava-se no ritmo dos bondes pegos por Machado, agora se mostrava vertiginoso, elétrico, cinematográfico. A contemplação romântica foi rapidamente corroída.

Na literatura, a imaginação ficcional abria passagem para o senso de realidade jornalístico. "O mais belo elogio que se podia fazer a um romancista, outrora, era dizer: 'Ele tem imaginação'. Hoje, esse elogio seria visto quase como uma crítica. É que todas as condições do romance mudaram. A imaginação já não é a qualidade mestra do romancista", ditava o naturalista Émile Zola, cujas indicações para o novo escritor sugerem a criação de obras a partir de notas, fontes e documentos, tendo o autor apenas o trabalho de distribuir logicamente os fatos.[12] Exatamente como um repórter.

> Seria um estudo curioso dizer como trabalham nossos grandes romancistas contemporâneos. Quase todos estabelecem suas obras a partir de notas, tomadas longamente. Quando estudaram com um cuidado escrupuloso o terreno onde devem caminhar, quando se informaram em todas as fontes e têm em mãos os múltiplos documentos dos quais necessitam, somente nesse momento decidem-se a escrever [...]. Vê-se, nesse trabalho, o quanto o imaginário tem pouca importância.[13,14]

Toda a literatura da *Belle Époque* acaba se relacionando direta ou indiretamente com as novas tecnologias de impressão e reprodução. Elas não apenas coincidiram com a profissionalização dos escritores, como foram fundamentais para que isso acontecesse. Entre 1840 e 1910, as técnicas de impressão viveram um aperfeiçoamento sem precedentes em todo o mundo, permitindo uma diagramação mais sofisticada, a multiplicação de oficinas de fotografia e galvanoplastia e a substituição da litografia pela fotomecânica. A tiragem de *O Estado de S. Paulo* não ultrapassava 8 mil exemplares no fim do século, quando Euclides da Cunha foi enviado a Canudos para as reportagens que, depois aprofundadas, se transformariam em 1902 em *Os sertões*. A importação dos novos prelos, como os Koening, em 1911, e, dois anos depois, os possantes Werk-Augsburgo, entretanto, possibilitou a impressão de milhares de exemplares por hora. Dava-se início à era das grandes tiragens e ao jornalismo industrial. E onde essa indústria encontraria uma mão-de-obra previamente qualificada? Na literatura.

# 3. O papel e a pena de um escritor jornalista

*Meu amigo, a literatura, entre nós, não dá nem para o charuto.*
Coelho Neto

"Eu te sentencio a escrever para os jornais pelo resto de seus dias, tendo ou não alguma coisa a dizer, estando ou não doente, desejando ou não escrever!", diz uma espécie de Mefistófeles a um escritor interessado em vender sua alma em troca do sucesso, numa crônica publicada por Olavo Bilac, em 1887, na *Gazeta de Notícias*.[1]

Se esta era a pena, o discurso a seguir, proferido duas décadas depois, demonstra o papel que o jornalismo teria na literatura brasileira no novo século. Ainda não era possível viver de direitos autorais, mas já era viável, com certo esforço, ganhar dinheiro com o trabalho intelectual. Os jornais experimentavam uma franca expansão, abrindo caminho para os anatolianos — o primeiro tipo de intelectual profissional do país —, que ganharam esse apelido pelo excesso de vezes em que repetiam o nome do escritor francês Anatole France, símbolo de uma otimista era das letras. Em 1907, um ano antes da morte de Machado de Assis, "o príncipe dos poetas" Olavo Bilac definiria a contribuição de sua geração às letras nacionais: a profissionalização.

Bilac completava o vigésimo aniversário da publicação de *Poesias* e o décimo da crônica dominical na *Gazeta de Notícias*, o que mereceu uma grande festa. Nomes ilustres da política nacional foram à comemoração. À homenagem ao escritor, que passara quatro meses preso na Fortaleza da Lage e dois anos exilado em Minas Gerais por seus textos de jornalismo político, compareceram os ministros da Guerra, da Marinha, da Fazenda, da Viação e Obras Públicas e o prefeito do Rio de Janeiro, além de senadores e deputados. Os maiores nomes do meio intelectual também prestigiaram a festa. Entre eles, Machado de Assis, Coelho Neto, Graça Aranha, Oliveira Lima, Manuel Bomfim e João do Rio.

Em meio a discursos elogiosos, o homenageado tomou a palavra e ressaltou o papel do jornalismo na transformação da literatura num trabalho assalariado, dando ao homem de letras brasileiro a tão sonhada legitimação social:

> Que fizemos nós? Fizemos isto: transformamos o que antes era um passatempo, um divertimento, naquilo que hoje é uma profissão, um culto, um sacerdócio; estabelecemos um preço para o nosso trabalho, porque fizemos desse trabalho uma necessidade primordial da vida moral e da civilização da nossa terra; forçamos as portas dos jornais e vencemos a inépcia e o medo dos editores; e como, abandonando a tolice das gerações anteriores, tomamos o lugar que nos era devido no seio da sociedade, e incorporamo-nos a ela, honrando-nos com a sua companhia e honrando-a com a nossa; e nela nos integramos de tal modo que, hoje, todo verdadeiro artista é um homem de boa sociedade, pela sua educação civilizada, assim como todo homem de boa sociedade é um artista, se não pela prática da Arte, ao menos pela cultura artística.[2]

Apesar de ter sido uma espécie de *best-seller* da poesia, com tiragens de até 4 mil exemplares, não era com os livros que Bilac mantinha seus luxos no Brasil e na Europa. Nem mesmo Coelho Neto, seu contemporâneo, com mais de cinqüenta livros escritos, conceberia essa façanha. Assim como para boa parte dos integrantes do meio intelectual de então, era o jornal e não o livro que pagava as contas do escritor no fim do mês.

Além de sustentar o literato, seria o cronista de texto leve e coloquial quem iria resgatar, para as novas gerações, o nome de um poeta símbolo de um estilo caracterizado pelo excesso de formalismo. O nosso príncipe parnasiano tinha apenas um ano de idade quando o movimento eclodiu na França, com a edição de *Le Parnasse contemporain*, em 1866, numa reação à exuberância do romantismo. Seus primeiros versos foram publicados na *Gazeta Acadêmica*, quinzenário estudantil da faculdade de Medicina, em 1883, dois anos depois de ingressar no Instituto, com autorização imperial, aos quinze anos. Bilac jamais terminaria a faculdade, mas desenvolveria ali o gosto pela vida boêmia, para desespero do pai, médico renomado, que, irritado, cortou a ajuda financeira ao rapaz às vésperas de completar vinte anos. Mas o ex-futuro doutor recebeu um presente melhor: teve dois sonetos publicados por Artur Azevedo na *Gazeta de Notícias*, com um comentário favorável que lhe assegurava um brilhante futuro.

Para se ter uma idéia do que era escrever para a *Gazeta* naquela época, é útil ouvir o próprio Bilac falar do que representava o jornal — "o único que dava espaço para a literatura" — para um aspirante a escritor.

> Com a cabeça cheia de versos, eu parava muitas vezes ali defronte, naquela feia esquina da travessa do Ouvidor, e ficava a namorar, com olhos gulosos, essas duas portas estreitas que, para a minha ambição literária, eram as duas portas de ouro da fama e da

glória. Nunca houve dama, fidalga e bela, que mais inacessível parecesse ao amor de um pobre namorado: escrever na *Gazeta*! ser colaborador da *Gazeta*!; ser da casa, estar ao lado da gente ilustre que lhe dava brilho! que sonho! [...] É que a *Gazeta*, naquele tempo, era consagradora por excelência. Não era eu o único que a namorava: todos os da minha geração tinham a alma inflada daquela mesma ânsia ambiciosa. Não era o dinheiro o que queríamos: queríamos consagração, queríamos fama, queríamos ver os nossos nomes ao lado daqueles nomes célebres. Nós todos julgávamos, então, que a publicidade era um gozo e que a celebridade era uma bem-aventurança [...].[3]

Bilac partiu para São Paulo dois anos depois, decidido a estudar Direito, trabalhar para juntar dinheiro e se casar. Arrumou emprego no *Diário Mercantil* e, com isso, a carreira de advogado, única opção para os homens de letras da época (metade dos fundadores da ABL passaram pela faculdade de Direito), também foi abandonada. Para quem não era capaz de seguir regularmente uma das profissões imperiais — medicina, engenharia e direito —, o único caminho era mesmo o jornalismo, que, se exigia do seu postulante uma habilidade com as palavras acima da média, não fazia questão de diploma. No entanto, ainda não contava com o prestígio das profissões tradicionais. "Antes de nós, Alencar, Macedo e todos os que traziam a literatura para o jornalismo eram apenas tolerados: só o comércio e a política tinham consideração e virtude", reconheceria Bilac.[4]

Ao voltar para o Rio, o poeta arrumou emprego no *Novidades*, jornal abolicionista de seu ex-colega de medicina Alcindo Guanabara. Bilac também publicava versos no *Cidade do Rio*, de José do Patrocínio, para onde se transferiria mais tarde, com Pardal Mallet e Raul Pompéia. Com eles fundou o semanário *A Rua*.

Em 1889, no entanto, o sonho de ter o próprio jornal acabou e os "desertores" do *Cidade do Rio* começaram a voltar. O primeiro foi Bilac, numa atitude que Pardal Mallet tomou por traição e que resultou em duelo.

Parnasiano apenas na arte, Bilac teve forte atuação política como jornalista. Em 1892, pagou caro por ter se juntado ao grupo que fundou o periódico antiflorianista *O Combate*, ficando quatro meses preso. Quando o *Cidade do Rio*, jornal em que acabaria chegando a secretário de redação, teve a circulação suspensa pelo governo, achou por bem se esconder em Minas Gerais. Só voltou dois anos depois, em 1894, quando o estado de sítio no Distrito Federal foi levantado.

Sua vocação para a política foi ficando cada dia mais forte, como mostram as páginas de *A Cigarra*, semanário colorido e ilustrado, criado em 1895, em que era o único redator, escrevendo desde a crônica de abertura até as notas, sob pseudônimos como Puck e Fantasio. A revista era ilustrada pelo caricaturista português Julião Machado, que, em 1886, fundou com Bilac *A Bruxa*, publicação em que o poeta pôde exercitar toda a sua veia cômica. E, mais ainda, seu humor negro, sob pseudônimos como Belial, Diabo Coxo, Mefisto, Belzebu, Lúcifer e Diabinho, enquanto Coelho Neto escrevia escondido sob o pseudônimo de Caliban.

O humorismo estava realmente na moda e, em agosto de 1896, o jornal criou o suplemento gaiato *O Filhote*, no qual se publicavam gozações em prosa e em verso. Tantas peripécias não impediram que Diabinho e Caliban fossem escolhidos para fazer parte do seleto grupo de fundadores da Academia Brasileira de Letras, no mesmo ano. Mas é certo que a pompa e a circunstância exigidas pela Academia acabaram por lentamente transformar o boêmio no homem sério. Não sem desencanto.

Quando o amor dos versos rimados foi diminuindo à medida que crescia a responsabilidade da vida; quando deixei de crer (com que tristeza!) que o homem capaz de fazer versos não tem necessidade de fazer mais nada; então, um novo cerco, mais paciente e mais longo, começou. O que eu queria era ter ali o meu dia marcado, o meu cantinho de coluna, o meu palmo de posse. Já não me bastava a glória de entrar às vezes na casa, para beijar a mão da linda senhora, e segredar-lhe ao ouvido um galanteio rimado: o que eu queria era um quarto no castelo, um lugar certo na mesa, um posto na fileira.[5]

Esse lugar de honra seria nada menos que a cadeira que foi de Machado de Assis. Um Bilac sério e maduro substituiria o principal cronista da tão desejada *Gazeta de Notícias*, onde publicara seus primeiros poemas. É tocante a forma como o poeta narra a sucessão:

Machado de Assis, um nababo egoísta, que, um belo dia, ali por volta de 1897, meteu dentro de um saco as luzes e os perfumes, as estrelas e as rosas que costumava espalhar por esta seção, e levantou acampamento, obrigando o leitor, habituado ao livro precioso do seu estilo, a contentar-se com a água chilra do meu.[6]

Na crônica — que, em 1916, seria reescrita no livro *Piedade e ironia* —, Bilac alertava que, se aproximava o escritor dos seus leitores, o caminho do jornalismo era cheio de percalços.

Quanta cousa tenho deixado por aqui, quanto sonho vago, quanta palavra alegre ou magoada, quanta sincera piedade e quanta ironia mal contida, na contínua contradição deste trabalho diário, que se desfaz e desaparece mais facilmente do que as pegadas de um caminhante sobre a neve![7]

Pegadas que levaram Bilac ao topo da fama em 1907, quando se realizou a grande festa em sua homenagem, cujo ponto alto foi o discurso a favor do novo modelo de escritor. Mas, no ano seguinte, a lua-de-mel com a imprensa chegaria ao fim. O poeta rompeu, no fim de 1908, todos os compromissos profissionais com a *Gazeta de Notícias* e a revista *Kosmos*. Agia em represália por ter sido alfinetado pela imprensa por participar da organização de uma agência de notícias patrocinada pelo Itamaraty. Prometeu nunca mais trabalhar em jornais. De fato, sua cada vez mais rara contribuição se destinava às revistas. Deixou todos os empregos e partiu para a primeira de suas viagens à Europa e aos Estados Unidos. Não sem antes colocar em funcionamento, com códigos telegráficos e correspondentes nas principais praças, a tal agência de notícias que se destinava a informar homens de negócios do Brasil, em particular produtores de café, sobre as cotações nas bolsas de Londres, Paris e Nova York. Bilac estava em Paris quando a revista *Fon-Fon* organizou uma eleição para escolher o "Príncipe dos poetas brasileiros", em 1913, da qual foi vencedor. Mas a medida de sua fama foi a multidão que lotou as ruas do Rio de Janeiro, acompanhando a pé seu enterro, quatro anos depois.

PROSTITUTA OU MENDIGO

Olavo Bilac teria conseguido tal popularidade se tivesse seguido o conselho dado ao jovem escritor na enquete de João do Rio, o de enfrentar a pobreza e o silêncio, mas não prostituir o seu talento? Na verdade, a posição do "príncipe dos poetas" em relação à imprensa oscila conforme a época e a situação. Em retrospecto, porém, não há dúvida sobre qual teria sido a escolha de Bilac se Mefistófeles o tentasse com uma proposta irrecusável, tal como a que descreve na crônica de 1887: em troca de fama e conforto material, o poeta venderia sua alma.

Proferido por quem podia se orgulhar de uma carreira bem-sucedida nas letras e no jornalismo, o ferino discurso de Bilac vinte anos mais tarde tinha um alvo preferencial: os escritores marginais, que incorporavam o fantasma do literato morto de fome, algo que os pragmáticos anatolianos gostariam de exorcizar mais do que depressa. Ele encarnava exatamente o que o poeta teria sido se tivesse seguido o próprio conselho, recusando-se a "prostituir" o seu talento.

> Apareceram poetas e escritores, querendo ser exclusivamente escritores e poetas, e orgulhando-se dessa ocupação; mas cometeram o erro de mostrar desdém pela consideração que a sociedade lhes recusava [...]. Era até então a sociedade que fechava as portas aos homens de letras; eram agora os homens de letras que se afastavam dessas portas, como um belo, mas estulto gesto de pouco caso. Foi essa a época em que os poetas faziam o possível para ser homens à parte, distinguindo-se dos outros pelo furor dos paradoxos e pela extravagância das maneiras. Nem todos esses poetas foram boêmios desvairados, cavando entre si e a sociedade um largo fosso de escândalo; mas todos ostentavam um soberano desprezo pelas coisas mesquinhas, ou que mesquinhas lhes pareciam, da vida humana; e ainda os que não deixavam crescer sobre as costas cabeleiras incríveis, nem iam improvisar elegias nos cemitérios alta noite, procuravam outro processo pueril, como esse de traçar, bem firme e bem nítida, uma linha de defesa entre os seus costumes e as maneiras daqueles a quem a linguagem boêmia da época, importada da França, dava os qualificativos desprezíveis de burgueses e de filistinos — esses mesmos viviam dentro de uma alta e isolada torre de sonho e orgulho [...].[8]

Como se fosse uma cruzada coletiva dos intelectuais do período, era contra esses mesmos escritores marginais que o interlocutor secreto de João do Rio em *O momento literário* se debatia ao afirmar:

Os tempos mudaram, meu caro. Há vinte anos um sujeito para fingir de pensador começava por ter a barba para fazer, o fato cheio de nódoas. Hoje, um tipo nessas condições seria posto fora até mesmo das confeitarias, que são e sempre foram as colméias dos ociosos. Depois, há a concorrência, a tremenda concorrência de trabalho que proíbe os romantismos, o sentimentalismo, as noites passadas em claro e essa coisa abjeta que os imbecis divinizam chamada boemia, isto é, a falta de dinheiro, o saque eventual das algibeiras alheias e a gargalhada de troça dos outros com a camisa por lavar e o estômago vazio.[9]

Como afirma Silva Ramos na enquete, o jornalismo tinha uma utilidade fundamental para a arte: dar ao literato um emprego, colocando-o "ao abrigo das primeiras necessidades, tornando, para sempre, impossível a reprodução do quadro lendário: o poeta morrendo de fome".[10] E ainda facilitava os contatos que abririam as portas do serviço público, este sim uma garantia da estabilidade e de aposentadoria para praticamente todos os homens de letras do período.

Não surpreende a ambigüidade de vários escritores, como Bilac, em relação ao trabalho em jornal. Cooptado pela imprensa, o literato podia ser comparado a uma prostituta — figura simbólica da relação do artista com o mercado —, como ele mesmo fez em sua confidência a João do Rio. Se a evitasse, esbarraria no velho fantasma do escritor em farrapos, perfeitamente descrito por Adolfo Caminha em suas *Cartas literárias*.

Não há por aí quem desconheça que o escritor brasileiro, na maioria dos casos, vive tristemente de um mísero emprego público, sem recursos de outra espécie, ocultando-se da sociedade para não ser visto com os seus trajos de boêmio à força, macambúzio, chorando necessidades, alimentando-se mal, contraindo favores, enquanto não lhe chega o minguado subsídio com que vai pagar os agiotas que o socorreram durante o mês.[11]

Para movimentar uma sociedade fascinada pelo consumo, pelo ornamento e pelo supérfluo, como a capital brasileira durante a *Belle Époque*, foi preciso unir três fatores: um rápido crescimento econômico, que possibilitasse a concentração de renda nas mãos de uma classe ociosa, uma classe emergente disposta a qualquer sacrifício pessoal para conquistar os símbolos de distinção social e uma ampla gama de excluídos. Os homens de letras não ficaram imunes a nenhum desses fatores.

Com isso, o poeta pobre encarnaria o pesadelo do escritor consagrado: ele representava a marginalização social com que a literatura ameaçava aquele que não seguisse as novas regras. O escritor bem-sucedido precisava varrer sua sombra para debaixo do tapete, não tanto porque ela o lembrasse o tempo todo que estava "prostituindo sua arte por 300 mil-réis por mês", mas porque ilustrava o que ele poderia vir a ser, se não conseguisse ou se recusasse a alugar sua pena. Mesmo sabendo que, mais dia menos dia, Mefistófeles viria cobrar seu preço, como na crônica de Bilac.

No entanto, o jornalismo também estava longe de ser uma profissão bem-remunerada. Para conseguir melhor renda, até os mais famosos escritores eram polígrafos obrigados a se dividir por vários órgãos de imprensa. Em *A conquista*, Coelho Neto aconselhava o aspirante a escritor a diplomar-se e fugir dos jornais, pintando um quadro do jornalista sem nome não muito diferente do poeta maldito.

O prelo é a moenda e lá se vai o cérebro, aos bocados, para repasto do burguês imbecil, e no dia em que o grande industrial compreende que nada mais pode extrair do desgraçado que lhe cai nas mãos sonhando com a glória literária, despede-o e lá vai o infeliz bagaço acabar esquecidamente, minado pela tuberculose.[12]

Antes mesmo de se tornar um fantasma para o escritor fim-de-século, a figura do poeta mendicante já tinha sido alvo da ironia de escritores jornalistas como José de Alencar e Machado de Assis. O primeiro chegou a levar bengaladas de um desses, o poeta Inácio Martins Ferreira, também conhecido como Maranhense ou o Poeta do Bacanga. Popular na cidade por sua mania de pedir subscrições para um livro nunca publicado, o poeta foi avisado de que Alencar tinha criado na peça *Rio de Janeiro (verso e reverso)* um personagem inspirado nele. Logo no primeiro ato, o personagem real teria se levantado da platéia e gritado: "Tem razão, sou eu mesmo, sem tirar nem pôr!", para logo depois ameaçar o autor e, no intervalo, chegar mesmo às vias de fato.[13]

Assim como Alencar, Machado de Assis também revelaria verdadeiro horror ao "poeta mendicante", o "parasita literário", o "fanqueiro". Mesmo em seu tempo, Machado acreditava que o jornal tinha "a vantagem de dar uma posição social ao homem de letras", ainda que negro e pobre como ele:

> [o jornal] diz ao talento: "Trabalha! Vive pela idéia e cumpres a lei da criação! Seria melhor a existência parasita dos tempos passados, em que a consciência sangrava quando o talento comprava uma refeição por um soneto? Não! Graças a Deus! Esse mau uso caiu com o dogma junto do absolutismo. O jornal é a liberdade, é o povo, é a consciência, é a esperança, é o trabalho, é a civilização. Tudo se liberta, só o talento ficaria servo?"[14]

Depois de Machado, a república das letras foi ficando cada vez mais dividida entre os vencedores — "o filão letrado que se solda aos grupos arrivistas da sociedade e da política, desfrutando a partir de então enorme sucesso e prestígio pessoal"[15] — e os derrotados, marginalizados socialmente, a quem pouco restava além da miséria, a loucura, a doença e o alcoolismo.

É instrutiva a visita de um representante do primeiro grupo, Coelho Neto, a um exemplar do segundo, à beira da morte.

> Que trabalho para conseguir achar a pocilga em que se extinguiu o espírito radiante! Um casarão secular em um beco da Cidade Nova, perto do Gazômetro. Nem lhe sei o nome. Escuro e sórdido como uma caverna. A escada, em dois lances retorcidos, rangia ameaçando desabar. Uma lanterna de cárcere vasquejava em cima fazendo rebrilhar a umidade que ressumava das paredes sujas e esburacadas. Tresandava.
>
> O quarto ... Ah! Meu amigo ... uma estufilha com um postigo sobre o telhado. Cama de ferro sem lençóis, uma mesa de pinho atulhada de jornais e brochuras, uma cadeira espipada, andrajos escorrendo de pregos à parede, e, num caixote, um coto de vela vasquejando numa garrafa.[16]

A descrição é ainda mais chocante quando comparada com a que João do Rio faz da casa de Olavo Bilac em *O momento literário*.

> A casa do poeta é de uma elegância delicada e sóbria. Ao entrar no jardim, que é como um país de aromas, cheio de rosas e jasmins, ouvindo ao longe o vago anseio do oceano, eu levava n'alma um certo temor [...]. Eu olhava a sala onde há tanto tempo mora a Musa perfeita. As paredes desaparecem cheias de telas assinadas por grandes nomes, caquemonos de Japão, colchas de seda cor d'ouro velho. As janelas deixam ver o céu, a rua e as árvores entre cortinas cor de leite e sanefas de veludo cor de mosto. Do teto pende uma antiga tapeçaria francesa, a um canto um paravento

de laca parece guardar mistérios no *bric-à-brac* do mobiliário — cadeiras de várias épocas, poltronas, estantes de rodízios, *guéridons*, divas, dois vastos divãs turcos, largos como alcovas [...]. Os meus olhos repousam nos *bibelots*, nas jarras de porcelana cheias de flores frescas; a alma sente uma alegre impressão de conforto.[17]

Quem eram esses poetas mortos de fome que, longe de terem sucumbido no passado, pairavam como sombras em meio ao luxo da *Belle Époque*? Em geral, simbolistas, nefelibatas, decadentistas e últimos românticos, que acreditavam numa arte pura e desinteressada, como Cruz e Souza. Mas, mesmo este andou tentando a sorte no jornalismo. No primeiro semestre de 1891, o poeta simbolista empregou-se no *Cidade do Rio*, de José do Patrocínio, como noticiarista, a 50 mil-réis semanais. Ele ainda colaborou na *Revista Ilustrada*, de Ângelo Agostini, no *Novidades* e em *O Tempo*, antes de desistir definitivamente da imprensa, onde nunca conseguiu ir além da vala comum, apesar dos visíveis esforços para escrever uma prosa mais coloquial.[18]

Enquanto os integrados se reuniam na Livraria Garnier, os apocalípticos marcavam ponto em outra livraria, também francesa, de *madame* Fauchon. Lá, eles se deleitavam em criticar a vulgaridade dos naturalistas, o pernosticismo dos parnasianos e Machado de Assis. Às vezes, os tais poetas mortos de fome nem mesmo eram poetas. Podiam ser romancistas encrenqueiros, como Lima Barreto, que ousavam levantar a voz nos cafés para falar mal dos medalhões. Dizia, em alto e bom som, que "o Senhor Coelho Neto é o sujeito mais nefasto que tem aparecido em nosso meio intelectual". Também não poupava Machado de suas críticas, afirmando que ele "escrevia com medo", escondendo o que sentia.[19] Para Lima, além de omisso, Machado não era autêntico. "Não tem naturalidade. Inventa tipos sem nenhuma vida", quase fantoches.[20]

Lima Barreto tinha como alvo a circularidade de elogios do meio literário provinciano, uma espécie de "autopúblico, num país sem público".[21] Filho de um antigo mestre das oficinas de composição da Tipografia Nacional e de uma professora primária que chegou a fundar um colégio para meninas, o escritor estudou na Escola Politécnica, entre 1898 a 1903, mas foi sucessivamente reprovado em matérias como cálculo matemático. Mulato culto, sem diploma nem dinheiro, iria parar fatalmente no jornalismo.

Também não encontraria nas redações o reconhecimento literário que deixou de obter em vida. Seu trabalho na imprensa mais interessante foi uma série de reportagens, sem assinatura, no *Correio da Manhã*, em 1905, sob o título *Os subterrâneos do Morro do Castelo*. Pediu demissão de *A Época* por não aceitar escrever notas elogiosas sobre figurões da república. Ficou apenas três meses no cargo de redator da revista *Fon-Fon*, e criou outra, a *Floreal*, que só durou quatro números. Assinou crônicas diárias no *Correio da Noite* e, sob pseudônimo, no vespertino *Lanterna*. Escreveu para *O País* e no quinzenário *A Voz do Trabalhador*, assinando como Isaías Caminha. Mais tarde, trabalharia em outro jornal de esquerda, *O Debate*. Em 1922, quando morreu quase no ostracismo, aos 41 anos de idade, a revista *O Mundo Literário* publicava o primeiro capítulo de *Clara dos anjos*.

Nas páginas de seus livros, Lima Barreto exibiria os bastidores do jornalismo e do sistema de compadrio que fazia triunfar as mediocridades literárias, numa espécie de seleção natural invertida pelo espírito de corpo, usando e abusando da influência da imprensa na opinião pública. Muito embora não tenha escapado de alugar sua pena à grande imprensa, como forma de lucrar com seu talento ou mesmo como estratégia de inserção intelectual, Lima não a poupava de suas críticas.

[...] senti que tinha travado conhecimento com um engenhoso aparelho de aparições e eclipses, espécie complicada de tablado de mágica e espelho de prestidigitador, provocando ilusões, fantasmagorias, ressurgimentos, glorificações e apoteoses com pedacinhos de chumbo, uma máquina Marinoni e a estupidez das multidões. Era a Imprensa, a Onipotente imprensa, o quarto poder fora da Constituição![22]

Nas palavras de seu personagem, o ambicioso literato de província Isaías Caminha, Lima Barreto denunciou as regras e preconceitos que regiam o meio literário:

Não sou propriamente um literato, não me inscrevi nos registros da Livraria Garnier, do Rio, nunca vesti casaca e os grandes jornais da capital ainda não me aclamaram como tal — o que de sobra, me parece, são motivos bastante sérios para desculparem a minha falta de estilo e capacidade literária.[23]

E ainda ironizava, fingindo se afastar do personagem:

Afora as cousas da "Garnier", e da "casaca" e dos "jornais", que são preconceitos provincianos, o prefácio, penso eu, consolida a obra e a explica, como os leitores irão ver. Disse bem preconceitos, porque, após dez anos, tantos são os que vão da composição das *Recordações* aos dias que correm, o meu amigo perdeu muito da amargura, tem passeado pelo Rio com belas fatiotas, já foi ao Municipal, freqüenta as casas de chá [...] enriqueceu e será deputado. Basta.
Deus escreve certo por linhas tortas, dizem. Será mesmo isso ou será de lamentar que a felicidade vulgar tenha afogado, asfixiado um espírito tão singular?[24]

Com tantas diatribes, Lima Barreto não encontrou no Rio de Janeiro um editor para seu primeiro livro, mas em Lisboa. Como de praxe, o português A. M. Teixeira aceitou a incumbência, desde que o autor abrisse mão dos direitos autorais. Ele aceitou e recebeu em troca da publicação de *Recordações do escrivão Isaías Caminha* apenas cinqüenta exemplares. Lançado em 1909, o livro teve uma recepção que variou do silêncio completo da imprensa, que se sentiu atacada, a críticas de nomes consagrados, como José Verissimo e Alcides Maia.

O autor não tinha cacife para peitar os medalhões da literatura e do jornalismo, como João do Rio, que na obra tem seu nome trocado para Raul de Gusmão ("uma desencontrada mistura de porco e de símio adiantado, ainda por cima jornalista ou coisa que o valha, exuberante de gestos inéditos e frases imprevistas"), e pagou caro por fazê-lo logo de cara.[25] Por décadas, o nome de Lima Barreto foi banido do *Correio da Manhã* por causa desse romance *à clef* que descrevia em detalhes nada edificantes os bastidores da redação do jornal e as armações de seu dono, Edmundo Bittencourt. Como se não bastasse, Lima Barreto também traçaria o perfil de João Lage, proprietário e diretor do jornal *O País*, em *Numa e a ninfa*.

Quando decidiu reeditar o polêmico *Recordações do escrivão Isaías Caminha*, teve que fazê-lo por conta própria, tomando vinte contos de réis de agiotas. Por questões éticas, recusou a tentadora proposta de João Lage de publicar o romance em folhetim no jornal *O País* e ainda custear a nova edição, desde que o escritor revelasse a identidade dos personagens. Lima percebeu que seria usado para atacar o *Correio da Manhã*, concorrente de *O País*, e não aceitou. Mas, da dura experiência nas redações, tiraria grandes lições sobre as semelhanças e diferenças entre jornalismo e literatura:

No jornal, compreende-se escrever de modo diverso do que se entende literariamente. Não é um pensamento, uma emoção, um sentimento que se comunica aos outros pelo escritor; não é o pensamento, a emoção e o sentimento que ditam a extensão do que se escreve. No jornal, a extensão é tudo e avalia-se a importância do escrito pelo tamanho; a questão não é comunicar pensamentos, é convencer o público com repetições inúteis e impressioná-lo com o desenvolvimento do artigo.[26]

O problema é que, na virada do século, essa elite cultural economicamente proletária, de que Lima Barreto é representante, tenta abrir seu espaço no mundo das letras. No entanto, sem os meios materiais nem intelectuais indispensáveis para se manter muito tempo à espera de reconhecimento. Essa contradição coloca o artista pobre diante de duas alternativas. Ou a submissão ao mercado (o jornalismo, o folhetim e o teatro de *boulevard*) e ao gosto burguês (expresso pela chamada "literatura sorriso", que jamais fustiga os valores sociais). Ou a degradação material e moral expressa pela boemia, o alcoolismo e o vício, que ao menos dava um sentido artístico a sua vida. Assim, parece correto o diagnóstico de Pierre Bourdieu, quando afirma que "o rebaixamento trágico do poeta, a exclusão e maldição que o atingem lhe são impostos pela necessidade exterior ao mesmo tempo que se impõem a ele, por uma necessidade inteiramente interna, como a condição da realização de uma obra".[27]

Não é difícil ver a influência dos subterrâneos de Dostoiévski no *Diário do hospício*, de Lima Barreto. Os marginalizados, os que optaram pela arte pura e não mercantilizaram seu talento, têm pelo menos esta vantagem em relação aos que se "prostituíram": a força pungente de seu relato, baseada na autenticidade de seu sofrimento. Sua literatura se alimenta desse desengano.

Mas, para se agarrarem à "mística crística do artista maldito, sacrificado neste mundo e consagrado no outro", careciam de algum *feedback*.[28] Afinal, é muito tênue a linha que distingue o artista frustrado e boêmio ressentido do artista maldito. Oscilando entre se julgar um gênio incompreendido e um fracasso completo, alguns escritores seriam levados à loucura, como Lima Barreto. Como assinala Bourdieu:

> Enquanto o novo princípio de legitimidade, que permite ver na maldição presente um sinal da eleição futura, não é reconhecido por todos, durante o tempo, portanto, em que um novo regime estético não se instaurou no campo e, para além dele, no próprio campo do poder, [...] o artista herético está condenado a uma extraordinária incerteza, princípio de uma terrível tensão.[29]

Na verdade, o termo boêmio, para caracterizar os escritores marginais, é inexato. Afinal, a *Belle Époque* dos cafés, confeitarias e salões era antes de tudo boêmia. E também essa boemia era polarizada por dois tipos: a dourada, freqüentada pela aristocracia literária, e a marginalizada, representada pelo exército de reserva da literatura. O último grupo sofreria ainda uma divisão, optando por duas formas de reação: a resignação e o inconformismo. Lima Barreto, obviamente, pertencia ao segundo grupo. Segundo ele, o remédio para "a rede de malhas estreitas, por onde não passa senão aquilo que lhes convém", seria rasgá-la "à faca, sem atender a considerações morais, religiosas, filosóficas, doutrinárias, de qualquer natureza que seja".[30]

Numa sociedade ansiosa por importar e criar códigos de distinção, também os cafés eram divididos entre as panelinhas. Os escritores consagrados ou aspirantes ao estrelato se reuniam na Colombo. Os desconhecidos freqüentavam o Café Papagaio. Lá, Lima Barreto reunia-se com pequenos funcionários que, como ele, queriam mudar o mundo.

> Nós nos reuníamos naquele tempo [1907-1910] no Café Papagaio. Aí pelas três horas, lá estávamos a palestrar, a discutir coisas graves e insolúveis. Como havia entre nós uns quatro amanuen-

ses, o grupo foi chamado "Esplendor dos Amanuenses", na intenção de mais justamente destacar aquelas horas de felicidade, de liberdade, em oposição às de inércia nas secretarias e repartições, quando, acorrentados à galé dos protocolos e registros, remávamos sob o chicote da vida.[31]

Embora não fizesse concessões em matéria de literatura, Lima Barreto alugou sua pena para o jornalismo sorriso, mais especificamente para a revista *O Riso*, onde publicou vários contos humorísticos. Mas a vida real não era nada alegre. Em 1914, quando começou a escrever uma crônica diária para o jornal *A Noite*, sofreu sua primeira internação no Hospital Nacional de Alienados.

Na volta, pegou dinheiro emprestado e resolveu publicar por conta própria *Triste fim de Policarpo Quaresma*. O livro, editado no ano seguinte, finalmente chamou a atenção da crítica, com a exceção óbvia do *Correio da Manhã*, que não veiculou nem uma palavra sobre a edição. Houve, porém, restrições, principalmente aos deslizes gramaticais. Quatro anos depois, Lima Barreto conseguiu sua aposentadoria e passou a colaborar mais na imprensa. Escrevia em ABC, *A Notícia, Hoje, O País, Gazeta de Notícias, Careta* e até no *Rio-Jornal*, fundado por Paulo Barreto. Na noite de Natal de 1919, porém, sofreu seu segundo surto psicótico. Internado, começou as anotações de *Diário do hospício*, onde desabafaria: "A minha pena só me pode dar dinheiro escrevendo banalidades para revistas de segunda ordem. Eu me envergonho e me aborreço de empregar, na minha idade, a minha inteligência em futilidades".[32] Hoje, é possível ver que essa passagem pelo jornalismo não foi apenas perda de tempo. Segundo Nicolau Sevcenko:

> O autor, eternamente às turras com o jornalismo suspeito do país, apenas o admitia tacitamente. No entanto, o efeito dessa opção sobre sua arte será decisivo e mais do que evidente. Sua estética,

64

por meio do viés do jornalismo, se distinguia principalmente pela simplicidade, pelo despojamento, contenção e espírito de síntese, aplicados à linguagem narrativa; enquanto que o tratamento temático se voltaria para o cotidiano, os tipos comuns, as cenas de rua, os fatos banais e a linguagem usual.[33]

Depois que saiu do manicômio, Lima Barreto entrou numa produção literária frenética e concluiu cinco livros: *Marginália, Histórias e sonhos, Feiras e Mafuás, Clara dos anjos* e *Bagatelas*. O próprio escritor definiria seu estilo de uma forma que poderia constar de qualquer manual de jornalismo moderno:

> Escrever, com fluidez, claro, simples, atraente, de modo a dirigir-me à massa comum dos leitores, quando tentasse a grande obra, sem nenhum aparelho rebarbativo e pedante da fraseologia especial ou falar abstrato que faria afastar de mim o grosso dos legentes. Todo homem, sendo capaz de discernir o verdadeiro do falso, por simples e natural intuição, desde que se ponha este em face daquele, seria muito melhor que me dirigisse ao maior número possível, com auxílio de livros singelos, ao alcance das inteligências médias com instrução geral, do que gastar tempo com obras só capazes de serem entendidas por sabichões enfatuados, abarrotados de títulos e tiranizados na sua inteligência pelas tradições de escolas e academias por preconceitos livrescos de autoridade.[34]

A frustração com sua incapacidade de se inserir nos círculos letrados da cidade, o ressentimento pelos problemas financeiros recorrentes e a própria dificuldade em aferir sua real importância como escritor acabariam levando Lima Barreto a ocupar o único papel que lhe restava, o de boêmio, submetendo-se inconscientemente às regras e às estruturas sociais com que se debatia. "Não me preocupava com o meu corpo. Deixava crescer o cabelo, a barba, não me banhava a miúdo. Todo o dinheiro que apanhava, bebia. Delirava de desespero e desesperança; eu não obteria nada", escreveu em seu diário.[35]

Pelos depoimentos que deixou em seus livros, não é difícil ver na loucura de Lima Barreto, como fez Sergio Miceli, uma revolta com o rebaixamento social a que sua família foi submetida com a mudança do regime monárquico para o republicano. Através da literatura, teria buscado uma reconversão ao *status* original e mesmo uma elevação social. O fracasso o levaria ao alcoolismo e ao hospício. Nas palavras do próprio escritor: "Desespero por ter sonhado e terem me acenado tanta grandeza, e ver agora, de uma hora para outra, sem ter perdido de fato minha situação, cair tão baixo, tão baixo".[36]

Entre artistas que nasceram e morreram na miséria, esse "culto do desinteresse" muitas vezes não passa de uma tentativa de inverter imaginariamente uma falência: a das ambições pessoais. Uma espécie de "recalque coletivo do interesse econômico". Para Pierre Bourdieu:

> [...] o desprezo do escritor pelo burguês e pelas posses temporais em que se aprisiona — propriedades, títulos, condecorações, mulheres — não deve alguma coisa ao ressentimento do burguês frustrado, levado a converter seu fracasso em aristocratismo da renúncia eletiva? [...] Quanto à autonomia que supostamente justifica essa renúncia imaginária a uma riqueza imaginária, não seria ela a liberdade condicional, e limitada ao seu universo separado, que o burguês lhe atribui?[37]

De fato, no auge de sua miséria e desespero, Lima era a imagem do escritor que os anatolianos tanto temiam ver do outro lado do espelho. Ao narrar a história do período em *Vida literária 1900*, Brito Broca comenta:

O autor do *Triste fim de Policarpo Quaresma* deixou-se influenciar pelas sugestões de uma tradição que se perdia. O seu tipo de desajustado, vindo postar-se nas esquinas da Avenida, sujo e bêbado, refletia os extremos de um não-conformismo já *démodé*. Homem metódico, trabalhador, sério, sem possuir uma verdadeira índole boêmia, descambou nos desmandos boêmios por uma espécie de equívoco. Não viu outra saída para a revolta que o torturava senão no terno roto e na dipsomania à Verlaine, quando a época já não comportava tais excessos, oferecendo novas possibilidades de adaptação aos escritores.[38]

A exigência da Academia Brasileira de Letras de compostura aos aspirantes a uma cadeira de imortal foi uma sentença de morte ao velho modelo de escritor maldito. Lima Barreto sabia que, se quisesse prosperar como literato em seu tempo, teria que se curvar às instâncias de consagração. Embora não tivesse estômago para panelinhas e pistolões, mantinha com a ABL a eterna relação da raposa com as uvas.

Queria ser eleito democraticamente, como no concurso em que foi nomeado amanuense. Mas as coisas não funcionavam assim. Apesar de ter tentado três vezes, nunca entrou para a Academia. Os boêmios já tinham sido suplantados pelos dândis, a bebida nos cafés pelo elegante chá das cinco. Os que sonhavam com a arte pura, pelo pragmatismo dos que tinham os pés no chão e os bolsos cheios.

Lima Barreto, representante do primeiro grupo, nasceu no mesmo ano que Paulo Barreto, 1881, e morreu um ano depois, em 1922. Se Paulo, ou João do Rio, parece ter nascido virado para a lua, o fato de Lima ter vindo ao mundo numa sexta-feira 13 pode ser sintomático. Pertencentes a uma estirpe de escritores negros ou mulatos, como Gonçalves Dias, Paula Brito, Teixeira e Sousa, Cruz e Souza e Machado de Assis, Paulo e Lima Barreto foram diferentes em quase todo o resto. O que não impediu o segundo de postular a vaga do primeiro na Academia Brasileira de Letras, em julho de 1921, e retirá-la dois meses depois. E de morrerem do mesmo problema — coração — com meses de diferença. Lima na obscuridade e pobreza, João do Rio no auge da glória e prosperidade.

# 4. Literatura como negócio

*É preciso que a literatura renda ao menos para o papel,
a tinta e os selos.*

Monteiro Lobato

Em 1923, ano seguinte à morte de Lima Barreto, a jovem
Rosalina Martins Pontes ainda tinha na cabeça a imagem do escritor morrendo de fome e desespero, quando se deparou, durante um cruzeiro para a Europa, com seu oposto, Roberto Fleta,
autor de um livro que marcou sua geração, *A menina que pecou.*

Guardou a lembrança da "menina que pecou" e de seu autor. Imaginava, porém, Roberto Fleta um rapaz moreno, muito esguio,
com cara e olhos de tuberculoso, vencido pelo trabalho exaustivo
de escrever seus livros e de traçar suas mórbidas personagens.
Imaginava um escritor morrendo de fome e de talento como o
Rodolfo na Boêmia, a vista alquebrada de cansaço, o estômago vazio, os nervos alimentados de café, escrevendo diante de uma vela
derretida em sebo, numa mesa sórdida e manca, de três pés, escre-

vendo para a glória e para a celebridade póstumas, escrevendo na ânsia de fazer a obra-prima, a noite inteira, noite adentro, noite afora, até as primeiras claridades da manhã [...].[1]

Mas Mademoiselle Cinema, a coquete personagem de Benjamin Costallat (ele próprio um escritor e jornalista de sucesso, autor de *best-sellers* como *Mistérios do Rio*), conheceria alguém bem diferente do artista romântico e desinteressado que ainda vigorava no imaginário do público.

> Roberto Fleta não era nada daquilo que ela pensava. Bem nutrido, corado, musculoso, Fleta não tinha nada do que sua imaginação criara. Podia ser tão bom jogador de *foot-ball* como era escritor. Soube então que vivia não num quarto miserável e sim num maravilhoso *bungalow* em Santa Teresa. Sua mesa era a mais linda mesa de trabalho que se possa imaginar. Toda burilada em bronze e da mais rica madeira de lei. Sua casa era um museu de cousas interessantes e ricas. Objetos de arte e de luxo jogados em cada canto. Saletas exóticas, salões pomposos. O ambiente, finalmente, de um escritor moderno, cuja maior glória é ganhar dinheiro, muito dinheiro, com a sua literatura.[2]

Tal modelo de escritor já era possível devido à enorme vendagem da literatura popular de escritores como Costallat, que firmou seu nome como cronista, crítico de música e redator na *Gazeta de Notícias* e no *Jornal do Brasil*. Sem temer o sensacionalismo ou a literatura comercial, chegou a abrir uma editora para ganhar ainda mais dinheiro com as próprias obras. *Mademoiselle Cinema*, seu primeiro romance, vendeu 20 mil exemplares em apenas dois meses. "É o maior sucesso de livraria até hoje registrado no Brasil", divulgava o *Jornal do Brasil*, na edição de 14 de fevereiro de 1924.[3] Não só o jornalismo, mas a publicidade —

desde os tempos de Olavo Bilac, que emprestava seus sonetos para produtos e casas comerciais — vinha tentando os escritores. Costallat era uma espécie de grife. Escrevia sob encomenda e escancaradamente unia o *glamour* de seus personagens a marcas de perfume, água-de-colônia e pó-de-arroz.

O escritor que se torna editor, como Costallat, tem pelo menos cinco vezes mais lucro do que os 10% sobre o preço de capa do livro que receberia a título de direitos autorais. E, como empresário, ganha outra visão do mercado editorial. Passa a pensar em custos, lucros, funcionários, prejuízos, impostos, distribuição, *marketing* e divulgação. Toma contato com uma verdadeira máquina de vender livros.

Na prática, a existência de editores e agentes literários permite que o autor não suje as mãos com dinheiro e se concentre no seu ofício. O dinheiro que supostamente deixa de ganhar é o preço que paga para não ter de barganhar diretamente sua arte no mercado. Para não precisar fazer como Manuel Antônio de Almeida, que tentou em vão conseguir subscritores para publicar, por conta própria, *Memórias de um sargento de milícias*. Ou o sempre lembrado exemplo de José de Alencar e Joaquim Manuel de Macedo, que mandavam escravos vender seus livros de porta em porta.

Costallat foi um dos primeiros autores a perceber que quem ganhava dinheiro com a literatura era o editor. Até Monteiro Lobato, porém, nenhum escritor tinha tido coragem de falar abertamente do livro como mercadoria e da literatura como negócio. Antes dele, editoras como Garnier e Francisco Alves eram braços editoriais de grandes livrarias, que publicavam autores consagrados e obras didáticas. Para criar uma indústria editorial nacional, Lobato precisou inventar um mercado para o livro, o que implicava mudar o estilo e as palavras com que era escrito, a forma como a obra era anunciada e distribuída, o público a que era direcionada. Em resumo: transformar o livro em produto para consumo de massa. Estrategicamente, o escritor começou o processo na imprensa, garantia de acesso aos leitores em potencial e publicidade certa e gratuita para seu nome.

Embora já tivesse fundado o jornal *O Minarete* com um grupo de amigos da faculdade de Direito e publicado artigos em vários órgãos da imprensa paulista e carioca, Monteiro Lobato não passava de um ilustre e desconhecido juiz provinciano que, com a morte do avô, o visconde de Tremembé, transformou-se em grande proprietário rural, passando a se preocupar com a modernização dos métodos agrícolas. No artigo "Velha praga", escrito originalmente como carta para a coluna Queixas e Reclamações do jornal *O Estado de S. Paulo*, Lobato denunciou o hábito caipira da queimada, criando um dos seus principais personagens de ficção dentro da própria imprensa: o Jeca Tatu. Ao primeiro artigo, publicado em 1914, seguiu-se outro, "Urupês", que seria o título de seu primeiro livro assinado.

No *Estadão*, Lobato se tornaria um "sapo", jargão que definia os que visitavam a redação quase todas as noites, mas que só escreviam quando tinham algo a dizer. Espécie de conselheiros, comentavam as notícias do dia, davam palpites, criticavam o próprio jornal. Mas o interesse do escritor pelo jornal era principalmente mercadológico.

> Dizes bem quanto à disseminação do nome por intermédio de outras folhas. Isto é como eleitorado. Escrevendo no *Estado*, consigo um corpo de 80 mil leitores, dada a circulação de 40 mil do jornal e atribuindo a média de dois leitores para cada exemplar. Ora, se me introduzir num jornal do Rio de tiragem equivalente, já consigo dobrar o meu eleitorado. Ser lido por 200 mil pessoas é ir gravando o nome — e isso ajuda [...]. Para quem pretende vir com livro, a exposição periódica do nomezinho equivale aos bons

anúncios das casas de comércio — em vez de pagarmos aos jornais pela publicação dos nossos anúncios, eles nos pagam — ou prometem pagar.[4]

Em 1917, Lobato vendeu a fazenda e se mudou para São Paulo. No ano seguinte, o "sapo" alcançaria altos cargos no *Estadão* por pura obra do acaso. Durante a gripe espanhola, toda a cúpula caiu de cama. E Lobato foi obrigado a assumir as funções dos que se ausentavam, trabalhando sucessivamente como redator-chefe, secretário e editor. O escritor deixou gravadas as recordações do período.

> Enquanto na sala de espera seu Filinto recebia gente, eu na sala do Nestor abria o famoso bauzinho da matéria e passava os olhos naquilo, selecionando o que tinha que sair no dia seguinte, podando os excessos, baixando os adjetivos, rabiscando instruções. Depois zás! Metia a papelada no tubo pneumático que por baixo da terra levava tudo às oficinas de composição.[5]

Lobato mostraria seu desagrado por "escrever forçado". "É o mesmo que andar arcado. Nada emperra mais a pena, e tolhe tanto o correntio da frase, como sentirmos sobre os ombros alguém a espiar-nos."[6] Mas, em vez de diminuir, aumentou suas colaborações em revistas como *Dom Quixote, Vida Moderna, A Cigarra* e nos jornais *O Correio da Manhã, O Queixoso* e até em *O Pirralho*, editado por Oswald de Andrade.

Com o dinheiro da venda da fazenda, Lobato deu mais um passo importante no seu processo de consagração: comprou a prestigiosa *Revista do Brasil*, onde escrevia a elite literária do país, de Rui Barbosa a Olavo Bilac. Ao lado do secretário de redação, o também escritor Leo Vaz, Lobato conseguiria multiplicar o número de assinantes com habilidosas jogadas de *marketing*, que acabaria implantando também no negócio dos livros.

Na época, organizou para *O Estado de S. Paulo* uma pesquisa sobre o saci-pererê. Sua proposta era interativa, pedindo aos leitores que respondessem um questionário e contribuíssem com histórias sobre o personagem. Depois de uma chuva de cartas, a pesquisa acabou transformada em livro, que, usando-se um expediente comum na imprensa, mas raro no mercado editorial, era patrocinado por vários anunciantes.

Em 1918, Lobato lançou o livro de contos *Urupês*, inaugurando sua própria editora. O livro reunia textos já publicados em revistas e o famoso artigo de jornal que o projetou, em que desancava as ilusões românticas do indianismo ao expor o ridículo de um "jeca-centrismo" que endeusa o atraso. Sua repercussão foi enorme. Dez anos mais tarde o livro já tinha alcançado nove edições e 30 mil exemplares vendidos.

Quando suas duas primeiras obras tornaram-se *best-sellers*, Lobato passou a acreditar que era possível ganhar dinheiro com livros no Brasil, entrando com ímpeto num mercado dominado pelo capital estrangeiro. Até então, Garnier, Briguiet, Garraux imprimiam na França. Francisco Alves preferia os medalhões da Academia Brasileira de Letras. E os escritores que não conseguiam espaço mandavam seus originais para Portugal. A concorrência não era problema, mas sim a falta de distribuição.

> Impossível negócio desse jeito — assim privado de varejo. Mercadoria que só dispõe de quarenta pontos de venda está condenada a nunca ter peso no comércio de uma nação. Temos que mudar, fazendo uma experiência em grande escala, tentando a venda do livro no país inteiro, em qualquer balcão e não apenas em livraria. Mandamos uma circular a todos os agentes de correio, pedindo a indicação de uma casa, de uma papelaria, de um jornalzinho, de uma farmácia, de um bazar, de uma venda, de um açougue, de qualquer banca, em suma, em que também pudesse ser vendida

uma mercadoria denominada livro. Completando a consulta feita com outras a prefeitos e o diabo, conseguimos 1200 nomes de casas comerciais recomendadas como relativamente sérias.[7]

Pode-se dizer que Monteiro Lobato foi o primeiro escritor brasileiro a conceber a literatura como mercadoria. Não teve o menor pudor de enviar uma carta aos donos dessas casas comerciais propondo: quer vender também uma coisa chamada livro? "Vossa Senhoria não precisa inteirar-se do que essa coisa é. É um artigo comercial como qualquer outro batata, querosene, ou bacalhau."[8] O editor se propunha a mandar os livros em consignação. Se um açougueiro, por exemplo, vendesse algum, teria uma comissão de 30%. Se não, poderia devolver o livro pelo correio, com o porte pago pela editora. A proposta deu certo e, de quarenta livrarias, a editora de Monteiro Lobato saltou para 1200 pontos de venda.

O editor aproveitou também a rede de assinantes e distribuidores da *Revista do Brasil* para ampliar o negócio e investiu na qualidade gráfica dos livros, com capas mais chamativas, e na divulgação na imprensa, com críticas e anúncios pagos. Lobato ironizava o velho modelo editorial "de tantas galinhas velhas — Alves, Garnier, Briguiet — que de vez em quando botam um livro":[9]

> Os nossos editores imprimem seiscentos exemplares de um Machado de Assis, de um Euclides da Cunha, de um Bilac, enfiam-nos nas prateleiras de duas ou três livrarias do Rio e daqui de São Paulo, e ficam pitando, à espera de que o morador do Amazonas, de Pernambuco, da Bahia, de Porto Alegre etc., tome um navio e viaje uma semana, só pelo incoercível desejo de comprá-lo.[10]

Mas o furor comercial não se deu sem crise de consciência. Em 1921, Lobato mandou uma carta para o escritor Godofredo

Rangel em que dizia: "A minha obra literária, Rangel, está cada vez mais prejudicada pelo comércio. Acho que o melhor é encostar a coitadinha e enriquecer, depois de rico, e portanto, desinteressado do dinheiro, então desencosto a coitadinha e continuo".[11] A frustração começava a bater à porta. Em meio a uma crise nostálgica, Lobato chega a dizer que foi um escritor enquanto não sabia que o era, num tempo em que escrevia só pelo prazer de escrever. Acreditava que "esse belo escritor morreu quando se concretizou. Surgiu em lugar dele a sórdida coisa que é o profissional, 'o homem de letras'".[12]

Uma das compensações do editor foi lançar autores novos, como Lima Barreto. Na contramão da concorrência extremamente conservadora, saiu em busca de escritores inéditos. E recebeu uma avalanche de originais de todo o país. Apesar de sua briga com os modernistas, após a Semana de 22 não hesitou em editar *Os condenados*, de Oswald de Andrade, e *O homem e a morte*, de Menotti del Picchia, com capa desenhada por Anita Malfatti, a quem tinha desancado publicamente.

Com Jeca Tatu, Lobato também pegou carona na nascente indústria farmacêutica, transformando seu personagem jornalístico-literário em peça publicitária do Biotônico Fontoura. No *Almanaque Fontoura*, a história do Jeca redimido pela indústria farmacêutica teve sua circulação muito ampliada. Para Marisa Lajolo:

> Na aliança de vermífugos e fortificantes com a velha e popular figura do Jeca, Monteiro Lobato e Fontoura fundam outra aliança: além de velhos amigos tornam-se pioneiros da indústria brasileira: um — Monteiro Lobato — da indústria dos livros; outro — Fontoura — da dos remédios. Na passagem do texto do jornal para o almanaque, substitui-se a medicina caseira da erva-de-santa-maria (na versão original) pela Ankilostomina e pelo Biotônico, o que traz para o currículo de Monteiro Lobato a experiência da publicidade, outro índice de modernidade.[13]

A Editora Revista do Brasil, desdobrada em Monteiro Lobato & Cia e depois na Companhia Gráfico-Editora Monteiro Lobato, chegou a ter duzentos operários e oitenta sócios, mas acabou falindo em 1924. Motivos não faltaram: desde o gigantismo dos projetos até a falta de capital de giro devido à nova política econômica, que impunha restrições ao crédito. Problemas inesperados, como a revolução tenentista que parou São Paulo durante dois meses, o brutal racionamento de dois terços da energia elétrica (só era possível trabalhar dois dias por semana) e ainda a virada política que provocou o fim das encomendas do governo fizeram com que a empresa fosse por água abaixo.

Mas, entre a fundação e a falência da editora, Lobato escreveu o embrião de *O Sítio do Picapau Amarelo*. Seus métodos originais de distribuição e divulgação, a programação visual ousada, além do investimento inédito na adoção pelos colégios, com quinhentos exemplares distribuídos de graça aos professores, levaram *Narizinho arrebitado* ao recorde de 50 mil exemplares vendidos em 1921. "Vendo-me como pinhão cozido ou pipoca em noite de escavalinho. Por que o público gosta de mim dessa maneira?", questionava o escritor.[14] A resposta seria dada por ele mesmo: "Anúncios, circulares, cartazes, o diabo. O público tonteia, sente-se asfixiado e engole tudo [...] editar é fazer psicologia comercial".[15]

Capitalista e marqueteiro, o editor Lobato está muito distante da imagem de bom velhinho que ficou para a história da literatura infantil. Mas é preciso ver em seu mercantilismo a toda prova o nascimento de um mercado editorial mais agressivo no Brasil.[16] Monteiro Lobato faliu várias vezes, mas não desistiu. Em 1925, fundou a Companhia Editora Nacional, já de olho num filão muito especial: livros infantis, a serem adotados por colégios em grandes quantidades. Além de escritor, jornalista e editor, Lobato se tornaria tradutor e adaptador de clássicos estrangeiros para crianças.

O Brasil acabou ficando pequeno para ele. Pouco antes de viajar para Nova York como adido comercial brasileiro, em 1927, Lobato publicou o folhetim *O choque das raças* ou *O presidente negro: romance americano do ano de 2228*, no jornal carioca *A Manhã*, de Mário Rodrigues. Tinha grandes planos para o livro nos Estados Unidos, onde pretendia até fundar uma nova editora, a Tupy Publishing Company. O tema era polêmico, o que, segundo o escritor, poderia aumentar seu potencial comercial e transformá-lo num *best-seller* internacional, demonstrando sua aguda consciência das técnicas promocionais desenvolvidas de forma pioneira pelo mercado editorial americano.

> Um escândalo literário equivale no mínimo a 2 milhões de dólares para o autor e com essa dose de fertilizante não há ovo que não grele. Esse ovo de escândalo foi recusado por cinco editores conservadores e amigos de obras bem comportadas, mas acaba de encher de entusiasmo um editor judeu que quer que eu o refaça e ponha mais matéria de exasperação [...]. O meu judeu acha que com isso até uma proibição policial obteríamos — o que vale um milhão de dólares.[17]

Mas o livro não aconteceu, em grande parte pelas acusações de eugenia implícitas. Para piorar, como outros empresários de então, Lobato perdeu tudo o que tinha com o *crack* da Bolsa de Nova York em 1929 e foi obrigado a vender sua participação na Companhia Editora Nacional. Voltou ao Brasil dois anos depois.

Sua opção por uma literatura "desliteraturizada", que revela a tentativa de atingir um público mais amplo, foi duramente criticada por intelectuais como Mário de Andrade, que o chamava, entre outras coisas menos leves, de mercenário. Dá para entender a briga, e também as eventuais aproximações por baixo do pano, entre Mário de Andrade e Lobato. Cada qual foi moderno a seu modo. Mário, ligando-se ao projeto de arte pela arte. Lobato, à sedução da arte como mercadoria. Um, ao modelo europeu; outro, ao americano. Em comum, pode-se dizer que os dois buscaram nas raízes da cultura popular um modelo livre do academicismo da geração anterior.

O editor tinha uma resposta sempre na ponta da língua para ataques ao seu furor comercial. "Eles são uns gênios — mas não vendem; têm que viver como carrapatos do Estado, presos a empreguinhos. Lobato é uma besta, mas está vendendo bestialmente."[18] De fato, esse era o destino dos escritores que não contavam com a venda de seus livros para se manter: o funcionalismo público. Logo o Estado Novo percebeu as vantagens da cooptação de intelectuais oposicionistas por meio de cargos e salários.

Devido a seu talento nato para o *marketing*, Monteiro Lobato foi o primeiro nome pensado por Getúlio Vargas para chefiar o embrião do que viria ser o temido DIP, Departamento de Imprensa e Propaganda. O escritor recusou e nunca comentou o convite, que só foi revelado após a morte de Getúlio, quando pesquisadores tiveram acesso aos diários do presidente. Mas o que era uma simpatia se transformou num verdadeiro ódio, quando Lobato, fundador da Companhia de Petróleo Cruzeiro do Sul, publicou *O escândalo do petróleo*, censurado em 1937.

Sócio da União Jornalística Brasileira, agência de notícias criada por Menotti del Picchia, o escritor acabaria preso por Vargas. A razão teria sido o artigo "Inglaterra e Brasil", irradiado pela BBC de Londres no final de 1940 e reproduzido pela imprensa americana, inglesa e argentina, em que Lobato driblava a censura e criticava a ditadura brasileira internacionalmente. Depois de quatro dias mantido incomunicável, foi liberado.

No ano seguinte, foi enquadrado na Lei de Segurança Nacional e ficou três meses preso. Absolvido em primeira instância, seria condenado a seis meses de prisão na segunda. Assim como

Graciliano Ramos, Monteiro Lobato foi um dos escritores que sofreram a mão pesada da repressão getulista. Mas, ao contrário do autor alagoano, era um escritor popular, o que tornava sua prisão uma batata quente para o governo. Irrequieto, transformou-se em porta-voz dos presos políticos e comuns, exigindo a revisão de processos e libertação dos que já tinham cumprido sua pena, pedindo emprego para ex-presidiários e denunciando a tortura no Estado Novo. Na porta da cadeia, crianças faziam vigília. Milhares de cartas chegaram ao Palácio do Catete. Lobato acabou libertado.

Enquanto isso, vários intelectuais, como Cassiano Ricardo, Menotti del Picchia e Cecília Meirelles, aceitaram chefiar órgãos de imprensa ligados ao DIP. Outros, como Carlos Drummond de Andrade, tentariam manter sua independência dentro da máquina administrativa do Estado Novo, graças ao clima liberal do Ministério da Educação chefiado por Gustavo Capanema. Houve ainda os que, como Graciliano Ramos, sujeitaram-se a posições subalternas, meramente burocráticas, recusando-se a participar da máquina populista. Mas Lobato não se curvou. Mesmo velho e doente, continuava a desdenhar dos cargos públicos. Restringia-se então à literatura e à tradução de obras estrangeiras, que passaram a ser sua única fonte de renda. A má vontade com seu nome era tão grande que até sua adaptação de Peter Pan foi censurada.

Desencantado, mudou-se em 1946 para a Argentina, onde suas obras faziam grande sucesso, e fundou uma nova editora, a Acteon. Mas no ano seguinte já estava de volta. E retomou o personagem do Jeca Tatu com novo nome: Zé Brasil. A evolução desse personagem dá uma idéia do processo de conscientização do escritor. Do Jeca indolente e atrasado, culpado pelos males do Brasil, Lobato evoluiu para uma miséria "curável" pelos progressos da ciência e pela educação, da época do Biotônico. Porém, depois de conhecer de perto os Estados Unidos, seu modelo de país moderno, e principalmente de verificar como, no caso do petróleo, essa modernização se dava por meio da exploração de países pobres tal e qual o Brasil, que não passariam de "bonecos nas mãos do poder oculto do capitalismo internacional anônimo", o escritor partiu para um personagem mais radical, um Zé Brasil que já falava em reforma agrária.[19]

O processo de transformação do personagem corresponde a uma aproximação com a União Soviética. Não só o varguismo, mas o comunismo seduziu muitos escritores engajados do período, como Graciliano Ramos e Oswald de Andrade. Segundo Carlos Nelson Coutinho:

> O PCB foi durante décadas — décadas de escasso pluralismo — praticamente a única alternativa exeqüível para os intelectuais (e não só intelectuais) que queriam tornar politicamente eficazes o combate ao capitalismo e a opção por uma ordem social mais justa e igualitária. Mas, se era quase inevitável na época, para esses intelectuais socialistas, estabelecerem um vínculo com o PCB, variou bastante o modo como se operou esse vínculo, sobretudo nos difíceis anos do stalinismo e da guerra fria [...].[20]

Lobato foi nomeado diretor do Instituto Cultural Brasil—URSS, ao lado de Tarsila do Amaral e Jorge Amado. No entanto, jamais se filiou ao PCB, segundo ele, por gostar de fazer exatamente tudo ao contrário do que lhe ordenavam, não importava em qual partido. Mas escreveu uma saudação a Prestes, lida no comício de 15 de julho de 1945 no Pacaembu, e o texto "O rei vesgo", lido no comício de protesto pela cassação dos parlamentares do PCB. Três anos depois, portador de uma rara agrafia, seqüela de um acidente vascular cerebral, veio a morrer. Era incapaz de escrever ou reconhecer o que estava escrito, como se acabasse de entrar para a escola. Embora estivesse no auge da fama, ao voltar da Argentina, o ex-latifundiário não tinha onde morar. Foi viver com a mulher e a filha no prédio da Editora Brasiliense, que acabara de fundar e que tanta importância teria nas décadas seguintes. Para lá transferiu sua obra infantil, proibida em bibliotecas, banida das listas escolares, queimada em colégios religiosos.

## BEST-SELLERS NACIONAIS

Fora do eixo Rio—São Paulo, também já era possível ver a consolidação de um mercado editorial no Brasil entre as décadas de 1920 e 1930. Já no início do século, o Rio Grande do Sul se firmou como o terceiro principal centro industrial do país. Nessa época, começava a se formar também um mercado produtor e consumidor de livros que hoje está entre os três maiores do Brasil, com o maior número de leitores por habitante. Já na década de 20, o estado apresentava o mais alto índice de alfabetização nacional. Em 1927, enquanto a capital do país tinha 75,3% de analfabetos, a porcentagem no Rio Grande do Sul era de 64,2%.[21]

Como em outras metrópoles, os bares e cafés, as livrarias e as redações de jornais como *O Correio do Povo, A Federação* e *Diário de Notícias* eram os pontos de encontro dos intelectuais. Nesses jornais, iniciaram-se escritores jornalistas como Augusto Meyer e Dyonélio Machado. Em 1918, o estado também passou a contar com uma editora de ponta. Fundada em 1883 como livraria, a Editora Globo começou a publicar autores locais. Em 1929, intensificou a produção de livros e anunciou o lançamento da *Revista do Globo*, por sugestão do próprio Getúlio Vargas, freqüentador de suas célebres reuniões.

No ano seguinte, Erico Verissimo bateu na porta da editora. Queria ser escritor, mas começou como jornalista.

[...] mantive com o escritor Mansueto Bernardi, então diretor da *Revista do Globo*, um diálogo que considero um dos pontos decisivos da minha carreira.

— Vamos publicar no próximo número o seu conto "Chico", com a sua ilustração — anunciou-me o autor de *Terra convalescente*. Olhou-me por um instante e depois murmurou: — Você escreve, traduz, desenha [...]. Seria portanto ideal para trabalhar em nosso quinzenário, no futuro.

— Por que "no futuro" — perguntei —, se estou precisando do emprego agora? — Mansueto permaneceu pensativo por um instante.

— Quanto pretende ganhar?

Arrisquei: — Um conto de réis. — Era um salário apreciável para a época. O poeta coçou o queixo indeciso.

— É uma pena. Não temos verba para tanto. Mas qual seria o ordenado mínimo que você aceitaria para começar?

— Seiscentos — respondi sem pestanejar.

— Pois está contratado. Pode começar no dia primeiro de janeiro. Ah! Você entende de "cozinha" de revista?

— Claro! — menti. Nunca havia entrado numa tipografia de verdade. Jamais vira um linotipo. Não tinha idéia de como se armava uma página ou como se fazia um clichê. O importante, porém, era que tinha conseguido emprego.[22]

No ano anterior, Erico comunicara à mãe que queria se mudar da pequena Cruz Alta para Porto Alegre. "— Vou tentar a vida como escritor — murmurei, apenas semiconvencido de que isso fosse possível", revelou em suas memórias. "Bom [...] sei que essa profissão não existe no Brasil. Mas, que diabo! Não custa tentar."[23]

A revista traduzia contos e artigos da imprensa estrangeira, publicava retratos dos assinantes e até sonetos dos fregueses da livraria. A editora se dividia entre a literatura estrangeira, especialmente a popular, produzida por autores como Agatha Christie, e a publicação de escritores locais. O próprio Erico lançou pela Globo seu primeiro livro de contos, *Fantoches*, em 1932, que encalhou. Mas *Clarissa*, editado numa coleção de bolso, com tiragem de 7 mil exemplares e preços populares, fez grande sucesso.

A década de 1930 deu início a um período favorável à indústria editorial do Brasil. A depressão tornou proibitivo o livro importado e as editoras partiram para as traduções. "Ninguém, naquela época, punha em dúvida uma realidade: a de que uma indústria editorial brasileira, viável, havia surgido praticamente do nada no período que se seguira à revolução."[24]

Viável para o editor, pode ser. Mas nem tanto para o autor. Diante do novo quadro, muitos escritores, como o próprio Erico Verissimo, teriam que se dedicar à tradução como forma de ganhar a vida. Dentro do espírito de uma literatura de massa, de baixo preço, e voltada para um público distante das elites intelectuais do país, a Editora Globo lançou uma nova revista, *A Novela*, em 1937, que também seria dirigida por Verissimo. Mensal, reproduzia romances inteiros, além de contos, peças de teatro, novelas e resenhas de livros.

Erico aproveitaria seu papel de editor da revista e conselheiro editorial para lançar *Caminhos cruzados*, *Um lugar ao sol* e *As aventuras de Tibicuera*, praticamente um livro por ano a partir de 1935. Em 1938, publicou *Olhai os lírios do campo*, que imediatamente esgotou três edições.

Sua independência política começou a incomodar o Estado Novo. Em matéria de crítica social, *Caminhos cruzados* se une, em maior ou menor grau, a outras obras polêmicas de Erico, como *Música ao longe*, *O resto é silêncio* e *O senhor embaixador* (além, é claro, do clássico *Incidente em Antares*, já na década de 1970). *Caminhos cruzados* quase o levou à cadeia, na década de 30, assim como a alegoria explícita de *Incidente em Antares* provocou furor quarenta anos depois.

A alta burguesia detestou o livro e o autor. Fui considerado dissolvente, imoral e comunista, e chamado à Chefatura de Polícia para prestar declarações. O chefe de polícia me pareceu um tanto constrangido. O diálogo foi breve: "Me disseram que o senhor é comunista...", começou o coronel que exercia o importante cargo. Respondi: "Engraçado. Me disseram que o senhor é integralista [...]". A conversa não foi muito longe.[25]

Seguindo os passos de Lobato, Erico Verissimo também enveredou pelo filão da literatura infantil, entre 1936 e 1937, criando seis histórias para crianças para uma nova coleção da editora. Mas tanta produtividade tinha um preço, admitia o escritor.

É preciso saber que as condições econômicas de minha vida pessoal, particular, influenciaram muito os romances que escrevi entre 1933 e 1940. Observe-se como meus personagens dos livros dessa época preocupavam-se com contas a pagar no fim do mês. Eu trabalhava longa e duramente mais de doze horas por dia. Traduzia livros de várias línguas para o português (mais de quarenta), inventava histórias para programas de rádio para a infância, armava páginas femininas para o *Correio do Povo*, tudo isso enquanto trabalhava na revista e na editora da Livraria do Globo. Isso explica a pressa com que escrevi meus próprios romances naquela década de 1930.[26]

Rotulado pela crítica como um autor superficial, Erico Verissimo tentaria vôos mais altos na trilogia *O tempo e o vento* — pioneira em apontar o potencial de livros com temática local no mercado gaúcho — e no romance *Incidente em Antares*.

Sim, meus primeiros livros foram escritos às pressas, em aparas de tempo, durante um período de minha vida em que eu trabalhava mais de dez horas por dia na revista e na Editora Globo [...]. Mas esse novo caminho dos meus últimos romances não foi uma resposta aos críticos e sim a mim mesmo, à minha autocrítica. Está claro que quem mudou fui eu. Eu sabia que podia dar em meus livros mais do que estava dando. Mas — que diabo! — eu precisava dedicar o melhor de meu tempo para ganhar o sustento da minha família.[27]

Prestigiado pela edição de grandes clássicos da literatura, Erico Verissimo deixou sua posição de autor de província para tomar contato com os mais influentes escritores brasileiros do período, como Cecília Meirelles, Graciliano Ramos e Murilo Mendes.[28] Seus livros acabariam por se tornar *best-sellers* nacionais. Numa entrevista realizada para a revista *Manchete*, em 1967, Clarice Lispector comentava:

Erico é escritor que não preciso apresentar ao público: trata-se, como Jorge Amado, do único escritor no Brasil que pode viver da vendagem de seus livros. Vendem como pão quente. Recebido de braços abertos pelos leitores, no entanto, a crítica muitas vezes o condena.[29]

A razão, conforme o próprio Erico afirmou num livro sintomaticamente intitulado *A liberdade de escrever: entrevistas sobre literatura e política*, seria a "natural má vontade que cerca todo escritor que vende livro, a idéia de que *best-seller* tem de ser necessariamente um livro inferior".[30] Assim como Lobato — que compreendia o estilo em literatura como um mensageiro, encarregado de transmitir ao leitor as idéias do autor com eficiência, brevidade, humildade, fidelidade e passividade —, Verissimo também privilegiava a fruição do texto em vez das exibições de artesania literária. "Acho que tenho alguns talentos que uso bem...

mas acontece de serem os talentos menos apreciados pela chamada crítica séria, como, por exemplo, o de contador de histórias. Os livros que me deram popularidade, como *Olhai os lírios do campo*, são romances medíocres."[31] Talvez o segredo dos dois autores, e também do outro *best-seller* da época, Jorge Amado, tenha sido acreditar na existência de um público mais amplo de leitores, fora dos círculos letrados e da ditadura dos críticos e intelectuais de plantão.

## SUCESSO COMERCIAL E AUTONOMIA POLÍTICA

Em *Intelectuais à brasileira*, Sergio Miceli chama a atenção para o fato de que somente os que se dedicaram ao romance de alta vendagem, como Jorge Amado e Erico Verissimo (lembre-se também de Monteiro Lobato) tiveram autonomia intelectual frente ao Estado. Esses escritores se projetaram nos anos 20 e 30, um momento de florescimento do mercado editorial, mas também de revoluções políticas. Se, de um lado, elas ameaçaram com a censura e a prisão os artistas que se posicionaram contra o poder, também ofereceram a estes mesmos escritores trabalho e remuneração. Na verdade, essa dependência em relação ao governo refletia um problema estrutural, que Marisa Lajolo e Regina Zilberman comentam assim:

> Incapaz (ou incapacitado) de articular uma política cultural que ultrapassasse as funções mecenáticas do Estado, o governo acabou transformando o serviço público em instância supletiva de uma política cultural e educacional pouco eficiente, já que falhou sempre na construção da infra-estrutura essencial à modernização da produção literária [...]. Se o Estado não se responsabilizava pela alfabetização do público, nem preservava os interesses do país no

mercado nacional, a nomeação de escritores para cargos públicos consistia, de um lado, na confissão de sua impotência institucional, de outro, na tentativa de remendar a impotência de forma canhestra, mutilando simultaneamente a instituição literária, por não reconhecê-la como tal, e o serviço público, no qual postulava a existência do ócio necessário à criação.[32]

No entanto não foi de uma hora para outra que o livro passou a se tornar uma mercadoria vendável no país, como revela Jorge Amado:

> Durante muito tempo, fui o único a sobreviver apenas de literatura. Mas não sei precisar quando isto começou a acontecer. A coisa foi indo e quando eu percebi não estava mais fazendo coisas laterais — trabalhando em jornal, revista —, estava vivendo dos meus livros.[33]

Filho de fazendeiro de cacau, em 1927, com apenas quinze anos, Jorge Amado começou a trabalhar como repórter de polícia do *Diário da Bahia* e de *O Imparcial*. Dez anos depois, lançou *Capitães da areia*. É o romance mais jornalístico do escritor, desde sua temática até sua estrutura narrativa, que intercala reportagem e ficção. E também uma chave para a compreensão do sucesso comercial de sua obra.

Uma das inovações de *Capitães da areia* foi seu prólogo jornalístico, composto de uma reportagem publicada no *Jornal da Tarde* sobre o assalto à casa de um rico comerciante realizado por meninos de rua; uma carta do secretário do chefe de polícia ao jornal atribuindo a responsabilidade de coibir os furtos das crianças ao juiz de menores; uma carta do próprio juiz, defendendo-se das acusações; uma carta da mãe de uma das crianças denunciando as péssimas condições do reformatório; uma carta de um padre confirmando as acusações sobre o reformatório; uma carta do diretor do reformatório negando as denúncias; nova reportagem do jornal, dessa vez elogiando o reformatório.

O prólogo denuncia o círculo vicioso por trás do aumento da criminalidade, a falta de interesse real em atacar a questão e as injunções políticas disfarçadas por uma suposta neutralidade jornalística. Como se as páginas do jornal fossem muito pequenas para expressar o problema em toda a sua dimensão, o romancista optou por contá-lo de dentro, ficcionalizando-o. Jogando o tempo todo com os gêneros, ao final Jorge Amado volta ao relato jornalístico. O capítulo "Notícias de jornal" relata a trajetória dos personagens a partir de informações recolhidas na imprensa alternativa.

> Anos depois os jornais de classe, pequenos jornais, dos quais vários não tinham existência legal e se imprimiam em tipografias clandestinas, jornais que circulavam nas fábricas, passados de mão em mão, e que eram lidos à luz de fifós, publicavam sempre notícias sobre um militante proletário, o camarada Pedro Bala, que estava perseguido pela polícia de cinco estados como organizador de greves, como dirigente de partidos ilegais, como perigoso inimigo da ordem estabelecida. No ano em que todas as bocas foram impedidas de falar, no ano que foi todo ele uma noite de terror, esses jornais (únicas bocas que ainda falavam) clamavam pela liberdade de Pedro Bala, líder da sua classe, que se encontrava preso numa colônia.[34]

Em *Capitães da areia*, Jorge Amado parece querer mais do que conscientizar seus leitores sobre o problema do menor abandonado, o que inúmeras reportagens antes e depois já tentaram. Percebe-se que, ao contrário do jornalista, o narrador desse romance jamais é neutro. Seu autor não hesita em apontar um caminho: o da luta política. E o faz através da ficção. No livro, a frieza do relato jornalístico é contrabalançada por um lirismo que não nega seu objetivo de despertar emoção, piedade ou revolta. Por experiência própria, Jorge Amado sabia que a objetividade jornalística seria insuficiente para despertar os fortes sentimentos que deveriam ser canalizados para a revolução comunista.

Esse interesse — inicialmente político e, mais tarde, comercial — pela recepção de seus livros afasta Jorge Amado progressivamente dos ideais de uma literatura pura e sem concessões em nome de uma ficção de alta voltagem emocional. Não é por acaso que, quando o engajamento cede ao puro prazer, ele se torna um dos primeiros escritores de massa da literatura brasileira e entra no seletíssimo time dos autores que conseguiram viver exclusivamente de seus livros neste país.[35]

A grande influência da rede de intelectuais comunistas que apoiaram Jorge Amado no Brasil e no exterior não deve ser menosprezada. Mas só três anos depois de deixar o PC, em 1958, o ex-deputado escreveria seu primeiro *best-seller, Gabriela, cravo e canela,* uma virada em sua carreira de escritor e ponto de partida de seu desengajamento político. Em duas semanas o livro vendeu 20 mil exemplares e em seis meses, mais de 50 mil. Com ele, Jorge também ganharia os principais prêmios literários do ano. Em 1961, foi eleito para a Academia Brasileira de Letras. E, no ano seguinte, veria sua primeira adaptação para a TV.

O cinema e a televisão rapidamente descobriram o potencial comercial dos livros de Jorge Amado, que inspiraram cinco telenovelas, quatro minisséries e oito filmes. Entre eles, *Dona Flor e seus dois maridos,* que, lançado em 1976, foi um recorde de bilheteria, com mais de 10 milhões de espectadores em dois meses. Seu exemplo não deixa dúvida de que não só a imprensa, mas outras mídias, como o cinema, a TV, o rádio e os quadrinhos, passaram a impulsionar o mercado de livros no Brasil. Até o início de 2002, os livros de Jorge Amado tinham vendido um total de 21 milhões de exemplares só no país. Os números relativos às vendas de seus romances são impressionantes: cinco deles — *Mar morto* (1936), *Capitães da areia* (1937), *Gabriela cravo e canela: crônica de uma cidade do interior* (1958), *A morte e a morte de Quincas Berro D'Água* (1961) e *Dona Flor e seus dois maridos: história moral e de amor* (1966) — ultrapassaram a marca de 1 milhão de exemplares.[36]

Jorge Amado também foi um dos escritores brasileiros mais traduzidos no mundo — em nada menos do que 48 idiomas — e sucesso especialmente na França. Primeiro autor brasileiro a estourar fora do país, essa rara inserção no mercado de *best-sellers* internacionais certamente ajudou a assegurar-lhe o *status* de escritor que pode viver do que escreve.

No entanto, só isso não explica a paixão do público. Uma pista foi dada por Graciliano Ramos, que, sem contar ainda com as altas vendagens que consolidariam seus livros entre as obras de ficção mais adotadas do país, tentava entender o fenômeno Jorge Amado.

Num artigo depois reunido no livro *Linhas tortas*, Graciliano diz que o escritor baiano representava uma "literatura nova", voltada para a experiência do real, numa descrição sem floreios de linguagem, a partir de uma pesquisa de campo muito próxima da apuração jornalística. E também do naturalismo preconizado por Zola.

> Os escritores atuais foram estudar o subúrbio, a fábrica, a prisão da roça, o colégio do professor cambembe. Para isso se resignaram a abandonar o asfalto e o café, viram de perto muita porcaria, tiveram a coragem de falar errado, como toda a gente, sem dicionário, sem gramática, sem manual de retórica. Ouviram gritos, pragas, palavrões, e meteram tudo nos livros que escreveram. Podiam ter mudado os gritos em suspiros, as pragas em orações. Podiam, mas acharam melhor pôr os pontos nos "ii".[37]

Para Graciliano, um exemplo dessa nova literatura era o livro *Suor*, de Jorge Amado, que descreve a fauna de um casarão do Pelourinho.

O autor examinou de lápis na mão a casa de cômodos e muniu-se de anotações, tantas que reproduziu, com todos os erros. Uma carta em que se agencia dinheiro para igreja, uma notícia de jornal, um recibo e um desses escritos extravagantes que as pessoas supersticiosas copiam, com receio de que lhes chegue desastre, e remetem a dez indivíduos das suas relações. Esse amor à verdade, às vezes prejudicial a um romancista, pois pode fazer-nos crer que lhe falta imaginação, dá a certas páginas de *Suor* um ar de reportagem.[38]

Realismo e linguagem despojada de rebuscamentos: essas seriam as regras que escritores brasileiros, como Graciliano Ramos, tentariam implantar, a partir de então, não só na literatura como nas redações dos jornais. O ano de 1934, em que foi publicado *Suor*, é emblemático para a consolidação de um novo momento literário: morria Coelho Neto, enquanto chegavam às livrarias *São Bernardo*, do próprio Graciliano, *Maleita*, de Lúcio Cardoso, *Serafim Ponte Grande*, de Oswald de Andrade e *Brejo das almas*, de Carlos Drummond de Andrade. Todos escritores jornalistas, de uma forma ou de outra, comprometidos com os novos tempos.

# 5. O papel e a pena do jornalista escritor

*A poesia está nos fatos.*

Oswald de Andrade

Quando a coisa era feia, Graciliano Ramos alisava o cabelo e xingava: "Cavalo!".

O temido e admirado revisor do *Correio da Manhã* odiava palavras e expressões empoladas perdidas no meio do texto, e rugia para o autor do outro lado da redação: "Outrossim é a puta que o pariu!". A maioria dos repórteres o via como antipático e grosso. Quando começou, Otto Lara Resende achava ser difícil ver "uma ponta da alma desse cacto fechado, casmurro e amargo que era Graciliano Ramos".[1] Impopular, logo ganharia no jornal um apelido: neurótico da língua. Mesmo para a literatura, preconizava regras que poderiam constar de um manual de redação de jornal. Só respeitava o substantivo, riscando o adjetivo, que ele chamava de miçanga literária. Era contra "reticências porque é melhor dizer do que deixar em suspenso". Exclamações também não usava: "não sou idiota para viver me espantando à toa".[2]

Em 1947, mesmo depois de ter publicado obras-primas como *São Bernardo* e *Vidas secas*, o escritor ainda lutava para sobreviver. Por isso, aceitou a indicação de Aurélio Buarque de Holanda para substituí-lo no *Correio da Manhã*, onde tinha ingressado como suplente de revisão trinta anos antes, quando tentara pela primeira vez a vida de jornalista e escritor no Rio. O redator-chefe do *Correio da Manhã*, o também alagoano Pedro da Costa Rego, surpreendeu-se com a indicação, achando que Graciliano já deveria estar rico. Longe disso. Vivia e escrevia sob extremas dificuldades, num apertado quarto de pensão dividido com mulher e filhos.

Na época, o *Correio da Manhã* era um dos matutinos mais importantes da capital. Seu corpo de redatores fez história não só na imprensa como na literatura. O também jornalista e escritor Antonio Callado ingressou no jornal — um dos poucos que pagavam em dia, sem apelar para vales — no mesmo ano em que Graciliano. O redator que ficaria na memória de Callado era mandão, exigente e irritadiço. E, principalmente, obsessivo. "Mestre do idioma, não era como certos escritores que derrapam no português porque aprenderam a escrever de orelhada. Ele sabia teoria da língua, como um gramaticólogo."[3]

Para Callado, que chegaria à direção do *Correio da Manhã* em 1954, Graciliano "optou por lutar, com as armas possíveis, pelo ideal literário e pagou um preço alto num país, ontem como hoje, adverso ao trabalho intelectual. Jamais amaldiçoou sua sina de grande tigre condenado a viver de caça tão miúda".[4] O jornal tinha uma rotina pesada para um escritor de seu porte, idade avançada e saúde abalada pela prisão.

Graciliano chegava em casa depois da meia-noite, mas acordava cedo para escrever. De tarde, trabalhava como inspetor de colégios, emprego arrumado por Carlos Drummond de Andrade no Ministério da Educação. Dava uma passada na livraria e editora José Olympio e, no início da noite, seguia para a "banca de remendão", onde consertava "engulhando produtos alheios", sempre antes de seu horário, às sete da noite.[5] Com o paletó pendurado na cadeira, de gravata e suspensórios, mangas dobradas até o cotovelo para não sujar a camisa de tinta, fechava o jornal. Graciliano permitia-se pequenos intervalos, dois a três por noite, para beber cachaça no bar do Hotel Marialva, ali perto. Eram copos cheios até a boca, mas o escritor não demonstrava nenhuma alteração, segundo os colegas. Como ocorreu a tantos jornalistas, o hábito de beber durante ou depois do expediente acabou se transformando em alcoolismo e, em 1950, Graciliano foi obrigado a fazer um tratamento para desintoxicação.

> Eu me postava todos os dias diante de um desses casos excepcionais, um homem ao mesmo tempo anguloso e curvo, polido e silencioso, que se inclinava sobre os nossos originais, na mesa em que se dispusera simetricamente os seus cigarros e os palitos de fósforo necessários para acendê-los. Emendava os erros de português e as tibiezas de estilo dos redatores. Ofício modesto, como todos os demais de que ele se ocupou, ofício de artesão das letras, praticado por um escritor que inventava belezas de expressão e recriava a realidade. Pedia-nos explicações sobre nossas sintaxes suspeitas, ia aos dicionários e neles demorava com obstinação, esforçava-se por compreender o sentido tantas vezes confuso e vago dos tópicos.[6]

Na verdade, ofício nem tão modesto assim quanto descreve Paulo Mendes Campos. A sala ocupada por Graciliano foi batizada de *Petit Trianon*, por reunir a elite intelectual do jornal, como os editorialistas Otto Maria Carpeaux e o crítico literário Álvaro Lins. Entre os redatores do *Correio da Manhã*, figuravam nomes do porte de Franklin de Oliveira, Otto Lara Resende, José

Lino Grünewald e o próprio Paulo Mendes Campos, o que dá uma idéia da importância do cargo na época — mas que desde os anos 90 vem sendo extinto de forma radical nos jornais brasileiros, assim como a figura do revisor, ambos substituídos (e mal) pelo corretor ortográfico do computador. Num momento em que as universidades ainda não concentravam a produção cultural do país, a maioria dos intelectuais era autodidata, formada na vida e em centros de convergência, como a imprensa. Antonio Callado testemunha:

> Era uma estrutura intelectual impressionante [...]. Creio que não se repetiu no país uma redação tão impressionante como aquela, inclusive porque havia uma simbiose, uma ligação maior entre o intelectual e o redator de jornal. Hoje os jornais estão mais profissionalizados e, sob muitos aspectos, mais fortes do que os daquela época. Mas isso tirou certo brilho intelectual que existia em redações como a do *Correio*.[7]

Autodidata, Graciliano tinha só o ginásio, mas se tornaria chefe dos redatores do *Correio da Manhã* pela intimidade com dicionários e gramáticas, que, segundo ele, não deviam ser consultados, mas constantemente lidos e estudados por quem quisesse ser escritor. "Preferi não ter canudo de papel, mas saber ler e escrever", dizia.[8]

Foi uma longa aprendizagem. Passaram-se três décadas, entre 1947, quando Graciliano entrou como estrela no *Correio da Manhã* e 1914, quando lá pisou pela primeira vez, como suplente de revisão, trabalhando das nove da noite às duas da madrugada, sempre que algum contratado faltava (cargo que ocupou também no jornal *O século*). Graciliano ironizava as normas da redação:

Imagina que agora tenho que usar nada menos de três ortografias. Se no *Correio da Manhã* aparecer alguma vez Brazil, com z, eu tenho de substituir o z por s; se no *Século* vier a mesma palavra com s, tenho que trocar o s por z. De sorte que uso a ortografia do *Correio*, a do *Século* e a minha, porque eu tenho uma, que é diferente das deles. Um horror! Trabalha-se pouco, ganha-se pouco, dá-se afinal com os burros na água, com todos os diabos.[9]

Em 1915, o escritor foi contratado como revisor de *A Tarde*, voltou a escrever crônicas para o *Jornal de Alagoas* e passou a colaborar com o semanário *Paraíba do Sul*, onde exercitaria a autoironia ao descrever a figura do "literato em esboço, um sujeito que tem sempre no cérebro um pactolo de idéia e que ordinariamente não tem na algibeira um vintém".[10]

Como um bom polígrafo pré-modernista, nessa época Graciliano arrumou também um emprego de revisor da *Gazeta de Notícias*. Publicava ainda artigos na revista *Concórdia*. E, morando em pensões vagabundas na Lapa, tentou durante dois anos pavimentar uma carreira de jornalista escritor na capital. Acabou voltando para o Nordeste. Desdenhava o círculo intelectual carioca, repleto de autores que se preocupavam mais com a colocação de pronomes do que com a literatura em si. A vida literária da metrópole estava muito próxima da prostituição, segundo o revisor Luís da Silva, narrador de *Angústia*.[11]

Passo diante de uma livraria, olho com desgosto as vitrinas, tenho a impressão de que se acham ali pessoas exibindo títulos e preços nos rostos, vendendo-se. É uma espécie de prostituição. Um sujeito chega, atenta, encolhendo os ombros ou estirando o beiço, naqueles desconhecidos que se amontoam por detrás do vidro. Outro larga uma opinião à-toa. Basbaques escutam, saem. E os autores, resignados, mostram as letras e os algarismos, oferecendo-se como as mulheres da Rua da Lama.[12]

Quase que premonitoriamente, Luís da Silva sonhava, nesse romance publicado em 1936 (mesmo ano em que Graciliano Ramos foi detido pela ditadura Vargas), com um livro que elaboraria na prisão, onde faria camaradagem com dois ou três presos mansos e finalmente teria tempo para escrever. Ir para a cadeia não seria pior do que ter de voltar à lúgubre saleta de revisão, caso perdesse o emprego na "catacumba oficial" (provavelmente um jogo de palavras, já que, quando escreveu *Angústia*, Graciliano dirigia a Imprensa Oficial de Alagoas). As lembranças não eram das mais felizes.

> Depois da meia-noite as letras miúdas dançavam na prova molhada, a saleta da revisão enchia-se de fantasmas, a gente lia cochilando, emendava cochilando. Um galego dava ordens aos berros. Nas mesinhas estreitas, forradas com papel de impressão, as vozes esmoreciam, as canetas sujas, nojentas, calavam-se. Vida porca, safada. Agora estava menos porca e mais safada. Adulações, medo de perder o emprego, de voltar às estradas, à caserna, aos bancos dos jardins, à mesa de revisão.[13]

O MANUAL DE REDAÇÃO

Criado em 1901, o *Correio da Manhã* foi testemunha de um acelerado processo de industrialização, que possibilitou um florescimento do parque gráfico e do mercado editorial brasileiro. Do início do século ao fim dos anos 50, a imprensa nacional mudou totalmente de perfil: revistas ilustradas proliferaram, o uso da fotografia se expandiu, a diagramação foi remodelada, o modelo americano de jornalismo objetivo e texto conciso começou a ser implantado. A era pré-televisão viu o aparecimento de vários jornais importantes, matutinos e vespertinos, como *A Ma-*

*nhã* e *O Globo* (1925), *Diário Carioca* (1928) e *Diário de Notícias* (1930). Na linha editorial, alguns reflexos dessa modernização foram o declínio do gosto pelo ornamental e o superficial, que caracterizava tanto a literatura quanto o jornalismo do período anterior.

Até então, o Brasil era, culturalmente falando, uma província da França. A prosa era, segundo Nelson Werneck Sodré, "marcada pela ênfase, na fascinação pela palavra sonora, pela expressão desusada, pela orgia de adjetivos e pela pletora das metáforas".[14] O jornalismo que se fazia então não era muito melhor.

> A precariedade do parque gráfico nacional e a estreiteza do mercado de livros faziam com que os escritores se valessem da literatura como veículo. Literatura e jornalismo confundiam-se. A confusão prejudicou o jornalismo, sem dúvida, porque levou para ele aquela forma enfática de redigir própria do tempo.[15]

Com a crescente industrialização, a partir dos anos 20 o papel do escritor nos jornais já não seria o de uma estrela, como nos tempos de Olavo Bilac e Coelho Neto. Ao homem de letras seria exigido que — em vez de produzir contos ou poemas — escrevesse reportagens, fizesse entrevistas, corrigisse o texto dos repórteres, editasse páginas, chefiasse redações. E foi na condição de jornalistas braçais que escritores como Graciliano Ramos, Carlos Drummond de Andrade e Oswald de Andrade levaram para a imprensa os preceitos de uma literatura moderna, muito antes que lides, sublides e pirâmides invertidas fossem copiados do jornalismo americano.

Há claramente uma identidade de projeto entre a ficção e o jornalismo produzidos por autores modernistas e realistas, embora a ruptura literária com o passado tenha se dado entre os anos 20 e 30 e a jornalística sido sistematizada apenas nos anos

50. O inimigo era comum: a literatice, o beletrismo, o penduricalho, o adjetivo. Portanto, não se deve estranhar que escritores identificados com esse projeto tenham tomado para si o trabalho de chefe de redação, como Drummond, ou do copidesque, como Graciliano, ou ainda de repórter, redator, diretor de suplementos literários e até dono de jornais e revistas, como Oswald, reescrevendo o jornalismo, assim como a ficção e a poesia que se faziam até então.

Um impacto semelhante ao provocado pela Semana de 22, separando a literatura parnasiana da moderna, seria repetido na imprensa nos anos 50, com a introdução do lide. Foi uma sentença de morte ao nariz-de-cera, aquelas intermináveis digressões que costumavam preceder a informação propriamente dita. A partir da importação do novo modelo, promovida por jornalistas brasileiros que passaram temporadas nos Estados Unidos, como Danton Jobim, Samuel Wainer e Alberto Dines, a técnica jornalística e a arte literária começariam a se afastar definitivamente.

Nos Estados Unidos, essas inovações marcaram o momento em que os jornalistas "adquiriram um sentido de categoria profissional que os diferencia dos literatos", segundo Carlos Eduardo Lins da Silva, autor de *O adiantado da hora: a influência americana sobre o jornalismo brasileiro*.[16] O treinamento específico para o jornalismo — profissão que no Brasil só seria regulamentada em 1969, com a obrigação do diploma — gradativamente faria com que a carreira deixasse de ser um caminho natural para o aspirante a escritor, que nos EUA conta com outros mecanismos de formação, como cursos universitários de *creative writing*. Com isso, a imprensa ganhava valores estéticos particulares e seus próprios mecanismos de consagração.

Foi o trabalho dos correspondentes americanos no estrangeiro — já a partir da criação do telégrafo, em 1840, e de seu uso pela Associated Press e pela Reuters, entre 1848 e 1851 — que firmou aos poucos as bases do novo modelo de jornalismo: a pirâmide invertida, a sumarização, a normatização do texto, a desvinculação do repórter do redator, com a nítida separação entre notícia e opinião. Ao estudar este processo, Carlos Eduardo Lins da Silva mostra que:

> O lide clássico foi introduzido no Brasil através das agências de notícias americanas, que o criaram nos EUA para resolver um problema prático. O mesmo texto das agências era utilizado por jornais de todas as partes do mundo. Cada um deles fazia uma avaliação diferente da importância de cada notícia e do espaço que ela deveria ocupar. As agências precisaram criar a fórmula da pirâmide invertida para que cada jornal pudesse fazer os cortes necessários nos textos e adaptá-los a suas necessidades sem perderem as informações fundamentais. Daí a colocação dos dados em ordem decrescente de importância. O corte poderia ser feito "pelo pé", numa operação rápida, sem perda de substância informativa. Daí, generalizou-se na imprensa americana, como maneira mais simples de dar a cada leitor a mesma opção que as agências davam aos jornais: interromper a leitura em qualquer ponto do texto de acordo com seu interesse pelo assunto, tendo recebido as informações fundamentais desde que lido o primeiro parágrafo.[17]

Na década de 20, o escritor Ernest Hemingway já admitia a influência em sua literatura da escrita telegráfica, exigida em seu trabalho como correspondente na Europa dos jornais *Toronto Star* e *Daily Star* e das agências de notícias americanas International News Service (INS) e North American News Alliance (NANA). Mas, se nas agências tinha que mandar relatos rotineiros, objetivos e factuais, como os que dariam origem ao conceito de pirâmide invertida, nos jornais Hemingway podia soltar sua veia de escritor, com completa liberdade de movimento e escolha de material. O

*Daily Star* deixava claro que desejava de seu correspondente relatos vívidos, realistas, pessoais.

Durante muito tempo perdurou o mito de que a técnica de cortar palavras, reduzindo ao osso a narrativa, foi exercitada por Hemingway no jornalismo, quando ganhava por cada toque. Algo que não faz muito sentido. Se recebia por palavra, a menos que fosse o mais patronal dos repórteres, o texto de Hemingway deveria ter sido esticado a não mais poder, na ânsia de ganhar uns dólares a mais. Na verdade, a economia de palavras se devia ao alto custo de transmissão da mensagem. Por isso, era comum os jornalistas omitirem preposições, artigos e adjetivos de seus telegramas, secando ao máximo o texto.[18]

Na revista literária *Boletim de Ariel*, Aurélio Buarque de Holanda descreveria a técnica de Graciliano de forma muito parecida à famosa explicação de Ernest Hemingway para seu estilo. Graciliano escrevia "como quem passa telegrama, pagando caro por palavra", comparava.[19] O autor de *Vidas secas* produzia esses cortes com uma régua.

> A régua servia-lhe para os cortes de palavras, frases, períodos inteiros considerados inúteis. Que Graciliano não se limitava a riscá-los à mão livre, não; era um minucioso trabalho de desenhista: aplicava a régua na parte correspondente ao extremo superior das letras, passava um traço; no extremo inferior, novo traço; depois, enchia de tinta, inutilizando-o, sereno, com vagar, acaso com volúpia, o espaço entre dois riscos.[20]

O principal preceito do escritor caberia perfeitamente num manual de redação contemporâneo: cortar as "gorduras" do texto. O catecismo da literatura moderna previa ainda a objetividade, a concisão, a simplicidade, a busca pelo antiliterário, a atenção a maneiras, costumes e falas locais, a ênfase na ação e no aspecto visível da cena, o abandono do supérfluo e das palavras difíceis. A proposta era escrever de forma simples, que pudesse ser compreendida imediatamente por qualquer um. Nada que soasse estranho a um jornalista de hoje. "Você faz como as lavadeiras de Alagoas. Elas pegam a roupa suja para a primeira lavada, espremem, ensaboam, batem na pedra, dão outra lavada, passam anil, espremem novamente, botam no sol para secar, depois apertam", explicou Graciliano Ramos ao também jornalista e escritor Joel Silveira. "Quando não sai mais uma gota, aí você publica."[21]

Numa cena de *São Bernardo*, Graciliano explora o conflito entre o jornalismo beletrista de então e uma literatura que se queria realista: o protagonista, Paulo Honório, desiste de contratar um *ghost writer*, redator e diretor de *O Cruzeiro*, "periodista de boa índole que escreve o que lhe mandam", e passa a contar ele mesmo sua história.[22] Ao ler os dois primeiros capítulos escritos pela pena alugada, o narrador dá um veredicto:

> — Vá para o inferno, Godim. Você acanalhou o troço. Está pernóstico, está safado, está idiota. Há lá quem fale dessa forma!
>
> Azevedo Godim apagou o sorriso, engoliu em seco, apanhou os cacos da sua pequenina vaidade e replicou amuado que um artista não pode escrever como fala.
>
> — Não pode? — Perguntei com assombro. — E por quê?
>
> Azevedo Godim respondeu que não pode porque não pode.
>
> — Foi assim que sempre se fez. A literatura é a literatura, seu Paulo. A gente discute, briga, trata de negócios naturalmente, mas arranjar palavras com tinta é outra coisa. Se eu fosse escrever como falo, ninguém me lia.[23]

Se já tinha desprezo pelos clichês jornalísticos, o ódio maior de Graciliano, expressado pelo narrador de *Angústia*, Luís da Silva, vai para o literato, bacharel e orador Julião Tavares, com sua linguagem arrevesada, cheia de adjetivos e pensamento nenhum. Ao pavão loquaz e obeso, símbolo do homem de letras que o realismo tentava sepultar, o autor reserva uma morte horrível: "Julião Tavares estrebuchava. Tanta empáfia, tanta lorota, tanto adjetivo besta em discurso — e estava ali, amunhecando, vencido pelo próprio peso, esmorecendo, escorregando para o chão coberto de folhas secas, amortalhado na neblina".[24] Era o fim do beletrista.

## A CARTILHA MODERNISTA

Uma vez virada a página da modernidade, havia pressa em renegar o passado. Oswald de Andrade, antes da Semana de 22, mantinha ótimas relações com o grupo carioca de Olavo Bilac, José do Patrocínio Filho e Medeiros e Albuquerque, jornalistas escritores que exercitavam sua veia humorística no jornal *O Pirralho*, fundado por ele, em 1911.[25] Depois de se tornar modernista, não perdia a oportunidade de criticar os velhos colegas da imprensa, da boemia e de porta de livraria. Especialmente a "parlapatice léxica do sr. Coelho Neto" e a "cantata decassílaba de Bilac". Pregava uma "poesia bem nossa", que esquecesse de vez "a infamíssima Florença e a Grécia pavorosa de Péricles", buscando inspiração nos "jornais de hoje e nos fatos de nossa vida pessoal".[26] A referência à imprensa não era gratuita. Embora se definisse como "um homem sem profissão", Oswald tinha apenas dezenove anos quando começou a trabalhar como jornalista, em 1909.[27] Desde então, o escritor matriculado sob o número 179 no Sindicato dos Jornalistas de São Paulo só deixou de exercer a função em breves intervalos até o fim da vida. Antes de se lançar como um dos principais nomes do movimento modernista, Oswald foi colunista social e redator do *Jornal do Commércio*, *O Jornal*, *A Gazeta* e *Correio Paulistano*, colaborou em *A Vida Moderna* e *A Re-*

*vista*, acumulando empregos em vários órgãos de imprensa. Em 1916, tinha uma rotina estafante, pouco condizente com a fama de *bon vivant* que carregaria pelo resto da vida. "Vou para casa, deixando a redação do *Jornal do Commércio*, às três e meia da madrugada. Estou às sete da manhã no jornal de Cásper Líbero [*A Gazeta*]", relatou em *Um homem sem profissão*.[28] Personagens dessa época reaparecem em *Memórias sentimentais de João Miramar*, que, embora tenha sido publicado apenas em 1924, começou a ser escrito na década anterior. De fato, soa como um planejamento estratégico a primeira frase do livro: "João Miramar abandona momentaneamente o periodismo para fazer sua entrada de homem moderno na espinhosa carreira das letras".[29]

Foi como repórter que Oswald fez seu decisivo contato com Mário de Andrade, em 1917. Até então, Mário era apenas o irmão do Carlos, seu colega de infância no ginásio. Ao relatar o encontro fundamental para a eclosão do movimento modernista, Oswald dá mostras de sua agressividade na busca da notícia:

> O sr. Elói Chaves, então secretário de Justiça, foi fazer uma conferência no conservatório [...]. Quem o saudou foi o Mário de Andrade, que se revelou literariamente nessa oportunidade, fazendo um belo discurso. Briguei a tapa com um repórter de outro jornal para obter o texto da saudação — e obtive-o. Mário de Andrade ficou sensibilizado, e daí por diante se fez meu amigo.[30]

Oswald soube usar o prestígio de repórter talentoso, com coberturas importantes, até mesmo em áreas como política e esportes, nos principais jornais do país para publicar uma série de artigos sobre o movimento modernista.[31] Especialmente no *Correio Paulistano*, onde assumiu a seção literária e chegou a ser correspondente na Europa, entrevistando personalidades como o guru Krishnamurti. "O *Correio Paulistano* teve grande importância para os modernistas, não só no período que antecedeu à Semana de Arte Moderna, como depois, no período de agitação literária que se estendeu até 1930", reconheceria.[32] Aquele que era então o principal jornal paulista tinha Cassiano Ricardo e Plínio Salgado como redatores e Menotti del Picchia como cronista social e redator político. Porém, foi no nacionalmente conhecido *Correio da Manhã*, em 1924, que Oswald lançou o Manifesto da Poesia Pau-Brasil, e onde decretou: a poesia existe nos fatos.

## A DOCE MÚSICA MECÂNICA

A frase, que simbolizava o projeto da vanguarda de transformar o cotidiano em objeto artístico, ainda ecoava em 1940, quando outro jornalista escritor identificado com o modernismo, Carlos Drummond de Andrade, publicou o "Poema do jornal":

> *O fato ainda não acabou de acontecer*
> *e já a mão nervosa do repórter*
> *  o transforma em notícia.*
> *O marido está matando a mulher.*
> *A mulher ensangüentada grita.*
> *Ladrões arrombam o cofre.*
> *A polícia dissolve o meeting.*
> *A pena escreve.*
>
> *Vem da sala de linotipos a doce música mecânica.*[33]

Foi essa doce música que o levou a dizer que, além da literatura, só faria uma coisa com prazer: o jornalismo profissional.[34] Drummond se referia não ao trabalho de cronista, que manteve paralelamente ao de funcionário público, mas ao

[...] jornalismo no duro, que vai pela noite adentro ou pelo dia afora, conforme a pressão da notícia. Jornalismo suado e sofrido, com algo de embriaguez, pela sensação de viver os acontecimentos mais alheios à nossa vida pessoal, vida que fica dependendo do fato, próximo ou distante, do imprevisto, do incontrolável, da corrente infinita de acontecimentos. Isso eu pratiquei em escala mínima, como redator de jornais em Belo Horizonte, na mocidade remota. Mesmo em escala modesta, senti o *frisson* da profissão. Sempre gostei de ver o sujeito às voltas com o fato, tendo de captá-lo e expô-lo no calor da hora. Transformar o fato em notícia, produzir essa notícia do modo mais objetivo, claro, marcante, só palavras essenciais. Ou interpretá-lo, analisá-lo de um ponto de vista que concilie a posição do jornal com o sentimento comum, construindo um pequeno edifício de razão que ajude o leitor a entender e concluir por si mesmo: não é um jogo intelectual fascinante? E renovado todo dia! Não há pausa. Não há dorzinha pessoal que possa impedi-lo. O fato não espera. O leitor não espera. Então você adquire o hábito de viver pelo fato, amigado com o fato. Você se sente infeliz se o fato escapou à sua percepção.[35]

Quando perguntado explicitamente se o trabalho jornalístico poderia atrapalhar o desenvolvimento do escritor, Drummond garantiu:

De jeito nenhum. O jornalismo é escola de formação e de aperfeiçoamento para o escritor, isto é, para o indivíduo que sinta a compulsão de ser escritor. Ele ensina a concisão, a escolha das palavras, dá noção do tamanho do texto, que não pode ser nem muito curto nem muito espichado. Em suma, o jornalismo é uma escola de clareza de linguagem, que exige antes clareza de pensamento. E proporciona o treino diário, a aprendizagem continuamente verificada. Não admite preguiça, que é o mal do literato entregue a si mesmo. O texto precisa saltar do papel, não pode ser um texto qualquer. Há páginas de jornal que são dos mais belos textos literários. E o escritor dificilmente faria se não tivesse a obrigação jornalística.[36]

Aos dezessete anos, Drummond tomou coragem e entrou na redação do *Jornal de Minas*, oferecendo-se para escrever. Sua estréia na "grande imprensa" foi o artigo "Diana, a moral e o cinema...", publicado em 15 de abril de 1920, e que já traía um projeto de profissionalização.

> Era um jornal mais de cavação, sabe? Modesto, como o *Diário de Minas*, de quatro páginas, mas sem a importância política do *Diário* [...]. Então, eu saía do hotel e passava lá embaixo, via aquele jornal — porque o jornal sempre me fascinou muito. Desde garotinho eu gostava de ler jornal, eu via aquilo, e então um dia eu calcei a cara e apareci lá dentro, e levei umas tiras para o redator do jornal. Naquele tempo, a gente não chamava lauda, não. Não sei se você sabe, eram meias folhas de papel cortadas ao meio. Eram compridas, chamavam-se tiras, eram tiras. Então levei-as manuscritas, ninguém escrevia à máquina, era tudo muito pobre, muito primitivo. O palhaço do diretor, cujo prazer era fazer tudo com o mínimo de despesa, achou que podia aproveitar as minhas coisas, porque ele não pagava nada [...]. De modo que eu comecei a me interessar por aquilo, e cheguei até lá com uma espécie de começo de tentativa de profissionalização. Perguntei a ele se não podia me remunerar. Disse-me que sim, que podia pagar qualquer coisa [...]. Mas pagou uma insignificância. Então eu achei, assim, já muito pretensioso, achei que não devia continuar lá e saí.[37]

O poeta resolveu procurar o jornal concorrente, o *Diário de Minas*: "Não conhecia ninguém. Fazia aquilo com a cara e a coragem. E qual não é a minha surpresa quando dois dias depois sai a minha colaboraçãozinha, no alto, e se não me engano com grifo".[38] Seu primeiro texto, uma crítica de livro, foi publicado em 13 de março de 1921. Uma semana depois, o jovem colaborador foi apresentado na seção Crônica Social como uma grande promessa. "Carlos Drummond, que iniciou com duas páginas de linguagem medida e pensamentos originais a sua colaboração neste jornal, é um adolescente cuja cabeça se coroa com as rosas delicadas da primeira mocidade."[39]

Na mesma época, começou a escrever para a revista *Para Todos*. Mas era preciso pensar na vida prática. Formado, o poeta voltou a Itabira para ser fazendeiro ou farmacêutico, embora soubesse que não tinha vocação para uma coisa nem outra. Preferiu trabalhar como professor ginasial. Até que um amigo lhe escreveu sobre uma vaga de redator no *Diário de Minas*. Contratado, deixou de ser colaborador para ser profissional, alugando sua pena para o jornal do Partido Republicano mineiro. Pobre e mal equipado, o *Diário de Minas* era composto manualmente, uma espécie de primo-pobre do *Minas Gerais*, órgão oficial do governo (e onde Drummond também trabalharia). Não passava de um boletim, lembra o poeta, mas um boletim que chegou a ter como redatores os escritores Afonso Arinos de Melo Franco, Cyro dos Anjos, Emílio Moura e João Alphonsus.

O jornal foi o centro aglutinador dos modernistas mineiros e seu elo com os paulistas, como Mário de Andrade, que ali tinha seus textos publicados. Como ao governo só interessava a parte política, rigorosamente controlada pelo poeta Mário de Lima, a área cultural desfrutava de liberdade quase absoluta, para irritação dos literatos conservadores, que reclamavam dessa onda de modernismo à custa do governo.

Nada como ter vinte anos nos anos 20. Drummond definiria o *Diário de Minas* em um poema dedicado ao companheiro Emílio Moura:

*O Diário de Minas, lembras-te, poeta?*
*Duas páginas de Brilhantina Meu Coração e Elixir de Nogueira*
*uma página de: Viva o Governo*
*outra — doidinha — de Modernismo.*[40]

O próprio Emilio revelou que, para esquentar o jornal, o chefe e sua turma inventavam vários colaboradores: "modernistas uns, outros passadistas, jogávamos estes contra aqueles, forjávamos polêmicas crudelíssimas. Drummond era inesgotável em iniciativas dessa natureza".[41] Entre elas, forjar votos para um concurso que elegeria o príncipe e a princesa dos poetas mineiros e que, naturalmente, tinha seu nome entre os mais fortes concorrentes.

À frente do jornal, Drummond apressou-se a divulgar a visita da caravana modernista a Minas, em 1924. Foi uma chance de seus jornalistas se aproximarem de gente como Oswald e Mário de Andrade, a quem ciceronearam pela cidade. Depois das despedidas, Mário se tornou uma espécie de orientador literário dos mineiros, principalmente de Drummond. A ele, reservava conselhos até sobre a carreira de jornalista e a vida pessoal.

> Cuidado com o *Diário de Minas*, hem! Grude nele fazendo, como redator, é lógico, as concessões indispensáveis para sustentar o lugar. Isso não é feio não, Carlos, e não é pra desculpar coisa nenhuma que hoje cheguei à convicção de que a gente fazendo pequenas concessões humanas e imbecis consegue muito mais pras próprias orientações que sendo inflexível.[42]

Essa estratégia de conciliação permitiria a sobrevivência e até mesmo a projeção de intelectuais de esquerda em órgãos de imprensa e repartições durante a ditadura de Vargas. Drummond, que entrou no jornal como redator, por conta de intrigas políticas que derrubaram seu antecessor, pouco depois seria promovido a redator-chefe, com direito a nome no cabeçalho do jornal que, como ele mesmo afirma, ninguém lia. E foi mais do que chefe. Afonso Arinos, em seu livro de memórias, *A alma do tempo*, o chamou de carrasco-chefe. João Alphonsus descreveu o Drummond jornalista em tintas mais amenas no conto "O homem na sombra ou a sombra no homem".[43]

> Ricardo guardou os versos no bolso da capa de gabardinhe e foi sentar-se na mesa de revisão, porque ele era revisor do jornalzinho, debaixo da escada que levava ao andar de cima. Uma porta à esquerda deixava entrar a algazarra dos tipógrafos lá dentro da sala deles, trabalhando e conversando. Ricardo pensou: se proibissem tanta conversa não tinha tanto pastel. E bocejou. Mas o ruído arranhado da pena do redator-chede dominava a algazarra, na salinha da redação-revisão. Só a pena que corria: o resto tinha um ar de vagareza, lentidão, melancolia. Ricardo levantou-se para novo momento de intimidade literária. A pena parou.[44]

Drummond sempre negou a versão de que fosse um chefe tirano. Cercado por aspirantes a escritor, como ele próprio, via, no entanto, o trabalho no jornal de forma profissional, e não como um simples prolongamento da amizade literária.

> Eram antes de tudo meus amigos e só a contingência do serviço me fazia dar-lhes tarefas. Eu respondia pelo jornal, tinha de explorar bem os amigos, pois com eles é que contava. Afonso fazia a crítica literária e matérias especiais, sempre ótimo. João Alphonsus tinha a chata missão dos editoriais, que não deviam dizer absolutamente nada, com ar de dizer alguma coisa solene e reservada. João fazia aquilo o mais sumariamente possível. Sempre faltavam algumas linhas para preencher o espaço nobre. "João, mais cinco linhas." Ele voltava à mesa, pachorrento, escrevia três. "João, meu

velho, mais duas." [...]. João escrevendo sempre um editorial sobre pecuária mineira, método pedagógico Decroly, benemerências do governo estadual. À mão: ninguém escrevia à máquina, naquela pré-história. É a imagem que conservei dele, indo e vindo, lento, entre duas mesas. Em compensação, vingava-se do espartilho oficial na crônica assinada por I, de Inácio e Inacinho, pai e filho, de humor delicioso.[45]

O registro escrito que Drummond deixou daqueles tempos ficou guardado no próprio *Diário de Minas*, como na crônica publicada em 27 de maio de 1923, na coluna Notícia Elétrica.

Que é um jornal? É a crônica da vida dos outros. Registro com pouca ou nenhuma gramática, dos heroísmos, das traficâncias e das patifarias dos outros. Os crimes, os desastres, as cotações, os discursos, as poesias, os roubos [...]. Tudo está lá dentro, gemendo e vibrando, entre duas páginas, com tipos grandes, entrelinhas e clichês.[46]

O jornalismo esteve intimamente ligado às primeiras manifestações do modernismo mineiro. Das primeiras ousadias do *Diário de Minas* ao lançamento de *A Revista*, em 1925, fundada por Drummond e seu grupo, houve um processo de amadurecimento. "O periódico foi não apenas veículo, mas espaço que, juntamente com o processo renovador que sofria a cidade em vários campos, propiciou a eclosão do grupo."[47] Em Belo Horizonte, nas três primeiras décadas do século xx, nasceram e morreram 160 publicações e duzentos jornais, como contabiliza Humberto Werneck em *O desatino da rapaziada: jornalistas e escritores em Minas Gerais*.[48] A maioria morria de inanição, por falta de dinheiro, de assunto e de público, segundo o escritor Cyro dos Anjos, que trabalhou no *Diário da Tarde*, no *Diário da Manhã* (onde quase foi linchado pelos leitores quando descobriram que tinha inventado uma série de matérias sobre uma casa mal-assombrada) e no *Diário do Comércio*, todos órgãos de imprensa nascidos e mortos em 1927. Mas *A Revista* foi, com seus três únicos números, a mais importante publicação dos modernistas mineiros, ao lado dos parcos seis da revista *Verde*, editados entre 1927 e 1929 pelo grupo de Cataguases, que incluía o escritor e jornalista Guilhermino César (mais tarde secretário de redação do *Estado de Minas*).

Nos textos do *Diário de Minas*, já se vê um traço programático de Drummond, que é a valorização do prosaico. "Num mundo de coisas tão pequenas, por que motivo deveria o pensamento subir a espaços quase inatingíveis? Alegremo-nos com a vulgaridade, que é boa e graciosa, fácil e convidativa", dizia numa crônica de 22 de dezembro de 1922.[49] Como crítico, protegido das rusgas provincianas por pseudônimos como Antonio Crispin, Drummond construiu seu modelo literário, delimitando as diferenças de temática e linguagem entre o modernismo e a literatura sorriso, defendendo uma poesia marcada pelo coloquial.

Em 1930, já transferido para o jornal *Minas Gerais*, onde trabalhou como redator, Drummond aproveitou o cargo para publicar seu primeiro livro pela Imprensa Oficial.

> Consegui do diretor Abílio Machado, que era um santo homem, publicar a crédito e ir pagando aquilo aos poucos. Eu pegava dez exemplares do livro ou cinco e levava para a Livraria e Papelaria Oliveira e Costa e deixava lá. À medida que era vendido eu recebia um dinheirinho e pagava a Imprensa Oficial. Naquele tempo não havia essa boca livre da Imprensa Oficial dar prêmios e publicar os livros de graça. Não, absolutamente.[50]

Drummond levava a sério o jornalismo. Tanto que, em 1928, Assis Chateaubriand o convidou para trabalhar num dos jornais dos Diários Associados em São Paulo. Mário de Andrade chegou a oferecer-lhe a casa para ficar. Mas Drummond acabou não indo. A lembrança do convite foi motivo para o poeta discutir sua frustração com a vida literária brasileira.

> Este prolongamento da relação intelectual em relação afetiva é das coisas mais lindas que a literatura pode oferecer. Evidentemente, não acontece sempre, nem é para isso que existe a literatura. Mas, se acontece, paga bem, paga até demais essa espécie de enjôo que a literatura muitas vezes nos causa, não ela em si, mas as situações que sua prática estabelece, quando a vaidade e a ambição fazem do escrever um negócio sujo [...]. Não iria culpar a vida literária por um vício que afinal se encontra em qualquer tipo de associação humana. Observo apenas que os chamados literatos têm mais tendência a se atacarem, a se ridicularizarem, principalmente na ausência uns dos outros, do que por exemplo a corporação dos sapateiros. Raramente se encontra um sapateiro falando mal do serviço do colega. Nas letras, isso é habitual e quase obrigatório [...] há um fundo de insegurança na atitude descaridosa do escritor que não poupa os colegas. Ele não está bem certo de que passará à posteridade ou, antes, não tem a menor certeza disso. E sofre, em geral. Então, compensa-se cortando na pele do colega.[51]

A razão de tanta competitividade seria a falta de um mercado literário.

> O escritor continua mais ou menos um marginal no processo de desenvolvimento, que é puramente econômico, sem sentido cultural. O mercado que se abre para o livro ainda está na infância, com todo o rosário de moléstias infantis. A literatura resiste como forma de solidão à margem de 110 milhões de seres.[52]

Ou antes a própria "inutilidade da literatura".

Eu me atrevo a questionar a legitimidade da literatura como valor humano, mas Deus me livre de indicar missão ou tarefa para os meus semelhantes, interessados na atividade imaginativa. Diria apenas que os romances, os poemas, os quadros, as esculturas, os nobres edifícios não evitaram nem atenuaram a barbárie extrema de certas épocas, e a brutalidade habitual nos choques de interesses em qualquer época, e até às vezes extraíram sua seiva de crueldade desses fenômenos. E isso me dá a sensação desconfortável da inutilidade vaidosa do ato de escrever.[53]

Depois de passar por *A Tribuna*, periódico criado em 1933 para substituir o *Diário de Minas*, Drummond deixou o jornalismo diário para se tornar chefe de gabinete de Gustavo Capanema, seu amigo de colégio, ministro da Educação e Saúde entre 1934 e 1945. Em 1949, o poeta voltou a escrever para o *Minas Gerais*, como correspondente no Rio de Janeiro, e só se demitiu do cargo de redator em 1953. Jamais se afastou completamente dos jornais, mantendo uma produção regular como cronista do *Correio da Manhã* e depois do *Jornal do Brasil*, onde escreveu entre 1969 e 1984. A crônica lhe deu visibilidade, ajudando a projetar seu nome como o do poeta mais popular do país.

Em 1973, Drummond dedicou mais um poema (inédito em livro) à velha musa, a imprensa: "A casa do jornal, antiga e nova".

*Rotativa do acontecimento*
*Vida fluindo*
*pelos cilindros,*
*rolando*
*em cada bobina.*
*Rodando*
*em cada notícia.*
*No branco da página*

*explode.*
*Todo jornal é explosão.*

*Café matinal*
*de fatos*
*almoço do mundo*
*jantar do caos;*
*radiofoto.*

*Restruturam-se os cacos*
*do cosmo*
*em diagramação geométrica.*

*A cada méson*
*de microvida*
*contido*
*na instantaneidade do segundo*
*e vibração eletrônica*
*da palavra-imagem*
*compõe*
*decompõe*
*recompõe*
*o espelho de viver*
*para servir*
*na bandeja de signos*
*a universalidade*
*do dia.*

*A casa da notícia*
*com degraus de mármore*
*e elevador belle époque*
*alçada em torre*

*e sirena*
*chama os homens*
*a compartir*
*o novo*
*no placar nervoso*
*dos telegramas.*
*Olha a guerra,*
*olha o reide,*
*olha o craque da Bolsa,*
*olha o crime, olha a miss,*
*o traspasse do Papa,*
*e o novo cisne plúmbeo*
*do Campo de Santana.*

*Fato e repórter*
*unidos*
*re-unidos*
*num só corpo de pressa,*
*transformam-se em papel*
*no edifício-máquina*
*da maior avenida,*
*devolvendo ao tempo*
*o testemunho do tempo.*

*Na superfície impressa*
*ficam as pegadas*
*da marcha contínua:*
*letra recortada*
*pela fina lâmina*
*do copydesk;*
*foto falante*
*de incrível fotógrafo*

*(onde colocado:*
*na nuvem? na alma do Presidente?);*
*libertário humor*
*da caricatura*
*de Raul e Luis*
*a — 50 anos depois —*
*Lan e Ziraldo.*

*Paiol de informação*
*repleto, a render-se*
*dia e noite*
*à fome sem paz*
*dos linotipos,*
*casa entre terremotos*
*óperas, campeonatos*
*revoluções*
*plantão de farmácias*
*dividendos, hidrelétricas*
*pequeninos classificados*
*de carências urgentes,*
*casa de paredes de acontecer*
*chão de pesquisa*
*teto de detetar*
*pátria do telex infatigável*
*casa que não dorme*
*ouvido afiado atento*
*ao murmulho mínimo*
*do que vai, do que pode*
*quem sabe? acontecer.*

*Um dia*
*a casa ganha nova dimensão*

*nova face*
*sentimento novo*
*diversa de si mesmo*
*e continuamente*
*pousa no futuro*
*navio*
*locomotiva*
*jato*
*sobre as águas, os caminhos*
*os projetos*
*brasileiros*
*usina central de notícias*
*cravada na estrela dos rumos*
*N S L O*
*em cobertura total*
*da vida total:*
*conhecimento*
*comunicação.*

*Todo jornal*
*há de ser explosão*
*de amor feito lucidez*
*a serviço pacífico*
*do ser.*[54]

Seria impossível que autores tão identificados com uma nova linguagem literária como Drummond, Oswald e Graciliano não tivessem levado a marca inconfundível de seu estilo para as redações dos jornais, revolucionando os gostos pelas exclamações, reticências, adjetivos e superlativos. Afinal, jornalistas e escritores estavam sendo influenciados pelas mesmas forças culturais de seu tempo. Mas a verdade é que só quando uma nova geração chegou aos cargos de chefia é que a cartilha modernista se tornou um manual de redação. Influenciada pelo jornalismo americano, a imprensa nacional descobriu que já era hora de romper de vez com a literatura e se constituir como um campo completamente autônomo.

Os anos 50 foram o grande marco da imprensa nacional. Os jornais "passaram por grandes transformações, tornaram-se de fato empresas comerciais detentoras de poder econômico e introduziram inovações técnicas, gráficas e editoriais", comenta Alzira Alves de Abreu em *A imprensa em transição*.[55] Boa parte dessas inovações foi trazida por jornalistas que viveram nos Estados Unidos na década anterior e depois trabalharam para o *Diário Carioca*, a *Última Hora* e o *Jornal do Brasil*, que, com a criação do *Suplemento Dominical* (*SDJB*) em 1956, deixaria o concretismo freqüentar suas páginas, não só como tema de reportagens, mas como modelo de diagramação.

A transformação do *Jornal do Brasil*, de um jornal de pequenos anúncios de empregadas domésticas até os anos 50 para o jornal mais influente dos anos 60 e 70, teve como ponto de partida o *SDJB*, e pode ser creditada também a uma inédita expansão do mercado publicitário.

> A imprensa, que até os anos 30-40 dependia dos favores do Estado, de pequenos anúncios populares ou domésticos e da publicidade das lojas comerciais, teve essa situação alterada. Nos anos 50 começaram os investimentos no setor publicitário e teve início a implantação no país das grandes agências nacionais e estrangeiras de publicidade; os anúncios nos jornais se diversificaram, encontrando-se desde anúncios de automóveis, eletrodomésticos, produtos alimentícios e produtos agrícolas até anúncios de produtos artesanais os mais variados [...] os jornais passaram a obter oitenta por cento de sua receita dos anunciantes.[56]

O aparecimento do *SDJB* não foi um fato isolado. Todos os grandes jornais diários, como o *Correio da Manhã, Diário de Notícias* e *O Estado de S. Paulo* contavam com suplementos ou seções específicas para a cultura na década de 1950, a maior parte dirigida por escritores, como Otto Lara Resende, responsável pelo suplemento *Letras e Artes* do jornal *A Noite*. Esses suplementos funcionavam como ponto de encontro de gerações de escritores nascidas entre 1880 e 1930.

Desde o início, os poetas Ferreira Gullar, Reynaldo Jardim e Mário Faustino estiveram à frente do *SDJB*, onde escreveriam também Carlos Heitor Cony, Zuenir Ventura, Clarice Lispector, Carlinhos Oliveira, além de jovens intelectuais como José Guilherme Merquior e Glauber Rocha. "Como um subversivo que vai infiltrando seus pares, sugeri que convidassem o Amilcar de Castro. É assim que se faz a história: um grupo de pessoas que pensa igual e quer incutir uma idéia nova, propagando-a", recorda Gullar em entrevista concedida especialmente para esta pesquisa. "O Reynaldo Jardim adorou e começou ele próprio a fazer igual, de maneira às vezes até mais audaciosa e irreverente. Isso criou problema com a direção, novamente a história do branco, do papel sobrando."[57]

Com a publicação de *A luta corporal*, em 1954, o copidesque Ferreira Gullar se aproximou dos poetas concretistas Augusto e Haroldo de Campos e Décio Pignatari. Em 1956, foi realizada no Museu de Arte Moderna do Rio de Janeiro a Exposição Nacional de Arte Concreta. O *SDJB*, recém-lançado, acabaria sendo o centro da discussão entre concretistas paulistas e cariocas. E a publicação do artigo "Da fenomenologia da composição à matemática da composição", em que os Campos defendiam uma poesia segundo fórmulas matemáticas, ao lado de um artigo de Gullar, "Poesia concreta: experiência fenomenológica", negando a relação causal entre linguagem matemática e linguagem verbal, foi o marco do rompimento entre os dois grupos.

À frente do concretismo carioca, Gullar arriscaria projetos como o livro-poema e o poema espacial. Algumas dessas criações ousadas foram publicadas no *SDJB*, e a reação do público levou o jornalista a perceber a falta de comunicabilidade dessas experiências poéticas. Enveredando por uma discussão cada vez mais de vanguarda, intelectual e antiacadêmica, o *SDJB* angariou antipatia, afastando-se do leitor comum, dos medalhões da ABL e dos interesses do mercado editorial.

Embora tenha sido a semente da renovação gráfica e editorial do *Jornal do Brasil* e conquistado peso intelectual ao se tornar porta-voz da vanguarda, o caderno recebia muitas críticas internas: difícil, ininteligível, feito só para iniciados, patoteiro. Os donos do jornal se dividiam entre os que amavam o *SDJB* — a condessa Pereira Carneiro — e os que o detestavam — seu genro Nascimento Brito. Em 1958, Gullar, que ocupava o poderoso cargo de chefe do copidesque, acabou demitido numa desavença interna. Menos de um ano depois, foi chamado de volta, num momento que coincide com o lançamento do movimento neoconcretista no Rio, cujo manifesto foi publicado numa edição especial do *SDJB*. Mas o suplemento só sobreviveria até 1961. Dois anos depois, Gullar seria demitido, após liderar uma greve. E foi trabalhar como copidesque na surcursal de *O Estado de S. Paulo*, onde passou três décadas, com um único intervalo de oito anos, quando esteve no exílio e na clandestinidade. Durante todo esse tempo, o *Estadão* continuou pagando seu salário, o que permitiu a sobrevivência da família. Essa era uma norma desde que Júlio de Mesquita Filho, o diretor do jornal, tivera que se exilar durante a ditadura Vargas. Fora do jornal e do Brasil, Gullar lançou seus livros mais aclamados, *Dentro da noite veloz* (1975) e *Poema sujo* (1976).

Mas um de seus poemas mais famosos, "Traduzir-se", foi escrito em plena redação. O que não é de se estranhar. Embora não

122

tenha sido este o objetivo de Gullar, percebe-se no texto uma clara divisão entre o profissional, preso ao dia-a-dia, e o artista, com seu estranhamento profundo.

> *Uma parte de mim*
> *é todo mundo:*
> *outra parte é ninguém*
> *fundo sem fundo.*
> *Uma parte de mim*
> *é multidão:*
> *outra parte estranheza*
> *e solidão.*
> *Uma parte de mim*
> *pesa e pondera:*
> *outra parte*
> *delira.*
>
> *Uma parte de mim*
> *almoça e janta:*
> *outra parte*
> *se espanta.*
>
> *Uma parte de mim*
> *é permanente:*
> *outra parte*
> *se sabe de repente.*
>
> *Uma parte de mim*
> *é só vertigem:*
> *outra parte,*
> *linguagem.*

*Traduzir uma parte*
*na outra parte*
*— que é uma questão*
*de vida e morte —*
*será arte?*[58]

Gullar não se ressente de ter dedicado mais de quatro décadas de sua vida à imprensa, com direito a passagens pela revista *Manchete* e pelo *Diário Carioca*. Para ele, o jornalismo moderno, em sua cruzada para expurgar o nariz-de-cera e a subliteratura de suas páginas, acabou por fazer os escritores de sua geração enxergarem a palavra como um instrumento, que podia e devia ser afiado. Por sua vez, a poesia também seria útil ao jornalismo.

Sim, deu um domínio maior da língua, uma segurança maior com relação ao instrumento e uma preocupação nata com a economia, com a eficiência da linguagem, com a palavra que não pode ser nem mais nem menos. A poesia é a linguagem econômica por definição. Isso no jornalismo é importante. Desde que não se leve dez horas para fazer uma notícia.[59]

## OS IDIOTAS DA OBJETIVIDADE

Os anos 50 deram início ao processo que iria substituir definitivamente a influência da imprensa francesa, prolixa e opinativa, pela americana, concisa e objetiva. Mas muita gente não gostou desse novo paradigma. Foi contra as novas regras que o escritor e jornalista Nelson Rodrigues se insurgiu quando chamou os copidesques de "idiotas da objetividade".[60] E reclamava que seriam capazes de reescrever o próprio Proust. No que estava absolutamente certo, já que, dali em diante, literatura seria uma coisa, jornalismo, outra. Uma das missões da ditadura da objetividade era fincar as fronteiras entre os dois gêneros.

O conceito de objetividade, no entanto, também era algo recente, mesmo na imprensa americana. Como mostram Bill Kovach e Tom Rosenstiel:

> Na última parte do século xix, os jornalistas falavam sobre alguma coisa que chamavam de realismo, não objetividade. Essa idéia era a de que se os repórteres cavassem os fatos e os ordenassem direito, a verdade apareceria naturalmente. O realismo emergiu numa época em que o jornalismo se separava dos partidos políticos e se tornava mais preciso. Coincidia isso também com a invenção do que os jornalistas chamam de pirâmide invertida, no qual o profissional coloca os fatos partindo do mais importante até o menos importante, achando que com isso ajuda os leitores a entender as coisas de uma forma mais natural.[61]

Ao longo do século xx, esse conceito de realismo jornalístico, baseado numa verdade natural oferecida pelos fatos, seria minado pela propaganda política fascista (que mostrou como era possível manipular qualquer fato), pelas teorias freudianas (que demonstraram o quanto o inconsciente influenciava nossa interpretação do mundo), pelo relativismo cultural e até mesmo pela própria capacidade de simulação da literatura naturalista-realista. Considerado ingênuo, seria gradativamente substituído pelo da objetividade, cuja proposta era de que os jornalistas passassem a seguir um método científico de apuração. A partir de então, "a educação jornalística deveria ter como ponto central o estudo da prova e da verificação".[62] A objetividade, porém, também não seria um conceito isento de problemas.

> Esse ponto tem algumas implicações importantes. Uma delas é que a voz imparcial utilizada por muitas empresas jornalísticas, aque-

le familiar, supostamente neutro estilo de redação de notícias não é um princípio fundamental do jornalismo. Ao contrário, é quase sempre um recurso oportunista que as empresas usam para destacar o fato de que produzem alguma coisa obtida por métodos objetivos. A segunda implicação é que essa voz neutra, sem uma disciplina de verificação, cria um verniz que esconde alguma coisa turva.[63]

A transição de um modelo para o outro foi rápida, como testemunhou Nelson Rodrigues. Em 1950, cansado de passar o dia na redação e a madrugada escrevendo teatro, o jornalista resolveu deixar os Diários Associados disposto a tentar a sorte. Ficou um ano desempregado e, apesar de finalmente ter tempo de sobra, só escreveu uma peça.[64] Quando quis voltar às redações, tudo estava mudado. Como deixou claro num artigo em que falava da morte de Assis Chateaubriand, "passara a época do grande jornalista". Agora, seu fantasma estava condenado a "vagar, por entre as mesas, cadeiras e estagiárias das redações como uma lívida figura sem função e sem destino", preso a sua "inatualidade", alguém "secundário e irrelevante" para a imprensa moderna.[65]

Em 1952, o dinossauro da velha imprensa tentaria se integrar aos novos tempos, na *Última Hora*, recém-criada. O jornal foi o herdeiro da sede e do sonho de criar o novo jornalismo brasileiro, iniciado dois anos antes pelo *Diário Carioca*, o primeiro a implantar o lide no Brasil. Como afirma Alzira Alves de Abreu:

> Sem dúvida, a imprensa brasileira na década de 50 foi abandonando uma de suas tradições: o jornalismo de combate, de crítica, de doutrina e de opinião. Essa forma de jornalismo convivia com o jornal popular, que tinha como características o grande espaço para o *fait-divers*, para a crônica e para a publicação de folhetins. A política da atualidade não estava ausente, mas era apresentada com uma linguagem pouco objetiva.[66]

Criado no antigo cenário, Nelson destoava daquela redação cinematográfica, moderna e ascética. Para quem tinha começado aos treze anos num jornal como o combativo e sensacionalista *A Manhã*, criado por seu pai, Mário Rodrigues, era difícil se acostumar com mesas e cadeiras de alumínio. A descrição de Ruy Castro é saborosa:

> A redação de *A Manhã* era como outras do Rio naquele tempo. Uma sala comprida, com muitas escrivaninhas, cabides para os chapéus e um ou dois telefones de manivela. Poucas máquinas de escrever (daquelas Royal, pretas) e ainda menos gente que as soubesse usar. A maioria dos redatores escrevia a mão, com penas francesas da marca Mallat, em folhas de papel almaço. Usavam viseira como nos filmes, enceravam os bigodes e estavam mais preocupados com as ênclises, próclises e mesóclises do que com as notícias. Os paginadores sofriam: tinham que contar letra por letra, para calcular o espaço da matéria na página. Os linotipistas não sofriam menos, porque os redatores [...] escreviam com garranchos, quase impossíveis de decifrar.[67]

Mais difícil para Nelson era se acostumar ao fato de que a mistura de jornalismo e ficção, de que o jornalismo sensacionalista tanto se fartou, dava lugar ao modelo americano de texto uniformizado. Redatores como ele, que praticamente escreviam as matérias para os repórteres, foram substituídos pelos copidesques, os tais "idiotas da objetividade", que policiavam não só a língua e o estilo, como a veracidade das informações e sua exposição segundo as regras da pirâmide invertida, mudando a ordem dos fatores de forma a responder logo no primeiro parágrafo às questões elementares: O quê? Quem? Quando? Onde? Por quê?

Era o fim da imprensa com ponto de exclamação, que tinha feito a glória e a miséria da família Rodrigues. E também do jornalista de vários empregos, já que a *Última Hora* pagava o triplo dos outros jornais para ter exclusividade. Até contra isso Nelson reagiria, numa adaptação do conceito de "arte pela arte" para o jornalismo que se profissionalizava.

> Na velha imprensa, nada mais intrascendente do que a publicação de uma notícia, fosse ela sublime ou vil. Bastava o visto do diretor. A casa não pagava, mas havia respeito, hierarquia, subserviência. Mal remunerado, o funcionário vergava os ombros até os sapatos. Agora, tudo mudou.[68]

Mas, para Nelson, o grande e irredutível abismo entre a velha e a nova imprensa era a linguagem. E propunha: "Examinem duas manchetes — uma de 1908 e outra de 1967". A primeira, além de enorme impacto visual, era "um uivo impresso". Sem o adjetivo, o jornalismo estava sendo "castrado emocionalmente", acreditava. Ele mesmo reconhecia que o adjetivo era sua "tara estilística".[69]

Nelson reagiu como pôde à superação do jornalismo literário pelo normatizado e até mesmo aos novos códigos de conduta, que exigiam a verdade e nada mais que a verdade. Como na *Última Hora* ninguém podia fazer literatura, a não ser em artigos assinados, para ele foi reservada uma coluna diária de crônicas, A Vida Como Ela É... A idéia era que escrevesse a partir de fatos reais. Mas o escritor preferiu inventar tudo, preenchendo sua coluna com os mesmos personagens típicos da Zona Norte carioca que faziam parte de suas reportagens e de seu teatro. Assim se tornou o jornalista mais popular do Rio.[70]

Com seu nome, sem apelar para pseudônimos, Nelson Rodrigues só publicou um romance, *O casamento*, e dois folhetins, *Asfalto selvagem* e *A mentira*. Nele, levaria para a literatura os dramas de A Vida Como Ela É... Um dos personagens de *Asfalto sel-*

*vagem* era um repórter sem escrúpulos, Amado Ribeiro, da *Última Hora*, que realmente existia, assim como outros jornalistas escritores citados: Otto Lara Resende, Wilson Figueiredo e Carlinhos Oliveira. Vítima preferencial, Otto seria citado em dezenas de histórias de A Vida Como Ela É... e veria seu nome no título de uma peça de Nelson, *Otto Lara Resende ou Bonitinha, mas ordinária.*

O folhetim *Asfalto selvagem* foi transformado em livro de dois volumes, assim como A Vida Como Ela É..., que teve suas histórias gravadas em disco, lançadas como fotonovela e narradas na rádio. Mas a situação dos direitos autorais no país impedia até mesmo um escritor tão popular quanto Nelson Rodrigues de viver de sua própria pena. Ele nunca soube quantas edições vendeu nem viu boa parte do dinheiro arrecadado com a sua "subliteratura". O mesmo aconteceu com os outros livros publicados sob pseudônimo.

Em *O beijo no asfalto*, o escritor voltou à figura do repórter sensacionalista, na pele de Amado Ribeiro. O verdadeiro ria das histórias de Nelson e dizia que era ainda pior do que o retratado. A peça, escrita em 21 dias, foi inspirada na história de um outro repórter, Pereira Rego, que, atropelado por um ônibus, pediu um beijo à pessoa que o socorreu (no caso, uma mulher).

Na ficção, o atropelamento é na praça da Bandeira e o beijo é pedido a um homem. O repórter da *Última Hora* vê tudo. Unido a um delegado amoral, cria um escândalo sobre pederastia para vender jornal. Num crescendo angustiante, Nelson descreve as conseqüências destrutivas para a vida daquelas pessoas da reportagem — da mesma forma como, na vida real, a matéria que difamou Sylvia Thibau e provocou a morte de seu irmão Roberto deu início a uma tragédia familiar.

A ficção acabou por invadir a realidade. O próprio Samuel Wainer teria pedido para tirar seu nome e o da *Última Hora* da peça, que mostrava como o bom e velho sensacionalismo ainda não tinha sido de todo expurgado da nova imprensa. A crise fez com que o Nelson se demitisse do jornal onde trabalhara por dez anos e publicara cerca de mil histórias de A Vida Como Ela É... Ainda assim, manteve a referência à *Última Hora* e a seu repórter inescrupuloso.

# 6. Mediação e missão

> *Quando você é repórter e quer participar da oposição, não po-*
> *de usar juízos de valor nem adjetivos como os grandes articu-*
> *listas que têm um espaço à sua disposição. O que você pode fa-*
> *zer é organizar os fatos de forma tal que incomode o adversário.*
>
> Fernando Gabeira

Entre os anos 60 e 80, o jornalista passa de mero coadjuvante — como o repórter sensacionalista de Nelson Rodrigues — a personagem principal da literatura brasileira. E não só porque quase toda a ficção do período foi escrita por gente que vivia o dia-a-dia das redações, como Aguinaldo Silva, Antonio Callado, Antônio Torres, Carlos Heitor Cony, Carlinhos Oliveira, Edilberto Coutinho, João Antonio, João Ubaldo Ribeiro, José Louzeiro, Ignácio de Loyola Brandão, Ivan Angelo, J. J. Veiga, Luiz Vilela, Paulo Francis, Roberto Drummond e Valério Meinel, só para citar alguns. Mas também porque o jornalista, assim como o escritor, o padre e o guerrilheiro, foi o grande protagonista da ficção do período. Quantitativamente, ganha disparado. São jornalistas os protagonistas de *A festa*, de Ivan Angelo; *Cabeça de negro* e *Cabeça de papel*, de Paulo Francis; *Um novo animal na floresta* e *Domingo 22*, de Carlinhos Oliveira; *O inferno é aqui mesmo*, de Luiz Vilela; *Um cão uivando para a lua* e *Balada da infância perdida*, de Antônio Torres; *Setembro não tem sentido*, de João Ubaldo, entre tantos outros, especialmente no romance-reportagem e nas memórias da guerrilha de Fernando Gabeira & Cia.

Protagonista, narrador, quando não *alter ego* do autor. Qual o papel desse jornalista na história? É preciso analisar caso a caso.

O pano de fundo era o mesmo: a ditadura militar.

O cenário: capitais como Salvador, Belo Horizonte, São Paulo e, principalmente, o Rio de Janeiro, que, nos anos 60 e 70, ainda podia se considerar o umbigo do Brasil. Na cidade estavam a principal editora, a Civilização Brasileira, de Ênio Silveira; alguns dos principais jornais (*Correio da Manhã*, *Jornal do Brasil* e *O Globo*) e revistas (*Cruzeiro* e *Manchete*) e as redes de TV. Em torno de suas praias moravam Guimarães Rosa, Clarice Lispector, Carlos Drummond de Andrade, João Cabral de Melo Neto, Manuel Bandeira, Vinicius de Moraes, Rachel de Queiroz, Marques Rebelo e praticamente todos os cronistas, como Rubem Braga, Paulo Mendes Campos e Antônio Maria. No Rio, um embaixador americano podia ser seqüestrado, a morte de um estudante parava o país e passeatas de 100 mil pessoas enfrentavam os militares. Naqueles anos de pesadelo, sem ânimo para botar a cabeça no travesseiro, gente de música, teatro, cinema, artes plásticas, literatura, filosofia, psicanálise, enfim, toda a vanguarda cultural e política se reunia em torno das mesas do Antonio's, Álvaro's, Degrau, Jangadeiros, Ouro Verde, Nino's. Não foi à toa que Antonio Callado descreveu o fracasso da luta armada a partir de um fictício Bar Don Juan, nem que Carlinhos Oliveira viu a história dos tempos de chumbo através das vidraças do Antonio's em seu *Um novo animal na floresta*. O momento era deprimente, mas os bares ferviam. Era o auge da esquerda festiva.

Justamente nesse período de embate com a censura e a ditadura "ocorreu uma dupla explosão, quantitativa e qualitativa, para o Brasil e sua nascente indústria editorial, com a publicação de uma quantidade até então inimaginável de ficção curta e longa".[1] Literatura vendia. Segundo Malcolm Silverman:

> É curioso observar a influência quase insensível da ditadura no lado puramente quantitativo da publicação literária. O regime autoritário, apesar de sua campanha de terrorismo e de censura — incluindo a proibição de cerca de quinhentos livros, a maioria por causa de menções sexuais explícitas — testemunha o *boom* do romance brasileiro.[2]

O paradoxo revela uma rara confluência entre o projeto dos escritores e o interesse dos leitores na literatura nacional, demonstrada por tiragens altíssimas de livros difíceis, como *Zero*, de Ignácio de Loyola Brandão, que, apesar — ou talvez por causa — da censura, chegou a vender 1,1 milhão de exemplares. O resto do continente vivia o *boom* do realismo mágico e da literatura latino-americana como um todo. À frente, também estavam escritores jornalistas como o colombiano Gabriel García Márquez e o peruano Mario Vargas Llosa. Era um momento promissor, em que o crítico Silviano Santiago previa estar chegando o dia em que "o romancista jovem poderá abdicar do trabalho literário como bico, passatempo noturno ou atividade de fins de semana, para se consagrar à sua profissão em regime de *full time*, como um bom escritor europeu, americano, ou, mais recentemente, hispano-americano".[3]

## A LÓGICA DA ESQUERDA

Enquanto esse dia não chegava (se é que um dia chegará), a pena do jornalista era ser uma classe intermediária, espremida entre a elite e o proletariado. Mas seu papel parecia absolutamente claro: preparar as bases da revolução que parecia estar cada vez mais próxima. Já não era, como conta Ferreira Gullar, a revolução comunista sonhada por Graciliano, Oswald e Drummond.

> Num primeiro momento, nesta etapa anterior, o partido é a revolução. Como já disse Sartre, a Revolução Soviética muda o mundo. É como uma lua a atrair todo um oceano, aumentando as marés. É o sonho da mudança, da justiça social, de mudar tudo [...]. É um momento de descoberta da classe operária, dos miseráveis. Mudar isso é a utopia que estava na cabeça do Drummond, do Graciliano, do Mário Pedrosa. Como Drummond era menos fantasista, ético e personalista demais, saiu logo. Esse sonho é da geração deles.[4]

Embora conduzida pelo comunismo, a utopia revolucionária da geração que tomou de assalto a literatura brasileira nos anos 60 e depois tinha outra feição. O modelo já não era mais a União Soviética, mas Cuba.

> A Revolução Cubana conseguiu romper com o imperialismo e incendiou a América Latina. Marx dizia que a sociedade propõe o que é possível ser realizado. Não propõe o impossível. Quando Cuba fez a revolução aqui do lado, com meia dúzia de caras, tudo passou a ser possível. Todo mundo sabia que aqui havia latifúndio, camponês com fome. Nós que descobrimos isso? Não, a geração de Graciliano já falava disso. Mas é que depois deles veio uma geração que não discutia essas questões, mas a subjetividade e o

individualismo. Eu era concretista, mas de repente a realidade me mostra que eu sou brasileiro. Então, o que estou fazendo aqui? Sou filhote de Rimbaud? Que porra eu sou?[5]

Na linha de frente dessa revolução, "os jornalistas eram de esquerda quase que por ofício", como ironizava Paulo Francis, atribuindo uma história famosa do presidente das Organizações Globo, Roberto Marinho, ao personagem Sadat, o manipulador proprietário do *Noite Ilustrada*, em seu romance *Cabeça de papel*. "Ditado pela virtual impossibilidade técnica de se fazer um jornal com redação direitista", Sadat teria defendido um copidesque de um general mais afoito. O militar chega a acusá-lo de permitir no jornal "um golpe de mão dos comunistas", afirmando que dezenove dos seus vinte copidesques tinham ficha no Dops.[6] Cinicamente, Sadat argumenta que se fosse expulsar todo jornalista de esquerda, simplesmente não teria mão-de-obra para fazer o jornal no dia seguinte.

Longe de fazer com que concordassem, o quase consenso em torno da esquerda colocava os jornalistas eventualmente no papel de patrulheiros ideológicos uns dos outros. No perímetro que ia do Nino's ao Antonio's, "mandarins da ética esquerdista" e fiscais da coerência política davam cotações ao radicalismo alheio, segundo a língua ferina de Francis, que cita nominalmente no livro:

> Os poetas e cronistas *DA MULHER*, dos vilarejos de onde vieram, cheios de delícias simples, de que se privam vivendo na cidade grande, adoram a praia ou a montanha, divulgam um estoque aparentemente inesgotável de bons mots de figuras exóticas masculinas, ou promovem mocinhas "carne fresca", em pouco tempo convertidas em picadinho, agonizam nas derrotas do Fla, ou do Flu, ou do Botafogo, e participam de todas as alegrias do povo, das cabrochas estalando na Avenida à espirituosidade de garçons fa-

voritos e respectivas empregadas. Detestam o diretor do trânsito, qualquer um, e empreiteiros em geral, espinafram a crueldade de síndicos e a estupidez de técnicos de futebol. Enganaram completamente a repressão. Nunca foram presos.[7]

É preciso ver que *Cabeça de papel* foi escrito em 1977, portanto depois que o antigo redator do *Pasquim* foi preso e deu uma virada política. Primeiro romance de Francis, traz o jornalista dividido em dois *alter egos*. Ele se coloca na pele de Hugo Mann, um típico crítico que detesta cinema, desencantado e sem perspectivas, e Paulo Hesse, ex-comunista que, após o casamento com uma ricaça, aderiu ao sistema e passou a editar um jornal reacionário.

Não foram os dois romances (*Cabeça de papel* e *Cabeça de negro*), uma novela (*As filhas do segundo sexo*), ou os outro sete livros misturando memórias a análises políticas e culturais que deram a Paulo Francis a notoriedade que mantém mesmo depois da morte. O ex-ator que foi crítico de teatro, editor de cultura e redator do *Correio da Manhã*, do *JB* e do *Pasquim*, editor da revista *Senhor*, correspondente nos Estados Unidos, colunista amado e odiado da *Folha de S.Paulo*, além de personalidade de programas de televisão como Manhattan Conection, ganhou fama com o jornalismo. Inicialmente elaborados para formar uma trilogia, *Cabeça de papel* e *Cabeça de negro* não trouxeram ao escritor a repercussão e o sucesso literário que esperava. E o último volume jamais foi escrito.

## A LÓGICA DA DIREITA

É a esse fracasso literário e político simultâneo que se refere o jornalista Hugo Mann quando diz:

Se outros esquerdistas manjados já servem a Sadat, nenhum, claro, expressando opinião própria, por que não eu? Aos 39 anos, percebi que faria quarenta, que não sou Fitzgerald, Trotsky, ou aspirante a Isaac Deutscher, e começava a entender porque certos conhecidos de idade aproximada me falam com volúpia mansa de cabanas na serra e na praia, onde se isolam, só nós mesmos somos capazes de agüentar nossos fracassos, nossa decadência física, nossa exaustão moral.[8]

Mas Francis se projeta também em Hesse, o corrompido pelo poder. Tanto Hesse quanto Mann vivem uma espécie de adesão com senso crítico, que muitas vezes se confunde com puro cinismo. Ao que vai mais longe neste caminho é reservado um final rocambolesco. Desculpe leitor, mas é preciso contar o fim de *Cabeça de papel*: o ex-comunista Paulo Hesse, que teria vendido sua pena e consciência à ditadura, seria na verdade um agente comunista infiltrado. Solução quase ingênua, revela o desejo de que uma semente revolucionária pudesse permanecer intacta no coração daquele que aparentemente faz a mudança de lado mais radical.

Para jornalistas como Paulo Francis, Hesse ou Mann, a justificativa para essa troca de posição estaria na descrença na efetividade da esquerda.

A Esquerda discute multinacionais, os modelos do Celso e do Fernando Henrique. Toda revolta popular no Brasil se alicerçou no babalaô, no nível de percepção das massas mobilizadas. Farrapos, antes que você me interrompa, era liberalismo de elite, canto de galo, galeto bravo, da revolução burguesa. O Julião intuiu essa necessidade de nivelamento. Quiseram forçá-lo a engolir a mistificação leninista da aliança do proletariado e do campesinato. Destruiram-no.[9]

Os dois personagens refletem, cada qual a seu modo, a opção do autor de se transformar num intelectual de direita, tantas vezes questionada. Mais do que um eventual ganho econômico, com serviços prestados aos donos do poder, o que está em jogo é a adesão a outra lógica. Francis, que sempre teve gosto pela polêmica, percebe que ocupa uma posição singular. Como porta-voz dos que rejeitam a ortodoxia da esquerda, ele assume o papel do intelectual cético que, por duvidar de tudo, não se deixa enganar. Para Pierre Bourdieu:

> Trata-se de virar às avessas a representação dominante (no campo artístico) e de demonstrar que o conformismo está do lado da vanguarda e de sua denúncia do conformismo "burguês": a verdadeira audácia pertence àqueles que têm a coragem de desafiar o conformismo do anticonformismo, ainda que devessem correr o risco de obter os aplausos "burgueses"... Essa reviravolta do a favor ao contra, que não está ao alcance do primeiro "burguês" que aparecer, é o que permite ao "intelectual de direita" viver a dupla meia-volta que o reconduz ao ponto de partida, mas distinguindo-o (pelo menos subjetivamente) do "burguês", como testemunho supremo da audácia e coragem intelectuais.[10]

Verdadeiro estudo etnográfico das redações dos anos 60 e 70, *Cabeça de papel* conta ainda a história de personagens tão comuns quanto Zeca, um foca (como são chamados os repórteres iniciantes) que sobe na hierarquia depois de ser premiado por uma reportagem em que demonstrou ao patrão até que ponto poderia manipular e ser manipulado. E Audálio, migrante nordestino que, quando vira editor executivo, abre mão dos "caprichos da juventude", que o faziam esvaziar as gavetas nos jornais cuja linha detestava, e abandona definitivamente a imprensa nanica em que trabalhou a preço de banana. Depois de ganhar experiência, "que agora usa, tecnicamente", dá o salto: mora em Ipanema, compra casa de praia, prepara os filhos para não serem jornalistas e tem um caso com uma subordinada. "O negócio é ser um técnico, dos melhores da praça, o negócio é ser indispensável no trabalho, os que precisam do nosso trabalho terminam notando, pagam direito e nos prestigiam, adolescente é que acredita em se impor no grito", explica.[11]

Em que consistia essa técnica?

Profissionais talentosos, raros, literalmente brincam em serviço, se quiserem. A maioria é discreta, pois é mau negócio revelar os "segredos do ofício" aos patrões, que, apesar de conscientes da natureza única do "ramo", a venda de informações, idéias (mínimas) e sugestões (máximas), resistem atavicamente à idéia de pagar caro a quem, na aparência, ao menos, "não sua a camisa".[12]

A técnica permite, segundo Francis, a divisão do trabalho de forma industrial:

Os editores acumulam toneladas de papel, trazidas pelos subordinados solícitos que suspeitam, porém não ousam afirmar, que por trás do comando neuroticamente intenso, "quero ver tudo", o editor, depois de uma olhada em diagonal na pauta, cai de saber o que virará matéria e o fatalmente destinado ao monturo de *press releases*. Repórter e copidesque são os únicos braços habituais da lavoura jornalística. Um traz a matéria-prima, o outro manufatura. A editoria meramente dirige o tráfego a maior parte do tempo.[13]

Eminentemente político, *Cabeça de papel* é antes de mais nada um livro sobre redações, jornalistas e poderosos como os Brito, os Bloch, os Marinho, os Frias e os Mesquita. Um perfeito painel da divisão de classes dentro de um jornal e da grande mudança de gerações ocorrida entre os anos 60 e 80, como exemplifica Seu Cardoso, "móveis e utensílios" que, à beira dos 65 anos, precisa ser aposentado.

O Seu Cardoso é um "secretário", profissional em extinção, pegou o tempo do visor e do suelto e considerava jornalismo harmonizar a alegria esculhambada da redação, as exigências severas dos gráficos e os ressentimentos da revisão e administração. Um Neanderthal, daqueles que punham flores em túmulo. Cedeu lugar à tirania do Homo Sapiens, dos editores, que não têm a desculpa de não saberem o que fazem. Um jornal é uma família, porque se prevalece a divisão de classes, há também uma reificação coletiva de poder, pela presença pública na vida da cidade, que se impinge até no boy que carrega os textos do copidesque à oficina.[14]

É estranho que, ligado ao jornalismo cultural, Francis pouco fale da editoria de artes e espetáculos. Segundo ele, há uma divisão clara de importância para o jornal entre o segundo e o primeiro cadernos. Se temas como cultura e comportamento aumentam a circulação, é na política e na economia que os donos de jornal fazem suas jogadas estratégicas.

No segundo caderno, há o "bazar", criação pessoal de Sadat, moda, cozinha, conselhos médicos a donas-de-casa, correspondência sentimental, fofocas locais e internacionais, astrologia (a Cúria desistiu de protestar, em troca de monótonos editoriais antidivorcistas), histórias em quadrinhos, folhetins históricos e 'galantes', palavras cruzadas etc., etc., que muita gente suspeita constituírem a base da circulação do jornal. Hesse visa sem ler. É adiantamento, será revisto por subeditores, e se houver bronca, ficará no nível da freguesia, inconseqüente e irrelevante, ao contrário de uma ofensa às elites dirigentes, que atacam pelo telefone direto de Sadat, reclamando da editoria nacional, internacional, ou econômica, esta vulgo mágicas & milagres, título aceito, e de bom humor até por Sadat [...]. Essas seções-chave Hesse lerá atentamente e introduzirá certas matérias, não incluídas na pauta, que o proprietário e ele articularão em conjunto, baixando prontas e invioláveis a Audálio. Não que ofereçam surpresas. Os rendimentos maiores do jornal provêm de ênfases, omissões, nuances, que o leitor comum jamais perceberá.[15]

Se, repórteres, copidesques e editorialistas poderiam, sem problemas, ser de esquerda, "pois executantes, e, portanto, moldáveis", diz o narrador, "colunista é outro papo. Nenhum topa ser reescrito permanentemente, o que nem interessaria ao proprietário, que compra um molho de individualidade, não importa quão monótono ou rançoso, que esparge sobre a salada dietética do noticiário".[16] Por isso, explica, os colunistas são escolhidos a dedo pelo próprio dono, que "contrata os tímidos, os acomodatícios e coniventes, sob condições de sobrevivência atadas a pressupostos e limites que ninguém ignora, é mão certeira de decorador a de Sadat, sabendo exatamente o objeto que quer e onde colocá-lo".[17]

Como já assinalou Davi Arrigucci Jr., uma das características de *Cabeça de papel* é a passagem direta do texto jornalístico para o texto literário, em que a "escrita a jato" é imitada, numa "construção que consiste em imitar o aparentemente não-construído". Essa mimetização rompe com a tradição: no que diz respeito ao autor, não é o literário o texto mais elaborado. E sim o jornalístico, como percebe qualquer leitor de Paulo Francis.

[...] a frase dele é uma frase extremamente chocante, por causa disso: é uma frase gramaticalmente mal construída, de sintaxe inteiramente irregular, palavras de linguagem oral com a deformação da língua estrangeira. E tudo isso forja uma linguagem "mal escrita", no sentido acadêmico, mas que pretende ser altamente elaborada ali, porque ele está imitando uma não-construção do jornal. É um instrumento adequado para falar do jornal. Penso que uma das idéias centrais do livro é o intelectual jornalista não só se mostrar como mostrar as entranhas do jornal.[18]

Paulo Francis escreveu uma continuação para *Cabeça de papel*. Seu *Cabeça de negro* é um exemplo de que fazer literatura é bem diferente de ditar regras como crítico literário. E, ainda, de que um livro está longe de ser um mero veículo para descarregar as idéias do autor, por mais poderosas que sejam. Em *Cabeça de negro*, novamente o protagonista é Hugo Mann, que, com a morte de Hesse, tem que carregar nas costas o peso de ser uma voz dissonante no meio cultural brasileiro. E, na consciência, um cheque de 300 mil dólares, recebido quando correspondente em Nova York, por agir como lobista no Congresso americano para um magnata brasileiro.[19]

O fato é sintomático: mediador entre a linguagem literária e a coloquial, entre fatos e opinião pública, o jornalista se percebe também como intermediário de grandes interesses. Emparedado na escala social entre a classe alta e a baixa, ele se vê como "freguês de duas tentações", como define Hugo Mann. Ou, dependendo de sua posição na empresa, como um "acionista menor de Wall Street", como declara Paulo Hesse.

Nas infindáveis discussões entre os dois *alter egos* embute-se uma necessidade de explicação sobre as posições ambíguas, irônicas, e muitas vezes reacionárias assumidas pelo autor em seu trabalho na imprensa. Em época de censura, o jornalista tem uma posição privilegiada em relação ao resto da população. Ele vê, é informado, acompanha de perto os dramas sociais e movimentações políticas. No entanto, o senso crítico, apurado pelo ceticismo inerente à profissão, dificulta sua adesão incondicional a uma causa. Mas, nos anos 60 e 70, diante do maniqueísmo da Guerra Fria, só havia duas posições possíveis — embora Francis transite entre elas, assim como seus personagens.

> Meu impasse é claro. Moralmente, rejeito a supremacia de uma classe montada em sacrifícios humanos que causariam indigestão a Moloch, o vasto GULAG sem arame farpado (às vezes) que bestializa, exaure, mata bilhões [...]. E, no entanto, foi nos confortos dessa classe que eu e semelhantes cultivamos a moralidade antagônica nossos próprios "interesses".[20]

## EM CIMA DO MURO

O papel de mediador ganha novos contornos em *Um novo animal na floresta: romance bastardo*, de José Carlos Oliveira. Lançado em 1981, o livro narra a história (real) de um jornalista que é o elo entre guerrilheiros e o que chama de retaguarda humanitária, simpatizantes dispostos a esconder e dar fuga aos que estão na mira da repressão. Ligado indiretamente ao seqüestro do embaixador americano Charles Elbrick — era dele a kombi usada pelos guerrilheiros, o que só foi descobrir quando chegou à casa da rua Alice para fazer a reportagem da descoberta do cativeiro —, o jornalista Chico Nelson salta praticamente sem intervalos da trama de *O que é isso, companheiro?*, de Fernando Gabeira, para o romance de Carlinhos, que o abriga clandestinamente por quase um ano.

"Marginal metafísico" (como se via no espelho) ou jornalista frívolo (como seria rotulado qualquer um mais interessado no desbunde ipanemense do que em política), o protagonista reflete a divisão dos descontentes entre duas opções caras ao período:

a luta armada e a droga. Escolhe a mais careta, mas não menos destrutiva: a bebida. Nem assim se livra de delírios paranóicos, em que gravadores se misturam com torturadores.

Em sua coluna no *Caderno B*, Carlinhos foi o cronista que talvez tenha melhor refletido esse momento em que cultura e comportamento se transformavam em contracultura. Mas antes de alcançar a fama, gramou como repórter *freelancer* da revista *Manchete*, na década de 50, onde escreviam os principais cronistas da época: Fernando Sabino, Paulo Mendes Campos, Rubem Braga, Sérgio Porto e Antônio Maria.[21] Foi também revisor da *Manchete Esportiva*, onde trabalhou com Nelson Rodrigues, repórter de *A Cigarrra*, onde escrevia sobre os dilemas das futuras mamães, o casamento da primeira filha e outros assuntos ditos femininos, além de redator do *Diário Carioca*. Mas, no final dos anos 50, o jornal já entrava em decadência, pagando mal e atrasado.

A crise financeira fez com que o repórter com mania de escrever em primeira pessoa desse a virada em direção à crônica, assinando uma coluna de página inteira no *Jornal do Brasil*, chamada Paisagem Carioca. Dali seria levado para o histórico *SDJB*, onde iniciaria a coluna O Homem e Sua Fábula. Mas, no rastro de uma depressão, Carlinhos rompeu com tudo e teve seu primeiro surto literário. Achava que tinha que escrever ficção, sua meta ao se mudar para o Rio. Não queria a carreira jornalística, mas faltavam disciplina, condições financeiras e capacidade de enfrentar a solidão para ser escritor. Acabou tendo que dar dois passos atrás, trabalhando em dois empregos, como redator do *Diário de Notícias*, das sete da manhã até o meio-dia, e da *Tribuna da Imprensa*, das cinco da tarde até as dez da noite. E ainda voltou a colaborar com o *SDJB* e a *Manchete*.

Em 1960, um ano antes de ser extinto o suplemento dominical, ganhou a coluna diária no *Caderno B* que projetaria definitivamente seu nome como cronista. O próprio Carlinhos definiria a repercussão cultural do caderno naquela época e sua capacidade de ditar moda. "Escrevo no *Caderno B* e o *Caderno B* é o xodó da juventude dourada, o café da manhã das dondocas fofoqueiras, o órgão oficioso dos frívolos da Zona Sul."[22]

Em 1963, estreou em livro com as crônicas de *Os olhos dourados do ódio*. Mas o salário de cronista não bastava e o escritor chegou a ter mais dois empregos, além do *Caderno B*: nas revistas *Fatos e Fotos* e *Manchete*. O objetivo já não era ganhar o pão de todo dia, mas bancar a vida de boêmio da Zona Sul, freqüentando bares da moda e boates grã-finos, cercado de celebridades, artistas e intelectuais, típica de um jornalista em ascensão. Ele era o próprio "Jornalista Famoso", com maiúscula, criticado por Francis em *Cabeça de Papel*.

> O Jornalista Famoso é parte de um grupo que anda toda Ipanema e Leblon, diariamente, faça chuva ou sol [...] e assim se desintoxica da garrafa de uísque, dos cigarros e da papa podre que passa por cozinha internacional nos restaurantes da "gente", e que custa, a festa inteira, dois salários-mínimos, se A Noite for normal, enquanto discutimos a repressão, a abertura democrática e a marginalização econômica das massas.[23]

Em 1967, Carlinhos publicou seu segundo livro de crônicas, *A revolução das bonecas*. O primeiro romance, *O pavão desiludido*, totalmente memorialístico, só seria lançado em 1972. A desilusão parece ter sido mesmo grande. A recepção na imprensa foi fria, a distribuição ruim, a venda irrisória. Mas Carlinhos queria livrar-se do rótulo de cronista e achava que desperdiçava energia trabalhando das dez da manhã às cinco da tarde na *Manchete*, de onde acabaria demitido depois de chegar bêbado quatro dias seguidos. "Eu sou Carlinhos, a Grande Promessa Não Cumprida!", gritaria aos entrevistadores do jornal *Pasquim*, no auge da crise.[24]

O romance *Terror e êxtase*, lançado dois anos depois, foi um sucesso, chegou ao topo da lista de mais vendidos, esgotou uma edição de 5 mil exemplares em um mês, mais 20 mil ao todo, virou filme. Mas nada que justificasse a pretensão de Carlinhos. "Há um lugar à minha espera na literatura brasileira."[25]

O livro, apesar da mistura interessante da gíria de morro com o vocabulário dos doidões da Zona Sul, não passava de um folhetim (e foi publicado como tal, em capítulos no *Jornal do Brasil*, numa tentativa de retomar a velha tradição). Carlinhos pesquisou em livros, artigos, reportagens, no Código Penal, prometeu escrever uma página por dia de ficção. Mas o romance não tinha a sofisticação das suas crônicas. Toda a história soava como uma lição de moral. Mas já trazia uma figura comum à ficção do período: o jornalista, na pele de Betinho, ex-repórter de polícia.

Certamente, as pretensões de Carlinhos eram maiores. "Quero ser o escritor que escreve a sua voz, tornando-a concreta, como o escultor escreve (inscreve) a sua imaginação na pedra."[26] Nunca esteve tão perto quanto em *Um novo animal na floresta*: *romance bastardo*. O curioso é que foi justamente ao enfeixar suas crônicas em forma de romance que escreveu seu melhor livro. E certamente um dos mais viscerais retratos de sua época.

Com o grande achado de ser concentrado na varanda do Antonio's, no ano de 1970, *Um novo animal na floresta* é um romance-verdade sobre a ditadura, a esquerda festiva, o engajamento intelectual e como os fatos históricos foram recebidos por quem estava por fora (um boêmio despolitizado), mas não muito. Numa nem sempre hábil mistura entre ficção e realidade, autor e protagonista, embora homônimos, são e não são a mesma pessoa. O personagem principal é "Carlinhos Oliveira, copidesque do *Diário de Notícias*, em quem Vinicius de Moraes julga ver o 'derradeiro *clochard*', escritor imaginário que mora debaixo da pia do escultor Carlos Damasceno [na verdade, o designer Caio Mourão]."[27]

É possível que seja um erro de continuidade, mas, páginas

146

depois, o personagem, como Carlinhos à época, está trabalhando é no *JB*. No capítulo 18, por exemplo, ele dá uma detalhada descrição de como era sua rotina. Chegava por volta do meio-dia para entregar a crônica de uma página que fechava às duas da tarde. Durante uma hora, lia os jornais. Depois, começava a ficar ansioso por causa do *dead line*, vício de todo jornalista que gosta de trabalhar sob pressão, o que são quase todos: deixar para escrever a matéria na hora do fechamento.

> Ainda que eu esteja desenvolvendo um assunto leve, de escrita fácil, a marcha dos ponteiros na parede começa a inibir a minha imaginação. Tenho medo de passar das três horas e seguir escrevendo, rasgando, fazendo uma bolota de papel, lançando a bolota na cesta, pondo outro papel na máquina e recomeçando, enquanto o Grisolli [o editor] me fustiga: "Como é que é? Sai ou não sai?".[28]

Os dedos trêmulos não acertam as teclas e, disfarçadamente, Carlinhos vai ao banheiro onde esvazia quatro miniaturas de uísque. Quinze minutos depois, entrega a crônica, que paga suas contas no fim do mês, e se põe a sonhar com a literatura.

Muitos dos textos que originaram *Um novo animal na floresta* foram publicados no jornal como crônicas. Ao retomá-los, especialmente os de tom anticomunista, o autor tentou fazer uma autocrítica e se reconciliar com a esquerda. Assim, voltou ao momento em que aceitou dar um passeio de submarino da Marinha, passando por cima do fato de que o Cenimar era um dos piores órgãos da repressão, numa crônica que atiçou a ira dos patrulhistas de plantão. E repetiu o caso de um companheiro de bar, militar, talvez agente infiltrado, que por pouco não foi vítima de um atentado de militantes da esquerda. É como se quisesse contar os dois lados da história. Ou pelo menos o seu lado dela. E assim defender-se da ira de um bêbado, capaz de jogar em sua cara uma saraivada de críticas que, por sua violência, pareciam mais autocríticas.

> Carlinhos Oliveira, pústula humana! Romancista sem romance [...].
> Estilista à procura de um tema [...]. Rubem Braga dos pobres [...].
> Faulkner de Jucutuquara [...]. Você não tem vergonha de andar
> cantando mulher pelo jornal? Enquanto os verdadeiros intelectuais
> estão escondidos da polícia, e enquanto a Ditadura proíbe a cir-
> culação de livros, filmes, peças de teatro, canções de protesto, você
> fica aqui bebendo com essa cara de inteligente, com esse ar sober-
> bo de um Balzac que já tivesse publicado todos os livros [...]. E de-
> pois vai para casa escrever aquelas croniquetas de Ipanema, dizen-
> do que a vida é bela e que você traça as mais lindas mulheres do
> society, e o mar bramindo e você brahmando [...].[29]

## À MARGEM

Complexa e contraditória, a posição em cima do muro acabou fazendo do jornalista um observador privilegiado do período. Mas também deu a ele um forte sentimento de frustração diante de uma realidade que não poderia mudar, de uma condição
social ambígua e, eventualmente, uma vocação literária que não
conseguia levar adiante. Em alguns casos, a auto-imagem dos escritores que viviam do trabalho na imprensa beirava o nojo:

> Tenho dito, com algum rompante, que a profissão faz alcoólatras,
> jogadores, impotentes, solitários empedernidos ou viciados na gu-
> la da mesa e do poder, e, por isso, rodeados de inimigos, detrato-
> res e desafetos por toda a parte [...]. Provavelmente, só por si, a
> profissão não faça essas desgraças e devastações, mas, sim, os in-
> felizes que a procuram, fracassados em outros meios, já chegam a

elas doentes, impregnados, neurastênicos, ansiosos, atrapalhando-se com espectros e manias. Isso. Agora, a profissão apressa bem esses processos.[30]

É uma imagem nada altruísta do jornalista que aparece em *Abraçado ao meu rancor*. No livro, publicado em 1986, João Antonio misturou a ficção de "Guardador" e "Publicitário do ano" com um passeio sentimental por São Paulo, em busca do que restou da boemia de vinte anos antes. Essa singular narrativa jornalística com técnica literária inscreve o autor no gênero conto-reportagem. Mas, apesar de a observação realista dos personagens das ruas ser uma das bases de sua obra, no texto mais longo, que dá título ao livro, João Antonio volta-se para si mesmo e faz uma profunda crítica da profissão de jornalista, na qual, segundo ele, perde-se o tempo e a vergonha. Na imprensa, ele teria desaprendido a pobreza dos pobres e aprendido a pobreza envergonhada da classe média. O motivo do seu rancor: o verdadeiro Brasil não aparece nas páginas dos jornais e revistas. Mesmo que o escritor tivesse trabalhado na equipe de criação da *Realidade*, em 1966, uma das revistas de maior prestígio na época, julgava a imprensa como uma tentativa de edulcorar essa realidade. Nem na ficção admitiria esse descompromisso. Rapaz pobre, filho de imigrante português com mulata carioca, que passou a infância em bairros operários de São Paulo, o escritor lançado num concurso de contos do jornal *Última Hora* quando ainda cursava a faculdade de jornalismo, em 1959, fez de prostitutas, guardadores de carro, bandidos e paraíbas, marginalizados do progresso da cidade grande, seus personagens, e da linguagem deles, a sua.

Muito distante da imagem do jornalista heróico que luta com suas armas contra a ditadura, João Antonio, que enfrentou a censura trabalhando para a imprensa alternativa (é dele a expressão "imprensa nanica", cunhada no *Pasquim*), tinha uma péssima opinião sobre seus colegas de profissão.

Humilhado e ofendido é uma ova! Comprado e vendido. Safardana e omisso. E sem utilidade pública nenhuma, diga-se. Apenas sobrevivendo numa sombra do boi vergonhosa, fina flor da calhordice vigente. E atirando culpas à censura da ditadura tupiniquim. Jeitoso e sabido, de um jeito ou outro, ao longo do caminho, nem tão tortuoso, acabará escrevendo elegante e bonito, brilhoso sempre, reportagens otimistas, agradáveis e construtivas, finórias e premiadas. Ou pior. Folhetos de propaganda que cantem a vida, boletins que pintem um governo eficiente. Não rilhe os dentes. Governo é governo, e o que você fez para merecer um melhor? Se humilharam as nossas cidades e as fizeram perder a identidade e a vergonha, se mais da metade da população — isto, dance conforme a música e use população e não povo, lavrador e não camponês — passa fome ou não tem onde morar, isso não está dizendo nada. O escriba fará trabalhos edificantes e modernosos. E bem, que álibi há sempre um. Na Índia ou no Camboja as desgraças são mais monstruosas.[31]

Do alto de sua condição de escritor consagrado, ganhador de dois Jabutis da Câmara Brasileira do Livro, um dos mais tradicionais prêmios literários brasileiros, João Antonio criticava ainda a eterna pretensão do jornalista a ser artista.

Nem pode haver ocupação mais provinciana. Os redatores gostariam de ser intelectuais de letras, fortes pensadores, como julgam ser os lá de fora: um Malraux, um Camus, um Sartre. Os repórteres, alguém parecido com Jack London ou Hemingway, que julgam terem vivido grandezas aventureiras. Os diagramadores adorariam chegar a artistas plásticos, famosos e ricos, além de disputados. Já os fotógrafos sonham com Buñuel e Bergman. Todos. Ou quase, que nem todos poderiam fazer a profissão com nojo igual.[32]

João Antonio percebe que a linguagem ascética dos jornais não serve para descrever a vida das ruas, assim como seu estilo supostamente coloquial despreza a fala do povo. Para ele, o texto jornalístico e a própria estrutura industrial da grande imprensa, que a torna solidária com os interesses da classe dominante, impediriam essa aproximação com a realidade brasileira. Desmascarando o radicalismo chique da esquerda festiva, dizia que, em comparação com jogadores profissionais, os jornalistas seriam (maus) blefadores.

> Poucos profissionais conheço aqui na minha ocupação de sabidos embelecados, com tamanha e afiada habilidade, conseqüência e poder de dissimulação. Nela, os mandriões e picaretas dissimulam mal, não enganam sequer a si mesmos e são uns falidos diante da opinião pública. Sequer chegaram a populares. Não conseguindo enganar a si, quem dirá os outros? Ninguém, acordado, lhes dá crédito. E, houvesse um encontro de contas, ficariam enroladinhos. Futricados. Que baixo, seus... Vão rabiscar suas badalhocas fedorentas e colher apoio das panelinhas. Vão fazer suas mexidas e manobrar, se enfiem nos botequins da moda, que nem a dignidade de botequins têm. Qualquer pé-sujo ou fecha-nunca de beirada de ferrovia é mais verdadeiro. Qualquer cafofo. Façam essa galinhagem rasteira, essas festivalanças estúpidas e bêbadas.[33]

Demonstrando que, assim como o escritor do passado, o jornalista também se encerrou numa torre de marfim, João Antonio dá as linhas de um manual de jornalismo que nunca foi escrito, mas que não deixa de ser verdadeiro:

> Evitem certos tipos, certos ambientes. Evitem a fala do povo, que vocês nem sabem onde mora e como. Não reportem povo, que ele fede. Não contem ruas, vidas, paixões violentas. Não se metam

com o resto que vocês não vêem humanidade ali. Que vocês não sabem escrever essas coisas. Não podem sentir certas emoções, como o ouvido humano não percebe ultra-sons.[34]

Os jornais estão muito longe de atingir uma grande parcela da população, aponta o escritor, ao comparar as tiragens com o número de habitantes do Brasil. Ainda que chegassem a vender centenas de milhares de exemplares, não ultrapassariam a barreira da classe média. Jamais chegariam ao povo.

Ninguém embarca na conversa de vocês, seus remandioleiros de araque: este país de cento e vinte e mais alguns milhões de pessoas e vocês, fedidos, quando vendem muito, conseguem bater na marca dos trezentos mil exemplares. Vocês não prestam. Suas caras balofas e modais refletem um ofício que esquece povo, gente, cidade, tudo. Trezentos mil exemplares. E olhem lá. Um fiasco, seus.... Seus ventríloquos de luxo, apanhadores de notas a que xingam, importantões, com o nome estrangeiro de releases oficiais, bonecos de engonço. Ou punheteiros, masturbalícios. Uns papagaios enfeitados, enfatiolados, uns cavalos escovados em paletós e gravatas. Vocês não passam de sabujo. Rasgando o verbo, o jogo em que vocês estão metidos é mais perfeito do que suas ladainhas. Tão perfeito que vocês acabam gostando dele. No íntimo, vocês maquinam que chegarão lá: "Caráter? Caráter já era. Só o poder vale". E, no fundo, a derrocada alheia os diverte, e uma possível escalada, pessoal e indivisível, lhes acende a gana. Jantemos o nosso irmão, antes que ele nos almoce. Não é assim?[35]

A função social da imprensa estaria comprometida, na opinião de João Antônio, pela impotência do jornalista, preso a um salário que financia seus ideais burgueses de conforto e segurança. Pena alugada para perpetuar o poder, sua independência seria a mesma de um pássaro engaiolado. E seu papel, de reles peça num jogo que "já tinha ganhador antes de começar".

E o chamado quarto poder da imprensa já dançou, meus, há muito e muito acovardado pela ditadura tupi. Aparentemente, assim, vocês avançam alguns pontos. Mas estão todos enredados, complicados, prejudicados. E fornicados. E escapar, um dia, qual o quê! Ou caem nas garras de um ministério qualquer, trabalhando a mentiralhada de um governo que dizem odiar, ou acabam na mão de uma multinacional. Qual a diferença? Não me dirão? Estão amarrados, argoladinhos, puxados pelo nariz. Abrir a gaiola e escapar é o qu'eu quero ver: e, aí, ninguém. Aí, o gás acabou. Vocês perderam o jeito, o tempo, a vergonha. A fibra. E não têm coragem para mudar. Vocês sabem, quando não bêbados ou dopados, que não fazem falta alguma. E que o mundo seria melhor sem vocês.[36]

Essa imagem de jornalista não difere muito da de Karl Marx, que, já em 1842, questionava o mito da liberdade de imprensa.

A primeira liberdade de imprensa é a que não constitui uma atividade comercial. O escritor que se degrada indo para um meio comercial merece como castigo, por uma falta interior de liberdade, a falta exterior de liberdade, a censura; ou, mais ainda, sua própria existência já é seu próprio castigo.[37]

O rancor de João Antonio reflete uma nova posição do intelectual brasileiro em relação ao Estado durante a ditadura militar. Embora estatais como Funarte, Embrafilme, Inacem e a Secretaria de Cultura também realizassem um processo de cooptação de opositores do regime militar, como no Estado Novo, a possibilidade de autonomia era bem maior. Poucos enveredaram pelo serviço público. O jornalismo como carreira, cada vez mais profissional e hierarquizado, e a nascente dramaturgia televisiva (Cony, Gullar, Carlinhos Oliveira e Aguinaldo Silva seguiriam esse caminho) permitiram que o escritor rompesse seus tradicionais vínculos com o governo, muito embora eles passassem a ser cada vez mais profundos com uma indústria cultural beneficiada pelo milagre econômico e pela expansão industrial.

## A LÓGICA DO CONTRABANDO

A irritação com os limites éticos de uma imprensa censurada e muitas vezes subserviente levaria muitos jornalistas a atitudes radicais, na ficção e na prática. Tal como o padre do *Quarup*, de Antonio Callado; o escritor de *Pesach: a travessia*, de Carlos Heitor Cony; o repórter que acaba partindo da contemplação para a ação em *A festa*, de Ivan Angelo, e o verídico *O que é isso, companheiro?*, de Fernando Gabeira.

Mas o que o padre, o jornalista, o escritor e o guerrilheiro teriam em comum?

O sentido de missão.

Entre os anos 60 e 80, por ser menos censurada, a literatura passou a exercer a função de informar, própria do jornalismo. "Se nos jornais e meios de comunicação de massa a informação era controlada, cabia à literatura exercer uma função parajornalística", aponta Flora Süssekind.[38] O mesmo fenômeno ocorreu em outros países da América Latina. No México, a literatura também foi chamada a exercer funções parajornalísticas após o Massacre de Tlatelolco, quando uma manifestação exigindo liberdade de expressão foi dissolvida a tiros, na praça das Três Culturas, no centro da capital. A imprensa, por ordem do governo, silenciou. Mas ensaios, poemas, narrativas testemunhais começaram a proliferar, na pena de autores como Octavio Paz e Elena Poniatowska.[39]

A liberdade de expressão certamente moveu muitos jornalistas brasileiros a escrever ficção no período. Nos livros, podiam revelar os bastidores da ditadura, assim como a própria engrenagem da indústria da informação. Foi o caso explícito de José Louzeiro.

> Pensei em me tornar escritor graças ao golpe de 64. Saí para fazer uma reportagem (*Folha de S.Paulo*) sobre meninos de rua "jogados fora" pela polícia paulista no município mineiro de Camanducaia. A censura reduziu minha matéria a umas vinte linhas. Deixei a redação, voltei para o Rio, escrevi o romance *Infância dos mortos*, de onde foi tirado o filme *Pixote*.[40]

Os caminhos foram vários. Dos romances-reportagens de Louzeiro e Valério Meinel, aos contos-verdade de João Antonio, passando pela ficção realista de Luiz Vilela, Carlinhos Oliveira, Antônio Torres, Carlos Heitor Cony, Antonio Callado e Paulo Francis, assim como as memórias da guerrilha de Fernando Gabeira, Sirkis & Cia. e chegando até o limite do explicitamente alegórico, com Roberto Drummond e Ignácio de Loyola Brandão. Todos jornalistas — o que parece comprovar a tese de que a literatura da época teria vivido um surto neonaturalista ou neo-realista, legítimo herdeiro da tradição de Aluísio de Azevedo, no século XIX, e de Jorge Amado, nos anos 30. Com a diferença de que, no novo momento literário, o novo realismo daria origem, de um lado, a documentos biográficos e, de outro, "a um mesmo retrato em negativo e positivo", representado pelo realismo mágico e pelo romance-reportagem, segundo Flora Süssekind.

> Talvez pareça estranho que se tenham agrupado tendências geralmente consideradas divergentes como o fantástico e o naturalismo, a literatura social e o subjetivismo autobiográfico. Não se pre-

tende, com isso, esquecer suas diferenças. Trata-se, sim, de ressaltar a imagem que se teve da literatura nos últimos tempos no Brasil. A imagem predominante tem sido a de uma forma de expressão obrigada a exercer quase que exclusivamente funções compensatórias. Isto é: a de dizer o que a censura impedia o jornal de dizer, fazendo em livro as reportagens proibidas nos meios de comunicação de massa; a produzir ficcionalmente identidades lá onde dominam as divisões, criando uma utopia de nação e outra de sujeito, capazes de atenuar a experiência cotidiana da contradição e da fratura.[41]

O que não é estranho é que, sendo exercida majoritariamente por jornalistas, essa literatura tenha tomado emprestado da imprensa várias de suas técnicas. Esse misto de ficção e jornalismo podia resultar numa literatura esteticamente inovadora, como o caso de *A festa*, de Ivan Angelo. Ou gerar um *faction*, acrescentando ao fato um pouco de ficção, caso do romance-reportagem. Em meio à ditadura, esses romances falavam a um público interessado em buscar na literatura uma representação da realidade que não conseguia espaço nos meios de comunicação. Construídos literalmente com retalhos de jornal — apurações, notícias, manchetes do dia, telex de agências internacionais, contavam a história que não podia ser escrita.

"O uso de procedimentos técnicos não usais em nossa tradição literária — como a montagem — pode significar uma expressiva alteração na relação que o romance brasileiro pós-64 estabeleceu com a substância histórica", aponta Renato Franco em *Itinerário do romance político pós-64*.[42] Sua aproximação tão explícita com a reportagem indicava "uma forte predisposição para questionar o próprio romance ou, mais precisamente, para romper com a composição romanesca tradicional e transgredir os limites estabelecidos entre o conto, o romance, a novela e mesmo o ensaio".[43]

Para fugir do paradigma da imprensa, escritores jornalistas muitas vezes apelaram para a alegoria pura e simplesmente, disfarçando tanto o fato de que seu texto dava ao leitor apenas a possibilidade de intuir sobre o que se estava falando, como nos romances de Roberto Drummond. Mesmo quando não se trata mais de uma literatura mimética, o recurso à alusão parece repetir uma prática dos jornais do período para driblar a censura, publicando receitas de bolo ou poemas de Camões. O leitor, pelo menos o leitor típico desses romances, aprendeu a ver nos remendos costurados aqui e ali uma piscadela de olho do autor. Diz Davi Arrigucci Jr.:

> A tendência à alegoria mostra que não é apenas a repressão da linguagem que num determinado momento obriga a falar através de metáforas continuadas — e daí a alegoria. Mas há uma coisa mais grave, mais profunda, e é o problema de que é muito difícil se ter a visão da totalidade, a visão da abrangência. A alegoria é a forma alusiva do fragmentário.[44]

Resta saber se funciona. A lógica da alegoria é semelhante à "lógica do contrabando" de informações censuráveis dentro de um jornal, descrita por Paulo Francis em *Cabeça de papel*.

> Os mais jovens e inexperientes alimentam a mística do contrabando. "Consegui enfiar" isso e aquilo, celebram nos bares entre cervejas e bolos de bacalhau, secos. E conseguem mesmo, doses homeopáticas do que imaginam ser realismo crítico. Os editores consentem na prática, porque levanta a moral das tropas, como uma galinha tresloucada que desaba numa trincheira se converte em banquete, sem alterar a ordem das coisas, exceto em que reanima momentaneamente os prisioneiros da fome, da merda e do terror a conviverem melhor com sua sorte. O contrabando é invi-

sível ao leitor comum, ou ao inimigo na trincheira oposta, que só sente o que lhe é maciça e incessantemente martelado na cabeça.[45]

Vale chamar a atenção para o fato que a tão propalada fragmentação da narrativa ficcional dos anos de chumbo — que funcionaria como "metáfora para o império da lei arbitrária e o caos urbano" — também equivale ao processo típico de apuração do repórter.[46] Cartas, notas, documentos, artigos de jornais, transcrições de conversas, multiplicidade de vozes narrativas, tudo é válido durante a apuração do fato, antes que ele seja devidamente expurgado de informações incoerentes e costurado em forma de reportagem.

A montagem dos dados era o segredo dos bons repórteres e redatores, que, mesmo prisioneiros do mito da isenção jornalística, têm seus métodos para veicular suas idéias. "Quando você é repórter e quer participar da oposição, não pode usar juízos de valor nem adjetivos como os grandes articulistas que têm um espaço à sua disposição. O que você pode fazer é organizar os fatos de forma tal que incomode o adversário", revela Fernando Gabeira em *O que é isso, companheiro?*.[47]

## A LÓGICA DA LUTA ARMADA

Esse mecanismo é explicitado já nas primeiras páginas de *A festa*, que reproduzem "trecho da reportagem que o diário 'A Tarde' suprimiu da cobertura dos acontecimentos da praça da Estação, na sua edição do dia 31 de março de 1970, atendendo a uma solicitação da Polícia Federal, que alegou motivos de segurança nacional".[48]

O autor, o jornalista mineiro Ivan Angelo, entre 1959 e 1965 trabalhou no *Diário da Tarde, Correio de Minas, Diário de Minas,*

*Revista Alterosa* e TV Itacolomi, antes de transferir-se para o *Jornal da Tarde*, de São Paulo, onde foi fundador, editor de Artes, secretário de redação e co-editor-chefe. Além de *A festa*, publicado em 1976, escreveu nove livros de ficção e crônica. A história desse romance que marcou época gira em torno de vários personagens, entre eles, Samuel Aparecido Fereszin, repórter do *Correio de Minas Gerais*, encarregado de cobrir um conflito entre policiais e centenas de retirantes nordestinos que, fugindo da seca, tentavam desembarcar de trem em Belo Horizonte. Rompendo-se a estrutura fragmentária do livro, em que várias temporalidades se misturam, o processo do engajamento do jornalista pode ser medido cronometricamente desde as 20h35, quando, como pena pelo NF (nada feito, na gíria jornalística) em duas matérias, Samuel é encarregado de verificar a prisão de um estudante, Carlos Bicalho, num distúrbio na estação ferroviária.

Às 20h52, Samuel encontra-se com a mulher do rapaz, grávida, que pede para o repórter telefonar ao chefe dele, pedindo para tentar tirá-lo da cadeia.

Às 21h03, o repórter liga para o figurão, mas quem atende é um assessor.

Às 21h26, um professor do rapaz, amigo do secretário de segurança, é procurado, mas se recusa a interceder. Samuel tenta novamente, mas ele se nega.

Às 21h30, o repórter entrega o caso a um amigo de Carlos e parte para a estação.

Às 21h45, conversa com um investigador que participou da prisão do rapaz, que avisa que ele vai entrar pelo cano, sob acusação de comunista.

Às 21h46, Samuel começa a apurar a matéria, observando o aparato da PM e entrevistando os retirantes que, depois do primeiro conflito com a polícia, foram encurralados num canto, de onde não podem sair nem para ir ao banheiro ou beber água.

Às 21h56, liga para o jornal, conta o que está acontecendo e pede um fotógrafo. O redator-chefe lembra-lhe que o *dead line*, o prazo máximo para o fechamento da edição, é onze da noite.

Às 21h57, uma testemunha explica a Samuel como a briga do estudante Carlos com um policial deflagrou a revolta dos retirantes.

Às 22h10, Samuel apura que a ordem para fazer os retirantes voltarem para casa imediatamente partiu das secretarias de Segurança, do Interior e do Palácio, porque, em uma semana, trens e caminhões teriam despejado 5 mil retirantes nordestinos em Minas, a maioria doente, todos sem emprego e com fome.

Às 22h34, Samuel liga para o redator-chefe do jornal e ouve a seguinte resposta:

> — Deixa isso para lá, rapaz. Amanhã o governo resolve o que faz.
> — Amanhã é tarde. A polícia vai embarcar todo mundo hoje à noite. O jornal podia telefonar para o governador, pedindo uma providência. Aposto que ele não sabe o que está acontecendo aqui.
> — Claro que sabe. Olha aqui, vê se traz logo essa matéria que está ficando tarde.
> — O jornal não vai fazer nada?
> — O jornal vai fazer o que o jornal faz: publicar a matéria.[49]

Às 22h54, Samuel ouve o choro de uma criança dentro do cercado onde são mantidos os retirantes. O pai do menino o acalma com um tapa. O repórter vai ao bar, compra comida e dá à família da criança. Outros pedem ajuda, as pessoas em volta o imitam.

Enquanto tudo isso acontece, no bar e restaurante Lua Nova, jornalistas do suplemento literário praticam o jogo "escritores-impedidos-de-escrever-porque-o-Brasil-não-estava-precisando-disso-agora".[50] Com o correr da história, é possível perceber que um deles é quem escreve a "anotação do escritor", sucessivas intervenções entre parênteses como, por exemplo:

(Anotação do escritor):

Incluir em Antes da festa várias "anotações do escritor" (inclusive esta). São projetos, frases, idéias para contos, preocupações literárias, continhos relâmpagos, inquietações. Assim, o escritor seria, junto com Samuel, personagem principal da história que está escrevendo.[51]

O conflito está pegando fogo lá fora, mas, alienado, esse "outro autor" preocupa-se ora em desenvolver histórias passadas num campo de concentração, ora em bolar um filme passado nos Estados Unidos.[52] E, mais do que tudo, com sua esterilidade.

(Anotação do escritor):

O papel está na máquina há uma hora e meia, branco até eu começar a escrever esta carta aberta a quem interessar possa — porra, porra, porra [...]. Gostaria de dar uma porrada no meu superego. Preciso entender direito o que é que me impede. Hipótese um: medo da crítica e eu disfarço com escrúpulos de escrever um livro inútil. Hipótese dois: o ambiente rarefeito de liberdade me inibe, inibe todo mundo, e escrever virou uma bobagem sem importância. Hipótese três: estou entre deus e o diabo na terra do sol, entre escrever para exercer minha liberdade individual e escrever para exprimir minha parte da angústia coletiva; imagino histórias que tenho vergonha de escrever porque são alienadas e tenho medo de escrever histórias participantes porque são circunstanciais. Hipótese quatro: sou consciente de estar vivendo num momento de obscurantismo da Literatura, um daqueles períodos estéreis de que a História não guarda nada e sei que é inútil escrever qualquer coisa, participante ou não, que tudo sairá uma bosta e se perderá na noite da História e é melhor não desperdiçar meu tempo. Hipótese cinco: tem muita porra estéril derramada por aí e eu não quero ser mais um punheteiro. E o que é que eu faço com a minha porra?[53]

Às 20h58, "a turma do suplemento" do *Estado de Minas* é informada do que está acontecendo na estação e resolve conferir. No meio dela, está "o escritor", que pela primeira vez participa da ação.

> (Anotação do escritor):
>
> Atravessamos o cordão de isolamento. A polícia nem ligou porque Pena Forte e Valdiki estavam dando *show* de bicha e parecia que aquele bando de veados não ia atrapalhar nada. Fomos falar com o líder dos retirantes, Marcionílio. Para nós era folclore, um programa nesta cidade de merda, porque o homem tinha o encanto de ter sido cangaceiro. Marcionílio estava sendo entrevistado pelo Samuel Fereszin, do *Correio*, conhecido nosso.[54]

Às 23h31, o jornal *Correio de Minas* está fechado (em gíria de jornalista, pronto e acabado, com as páginas rodando). Sem a matéria de Samuel. Quem passa as informações é "a turma do suplemento" do jornal concorrente.

À 1h12, Samuel desiste de procurar ajuda e pensa na reportagem que deixou de fazer. O que acontece a seguir é tão rápido que não pode ser cronometrado. A polícia afirma, depois de ouvir testemunhas, que Samuel teve a idéia de botar fogo no trem para que os retirantes pudessem sair e dispersar pela cidade. Ele teria ido a um posto, dito que a gasolina de seu carro tinha acabado e pedido para lhe venderem um galão. Depois de derramar o líquido em quatro vagões, botou fogo em tudo.

O repórter teria sido visto pela última vez liderando um grupo de retirantes em fuga, enquanto a polícia tentava salvar o trem. "Samuel conduzia o grupo de umas trezentas pessoas na direção do viaduto de Santa Teresa quando surgiram aqueles oito/nove soldados, tiros, luta, e ele ficou caído na avenida dos Andradas, morto."[55]

Sintomaticamente, quem sobra para contar a história é o escritor.

Na vida real, o engajamento dos jornalistas se daria não de forma intempestiva, como o de Samuel, mas lenta e gradual, como descreve Fernando Gabeira em *O que é isso, companheiro?*: "Era preciso fazer alguma coisa. Quantas vezes você não ouviu esta frase?".[56]

Primeiro, o ex-pauteiro e redator do departamento de pesquisa do *Jornal do Brasil* prestou "ajuda humanitária" à mulher de um sargento assassinado sob tortura, procurando abrigo para ela e os filhos em embaixadas. Depois, foi procurado na redação por uma pessoa que precisava noticiar na rádio que um ex-sargento caíra nas mãos da polícia. Passo seguinte, sua tarefa consistiu em distribuir propaganda nas fábricas, para conscientizar o operariado. Daí para participar de uma organização clandestina e entrar na luta armada foi um pulo, revela o livro.

Tudo isso fazia com que o jornalista verdadeiramente engajado levasse uma vida dupla.

> Para mim, era sempre uma sensação estranha fazer passeata diante do *JB*. O cortejo se detinha ali, alguém fazia um discurso contra a imprensa burguesa em geral, e as pessoas vaiavam aquele prédio cinzento, os redatores e contínuos que olhavam as coisas acontecendo da sacada da redação. Era uma sensação estranha porque parecia que eu estava vaiando a mim próprio.[57]

No livro, há várias referências à sacada do jornal, estrategicamente localizado na avenida Rio Branco, de onde Gabeira pôde ver a história recente do país se desenrolar.

> A missa de sétimo dia pela morte do Edson Luís. Os cavalos tomando a avenida Rio Branco deserta e as pessoas coladas na pa-

rede, paralisadas de terror. Os cavalos avançando ao longo da avenida e os homens se curvando de vez em quando para espancar alguém [...]. Se a gente contasse a história de 68 com os olhos de um contínuo que sempre esteve ali, na sacada do *JB*, tudo isso estaria gravado. E mais: um caminhão de PMs desfilando pela avenida, todos em posição normal, nos seus bancos; um deles está caído, ao lado do corpo, uma velha máquina de escrever *Remington*, atirada do alto de um dos prédios.[58]

Naquele momento, o jornalista deveria escolher entre ver a vida passar na janela ou usar a máquina de escrever literalmente como arma e descer para a rua disposto a lutar. Dividido, torturava-se. "Quantas vezes tive vontade de saltar da sacada para ajudar alguém. Quantas vezes tive vontade de subir para a sacada, para estar ao lado dos redatores amigos e comentar com eles o curso da demonstração", lembra Gabeira.[59]

O dilema do escritor jornalista, entre os anos 60 e 80, foi levado ao extremo por esse militante que acabou virando autor de onze livros e deputado federal, depois de preso, torturado e exilado por quase uma década. Na sua dúvida entre a janela e a rua, estava a grande questão narrativa levantada pelos numerosos jornalistas que escreveram a ficção do período: "Quem narra a história é quem a experimenta ou quem a vê?". Melhor dizendo, "só é autêntico o que eu narro a partir do que experimento, ou pode ser autêntico o que eu narro e conheço por ter observado?", questionava o crítico Silviano Santiago.[60]

Olhar de fora é papel do jornalista. Entrar na pele, do romancista. Mas, ao colocar o jornalista como protagonista da história, a ficção do período inverteu os papéis, estrategicamente permitindo narrar de dentro os fatos que só eram descritos de fora e friamente pelos jornais.

Dizer que esses livros só vendiam porque o romance jornalístico de certa forma substituía a imprensa em sua missão de informar — e que, quando acabou a censura, ele perdeu a razão de ser — é enxergar apenas um lado da questão. Foi todo um mundo que ruiu. Os leitores engajados que tão avidamente consumiam a ficção e a poesia nacional sumiram, assim como as condições econômicas e políticas que favoreceram essa aproximação, como a politização da vida intelectual, o milagre econômico, que bem ou mal permitiu o acesso de uma ampla parcela da população ao consumo, o ensino público de qualidade e, principalmente, a entrada em cena de uma ficção inteiramente voltada para as massas: a televisão.

A retração do interesse dos leitores pela ficção nacional certamente coincidiu com o fim da censura, que permitiu aos jornais voltarem a tratar de temas antes só abordados nos livros. Mas também com o fim de um projeto de Brasil por parte dos escritores e do público leitor. A globalização marcou o abandono do projeto nacionalista que nasceu com o romantismo, teve seu momento marcante entre as décadas de 30 e 50 e sustentou praticamente toda a literatura dos anos 60 e 80.

Em relação ao grande tema da identidade nacional, que sempre moveu a literatura brasileira, estabeleceu-se um diálogo de surdos (leitores) e mudos (autores), que pelo menos concordavam num ponto: "Que país é este?" deixou, durante bom tempo, de ser a grande questão que movia a literatura brasileira. O novo perfil do jornalista escritor a partir dos anos 90 pode ter muito a ver com isso.

# 7. Momento literário 2000

*Felizes os que deixam isso para lá e vão cuidar da vida. Mas que vida? A nossa andou tão misturada com essa coisa da literatura que é impossível concebê-la de outra forma. E mesmo os que abandonam o barco continuam sonhando com o mar.*

Marçal Aquino

Como os escritores contemporâneos responderiam à pergunta de João do Rio? O trabalho na imprensa ainda é um problema ou, a julgar pela grande quantidade de jornalistas que continuam tentando fazer literatura um século depois, seria uma alavanca na carreira do escritor? Para discutir a questão com maior profundidade, a pergunta capital de *O momento literário* foi desdobrada em treze outras. Exemplo: "Pretendia ser escritor quando ingressou no jornalismo?". "A linguagem dos jornais oferece um aperfeiçoamento formal ou bloqueia o texto literário?", "A profissionalização por meio da imprensa permite a sobrevivência financeira do escritor ou o afasta de seu caminho?", "Visibilidade, ingresso no mercado editorial, maior penetração nos

166

círculos intelectuais compensam fatores negativos, como a falta de tempo ou o pouco espaço para a sensibilidade artística numa redação?". Os próprios autores foram incentivados a fazer suas listas dos prós e contras de se trabalhar em jornal.

Com isso, a concisa enquete de João do Rio foi transformada num amplo debate sobre jornalismo e literatura, em que é possível descobrir o que pensam e como conciliam as duas atividades (e às vezes outras, que vão de professor universitário a músico de banda de rock) 32 autores que começaram a se destacar no início dos anos 90. Entre os escritores dessa nova geração, atualmente na faixa dos quarenta anos, foram entrevistados: Antonio Fernando Borges, Arnaldo Bloch, Arthur Dapieve, Bernardo Ajzenberg, Bernardo Carvalho, Cadão Volpato, Carlos Herculano Lopes, Carlos Ribeiro, Cíntia Moscovich, Fabrício Marques, Fernando Molica, Gisela Campos, Heloisa Seixas, Heitor Ferraz, João Gabriel de Lima, João Ximenes Braga, Jorge Fernando dos Santos, José Castello, Juremir Machado da Silva, Luciano Trigo, Luiz Ruffato, Marçal Aquino, Marcelo Coelho, Marcelo Moutinho, Marco Pólo Guimarães Martins, Mario Sabino, Michel Laub, Paulo Roberto Pires, Ronaldo Bressane, Rosa Amanda Strausz, Sérgio Alcides, Sergio Rodrigues e Toni Marques. As entrevistas estão reproduzidas na íntegra em www.penadealuguel.com.br.

Das respostas aos questionários enviados a estes 32 escritores, e da leitura de seus principais livros, algumas questões saltam aos olhos. A primeira diz respeito à experiência. Embora alguns dos autores mais consagrados no meio editorial, como Marçal Aquino (prêmio Jabuti da Câmara Brasileira do Livro por *O amor e outros objetos pontiagudos*) e Luiz Ruffato (prêmio da Associação Paulista de Críticos de Arte e Prêmio Machado de Assis de melhor livro de 2001 por *Eles eram muitos cavalos*), venham de uma experiência de *hard news*, com eventuais passagens pelas editorias de Polícia e Geral, grande parte dos escritores dessa geração se encaminhou para as editorias ligadas à cultura. A mudança de perfil não é um detalhe. E parece estar relacionada à literatura que jornalistas escritores têm feito a partir dos anos 90.

Num artigo publicado em 2002, Silviano Santiago chama a atenção para o caráter "anfíbio" da literatura brasileira. E seu duplo objetivo. De um lado a arte, regida pelos princípios individualizantes da vanguarda estética. De outro, a política, "ao querer denunciar pelos recursos literários não só as mazelas oriundas do passado colonial e escravocrata da sociedade brasileira, mas também os regimes ditatoriais que assolam a vida republicana". No fundo, seu objetivo não difere muito do almejado pelo jornalista. "Ao dramatizar os graves problemas da sociedade brasileira no contexto global e os impasses que a nação atravessou e atravessa no plano nacional, a literatura quer, em evidente paradoxo, falar em particular ao cidadão brasileiro responsável. Não são muitos, infelizmente."[1]

No caso dos escritores jornalistas contemporâneos, isso fica ainda mais claro. Dos 32 entrevistados, 24 só trabalharam nas editorias de Cultura ou, em algum momento da carreira, optaram por ela. Apenas seis não seguiram esse caminho. É uma estratégia que oferece a esses autores uma posição relativamente privilegiada no campo literário, por seus contatos com editores, críticos e outros escritores, além de permitir um conhecimento sempre atualizado sobre tendências, nomes e lançamentos do mercado editorial. E que permite ao jornalista especializado a acumulação de capital cultural, conhecimento teórico e técnico, além de uma melhor compreensão da lógica do jogo intelectual.

Os motivos alegados para a opção pela editoria de Cultura por esses escritores jornalistas foram os mais variados. Desde uma atração natural pela área — "É o assunto que mais me interessa, que mais leio", afirma Sérgio Rodrigues —, até uma dificuldade intrínseca em lidar com o que se convencionou chamar de *hard news* — "É a única na qual tenho condições intelectuais e informação de trabalhar. No resto, sou um fracasso (em esportes e economia chego a não entender as matérias que leio; ou melhor, que não leio, pois não vou perder tempo com o que não me interessa", diz Paulo Roberto Pires.[2]

Há vantagens e desvantagens nessa opção pelos suplementos culturais, como admitiram vários entrevistados. De um lado, abrir portas no mercado editorial e tornar o jornalista um nome conhecido no meio literário. De outro, fechar a dos outros órgãos de imprensa para a divulgação dos livros do escritor.

Se a editoria de Cultura permite a inserção no meio intelectual e editorial, além do acompanhamento constante da produção cultural, também pode provocar uma espécie de visibilidade negativa, tanto pelo preconceito contra o jornalista que se quer escritor (mais um) quanto pela concorrência entre os órgãos de imprensa. "Publiquei vários livros e deixei o jornalismo. Mas, para a crítica, continuo jornalista e nem sequer mereço, rigorosamente, a etiqueta de escritor", reclama Juremir Machado da Silva.[3] Jorge Fernando dos Santos também vê um certo preconceito dos colegas de profissão, como se dissessem: "Vê lá se vou perder tempo... Quem esse cara pensa que é?".

A necessidade de diferenciação entre os dois papéis faz com que alguns escritores até evitem a fama de jornalistas, como Sérgio Alcides:

> A visibilidade como jornalista deve ser, de tudo, o que mais atrapalha o escritor. E eu sempre soube disso: uma vez me convidaram para ser repórter do caderno cultural e eu respondi dizendo que não, porque preferia continuar oculto na minha confortável cadeira de redator-tradutor, que raramente assinava matéria e só muito excepcionalmente tinha que fazer uma entrevista ou telefonar para alguém. Há um tremendo preconceito contra os jorna-

listas de uma maneira geral. A imagem do jornalista, nesses "círculos intelectuais", está associada à inconsistência, à superficialidade, ao conformismo ou à ingenuidade, até mesmo à leviandade que notamos em muitos jornalistas de destaque na mídia. Sem falar no fato de que o escritor, se é jornalista, recebe da própria imprensa um tratamento diferenciado (para pior) — já que, além de não haver aquele distanciamento que "embeleza" os outros escritores, os próprios jornalistas muitas vezes reproduzem o preconceito geral contra eles mesmos. E é um preconceito particularmente forte justamente por causa da visibilidade social dessa profissão de mediadores.[4]

Outro perigo é a política de compadrio dos cadernos culturais, permitindo que seu espaço seja usado para a troca de favores entre jornalistas, editores e críticos. E, com isso, os contatos e a visibilidade conquistada na imprensa camuflarem a falta de qualidade de um trabalho literário. "Se o escritor souber utilizar estas, digamos, facilidades, poderá desenvolver um bom programa de autopromoção, o que pode ajudar em termos de publicação, divulgação e vendas. Mas isto não o ajudará a ser melhor escritor", reconhece Marco Pólo. No entanto, a "rede de amigos" não o livra do teste do tempo, acredita Marcelo Moutinho. "Neste caso, o autor pode até conseguir algum destaque, mas sua literatura decerto não vai perdurar. Perdura apenas o que tem qualidade."[5]

Há um preço a ser pago por pular etapas. "Creio que o jornalismo estimula demais a vaidade do autor, e o faz perder um pouco de vista a necessidade de maturação e durabilidade que toda obra literária deve ter", adverte Marcelo Coelho.[6] O poeta Fabrício Marques chegou a dedicar um poema a essa delicada questão: "Mini litania da política editorial".

*Me suplica que eu te publico*
*Me resenha que eu te critico*
*Me ensaia que eu te edito*
*Me critica que eu te suplico*
*Me edita que eu te cito*
*Me analisa que eu te critico*
*Me cita que eu te publico*
*Me publica*[7]

A concentração nas editorias de Cultura revela uma clara ruptura com os padrões da geração anterior. Entre os anos 60 e 80, os escritores buscavam no jornalismo um corpo a corpo com a realidade, dirigindo-se para as editorias de Política, Polícia, Geral ou Nacional, onde poderiam ter acesso direto aos fatos e ampliar seu horizonte de experiências. Se antes era a realidade brasileira que estava sendo posta em questão, um dos temas subjacentes à literatura feita por jornalistas hoje é a própria cultura, seja ela a alta cultura ou a de massa. Não é um fenômeno restrito aos jornalistas escritores: a desvalorização da experiência e a metaliteratura são duas das principais tendências da narrativa pós-moderna. Coincidentemente, o jornalista deixa de ser o herói da nova ficção. Ele não é mais seu protagonista nem seu narrador privilegiado.

Em compensação, surgiram novos protagonistas, produtos do marketing, como o escritor-celebridade de *Talk show*, de Arnaldo Bloch, contraponto perfeito ao escritor anacrônico de Antonio Fernando Borges, que, em seus dois romances (*Que fim levou Brodie?* e *Braz, Quincas & Cia*), dialoga diretamente à tradição literária, no caso com Jorge Luis Borges e Machado de Assis, sem a mediação da realidade. Há ainda o editor de lixo cultural, do romance *Do amor ausente*, de Paulo Roberto Pires; o juiz de *Música anterior*, de Michel Laub; numerosos calculistas equivocados, como os arquitetos e engenheiros de Bernardo Ajzenberg, José Castello e Marçal Aquino.

Acima de todos, paira o protagonista paranóico, com suas características fronteiriças: pensamento em círculos, visão fragmentada, opção aleatória por uma verdade, minúcia, obsessão, capacidade de construir ficções, de encontrar lógica no ilógico. Presente em quase todos os romances da nova geração, esse protagonista-narrador paranóico pode ser lido como uma hiper-reação imaginária à desagregação, ao caos e à violência das megacidades na virada do século. E até mesmo como seu subproduto.

Criado pelo escritor argentino Ricardo Piglia, o conceito de "ficção paranóica" originalmente se aplica ao romance policial. Mas o narrador paranóico ultrapassa as fronteiras do gênero e se faz presente em boa parte da ficção brasileira contemporânea. Em especial, os personagens eternamente perseguidos por complôs, armações e fantasmas pessoais, como o ex-policial de *Teatro*, entre tantos outros paranóicos de Bernardo Carvalho.

> Longe de entendê-lo no sentido psiquiátrico, eu uso o termo para definir o estado atual do gênero policial. Depois de passar pelo romance de enigma e pelo romance de experiência, para chamá-lo de algum modo, topamos com a figura do complô, que me parece muito atraente: o sujeito não mais decifra um crime privado, mas enfrenta uma combinação multitudinária de inimigos. Nada que lembre aquela relação pessoal entre o detetive e o criminoso, que redundava numa espécie de duelo. A idéia de conspiração também tem a ver com uma dúvida que poderia ser formulada assim: Como o sujeito privado vê a sociedade? Eu digo que sob a forma de um complô destinado a destruí-lo. Ou, dito de outro modo: a conspiração, a paranóia estão ligadas à percepção que o indivíduo constrói em torno do social. O complô substituiu, assim, a noção trágica de destino [...] há uma organização invisível que manipu-

la a sociedade e produz efeitos que o sujeito também procura decifrar.[8]

Assim como seus personagens, na prática o jornalista também assume uma postura diferente a partir dos anos 90. Já não é mais o homem de letras sem formação específica, que, por rebeldia, indisciplina ou falta de condições financeiras, abandonou o curso de direito pela metade ou nem isso, mas um profissional formado diretamente para o trabalho jornalístico. Ao contrário das gerações anteriores, que tiveram grandes nomes que passaram longe dos bancos universitários, como Graciliano Ramos e Ferreira Gullar, praticamente todos os escritores jornalistas de hoje são egressos da faculdade de comunicação, treinados desde o início para o exercício de um modelo específico de texto. Fator que certamente contribui para fazer com que a ficção se transforme no principal espaço de subjetividade e liberdade formal, ao mesmo tempo que torna o bloqueio criativo mais resistente. "As formas da reportagem, da crítica etc. são fórmulas em que é mais difícil inovar. O romance, a ficção, por definição, são mais livres", compara João Gabriel de Lima.[9]

Para o escritor contemporâneo, a formação e a prática do jornalismo pode ser uma "camisa-de-força", como sugere Carlos Ribeiro. "É, sem dúvida, a liberdade de expressão que me faz sentir a literatura como um espaço ideal para a escrita. Na literatura, eu posso fazer tudo o que a linguagem me permite fazer, nos limites do meu talento e da minha criatividade."[10]

Praticamente todos os entrevistados (apenas seis fugiram à regra) já sonhavam com a literatura quando ingressaram na faculdade de jornalismo. Ela tem sido uma alternativa natural ao curso de letras, como demonstra o depoimento de José Castello.

Desde cedo, sabia que desejava me tornar escritor. Pensava, por isso, em cursar letras. Um professor de literatura francesa do "clássico", porém, me convenceu de que, se viesse a cursar letras, me tornaria professor de literatura, e não escritor. Que o ideal, em meu caso, seria cursar jornalismo, profissão que não só me obrigaria a praticar a escrita diariamente, como também me empurraria para a realidade, aguçando meu senso de observação e minha sensibilidade. Sem nenhuma segurança a respeito do que fazia, decidi seguir seu conselho e por isso, e só por isso, cursei jornalismo, que foi a profissão de meu pai, mas que eu jamais pensara em seguir.[11]

Quase todos os escritores jornalistas entrevistados também foram alunos de universidades federais ou PUCs, o que faz deles parte de uma elite universitária. Entre os cursos mais concorridos do vestibular, a comunicação não é mais vista como uma opção menor em relação às "carreiras imperiais", como direito, medicina e engenharia, mas como um projeto profissional. Dada sua formação (seis dos entrevistados fizeram mestrado e até doutorado), a carreira universitária é em geral vista como outra possibilidade. Apesar disso, jovens autores, como Michel Laub, fazem "certa restrição quanto à abordagem acadêmica da literatura, com sua frieza analítica e seu jargão".[12] Ao optarem pelo jornalismo e não pela vida acadêmica, muitos escritores disseram ter levado em conta a impressão de que "o jornalismo está mais conectado à vida real, que é a matéria-prima da literatura".[13]

Ao contrário da geração anterior, para quem a censura aos órgãos de imprensa foi um incentivo à busca de um espaço ficcional, para os autores contemporâneos a literatura não é mais sinônimo de liberdade de pensamento, mas, sim, de experimentação formal e reflexão sobre o real. "Diria liberdade de expressão. Não apenas de pensamentos mas também de sentimentos", resume Arthur Dapieve.[14]

A questão não é mais política, mesmo para os que reclamam do pensamento único veiculado pela imprensa, mas existencial e estética. "Ninguém faz literatura para escrever o que não pode dizer nos jornais. Eu, por exemplo, posso pensar e dizer o que bem entender no jornal. Se fosse por isso, não precisava de literatura", comenta Bernardo Carvalho.[15]

Hoje não está mais em jogo a liberdade de pensamento, resume Luiz Ruffato, mas a "estreiteza de pensamento".[16] A censura prévia caiu em 1978, com a revogação do AI-5, e a liberdade de expressão foi garantida pela constituição de 1988. Mas é inegável que os jornais e telejornais foram ficando cada vez mais parecidos. O grau de competitividade entre os vários tipos de mídia e a disputa pelo mesmo mercado (o leitor de classe média) são em boa parte responsáveis pela visível homogeneidade do noticiário dos grandes jornais brasileiros. Alzira Alves de Abreu assinala:

> Se as inovações técnicas e a concorrência têm um lado positivo, na medida em que tornam o poder mais transparente, elas também impõem uma uniformização ou uma homogeneidade a essa mercadoria que é a notícia. Observando-se os jornais diários e os telejornais, vê-se que as manchetes e as notícias do dia são praticamente iguais em todos os veículos. Se é sabido também que diariamente as redações são dominadas por um excesso de notícias, como explicar a mesma hierarquização dos assuntos?[17]

A lógica da concorrência, que define como pecado mortal deixar de publicar uma matéria que todos os outros jornais exibirão no dia seguinte, somada à lógica da produtividade, que dificulta a liberação do repórter da pauta diária, contribui para que os jornais tenham cada vez menos grandes reportagens, que exigem tempo, recursos e dedicação. A esses fatores, devem ser acrescentadas a negligente formação técnica do jornalista pelas universidades, a idade cada vez mais baixa com que um repórter passa a editor (em geral quando começa a elaborar criativamente seu texto), a padronização imposta pelos manuais de redação, a cobertura centrada nos mesmos assuntos e personagens oficiais e a dependência cada vez maior das assessorias de imprensa. Com a crise econômica, a partir da década de 1990, o enxugamento das redações e dos custos extras com transporte, hospedagem e alimentação tornou cada vez mais proibitivas as grandes reportagens.

Mas a questão política também não deve ser menosprezada. Se até os anos 70 o mercado jornalístico contava com um número maior de órgãos de imprensa, com claras orientações ideológicas, hoje "todos disputam o mesmo leitor: o eleitor de centro".[18] Com isso, o profissionalismo suplantou o tradicional envolvimento partidário do jornalista. Paralelamente, verificou-se um enorme desgaste das utopias políticas que mobilizaram os anos 60 e 70, quando a opção por trabalhar numa redação estava particularmente vinculada ao engajamento de quem queria mudar o mundo e, portanto, precisava exibir todas as suas mazelas.

NOVOS DILEMAS

Assim como na imprensa, há uma grande diferença entre os projetos literários da geração anterior, extremamente politizada e marcada pela experiência da ditadura, e a geração de escritores jornalistas estabelecida a partir dos anos 90, que se defronta com dilemas típicos da globalização e da pós-modernidade: desencanto político, individualismo, desterritorialização, cosmopolitismo, consumismo, cultura massificada, desemprego, droga, violência. Mas o fato de que seja aparentemente despolitizada faria dela uma literatura sem projeto social?

E se for? Isso significa que se tornou apenas um frívolo jogo intelectual de manipulação de palavras e referências cultas ou simplesmente que se permitiu ser uma arte livre da obrigação de cumprir uma função social, obedecer a uma demanda do mercado ou servir a uma ideologia?

Até 2000, novamente com as exceções de Marçal Aquino e Luiz Ruffato, que nesse sentido (e também em seus trabalhos jornalísticos) estão filiados à tradição da geração anterior, os novos autores demonstravam pouquíssimo, ou nenhum, interesse em retratar o Brasil. Alguns, como Bernardo Carvalho, chegaram a fazer de um mosteiro europeu transformado em refúgio de escritores o cenário de seus livros, revelando o desejo de fazer uma literatura cosmopolita e global, livre da velha missão de refletir a realidade nacional. Dessa geração, Bernardo Carvalho é também o autor que foi mais longe, publicado na França, em Portugal, na Itália e na Suécia. É possível arriscar uma explicação para esse sucesso internacional: seu universalismo. Para Silviano Santiago:

> O leitor estrangeiro, no seu radicalismo disciplinar, tende a comprar e ler — em complemento à obra exclusivamente política, às vezes de teor demagógico — a obra literária pura. Esta dramatiza os pequenos grandes dramas humanos com rigor estilístico e delicadeza psicológica. No seu universalismo e aristocratismo confessos, essa obra é desprovida de qualquer vínculo originário com a cultura onde brota. Transcende territórios geográficos para se instalar na eternidade do trabalho artístico. Uma cumplicidade de sensibilidade e casta une autor brasileiro e leitor estrangeiro pelo exercício da leitura de livro totalmente comprometido com os valores fortes e tradicionais da literatura ocidental.[19]

Mas, com a virada do século, começou a surgir uma nova leva de romances de jornalistas voltados para o Brasil. O marco pode ser considerado o livro *Nove noites*, lançado em 2002. Escrito justamente por quem melhor refletiu a ruptura com o sentido de missão entre os escritores jornalistas contemporâneos, o livro de Bernardo Carvalho é uma espécie de anti-*Quarup*.

Assim como na obra de Antonio Callado, o protagonista convive diretamente com os índios de uma aldeia. Mas os índios de Bernardo Carvalho só exacerbam o grau de idealização dos de Callado. Eles não são dóceis vítimas da civilização, e sim exibidos com toda sua carga de violência, selvageria e habilidade para manipular o sentimento de culpa e o deslumbramento dos homens brancos. Na foto que ilustra a orelha do livro está a chave para compreender a surpreendente relação entre esse autor eminentemente cosmopolita, ex-correspondente nos Estados Unidos e na França, com o que o Brasil tem de mais primitivo.

O autor-narrador se diz bisneto do marechal Rondon e filho de um latifundiário que nos anos 60 foi dono de fazendas no Araguaia e no Xingu. E afirma ser o menino que segura a mão de um índio nu na foto da orelha do livro. Por conta desses detalhes surpreendentes de sua biografia, dos quais o leitor não tem certeza quanto à veracidade, teria tido a experiência privilegiada (e arriscada) de conhecer a realidade das aldeias sem o romantismo mediatizado pelas grandes reportagens, pela literatura indigenista, pelos documentários de cinema e TV, pela onda ecológica ou pelos relatos antropológicos. E é justamente sobre um antropólogo americano que viveu entre os índios brasileiros na década de 30 o livro que marca sua virada para o interior do país.

Personagem que mais parece saído da ficção do que da realidade, Buell Quain chega ao Brasil às vésperas da Segunda Guerra, em pleno Estado Novo, quando além dele circulam pelo país pesquisadores estrangeiros como Claude Lévi-Strauss, Ruth Landes e Margaret Mead. Porém, ao contrário dos antropólogos, etnólogos e naturalistas que traduziriam o exotismo natural destes tristes trópicos em relatos na primeira pessoa e imagens admiradas no mundo todo, Buel Quain, aos 27 anos, matou-se em meio aos índios.

Híbrido, o livro eventualmente se aproxima da reportagem e da biografia, inventariando documentos, arquivos e depoimentos reais, misturados a personagens e cartas imaginadas e às próprias lembranças do autor e sua relação problemática com o pai. Ao falar desse pai, e de sua morte lenta, acaba falando do próprio país. Desvenda a associação das elites urbanas com os militares durante a ditadura, que empurra os índios cada vez mais para o interior, enquanto toma suas terras. Traça um painel da falência dessas elites regadas a uísque escocês que, quando a coisa desanda, vão curtir sua decadência de frente para o mar em Miami. Faz um perfeito apanhado das relações dos pesquisadores estrangeiros entre si, com as universidades americanas e francesas e com as instituições brasileiras durante o Estado Novo.

O menino da foto usa uma fantasia de caubói, de estrangeiro em sua própria terra. Ele não se encanta com o exótico, mas teme ser deixado nu pelos curumins que o querem igualar a eles. Ao voltar ao convívio de uma tribo, já adulto, o autor não esconde os resquícios desse desconforto em relação aos índios, recusando-se a ser "batizado" — o que significa ganhar um novo nome, ter o corpo pintado e coberto de penas, além do cabelo cortado à moda krahô —, rejeitando a comida, sintomaticamente trocada por barras de cereais que esconde na mochila, e desconfiando de tudo o que os nativos dizem ou deixam de dizer.

Mas é ao expor sua história pessoal, quando recuperar a verdade através das versões dos outros é impossível, que o escritor enriquece a experiência do jornalista. E essa é uma questão decisiva na obra de Bernardo Carvalho. Como repórter em Paris e Nova York, teve ampliada essa experiência de mundo, o que se reflete especialmente em livros como *Teatro* e *As iniciais*, que começa justamente quando o correspondente internacional entra de férias. *Nove noites* marca a volta do autor, literalmente, ao solo brasileiro.

> Para mim, a influência do jornalismo na literatura não tem nada a ver com a linguagem, mas com a experiência. O jornalismo per-

mite entrar em contato com pessoas e situações sobre as quais você não faria a menor idéia se não fosse pelo pretexto da reportagem. Ele funciona como uma fonte de histórias e experiências. Nesse caso, ele pode ter um papel vital e decisivo para a literatura. Não é, porém, uma exclusividade do jornalismo. Outros escritores podem se servir da experiência da medicina ou de qualquer outra profissão que os faça entrar em contato com um mundo que não é o deles. O importante é que não haja regras. Qualquer meio de contato com outras pessoas e situações é interessante para a literatura.[20]

Assim como Bernardo Carvalho, mais da metade dos entrevistados admitiu que, de alguma forma — seja pela linguagem, pela estruturação do texto ou pela temática —, o jornalismo influenciou seu trabalho de ficção ou poesia. Mesmo que tenha sido negativamente, obrigando-os a se esforçar para se distanciar completamente dos modelos pré-fabricados. Também não falta quem veja benefícios nessa mistura, como Marçal Aquino.

O jornalismo influenciou de diversas maneiras minha ficção. Mais na linguagem e na temática, menos na estrutura. Como já disse, o universo e os personagens do jornalismo policial passaram a me interessar como escritor a partir de meu contato como jornalista. Procuro escrever num registro muito próximo ao real. Daí que os personagens do dia-a-dia e, em igual medida, sua fala me fascinam e intrigam. E me fazem escrever. O exercício do jornalismo me ensinou a olhar, a observar. Sou um escritor que anda pelas ruas atento ao inusitado que o humano produz de modo incessante. Aprendi isso no dia-a-dia de jornalista.[21]

Para o roteirista de *Os matadores*, *Ação entre amigos* e *O invasor*, todos filmes baseados em histórias suas, as ferramentas da literatura também podem ser benéficas ao jornalismo. Pelo menos um certo tipo de jornalismo, que abre espaço para ousadias formais. Um modelo influenciado pelo *new journalism* americano, suplantado, no entanto, pela sóbria normatização dos manuais de redação e pela hegemonia dos textos curtos, a partir do sucesso de jornais de leitura rápida e forte apelo visual, como o *Sunday Times*, na década de 1980.

> Pessoalmente, acho que o jornalismo me ajudou no que diz respeito a uma certa depuração de linguagem. Prezo o texto curto, incisivo, direto, sem floreios — o velho Graça tem altar aqui em casa. O jornalismo obriga à concisão. Foi benéfico. Mesmo na fase maravilhosa do *Jornal da Tarde*, quando ousadias eram admitidas (escrevi reportagens em que apareciam diálogos e usei até travessões como índice de fala), havia a preocupação com o texto enxuto. É possível, porém, que um escritor dado a barroquismos se sinta tolhido por essa exigência do jornalismo. A esse só resta recomendar que pratique a literatura opulenta na qual acredita (longe da qual é mantido em seu cotidiano profissional) até mesmo como uma vingança contra a magreza do texto jornalístico.[22]

Da mesma forma que as primeiras páginas dos jornais, a literatura contemporânea parece não ter como fugir de uma questão colocada pela realidade brasileira: a violência. Mas seria a violência, tal qual a que se encontra nos livros de um ex-repórter policial como Marçal Aquino, apenas um tema ou uma nova linguagem? Ou melhor, uma contralinguagem, capaz de explicar não a tão procurada identidade brasileira, mas a sua impossibilidade? Ou, quem sabe, uma nova tentativa de restabelecer uma aproximação cultural com as classes populares, uma das bases do discurso de construção de identidade nacional?

Se hoje essa negociação se faz sobretudo pela música, pela TV e pelo esporte, historicamente o processo de construção da nação teve como base o jornal e a literatura, como aponta Benedict Anderson em *Imagined communities.*

> Num certo sentido, o livro foi a primeira *commodity* produzida no modelo moderno de produção em massa [...]. Sob esta perspectiva, o jornal é simplesmente uma "forma extrema" de livro, um livro vendido numa escala colossal, mas com uma popularidade efêmera. Poderíamos dizer: *best-sellers* por um dia.[23]

O consumo diário de jornais é visto por Anderson como uma "cerimônia de massa".[24]

Em seu anonimato, o leitor compartilha as mesmas histórias com outros leitores, reafirmando um dos pilares da comunidade imaginada: a existência de um repertório em comum entre as diversas classes.

A literatura brasileira foi capaz de trazer ao centro do palco uma legião de excluídos, alcoólatras, loucos, analfabetos, esfomeados, criminosos, só para citar alguns personagens de três jornalistas escritores combativos, Lima Barreto, Graciliano Ramos e João Antonio. Mas qual seria o papel do escritor num momento em que "a literatura como um meio não mais ocupa um lugar central na formação das identidades e culturas nacionais", como reconhece Andreas Huyssen?[25] Em que o livro virou um produto supérfluo como outro qualquer? E mesmo perdeu um de seus maiores trunfos: a perenidade?

A falência desse projeto de identidade nacional que a todos abarcava, suavizando as diferenças gritantes, pode estar diretamente relacionada à emergência da violência na música do funk e do rap, no cinema e na literatura brasileira contemporânea. Seu reflexo é a criação de Estados paralelos, "faroestes" (como no título de um dos livros de Marçal) urbanos onde a lei do mais armado prevalece, mas cujas fronteiras cada vez mais ambíguas e ziguezagueantes permitem vez por outra a entrada de um "invasor", como o protagonista de seu livro/filme.[26]

O Brasil vive um momento em que a violência deixa de ser problema localizado nesta ou noutra área periférica, neste ou noutro grupo social, para se disseminar além da faixa de guerra. A violência, nos livros de Marçal Aquino, não é mais uma questão de classe, mas está difusa por toda a sociedade. Trata-se da violência da periferia contra o bairro rico, do homem contra a mulher, de amigo contra amigo, de matadores profissionais contra desconhecidos. O próprio amor é visto sob essa versão contemporânea da educação pela faca como um "objeto pontiagudo", para citar outro de seus títulos.[27]

É uma violência que extrapola as fronteiras ficcionais. No rastro do cinema americano pós-*Pulp fiction*, do novo cinema latino-americano (cujo melhor exemplo é o mexicano *Amores brutos*), *Ação entre amigos*, *Os matadores* e *O invasor* vêm se juntar a vários filmes brasileiros cuja linguagem — e não apenas o tema — é a violência. Assim como alguns roteiros assinados por Marçal Aquino, muitos foram baseados em livros, como *Cidade de Deus* e *Carandiru*. Outros, na cobertura jornalística, como o documentário *Ônibus 174*, sobre o assalto que parou o país em frente à tv.

Mesmo sem ter sido filmada, também é documentária toda a nova memorialística do cárcere, ditada por Luiz Alberto Mendes (*Memórias de um sobrevivente*), Jocenir (*Diário de um detento*), Hosmany Ramos (*Marginália*), André du Rap (*Sobrevivente*), Humberto Rodrigues (*Vidas do Carandiru*), entre outros, muitos deles conhecidos a partir da antologia *Letras da liberdade* (em que cada detento era apresentado ao público "de fora" por um escritor consagrado). Uma literatura que recusa a estetização do real e se abre a pivetes, traficantes, ladrões, rappers, homicidas e excluídos em geral, capazes de falar diretamente sobre um tema que conhecem como ninguém, a violência, só que agora dispensando a mediação de jornalistas ou escritores.

Não é à toa que um autor como Marçal Aquino vem sendo tão requisitado pelo cinema. Ele representa um novo realismo, minimalista, que praticamente exclui o poético e o melodramático. Ao se concentrar na materialidade da palavra, exibe um olhar fotográfico — melhor dizendo, cinematográfico — em sua ficção.

Há duas formas de fazer o movimento cinematográfico com a lente literária: pelo choque do real, sem estetização, representado pelo documentário (no cinema) e pela produção memorialística (na literatura), ou por sua desfamiliarização. O realismo de Marçal permite que o leitor dispense o cinema e literalmente veja a cena. E quando o leitor acha que já percebeu o truque do autor, que esse ilusionismo cinematográfico vai se repetir *ad aeternum*, Marçal desestrutura a narrativa naturalista, como faz nos contos "Bianca, 17" e "Dez maneiras infalíveis de arrumar um inimigo".[28] Mas essa desfamiliarização, em vez de minar o efeito de suspensão da descrença, acaba por reforçá-lo.

Não se deve cair na esparrela de culpar a globalização por tudo — principalmente por uma tensão social que é endêmica na sociedade brasileira. Numa comparação com a literatura produzida entre os anos 60 e 80, entretanto, é possível ver como a questão da violência reflete a progressiva transformação do Estado-Nação dentro da ordem global. Se a violência descrita na ficção e nos relatos da luta armada e da tortura foi fruto do recrudescimento do Estado durante a ditadura, a violência contemporânea tem origem em sua omissão como regulador das demandas e choques entre as diversas classes, seja por culpa do mercado global, dos fundos monetários internacionais ou até da própria globalização do crime e do narcotráfico. O que se percebe é que a diminuição do poder do Estado em países periféricos como o

Brasil pode levar a uma democracia política tanto quanto a uma anomia. Como afirma Beatriz Sarlo:

> Em vários casos atuais, as conseqüências culturais da dissolução da Nação não são a emergência de uma comunidade apta a inventar novas formas de ação, mas uma sociedade desintegrada, onde todas as frações lutam umas contra as outras mesmo quando acham que estão lutando pela mesma causa. O compactamento das classes, se ele alguma vez existiu, desapareceu e uma profunda fratura segue dividindo empregado de desempregado, habitantes pobres das cidades de grupos marginais, famílias empobrecidas de seus próprios filhos que embarcam na violência e, por último, mas não em último lugar, intelectuais públicos de suas audiências.[29]

Além da cultura e da violência, a cidade parece ser o terceiro tema subjacente à nova ficção. Nos romances de Bernardo Ajzenberg, São Paulo é onipresente. Tanto em *A gaiola Faraday*, em que um engenheiro desempregado surta e vai viver na rua, vigiando de longe sua família, quanto em *Variações Goldman*, em que um arquiteto judeu descobre que a mulher engravidou, mesmo ele sendo estéril, o escritor constrói um retrato da classe média alta paulistana cuja vida se concentra entre Pinheiros, Jardins, Moema e ao redor da avenida Paulista, a partir de personagens desencantados que parecem caminhar em círculos no cenário da megalópole.

Mais que onipresente, é nos textos fragmentados de *Eles eram muitos cavalos*, de Luiz Ruffato, que a cidade se mostra como protagonista absoluta. Cumbica, Jardim Varginha, Jabaquara, praça da Sé, Loteamento Olinda: em *flashes* rápidos, a Grande São Paulo que brilha não é muito diferente da dos jornais, com seus grandes e pequenos crimes, histórias banais e tétricas, gente acomodada e revoltada. Ruffato diz que a influência não vem de fazer, mas de ler jornal. Ele fornece a matéria-prima para sua ficção: mais exatamente a vontade de explorar "o que haveria de possibilidades por trás dos dramas ali expostos".[30] E, de fato, esse livro radicalmente sem concessões, em que a ruptura da linguagem e das estruturas formais se aproxima do que de melhor foi feito em meio ao experimentalismo dos anos 60, transcende os limites do jornalismo para colocar-se do outro lado, do ponto de vista das pessoas citadas nas colunas sociais ou nas páginas de polícia. Elas podem pertencer à classe média, como o homem que tem diálogos imaginários com um vizinho morto num seqüestro relâmpago. Ou a uma família de mendigos que divide um barraco com ratos. Pode ser qualquer um, como a mulher que enlouquece depois que a filha pequena desaparece na volta da escola. Ou um ser especial, como Crânio, o "intelectual" da favela. Essas histórias fortes, em que a violência não é explícita, mas latente, são entremeadas pela descrição de classificados eróticos, cardápios de restaurante, horóscopo, orações a Santo Expedito, como se alguém folheasse a cidade como folheia um jornal num 9 de maio qualquer, e entrasse na pele de cada um de seus personagens.

# 8. Momento jornalístico 2000

*Não se decreta uma revolução técnica. Ela tampouco
é suprimida.*

Roger Chartier

Como vivem, cem anos depois da pesquisa de João do Rio,
os escritores jornalistas? No limite. Exatamente como no *reality
show* homônimo, no final dos anos 90 as redações passaram por
um encolhimento que mais parece uma dança das cadeiras. A
cada rodada de "passaralhos" — termo usado na imprensa para
definir as reengenharias que periodicamente colocam uma parte
dos jornalistas na rua —, dezenas de vagas são congeladas, profissionais mais velhos e salários mais altos, sacrificados. No momento jornalístico de 2000, já não há mais espaço para pauteiros, redatores e revisores, substituídos pela figura multifuncional
do editor. Isso faz com que, com raras exceções, o escritor já não
encontre no jornalismo o emprego estável que subvencionaria
sua literatura.

Nesse momento de forte concorrência e dedicação integral

ao trabalho, talvez seja hora de refazer a questão de João do Rio, como sugere Sérgio Alcides. Seria a aspiração literária prejudicial para o jornalismo?

> Talvez na época de João do Rio fosse diferente. Na nossa, acho que a atividade jornalística é prejudicial aos aspirantes à literatura. Primeiro, porque é uma profissão hoje muito especializada, que requer uma grande dedicação. Segundo, porque não está fácil se manter nesse mercado de trabalho, o que significa que as empresas estão bem mais à vontade para explorar a dependência da mão-de-obra: o sujeito é simplesmente obrigado a trabalhar um número de horas muito superior ao previsto em contrato, e não sobra tempo para mais nada. Terceiro, porque o ambiente profissional também absorve demais, já que a relação com os colegas é altamente competitiva e pautada mais por uma lógica de prestígio do que por valores estritamente profissionais ou mesmo econômicos — o que além disso significa que jornalistas interagem sobretudo e quase que exclusivamente só com outros jornalistas (inclusive no amor, no sexo, no cinema, no esporte, e nos avessos de todas essas coisas também).[1]

Com a transformação do jornalismo num campo à parte, tanto da literatura quanto da política, também para o repórter o corpo-a-corpo com a realidade estaria sendo substituído por uma relação puramente instrumental com a informação.

> Na corte "excêntrica" do jornalismo ocorre uma distorção: todo o mundo fora dela desaparece debaixo de uma curiosa instrumentalização profissional (o mundo e os outros só existem enquanto objeto de "pauta"). O jornalista é, então, um ótimo conhecedor de outros jornalistas. Quanto ao conhecimento de si, para ele é conhecer um jornalista a mais — pois o que é alguém que dorme

seis horas, passa uma hora em locomoção, uma hora em atividades fisiológicas (alimentação, excreção etc.) e durante as demais dezesseis horas se ocupa do jornalismo, da manutenção de seu emprego como jornalista e da economia do seu prestígio dentro do meio jornalístico? [...] Quando digo que o jornalista se especializou não é que ele se especializou num assunto (por exemplo, o jornalismo político, o jornalismo policial, o jornalismo cultural). Na maioria dos casos, essa especialização "dentro" do jornalismo, ou a partir dele, ou não se implementou completamente (lembro de ter tido um chefe na editoria Internacional que antes era chefe da editoria de Esportes) ou simplesmente decorre de outra especialização — esta sim a mais importante: o jornalista é um especialista em jornalismo: como fazer uma pauta, a redação de uma legenda, a apuração de uma notícia, a cobertura de um "setor", o cultivo das "fontes", essas coisas. De modo que, com relação à matéria do mundo, a espessura das coisas, o barro geral, que é a matéria da literatura, o jornalista chega aí de uma maneira admiravelmente variada, mas quase que sempre superficial (quando não leviana mesmo); vai borboleteando, aqui e ali, desempenhando sua profissão cuja importância é indiscutível, só que por sua própria inscrição nos tempos atuais se limita à superfície. Mas a literatura que se atém à superfície é o mesmo que nada — e é por isso que o momento literário se aproxima perigosamente desse "nada".[2]

A virada do século marca uma segunda inversão. Enquanto o escritor se profissionaliza — não só com seus livros, mas trabalhando para o mercado editorial como tradutor, adaptador, revisor, *ghost writer*, parecerista etc. —, as relações de trabalho na imprensa tornam-se cada vez mais precárias. "O escritor tende a se profissionalizar e o jornalista tende a se desprofissionalizar, a meu ver, já que estão mudando drasticamente as relações de trabalho no Brasil", aponta Luciano Trigo.[3] De fato, a recessão mundial e o fim da paridade do dólar com o real (1999) levaram a um aumento de custos de produção (de papel, equipamentos, softwares e programações importadas de TV) e financeiros (já que com o Plano Real, em 1994, boa parte dos órgãos de imprensa tinha se endividado para a instalação de novos parques gráficos), sem a contrapartida do aumento das verbas publicitárias das empresas de comunicação.

Terceirizar, cortar encargos trabalhistas, contratando pessoas jurídicas ou estagiários e não funcionários, foi uma forma que alguns órgãos de imprensa em crise encontraram para diminuir seus custos. O jornalista também vê na terceirização uma forma de driblar os altos impostos cobrados dos assalariados, aumentando sua renda indiretamente, na falta de um aumento real. Mas perde todas as suas garantias trabalhistas. O problema não é só dos veículos de comunicação, é bem verdade. Desde os anos 70 está em curso um processo de reestruturação das atividades produtivas, de forma a reduzir custos e aumentar a competitividade, baseado em inovações tecnológicas e novas formas de gestão do trabalho. As conseqüências foram uma queda acentuada nos níveis de emprego, apelo a formas precárias de trabalho, flexibilização dos direitos trabalhistas, subcontratação, insegurança. Segundo Alzira Alves de Abreu:

> Mesmo os trabalhadores 'estáveis' das grandes empresas apresentam sinais de que a garantia no emprego e a remuneração recebida parecem não compensar sua inserção em um sistema que os absorve inteiramente, privando-os de seus espaços fundamentais de sociabilidade."[4]

Para piorar, a desaceleração da atividade econômica levou a circulação de jornais em todo o mundo a cair 0,35 % em 2002, segundo balanço divulgado em 9 de junho de 2003, em Dublin, durante o 56º Congresso Mundial de Jornais. Foi o segundo ano consecutivo de queda na circulação paga. No Brasil, a situação foi mais drástica: os jornais tiveram uma queda de 9,1 % em suas vendas em 2002.[5] No ano seguinte, o processo de queda continuou, com a circulação dos principais jornais caindo aos índices mais baixos desde o final da década de 1980. Se, em 1995, a *Folha de S.Paulo* teve uma média diária de 606 mil exemplares vendidos, *O Globo* chegou ao patamar de 412 mil e *O Estado de S. Paulo* ao de 382 mil, em 2003 essa média caiu para 315 mil, 253 mil e 243 mil, respectivamente.[6]

Só em dois anos, entre 2000 e 2002, a circulação de revistas caiu de 17,1 milhões para 16,2 milhões de exemplares por ano, e o total de jornais vendidos por dia baixou de 7,9 milhões de exemplares para 7 milhões. No mesmo período, a verba publicitária destinada aos veículos de comunicação baixou de 9,8 bilhões de reais para 9,6 bilhões. Para complicar, a crise revertia todas as projeções das empresas. Uma onda de otimismo, baseada nos recordes de vendagem na segunda metade dos anos 90 (entre 1990 e 1995, a circulação dos jornais saltou de 4,3 milhões para 6,6 milhões de exemplares por dia: um aumento de 53 %), fez com que boa parte dos empresários da área apostasse no crescimento da economia e na estabilidade do câmbio, contraindo dívidas em dólar para diversificar seus negócios (aproveitando o *boom* da internet, da telefonia celular e da TV por assinatura) e atualizar seu parque gráfico.[7]

A resposta das empresas de comunicação à crise que se instalou a partir da virada do século foi a terceirização, transformando o empregado em *free-lancer*, ou a demissão pura e simples. Só em 2001, foram demitidos 6877 jornalistas em todo o Brasil, segundo dados divulgados pela Federação Nacional dos Jornalistas (Fenaj).[8] E, com o tempo, a situação só piorou. De

2002 a 2004, segundo o Ministério do Trabalho, as empresas de comunicação — rádios, TVs, jornais, revistas e agências de notícias — cortaram 17 mil empregos.

A partir de uma base menor, que enfrenta ainda a concorrência dos milhares de profissionais formados por universidades públicas e privadas despejados semestralmente no mercado, a pirâmide salarial do jornalista tende a ficar a cada dia mais aguda. Apesar do aumento de responsabilidade e de carga horária, não foram poucos os escritores jornalistas que assumiram cargos executivos, porque oferecem, além de um salário maior, eventual participação nos lucros e outros benefícios.

A concentração econômica fez com que grande parte dos escritores jornalistas tenha se cruzado nas redações de *O Globo* e da *Folha de S.Paulo*, os dois maiores jornais do eixo Rio—São Paulo. Assim como o *Correio da Manhã* até a metade do século passado, o *Diário Carioca*, a *Última Hora* e o *Jornal do Brasil* nas décadas de 50 e 60, e o *Jornal da Tarde*, mais recentemente, os dois jornais podem ser considerados os novos celeiros de vocações literárias. Entretanto, estão longe de funcionar com estufas. "O jornalismo brutaliza as pessoas, mas ao mesmo tempo as torna mais ligadas à realidade", compara Bernardo Ajzenberg. "A literatura faz o contrário, torna o homem mais sensível, mas, ao mesmo tempo, tende a prendê-lo num mundo virtual."[9]

Não surpreende que a maior parte dos escritores jornalistas da nova geração esteja radicada em São Paulo e que se dedique a uma literatura urbana. Há toda uma questão geoeconômica envolvida. Com a decadência das revistas semanais nos moldes de *O Cruzeiro, Manchete* e *Fatos e Fotos*, o principal centro produtor de revistas deslocou-se para a capital paulista, especialmente a partir do lançamento de *Veja*, em 1968, pela Editora Abril.

A literatura carioca ainda sobrevive, assim como seu jornalismo, que se ressente da perda de milhares de postos de trabalho com a falência da Editora Bloch e da TV Manchete, a crise que levou o *Jornal do Brasil* a terceirizar e reduzir ao mínimo sua equipe e as organizações Globo (TV aberta, a cabo, rádio, jornais, editora de revistas e livros) a praticamente congelar suas vagas. Várias sucursais de jornais e revistas foram fechadas, passaram a trabalhar com *free-lancers* ou diminuíram o tamanho de suas representações. Desde a década de 1950, o número de jornais vem diminuindo de forma assustadora no Rio de Janeiro. De 22 diários, a cidade passou para dezesseis na década seguinte e para sete vinte anos depois. Hoje, conta com quatro jornais de grande circulação (*O Globo*, *Extra*, *O Dia* e *Jornal do Brasil*). Se não tem o mesmo peso do paulista, o jornalismo carioca não sofre como o mineiro e o nordestino, que, assim como sua literatura, perderam repercussão em termos nacionais. Nesse sentido, o Sul sobrevive como um caso à parte, onde o mercado editorial é sustentado por um público local, que é um dos principais consumidores de livros e jornais do país.

Um fato revelado nesta pesquisa é que, surpreendentemente, as mulheres continuam sendo uma pequena minoria entre os escritores jornalistas. A questão de gênero merece ser levantada, já que a proporção de jornalistas do sexo feminino chega a mais da metade das redações dos principais órgãos de imprensa. No entanto, apesar de essa massa de mulheres ter ocupado seu espaço nos jornais, a literatura brasileira continua sendo um lugar para homens. Dentre as jornalistas escritoras contemporâneas, destacam-se Cíntia Moscovich, Gisela Campos, Heloisa Seixas e Rosa Amanda Strausz, três delas há muito tempo fora das redações.

RECONFIGURAÇÃO DO CONTEÚDO

Se o processo recessivo que, desde o final dos anos 90, assola o Brasil forçou essa reconfiguração do tamanho das redações, o que a permitiu foi, sem dúvida, a introdução do computador na década anterior. Com seu ganho em velocidade, a informatização fez com que o mesmo repórter fosse capaz de bater quatro ou cinco matérias no mesmo dia. E não foi só isso: várias atividades foram extintas. Redatores foram substituídos por corretores ortográficos; revisores dispensados pela supressão da etapa — tão propícia a empastelamentos — em que o texto do repórter datilografado em lauda, já modificado à mão pelo redator, ia para as oficinas ser montado. Pauteiros perderam sua razão de ser depois que a informação em tempo real, as agências de notícias dos grandes jornais e os *e-mails* das assessorias de imprensa ofereceram a possibilidade de se produzir um jornal inteiro praticamente sem sair da redação.

Ao mesmo tempo que permitiu o enxugamento das redações, o computador proporcionou um aumento real no mercado de trabalho e no salário dos jornalistas. Pelo menos entre 1999, quando o Brasil viveu o *boom* dos *sites* de conteúdo jornalístico na internet, e 2001, momento em que essa bolha de crescimento estourou.

Com comandos para cortar e colar, para suprimir sem pena palavras e trechos indesejados, o computador mudou a forma de o jornalista escrever seus textos. Na época da lauda e da máquina de escrever, por mais que fosse possível rasurar e mesmo cortar com um estilete o trecho abolido, colando um pedaço da lauda a outro, o processo era extremamente artesanal. Em geral, o repórter tinha que pensar antes de escrever (pelo menos o lide e o sublide), estruturar a eventual divisão em coordenadas, e só depois deixar o texto correr. Hoje, voltar atrás e refazer já não são empecilhos, pensar e digitar tornaram-se quase concomitantes.

O uso de um processador de textos muda nossa maneira de escrever — e não só porque estamos nos valendo de novas ferramentas para dar cabo da tarefa, mas também porque o computador transforma fundamentalmente o modo como concebemos nossas frases, o processo de pensamento que se desenrola paralelamente ao processo de escrever. Podemos ver essa transformação operando em vários níveis. O mais básico diz respeito a simples volume: a velocidade da composição digital — para não mencionar os comandos de voltar e o verificador ortográfico — torna muito mais fácil aviar dez páginas num tempo em que teríamos conseguido rabiscar cinco com caneta e papel (ou uma Smith-Corona).[10]

A literatura não passou incólume pela informatização. Depois de 23 anos sem escrever ficção, Carlos Heitor Cony atribuiu sua volta, com o estrondoso sucesso de *Quase memória*, publicado em 1995, não ao fim da censura ou mesmo do patrulhismo ideológico que o perseguiu durante e logo após a ditadura. "A culpa foi do computador. Eu comecei a usar para fazer a crônica e achei que tinha ficado tão fácil escrever que comecei a escrever ficção", conta.[11]

Em *Quase memória*, seu primeiro romance escrito no computador, Cony remexe as lembranças de sua relação com o pai, também jornalista, na primeira metade do século passado. E também de um momento em que as redações foram profundamente afetadas pela mecanização da escrita.

A geração do meu pai tinha um apelo de boemia. Não eram necessariamente bêbados, isso foi na minha fase, vários de nós lutaram com o alcoolismo, João Ubaldo, Ruy Castro, Mário Prata, Fernando Morais. Na época do meu pai, não. Era uma boemia romântica. O cara gostava de ficar na rua até tarde, freqüentava cabarés e cafés. O jornal não tinha hora pra sair, o expediente ia até de madrugada. Sabe *A conquista*, de Coelho Neto? A geração do meu pai viveu um resquício dessa boemia.

Essa geração foi aposentada pela máquina de escrever. Meu pai chegava a digitar, mas não conseguia pensar com os dedos na máquina. E o Getúlio, por volta de 1942/43, muito pressionado pelo sindicato dos gráficos, fez uma lei dizendo que os gráficos não eram mais obrigados a trabalhar com textos escritos à mão. Na época, noventa por cento dos repórteres escreviam à mão, em tiras. Mas a luz batia, o grafite do lápis brilhava e o gráfico forçava a vista. Então foi proibido. Só gente do porte de Chateaubriand pôde continuar a escrever à mão. Os repórteres e redatores tiveram que se mecanizar.

Isso fez com que viesse uma outra geração. O que coincidiu com a importação das técnicas americanas pelo *Diário Carioca*, depois pelo *Correio da Manhã*, *Jornal do Brasil* e *O Estado de S. Paulo*. Começou junto o reinado do *copidesque* e o da máquina de escrever.[12]

Com o tempo, a relação entre a máquina e o jornalista passou a ser essencial, como registrou o repórter David Nasser. Ele não poderia mais se dar ao luxo de escrever à mão, como um romancista ou poeta.

Escrevo desde menino, e [como] não tenho boa dicção, eu passei a pensar com os dedos, uma estranha transferência da hipófise para a tiróide e da tiróide para as pontas dos dedos. Eu tenho a impressão de que, quando eu escrevo, caio numa espécie de transe. Não estou falando isso para me auto-elogiar — conheço minhas limitações —, mas tenho a impressão de que não estou usando a cabeça quando estou escrevendo. Tenho a impressão de que, se eu não usar os dedos e a máquina, eu não consigo me expressar.[13]

A máquina de escrever marca uma ruptura com a tradição oral. Se originalmente o autor era um ditador — no tempo dos rolos de pergaminho o texto pensado era necessariamente registrado por outra pessoa —, com o tempo passa a pensar conforme escreve.[14] O processo de escrever à mão é mais lento, mas permite o fluxo de raciocínio, que se vale do milésimo de segundo passado entre o pensar e o rabiscar. Tempo que é diminuído conforme a velocidade do datilógrafo avança da máquina de escrever para o computador. Neste exato momento, a forma como escrevo é quase uma volta ao modelo oral. Um ditador eletrônico permite que eu não toque nas teclas do computador e que escreva na mesma velocidade com que sou capaz de falar. Mas o que uma nova tecnologia pode significar em termos de escrita?

> Aquele que escreve na era da pena, de pato ou não, produz uma grafia diretamente ligada a seus gestos corporais. Com computador, a mediação do teclado, que já existia com a máquina de escrever, mais que se amplia, instaura um afastamento entre o autor e seu texto. A nova posição de leitura, entendida num sentido puramente físico e corporal ou num sentido intelectual, é radicalmente original: ela junta, e de um modo que ainda se deveria estudar, técnicas, posturas, possibilidades que, na longa história da transmissão do escrito, permaneciam separadas.[15]

Com a informática, os caracteres passam a ser impressos na tela à velocidade da luz. Se a criação é facilitada, essa agilidade também induz a um texto mais curto e de leitura mais rápida, com eventuais supressões de letras e expressões, dando origem a novos dialetos, como o inventado pelos jovens adeptos do ICQ (programa *instant messenger* que permite a comunicação instantânea entre usuários da internet). A informática oferece ainda a possibilidade de uma escrita sem rasuras, para desespero da crítica genética. Entre outras coisas, o manuscrito sem rascunho do computador impede a distinção entre uma escritura emotiva e uma racional. A mão não traça mais as letras.

O mesmo processo ocorria com a máquina de escrever, mais havia uma proximidade maior entre a mão e a máquina, e o escritor podia ainda rabiscar ou corrigir nas entrelinhas. Antes do microcomputador, podíamos ainda desenhar as letras e mascarar pudicamente nossos sentimentos e afetos atrás de sua forma convencional, embora a verdade estivesse logo desvelada para o leitor perspicaz por intermédio da inclinação e da altura das letras, do traço fino ou largo, rígido ou solto ou mesmo da análise ótica e informática.[16]

Em compensação, o computador também dá origem a novas formas narrativas, tanto jornalísticas quanto literárias, oferecendo recursos de hipertexto, combinando design, texto, foto, vídeo, arte, infográficos, animação, *slide shows*, áudio, *links*, facilitando a atualização e permitindo a interatividade por meio de *chats, blogs, quiz, polls, games*. Ao contrário da mídia tradicional, é possível conciliar formas lineares e não-lineares na narrativa multimídia. E atribuir ao mesmo indivíduo as funções de autor, editor, divulgador e distribuidor.

Entre 1960, quando foi apresentado o primeiro texto processado por computador, e 1974, ano em que os grandes jornais começaram a digitalizar suas edições, a começar pelo *The New York Times*, foram dados os primeiros passos para se criar uma imprensa informatizada. O processo acelerou-se com o lançamento do *personal computer* em 1981, e a criação das bases para a internet, em 1983. Na década de 1990, os grandes jornais e agências de notícia brasileiros entraram na *web*. E passaram a atualizar suas edições *on-line* em tempo real.

Mas a massificação da internet coloca várias questões para o jornalismo, entre elas a dicotomia entre propriedade intelectual e função social da imprensa. Numa era de altíssima reprodutibilidade técnica, a informação pode ser pirateada de várias formas:

do plágio grosseiro, em que a notícia é reproduzida na íntegra, com exceção do nome do autor e de onde foi tirada, à apropriação por *blogs* e *sites* que criam *links* para o texto original. As notícias podem ainda ser simplesmente repassadas via correio eletrônico. E, dependendo de sua importância, circularem mais e mais rápido do que se impressas num grande jornal. Mas essa divulgação de material alheio seria diferente do que faz um jornal impresso quando reproduz conteúdo de outro sem autorização (e pagamento)? Se o leitor já não precisa pagar para ter acesso às matérias de um jornal, e se mesmo os grandes órgãos de imprensa têm como prática usar as informações atualizadas pelos sites uns dos outros, muitas vezes dispensando a intermediação das agências de notícias, quem vai custear o trabalho jornalístico? E, por vias tortas, a literatura brasileira?

# 9. Romances × reportagens

*O trabalho de jornal não prejudica um jovem escritor, e poderá mesmo ajudá-lo, se ele sair a tempo.*

Ernest Hemingway

Cem anos depois, com a exceção da alta incidência de LER (lesão por esforço repetitivo), causada pela dupla jornada à frente do computador, os prós e contras de o escritor trabalhar na imprensa não diferem muito dos relacionados pelos contemporâneos de João do Rio. Entre os pontos favoráveis, os 32 entrevistados destacaram: disciplina, prática diária da escrita, exercício da clareza e da concisão, ampliação de contato com o mundo. Entre os contra: baixos salários, longas jornadas de trabalho, estresse, competitividade e a tendinite, que pode levar a literatura a uma regressão tecnológica. "Na era da informática, a questão do contra é física: lesão por esforço repetitivo e vista cansada podem obrigar o escritor a escrever a lápis", comenta Toni Marques.[1] "Sem acupuntura, perco os movimentos do meu braço direito", lamenta Ronaldo Bressane.[2]

Embora não seja uma pesquisa quantitativa e parta de uma amostragem pequena — apesar de bastante significativa — do universo dos jornalistas escritores brasileiros, é possível afirmar que, ao contrário de em 1900, o lado positivo de trabalhar na imprensa foi mais lembrado do que o negativo. Hoje, a pergunta de João do Rio — "O jornalismo, especialmente no Brasil, é um fator bom ou mau para a arte literária?" — é respondida com um esmagador "útil". Dos 32 entrevistados, quinze disseram que a atividade na imprensa é positiva para o escritor. Outros dez afirmaram que tanto ajuda quanto atrapalha. Cinco a consideraram prejudicial. E dois não responderam.

A possibilidade de viver da escrita foi considerado o principal ponto a favor do jornalismo. "Eu não possuo outra habilidade que não a de trabalhar com a palavra. É isso que me sustenta", diz Cadão Volpato.[3] A falta de tempo e a esterilização da linguagem seriam os dois fatores mais prejudiciais. Nas palavras de Antonio Fernando Borges:

A linguagem do jornalismo é, sem dúvida, muito mais pobre do que a gama de ricas possibilidades da literatura — em termos formais, temáticos e de vocabulário. Nesse sentido, o hábito do jornalismo pode ser limitante. Prova disso é que, quase sempre, a primeira incursão de jornalistas na literatura peca pela pobreza vocabular, frasal, temática. E isso não é de hoje: compare-se o Machado de Assis dos romances e contos com o das crônicas diárias e semanais de seu ganha-pão. Há um abismo entre os dois. Claro que existem exceções, e é possível alguém fazer grande literatura com vocabulário restrito e secura formal — mas para isso deve-se tomar a "providência" de ser um Graciliano Ramos, por exemplo [...].[4]

Os prós e os contras do trabalho na imprensa para quem pretende ser escritor foram resumidos por Juremir Machado da Silva: "Ensina a síntese e a prática do texto constante. Corta a imaginação e favorece o realismo banal".[5]

Se eventualmente a ficção pode compartilhar dos mesmos temas do jornalismo, o grande diferencial entre um e outro gênero reside na linguagem, apontam os autores que atuam nos dois campos. Na literatura, "a palavra não é vista como portadora de informação e sim de significação. Ela muda totalmente de estatuto. E a imaginação e a memória (pessoal e literária) atuam o tempo inteiro", diz Heitor Ferraz.[6]

Na imprensa, a linguagem muitas vezes pode ser empobrecida pela falta de tempo hábil para uma elaboração formal. Fatores como a normatização, o espaço predeterminado pela diagramação e a própria necessidade de comunicação com uma ampla gama de leitores também podem fazer com que o texto jornalístico diminua o repertório e até mesmo bloqueie a capacidade de expressão e a imaginação do escritor. "Viciar o texto", como define Gisela Campos.[7]

É como se para escrever reportagens e ficção, ou poesia, ele tivesse que utilizar outra musculatura, eventualmente atrofiada pelo exercício diário na imprensa. Em seus depoimentos, muitos usaram a metáfora "trocar de canal" para expressar a necessidade de sair do automático e se conectar a suas emoções. Mas não é fácil desligar o objetivo e ligar o subjetivo.

As linguagens literária e jornalística são "registros diferentes", assinala Luciano Trigo.[8] Mais do que isso, seriam como "azeite e água", para Carlos Herculano Lopes, duas linguagens que "não podem se misturar".[9] Uma comparação já usada por Medeiros e Albuquerque é retomada por Mario Sabino: "Jornalistas e escritores: eles guardam as mesmas diferenças e semelhanças que existem entre pintores de parede e pintores artistas".[10] Uma imagem semelhante é usada por João Gabriel de Lima: o jornalista seria tão diferente de um escritor quanto um torneiro mecânico de um físico nuclear.[11] Os dois ofícios teriam "naturezas distintas", parece concordar Luiz Ruffato, por sinal, ex-torneiro mecânico.[12]

"Se quiser ser escritor, não escreva como jornalista", pontifica Juremir Machado da Silva.[13] São "linguagens opostas", radicaliza Bernardo Ajzenberg, para quem uma tentativa de síntese pode ser fatal para o ficcionista.

> Considero prejudicial, sim, na medida em que se trata de duas linguagens em última instância opostas entre si. A mente do jornalista funciona e deve funcionar de modo diferente da mente do escritor. Na inevitabilidade, porém, de se exercerem ao mesmo tempo as duas atividades, o ideal é extrair do jornalismo alguns aspectos que podem ajudar na literatura. Refiro-me à capacidade de observação, à precisão na narrativa de certas cenas mais detalhadas e, de certo modo, à capacidade de resolver com alguma rapidez problemas de construção sintática. Mas não há dúvida de que são duas atividades muito diferentes e de que o escritor pode ser facilmente esmagado pelo jornalista.[14]

Quando esta pesquisa foi computada, em janeiro de 2004, quase a metade dos entrevistados tinha deixado de trabalhar como jornalista em período integral, mas mantinha seu nome na imprensa ou internet como *free-lancer*, cronista, colunista, ensaísta, crítico literário. E até como escritor.

É uma opção, como define Sérgio Rodrigues, autor de *O homem que matou o escritor*, "economicamente muito menos viável e esteticamente muito mais ambiciosa".[15] A julgar pelo título de seu primeiro livro, o temor de que o jornalista matasse o escritor o levou a fazer uma opção mais radical — assim como boa parte dos que fizeram a ruptura.

> Na verdade, como *freela*, estou conciliando as duas atividades com extrema facilidade, mas ao longo de quase quinze anos da minha

carreira isso foi um conflito pesado. A literatura perdia todas. Tive que interferir para não deixar o jornalista matar o escritor. Baixei um pouco a bola dele, abri mão de parte da renda que eu tinha, e agora os dois convivem civilizadamente. Tomara que dure.[16]

Não durou. Logo depois de enviar por *e-mail* seu depoimento, em 2001, o escritor estava de volta às redações. O que levaria a este salto no escuro, dado por Machado de Assis em 1878, quando deixou uma carreira bem-sucedida na imprensa para escrever seu primeiro grande livro, *Memórias póstumas de Brás Cubas*, e repetido por tantos escritores jornalistas mais de um século depois? Poderia o jornalista efetivamente matar o escritor que existiria dentro dele? Para responder a essas questões, é preciso definir o que os tornaria tão diferentes.

O QUE É UM ESCRITOR

Que importância tem quem fala? A questão fundamental para se esclarecer os termos desta discussão foi analisada por Michel Foucault em seu clássico ensaio "O que é um autor?".

Nele, Foucault demonstra que o conceito de autor literário foi fruto de um determinado momento histórico, "crucial da individualização na história das idéias, dos conhecimentos, das literaturas, e também na história da filosofia e das ciências".[17] O autor não seria um sujeito determinado e sim um papel social. Já que, confessadamente, Foucault prefere deixar de lado "a análise histórico-sociológica do personagem autor", é preciso aqui investigar exatamente aquilo que o filósofo não se dispõe a fazer:

Como o autor se individualizou em uma cultura como a nossa, que estatuto lhe foi dado, a partir de que momento, por exemplo, pôs-se a fazer pesquisas de autenticidade e de atribuição, em que sistema de valorização o autor foi acolhido, em que momento começou-se a contar a vida não mais dos heróis, mas dos autores, como se instaurou essa categoria fundamental da crítica "o homem-e-a-obra", tudo isso mereceria ser analisado.[18]

Em resumo, mostrar "o jogo das representações que formaram uma certa imagem do autor".[19] Uma imagem que foi devidamente naturalizada com os séculos, a ponto de se ignorar que seu processo de construção está longe de ser universal e atemporal. Alguns de seus pressupostos chegaram até mesmo a ser invertidos com o tempo. Segundo Roger Chartier:

> [...] da Idade Média à época moderna, freqüentemente se definiu a obra pelo contrário da originalidade. Seja porque era inspirada por Deus: o escritor não era senão o escriba de uma palavra que vinha de outro lugar. Seja porque era inscrita numa tradição, e não tinha a não ser o de desenvolver, comentar, glosar aquilo que já estava ali. Antes dos séculos XVII e XVIII, há um momento original durante o qual, em torno de figuras como Christine de Pisan, na França, Dante, Petrarca, Boccacio, na Itália, alguns autores contemporâneos viram-se dotados de atributos que até então eram reservados aos atores clássicos da tradição antiga ou aos padres da igreja. Seus retratos apareciam nas miniaturas, no interior dos manuscritos. Eles são com freqüência representados no ato de escrever suas próprias obras e não mais no de ditar ou de copiar sob o ditado divino. Eles são escritores no sentido que a palavra vai tomar em francês, no correr dos últimos séculos da Idade Média: eles compõem uma obra, e as imagens os representam, de modo um pouco ingênuo, no ato de escrever a obra que o leitor tem nas mãos. É nesse momento também que são reunidas em um mesmo manuscrito várias obras de certos autores, relacionadas ao mesmo tema.[20]

O reconhecimento e expansão da função autor estão intimamente ligados ao binômio propriedade—penalidade. De certa forma, as fogueiras da Inquisição, que queimaram livros e seus autores, foram responsáveis por sua perenização, porque as primeiras listas ordenadas alfabeticamente de nomes de autores encontram-se nos índices dos livros proibidos do século xvi pela Igreja. Antes mesmo de ser o proprietário intelectual de suas palavras, o autor poderia ser condenado por causa delas.

A proteção aos direitos autorais só seria oficialmente reconhecida muito depois, na França revolucionária, mais exatamente em 21 de julho de 1793, quando foi promulgada a lei que funcionou como "certidão de batismo ao autor moderno".[21] Antes dela, já existiam sistemas primitivos de proteção ao autor, em geral defendidos por livreiros editores que, para garantir seus privilégios, inventaram a idéia do autor proprietário.

No século xviii, a teoria do direito natural e a estética da originalidade fundamentam a propriedade literária. Uma vez que se justifica, para cada uma, a posse dos frutos de seu trabalho, o autor é reconhecido como detentor de uma propriedade imprescritível sobre as obras que exprimem seu próprio gênio. Esta não desaparece com cessão do manuscrito àqueles que são seus editores. Não é portanto de espantar que sejam estes últimos os que tenham moldado a figura do autor proprietário. Inscrita na velha ordem da livraria, o *copyright* não deixa de definir de modo original a criação literária, cuja identidade subsiste qualquer que seja o suporte de sua transmissão. O caminho estava aberto assim para a legislação atual, que protege a obra em todas as formas (escritas, visuais, sonoras) que lhe podem ser dadas. Hoje, com as novas possibilidades oferecidas pelo texto eletrônico, sempre maleável e aberto a reescrituras múltiplas, são os próprios fundamentos da apropriação individual dos textos que se vêem colocados em questão.[22]

Da mesma forma como ocorre com o jornalismo na era da internet, a idéia de propriedade intelectual não era ponto pacífico durante o Iluminismo. Ela era considerada injusta, porque criava "um monopólio sobre o saber, que era visto como um bem comum".[23] Se o conteúdo de suas idéias, uma vez tornado público, passava a ser de todos, restava ao autor a propriedade literária baseada na estética e na originalidade da forma, a maneira singular com que era capaz de se exprimir.

Mas essa nova definição de obra de arte levou o autor a um paradoxo, já na segunda metade do século XVIII, colocando sobre os ombros da mesma figura a possibilidade de profissionalização da atividade literária e uma imagem baseada no desinteresse do artista. O dilema reflete o deslocamento da figura do autor de um sistema de mecenato aos ditames de uma economia de mercado. A nova economia da escrita minou a concepção tradicional da atividade literária, que só buscaria a glória como recompensa, e ventilou a possibilidade de que seria justo que o trabalho intelectual produzisse lucro financeiro. Passou a ser legítimo que o autor fosse pago diretamente por sua obra, não apenas na forma de benefícios, títulos, prêmios ou cargos. Quando ele se profissionaliza, seu maior bem passa a ser seu nome. Sua maior necessidade, a de visibilidade.

Esse novo modelo rompe com a clássica figura do *gentleman-writer* ou *gentleman-amateur*, aceita até pelos escritores que não tinham de maneira nenhuma origem aristocrática. Em sua definição tradicional, o autor vive não de sua pena, mas dos seus bens ou dos seus encargos; ele despreza o impresso, exprimindo a sua "antipatia por um meio de comunicação que perverte os antigos valores da intimidade e da raridade associados à literatura da corte", ele prefere o público escolhido entre os seus pares, a circulação em manuscrito e a dissimulação do nome próprio sob anonimato da obra.[24]

Foi durante o romantismo que o artista tornou-se proprietário intelectual de sua obra de arte, proclamando valores como a inventividade, o subjetivismo e a genialidade, que se chocavam frontalmente com o modelo medieval, em que escrever era sinônimo de reescrever. Assim, o romantismo, "identificando o literário com o novo, único e original, e o trabalho do escritor com atividade particular e solitária, expressão íntima do indivíduo, ajuda a difundir o privilégio do texto".[25]

Um autor emblemático como Rousseau aspirará a essa nova condição. Antes disso, a cessão dos manuscritos aos livreiros-editores não assegura de modo algum rendas suficientes. Daí, para um escritor do século xvii, não há senão duas possibilidades. Uma é que ele seja provido de benefícios, cargos, postos, caso ele não pertença a uma linhagem aristocrática ou burguesa, dispondo de uma fortuna patrimonial. Ou ele é obrigado a entrar nas relações de patrocínio e recebe uma remuneração não imediata de seu trabalho como escritor, sobre a forma de pensão, de recompensas ou de empregos.[26]

Na verdade, apenas no final do século xix o que para a maioria não passava de um *wishful thinking* passa a ser uma realidade. Entre os anos 20 e 30, mais de três séculos após a descoberta de Gutenberg, a Europa assistiu à primeira revolução industrial do livro: a industrialização da impressão. Mas a popularização só iria acontecer mesmo no período seguinte, entre os anos de 1860-1870, quando a composição manual de Gutenberg deu lugar à era do monotipo e, mais tarde, à do linotipo, mutações técnicas que permitiram uma mudança de escala nas tiragens de livros e de jornais, transformando-os em produtos de consumo de massa.

A condição de autor, pelo menos a de autor que pode viver da sua própria pena, foi alcançada pelo escritor ao mesmo tempo que pelo jornalista. E ambas se subordinaram à formação de um público leitor, com a expansão da imprensa e da escolarização. Depois de conquistar o mercado, os dois campos ganharam autonomia em relação ao governo, à aristocracia e à igreja. Mas justamente porque a literatura é uma profissão aberta, que não exige qualquer formação técnica especial, foi preciso que seus aspirantes erguessem fronteiras contra seus vizinhos mais próximos, os jornalistas, transformando o escritor numa categoria socialmente distinta.

## O QUE É UM JORNALISTA

A pista genealógica mostrará que a origem do jornalista é diferente da do autor literário, assim como serão seus *status* e função social, embora nada impeça que o mesmo sujeito possa ocupar simultaneamente as duas atividades. Apesar de múltiplas interseções, o jornalista se distingue do escritor de ficção por uma missão: a de narrar o acontecimento. Antes de sua profissionalização em tempo integral, que também só ocorreu efetivamente a partir do século XIX, essa atividade foi exercida indistintamente por leigos de diversas camadas sociais, que tivessem alguma história supostamente real para contar. Curiosamente, como apontam Bill Kovach e Tom Rosenstiel em *Os elementos do jornalismo*, "desde as mais isoladas sociedades tribais na África até as mais remotas ilhas do Pacífico" exigem-se as mesmas qualidades das pessoas incumbidas de recolher a informação e depois espalhá-la: "Queriam gente que pudesse se mexer rápido, apurar os dados com exatidão e contá-los de forma envolvente".[27] O que tem efetivamente mudado, ao longo dos séculos, é a forma de transmitir essa informação.

Ninguém ignora que o livro e a literatura existiram muito

antes da invenção de Gutenberg, no século xv, mas dificilmente se dá conta de que o jornal também é anterior à tipografia. No entanto, foi o que ocorreu durante séculos. Numa definição mais abrangente dos meios de comunicação, pode-se afirmar que "jornal é a informação [...] de algum acontecimento contemporâneo conservado pelos símbolos".[28] Nesse sentido, os *Acta diurna populi romani*, de 69 a. C., podem ser considerados os mais antigos antecessores do jornal. Esses diários, que originalmente divulgavam as atas do Senado do Império Romano, pouco a pouco teriam se tornado "folhas linguarudas" em que a população tinha notícia dos mais variados assuntos, de casamentos e divórcios a rixas, incêndios, bancarrotas e espetáculos. Qualquer semelhança com o jornalismo contemporâneo não é mera coincidência.

Também são tidos como pioneiros dos jornalistas os bardos viajantes, que reportavam e comentavam os acontecimentos do dia nas feiras, mercados e cortes da Idade Média. Mas, como permaneceram anônimos, assume-se que os primeiros repórteres teriam sido correspondentes de viagens e terras distantes, como o escrivão Pero Vaz de Caminha, que relatou o "achamento" do Brasil, e o jesuíta José de Anchieta. Entre os séculos xvi e xviii a literatura epistolar conheceu seu momento de maior prosperidade. O sucesso de um *gazetier*, como já se denominava o correspondente, era medido por sua capacidade de informar os acontecimentos o melhor e o mais rápido possível, em cartas que eram lidas em comum, copiadas e colecionadas, como hoje fazemos com *e-mails*.

"Da carta escrita por cortesia à reportagem por obrigação, dos assuntos escolhidos de acordo com o interesse comum dos correspondentes a todo o tipo de informação, do destinatário amigo ao assinante disposto a pagar, atravessou-se um limiar.", mostra Michel Kunczik, em *Conceitos de jornalismo*.[29] Os primeiros a transformar diletantismo em profissionalismo foram correspondentes dos príncipes governantes, da Igreja e das grandes casas comerciais, embarcados na rota das grandes navegações com esse fim, como Caminha. Ainda assim, notícias como a do descobrimento do Brasil só seriam lidas diretamente pelo monarca e seu séquito governamental, uma vez que os detalhes sobre as novas terras eram considerados segredo de Estado. Por isso, considera-se que a primeira coleção e distribuição profissional e comercial de notícias para o público ocorreu na Veneza do século XVI, onde os *scrittori d'avisi* reuniam informações de todo tipo, as copiavam e vendiam. O personagem do jornalista já nasce assim sob o signo da mercantilização da escrita.[30]

Embora as assinaturas fossem caras, nenhuma pessoa de posses deixava de subscrever uma *feuille de nouvelles*, *foglia a mano*, *Zeitung* ou *news letter* seiscentistas. Quem não podia pagar contentava-se em lê-las nas tavernas e cafés, onde eram animadamente discutidas. Por sua vez, os redatores das gazetas de mão ficavam sabendo das novidades por meio de cartas e outros periódicos recebidos de fora. Na França, existia mesmo uma espécie de bolsa de notícias, que funcionava em pontos como os jardins de Luxemburgo, o Palais Royal, as Tulherias, a Galerie du Palais, e a Pont Neuf, onde *nouvellistes* ou *gazetier-à-la-bouche* de todas as estirpes marcavam ponto. Em Lisboa, esses precursores do jornalismo se concentravam nos Arcos do Rocio e no Adro de São Domingos, o Terreiro do Paço.

O formato comum das *nouvelles-à-la-main* era o in-quarto, escrito nos dois lados da folha, sem cabeçalho. Esses pequenos jornais já conheciam a noção de furo jornalístico, o prazer de narrar um fato em primeira mão, e eram disputados pelo leitor em função disso. Rapidamente produzidos, ainda tinham a vantagem de escapar mais facilmente da censura do que os impressos, o que explica a convivência dos dois modelos durante muito tempo na Europa e mesmo no Brasil.

Em 1609, os primeiros jornais impressos apareceram com regularidade na Alemanha. Depois na Holanda (1618), França (1620), Inglaterra (no mesmo ano) e Itália (1636). Suas tiragens eram pequenas, entre cem e duzentos exemplares. Mas a situação logo mudou. Em 1680, o *Frankfurter Journal* já tinha uma circulação de 1500 exemplares.

No entanto, em 1821, quando a implantação tardia da primeira tipografia no Brasil completava treze anos, o *Conciliador Maranhense* ainda era distribuído em cópias manuscritas. E, até 1823, resistia em São Paulo *O Farol Paulistano*, inteiramente manuscrito. O motivo era claro: tipografias necessitavam de licença do governo, além de investimento de capital, o que dificultava o anonimato. "Os utensílios de um redator de gazeta limitam-se a uma pena, um tinteiro e uma folha de papel; copiado o panfleto e posto em mãos seguras, nada lhe trairá o segredo. Uma tipografia, ao contrário, exigiria equipamento importante e serviria para desvendar os mistérios que se procuram ocultar.", explica o historiador da imprensa Carlos Rizzini.[31]

Por escaparem mais facilmente da censura, os periódicos escritos à mão foram proibidos na França em 1551 "sob pena de confisco de pessoa e bens". A Igreja também reagia com força. Em 1572, o Vaticano aprovou a *Constitutio contra scribentes exemplantes e dictantes*, disposta a calar os *gazzettanti* e *novellanti*. O caso de Anibale Capello, enforcado após cortarem-lhe a mão direita e arrancarem-lhe a língua, por ordem do papa Sisto v (1585-1590), foi exemplar da forte censura aos jornais manuscritos e de como incomodavam os poderosos, mesmo com uma veiculação restrita.

No Brasil, a Inquisição perseguiria, entre outros, o almoxarife Jorge Martins, denunciado em 1587 por ter escrito "um papel" contra a Companhia de Jesus. Durante o período colonial, muitas vezes os pasquins eram grudados na porta dos poderosos ou das igrejas, como forma de driblar a censura aos textos impressos.

Cerca de seis décadas antes da instalação da Imprensa Régia, o Brasil teve sua primeira tipografia, que, entre outras pequenas obras, produziu *A Relação da entrada que fez Fr. Antonio do Desterro Malheyro, Bispo do Rio de Janeiro, em o primeiro dia deste presente ano de 1747...*[32] O impressor Antônio Isidoro da Fonseca pagou caro por publicar esses trabalhos politicamente inócuos. A oficina do antigo impressor de Lisboa foi queimada e Portugal fez editar uma Carta Régia, cujo texto mostra sua intransigência quanto ao monopólio da imprensa:

> Não é conveniente que se imprimam papéis no tempo presente, nem pode ser de utilidade aos impressores trabalharem no seu ofício, aonde as despesas são maiores que no Reino, do qual podem ir impressos os livros e papéis no mesmo tempo em que dele devem ir as licenças da Inquisição e do Conselho Utramarino".[33]

Esse exemplo de terror intelectual mostra que a política de Portugal em relação às colônias era a de censura ao pensamento escrito e às atividades culturais, limitando não só os livros e jornais, como o ensino e o livre intercâmbio com a Europa. Nas palavras de Nelson Werneck Sodré:

> Não convinha a Portugal que houvesse civilização no Brasil. Desejando colocar essa colônia atada ao seu domínio, não queria arrancá-la das trevas da ignorância. A ignorância, realmente, constitui imperiosa necessidade para os que exploram os outros indivíduos, classes ou países. Manter as colônias fechadas à cultura era característica própria à dominação. Assim, a ideologia dominante deve erigir a ignorância em virtude.[34]

Não foi à toa que nosso primeiro jornalista escreveu na Inglaterra, depois de escapulir dos cárceres da Inquisição. A luta pela liberdade de imprensa em relação ao Estado começou exatamente nesse país, no século XVII, quando John Milton apresentou os argumentos em favor da pluralidade de vozes em seu texto fundador, *Aeropagítica*. A censura deixou de existir na Inglaterra a partir de 1695. No século seguinte, a liberdade de imprensa seria citada na declaração francesa dos Direitos do Homem e do Cidadão (1789) e se tornaria a primeira emenda à constituição americana (1791). Editado em Londres, entre 1808 e 1821, o combativo *Correio Braziliense* ousou desafiar explicitamente as ordens expressas da Coroa Portuguesa proibindo o jornalismo na colônia.

"Resolvi lançar esta publicação na capital inglesa dada a dificuldade de produzir obras periódicas no Brasil, já pela censura prévia, já pelos perigos a que os redatores se exporiam, falando livremente das ações dos homens poderosos", justificou o responsável pelo *Correio*, Hipólito da Costa, no primeiro número do jornal.[35] Ex-diretor da Imprensa Régia de Portugal, Hipólito exilara-se em Londres desde que fugira dos cárceres da Inquisição e de lá mandava seus editoriais. Aceitando-se — como a maioria dos pesquisadores — esse jornal escrito e impresso na Inglaterra como parte da imprensa brasileira, o *Correio Braziliense*, também chamado de *Armazém Literário*, é considerado o marco inicial do jornalismo no país.

Seu formato dá uma idéia de como, há apenas dois séculos, jornais e livros eram pouco diferenciados. Se hoje correspondem a modos de escrever, editar e publicar distintos, a ponto de mesmo um analfabeto ser capaz de distinguir um livro de um jornal, em 1808, isso não era tão fácil. Exemplares do *Correio* eram impressos in-oitavo, o mesmo formato dos livros, e a numeração de suas páginas continuava no número seguinte. Edições avulsas dos jornais também eram vendidas em volumes encadernados, com capa dura. Em meados do século XIX, quando os jornais adquirem uma capacidade de distribuição ampliada é que a distinção estrutural em relação aos livros começa a se formatar.

Apesar de o *Correio Braziliense* se auto-intitular também *Armazém Literário*, de literatura teve muito pouco nos seus 174 números. O mesmo se verificou nos dois únicos números de *As Variedades* ou *Ensaios de Literatura*, editados em fevereiro e julho de 1812, na Bahia. Sua proposta era divulgar

> discursos sobre costumes e virtudes morais e sociais, algumas novelas de escolhido gosto e moral; extractos de história antiga e moderna, nacional ou estrangeira, resumo de viagens; pedaços de autores clássicos portugueses, quer em prosa quer em verso, cuja leitura tenda a formar gosto e pureza na linguagem; algumas anedotas e boas respostas etc.[36]

Mas a publicação faliu por falta de assinantes. Motivo idêntico para o fracasso de *O Patriota*, que circulou entre janeiro de 1813 e dezembro do ano seguinte, e tinha em seus quadros alguns dos principais jornalistas escritores do período, como o aristocrata Borges de Barros e o militante Silva Alvarenga.

Borges de Barros e Silva Alvarenga são personagens exemplares dessa fase, cada qual a seu modo. O árcade Borges de Barros é considerado um dos precursores do romantismo no Brasil. Aristocrata ligado a intelectuais franceses, foi tanto escritor quanto jornalista envergonhado. Em *O Patriota*, assinava seus artigos apenas como B., seu livro *Poesias oferecidas às senhoras brasileiras por um baiano* foi publicado em Paris sem o nome do autor e só a edição de *Os túmulos* foi devidamente assinada. Mais do que timidez, sua atitude denota um certo preconceito do *gentleman-writer*, do erudito amador, legítimo representante do velho regime literário, contra a idéia do escritor como celebridade, que ganhará mais força no romantismo. Demonstra ainda a pouca distinção que os homens de letras do período faziam entre jornalismo e literatura.

Já Silva Alvarenga foi o protótipo do escritor que faria do jornalismo sua catapulta. Nascido de uma família humilde de Vila Rica, de pai músico e mãe negra, estudou em Coimbra, publicou poemas em louvor de seu mecenas, o marquês de Pombal, trabalhou como advogado e professor de retórica e poética, e morreu como um nome respeitado no Rio de Janeiro. Militante da causa literária, o autor de *Glaura* participou da criação do jornal *O Patriota* e da Sociedade Literária e foi também militante político, participando da insurreição de Ouro Preto, que lhe custou três anos na prisão. Em oposição ao aristocrata e senhor de engenho Borges de Barros, o mulato e pobre Silva Alvarenga encontrou na cultura e na política uma porta de entrada para os salões da corte. Mas os dois iriam trabalhar lado a lado no mesmo jornal. A pauta de *O Patriota* dá bem uma idéia do que se considerava por "cultura" numa época encantada com os progressos científicos do iluminismo: textos sobre agricultura, matemática, hidrografia, física, química e história. Por mais minguada que fosse, sua seção de obras publicadas marca o início da crítica literária militante no país.

Originalmente, o jornal é um veículo muito próximo do livro, mas o jornalista pode ser considerado também um autor? Mesmo sem tocar no assunto, também aqui Foucault pode ser de grande ajuda. Para ele, a função autor é "característica do modo de existência, de circulação e de funcionamento de certos discursos no interior de uma sociedade".[37] Assim, a menção ao nome do autor "manifesta a ocorrência de um certo conjunto de discursos, e refere-se ao *status* desse discurso no interior de uma sociedade e de uma cultura".

O nome do autor não está localizado no estado civil dos homens, não está localizado na ficção da obra, mas na ruptura que instaura um certo grupo de discursos e seu modo singular de ser. Conseqüentemente, poderia-se dizer que há, em uma civilização como a nossa, um certo número de discursos que são providos da função "autor", enquanto outros são dela desprovidos.[38]

Embora não seja de todo desprovido desse *status*, o jornalismo moderno vem minar a noção de autoria. Ele não é expressão de interioridade, mas informação. Sua autoridade não emana da subjetividade ou da imaginação do autor, mas de seu compromisso de comunicar a verdade. Especialmente quando o estilo europeu de jornalismo opinativo e analítico cede espaço, a partir do século xx, ao modelo objetivo, impessoal e informativo, da imprensa americana.

O jornalista pode tanto exercer as funções de repórter (o que narra o acontecimento), como as de redator (o que escreve ou corrige) e editor (o que corta e organiza hierarquicamente o material). Por isso, se todo o texto jornalístico tem um narrador, no sentido benjaminiano do termo, nem todos têm um autor.

Um redator de jornal, por exemplo, não é um autor, já que sua função — principalmente a partir da implantação da figura do copidesque no final dos anos 50 — é justamente o apagamento da individualidade autoral. Mas um jornalista que assina sua reportagem teoricamente o é, uma vez que "só existe autor quando se sai do anonimato".[39] E não foram poucos os que transformaram grandes reportagens ou textos jornalísticos em livros, de Euclides da Cunha até hoje. Segundo Aníbal González, em *Journalism and the Development of Spanish American Narrative*:

A demolição feita pelo jornalismo no conceito de autoria implica que, pelo menos no que diz respeito ao texto literário, a subjetividade seja vista como uma ilusão, um fantasma, um efeito efêmero produzido por convenções estilísticas e garantido pela assinatura do escritor ao final do texto.[40]

Dependendo do contexto, o jornalista pode ser considerado um escritor? Para Antonio Fernando Borges, "na acepção mais geral da palavra no *Houaiss* ('aquele que escreve'), a resposta é sim. Mas, na definição 2, mais restritiva, do mesmo dicionário, a coisa muda de figura: escritor é, no caso, o 'autor de obras literárias, culturais, científicas etc., esp. o ficcionista'".[41]

Separando o ofício do jornalista e a arte do escritor, está a distinção entre profissão e vocação. "Na maior parte das vezes o jornalista é um carteiro, o sujeito que leva a mensagem ao destinatário. Nada mais. É uma profissão não necessariamente criativa", afirma Juremir Machado da Silva. "Já a literatura não pode ser profissão, pois só funciona como iluminação, ruptura, invenção. O resto é negócio."[42]

Mas nem todos concordam com essa distinção. Para alguns dos entrevistados, é apenas uma questão de nomenclatura. "Jornalistas escrevem, escritor escreve — quem escreve é escritor?", questiona Fernando Molica, que vê a necessidade de uma vocação também para o exercício do jornalismo.

> Não sei. No Brasil, a prática consagrou que escritor é quem escreve livro, mesmo que o livro seja uma grande reportagem. Sempre aceitei esta divisão, talvez porque eu tenha entrado no jornalismo em um momento em que a profissionalização da categoria tenha se radicalizado. Não havia mais espaço para uma etapa mais romântica, em que jornalismo e literatura podiam, muitas vezes, se confundir.[43]

E o escritor? Pode ser um jornalista mesmo sem querer?

# 10. A mesma tecla

*Maus poetas são freqüentemente bons oradores e publicistas.*

Antonio Candido

Para compreender como a distinção entre jornalismo e literatura foi socialmente construída e naturalizada ao longo de séculos, até chegar a uma separação quase completa nos dias de hoje, é preciso voltar a um tempo muito anterior ao nascimento da imprensa moderna, retratado por João do Rio em *O momento literário*. E chamar a atenção para o fato de que, ao longo de vários desses momentos, os autores de poesia e ficção cruzaram essas fronteiras. Não raro a literatura foi convocada a exercer funções parajornalísticas.

"Cronista sou/ desta grã festividade" e por esse motivo "tenho de falar verdade/ e dizer o que se passou", dizia o poeta Gregório de Matos, que, justamente por "falar a verdade" sobre a cobiça dos poderosos, os desmandos do clero e a vida dupla de cidadãos aparentemente respeitáveis, ganharia o epíteto de Boca do Inferno da Bahia seiscentista.[1] Nessa época, ainda não havia jornais impressos no país. A tipografia só chegaria em 1808, a bordo do *Meduza*, com d. João vi e sua corte fugitiva. Antes disso, poemas como a "Descrição, entrada e procedimento do Braço de Prata Antônio de Sousa de Meneses, governador deste estado", em que Gregório de Matos desancava seu desafeto político, eram escritos com pena ferina, em papel almaço, e depois copiados por quem sabia ler ou decorados, correndo de boca em boca por uma população ávida tanto por informações como por boas intrigas.

Embora certos poemas — como o que já diz seu longo título-lide, "Descreve a deplorável peste, que padeceu a Bahia no a. 1686, a quem discretamente chamam bicha, porque variando nos sintomas, para que a medicina não soubesse atalhar os efeitos, mordia por diferentes bocas, como a bicha de Hércules. Também louva o caritativo zelo de algumas pessoas com os enfermos" — tenham absolutamente todos os ingredientes de uma boa reportagem, seria a heresia das heresias inaugurar com o satírico Gregório de Matos uma linhagem de jornalistas escritores no Brasil.[2] Afinal, como ser jornalista se os primeiros jornais só apareceriam mais de um século depois?

No entanto, a poesia satírica de cunho político foi um parente distante do jornalismo contemporâneo. Ao se referir não às denúncias de Gregório, mas às das *Cartas chilenas*, de Tomás Antônio Gonzaga, Antonio Candido mostra como a poesia e o jornalismo, antes da industrialização da imprensa, não eram gêneros tão distintos como atualmente.[3]

> Para compreendermos hoje uma sátira escrita há duzentos anos é preciso lembrar a função que exercia, de tendência moralizadora muito próxima ao que é o jornalismo. Dos pequenos sonetos de maledicência ou debique aos poemas longos, ajustados à norma do gênero; uns arredondando-se no riso, outros encrespados pela indignação; uns visando as pessoas na sua singularidade, outros

querendo abranger princípios e idéias — todos assumiam atitude crítica e manifestavam desejo de orientar e corrigir, como a imprensa moderna.[4]

Se Ronald de Carvalho, na *Pequena história da literatura brasileira*, cita o poeta baiano como "o nosso primeiro jornal, onde estão registrados os escândalos miúdos e grandes da época, os roubos, os crimes, os adultérios, e até as procissões, os aniversários e os nascimentos", por sua vez Juarez Bahia inscreve Gregório de Matos na história do jornalismo, em *Jornalismo: história e técnica*, alegando que o Boca do Inferno "era a imprensa viva".[5]

O poeta pagou caro pela ousadia de falar a verdade e incomodar os poderosos, exatamente como muitos jornalistas nos séculos que se seguiram. Após divulgar em cópias manuscritas a sátira "Juízo anatômico dos achaques que padece o corpo da república em todos os seus membros, e inteira definição do que em todos os tempos é a cidade da Bahia", Gregório de Matos foi preso, mantido incomunicável, e degredado para Angola, de onde só voltaria com a condição de não fazer mais versos.

A poesia de Gregório de Matos foi censurada no Brasil do século XVII como também seriam proibidas a tipografia e a imprensa até o século XIX. Mas, nem por isso, os manuscritos que antecederam os primeiros jornais e livros deixariam de difundir o crescente sentimento nativista da colônia. Embora utilizando-se de recursos estritamente literários, poetas barrocos e árcades transformariam sua lírica numa forma de denunciar os desmandos políticos. Na forma, literatura. Na intenção, a crítica, a indignação, os fatos.

Sem dúvida, seria forçar a mão dizer que esses poetas foram jornalistas, mas a verdade é que jornalismo e literatura, no período que precedeu a chegada da imprensa ao Brasil, e mesmo nas décadas que se seguiram, não tinham fronteiras tão nítidas quanto hoje. Não era apenas a poesia que servia de veículo para a crítica social. Cartas e sermões foram importantes fontes de informação, formas pré-jornalísticas de comunicação num país proibido de produzir jornais e livros. Documentos do Santo Ofício e de historiadores, como Afonso de Taunay, deixaram registradas, entre a segunda metade do século XVI e o final do XVIII, queixas da Igreja e das autoridades coloniais contra a ação de "pasquineiros", como Luiz Gonzaga das Virgens, expoente da Revolução dos Alfaiates, levante debelado na Bahia em 1798. Na base da insurreição, não um típico artigo de jornal, mas o poema revolucionário "Décimas sobre a liberdade e igualdade", declamado na clandestinidade e copiado à mão, assim como alguns pasquins, pregando alforria dos escravos, aumento do soldo dos soldados e igualdade dos libertos com os brancos, que eram distribuídos nas esquinas pelos rebeldes ou presos nos adros das igrejas. Jornalistas sem prelo, os insurretos acabariam cumprindo penas de prisão, degredo ou seriam condenados à morte por causa de suas mal traçadas linhas, como das Virgens.[6]

No período colonial, a censura perseguia indiscriminadamente jornais e livros. O bloqueio cultural fez com que o Brasil ficasse atrás de praticamente todo o resto da América em matéria de produção editorial. Em 1533, quase duzentos anos antes da criação da Imprensa Régia no Rio de Janeiro, a primeira tipografia do continente foi instalada no México. A segunda, em 1584, no Peru. Em 1638, chegaria aos Estados Unidos, que editou seu primeiro jornal em 1690, mais de cem anos antes dos primeiros periódicos brasileiros. Portugal tinha como política não permitir a instalação de tipografias nem universidades em suas colônias, o que contrastava fortemente com o modelo de dominação espanhol. Enquanto o Brasil só produziria seus primeiros jornais e livros a partir de 1808, o México publicaria o primeiro livro já em 1549 (*Breve y más compendiosa doctrina christiana*) e seu primeiro jornal (*Gaceta del Mexico y noticias de nueva España*) em 1722.

A razão do atraso brasileiro era o medo de propagação entre as colônias portuguesas dos ideais da Revolução Francesa e da Independência americana. Mas o fato é que os primeiros sinais de insubordinação viriam com ou sem tipografia. Publicado na Inglaterra e trazido clandestinamente para o Brasil, o *Correio Braziliense* foi o maior exemplo da luta da colônia para driblar as imposições da metrópole.

Num contexto como esse, o primeiro jornal efetivamente produzido no país só surgiria por iniciativa oficial do Estado. Assim como o primeiro livro. Durante a fuga da corte portuguesa, foram embarcados para o Brasil dois prelos e 26 volumes de material tipográfico, comprados na Inglaterra para a Secretaria de Negócios Estrangeiros e da Guerra. Em 10 de setembro de 1808, três meses depois do primeiro número do *Correio Braziliense*, saiu a edição inaugural da *Gazeta do Rio de Janeiro*. O jornalismo passou a ser incentivado pela Coroa, para fazer a defesa do absolutismo e trazer notícias da Europa — com até seis meses de atraso, por causa das dificuldades de comunicação entre os dois continentes — aos aristocratas exilados. A *Gazeta do Rio de Janeiro* era uma versão adaptada da *Gazeta de Lisboa*, com quatro páginas no formato in-quarto, tão submissa ao poder que o próprio d. João VI lia os textos antes de serem impressos.

## GÊMEOS INCESTUOSOS

Livros e jornais nasceram praticamente juntos no Brasil, filhos do mesmo prelo. O primeiro livro publicado, *Observações sobre o comércio franco do Brasil*, sairia pela mesma editora da *Gazeta do Rio de Janeiro*, quase ao mesmo tempo que o jornal.

No ano seguinte, a Imprensa Régia publicaria o primeiro livro de poemas, *Marília de Dirceu*, de Tomás Antônio Gonzaga.

Entre a chegada da Corte, em 1808, e a Independência, em 1821, o Brasil viveu um período pouco fértil para a literatura, mas prolífico para o jornalismo. Especialmente com o fim do Conselho de Censura Prévia, multiplicaram-se os jornais, embora o mesmo não se possa dizer dos livros. Os dois únicos jornais com licença de impressão entre 1808 e 1820 — a *Gazeta do Rio de Janeiro* (1808-1820) e a *Idade d'Ouro do Brasil* (1814-1820) — foram obrigados a disputar leitores com folhas, gazetas, pasquins, periódicos de todos os tipos, que nasciam e morriam em poucos meses, com raras exceções, como *A Aurora Fluminense* (1827-1839) e o próprio *Correio Braziliense* (1808-1821). Embora o foco principal desses jornais fosse d. Pedro, já havia um público nascente, composto por fazendeiros, comerciantes, funcionários públicos, profissionais liberais e nobres. Nada grandioso. Para se ter idéia, em 1822, o diário *A Malagueta*, criado um ano antes, era o jornal de maior repercussão nacional e com o maior número de assinantes no Rio de Janeiro, quinhentas pessoas. O mercado para a literatura era ainda menor.

Num momento em que a Independência era o principal objetivo dos raros homens ilustrados, o escritor tinha um *status* inferior ao do jornalista. "O intelectual considerado como artista cede lugar ao intelectual considerado como pensador e mentor da sociedade, voltado para a aplicação prática de suas idéias", diz Antonio Candido.[7] Vivia-se a era dos jornalistas estadistas. Gente mais interessada em mudar os rumos do país com suas palavras do que fazer versos ou inventar romances. "O processo de Independência acentuou esse caráter missionário: o intelectual considerado como mentor da sociedade, voltado para a aplicação prática das idéias. A imprensa foi o meio privilegiado de sua ação", afirma Antonio Candido.[8] E para ela se voltam as penas mais hábeis, os melhores cérebros e os maiores esforços.

Um dos principais escritores jornalistas do período foi José Bonifácio de Andrada e Silva, o "Patriarca da Independência" e um dos políticos mais influentes do Império. José Bonifácio editou nove pequenos jornais e 32 panfletos políticos, de perfil conservador, além de um livro de poemas, sob pseudônimo, *Poesias de Américo Elísio*, publicado em 1825. Espécie de paramilitar do jornalismo, o diretor da Imprensa Régia — e mais tarde Inspetor dos Estabelecimentos Literários, responsável pela censura de todas as obras publicadas no país — editava seus jornais e panfletos mais amenos na tipografia oficial. Os outros, de uma agressividade ilimitada, eram publicados clandestinamente em tipografias particulares.

Exemplo de como essa virulência política podia ter lá sua poesia são os famosos versinhos com que Bonifácio destruiu seu desafeto, José da Silva Lisboa, o visconde de Cairu:

> *Fração de gente, charlatão idoso,*
> *Que abocanha no grego, inglês e hebraico,*
> *Mais sabe bem a língua de cabinda*
> *E o pátrio bororó e mais o moiro,*
> *Que escreve folhetos a milhares,*
> *Que ninguém lê, porque ninguém o entende,*
> *Por mais que lhe dê títulos diversos.*[9]

Se a sedução da política eclipsou sua acanhada musa — como o próprio José Bonifácio definiu o pendor literário que desenvolveu nas horas vagas por cerca de cinqüenta anos —, é preciso reconhecer em seus textos jornalísticos, como os reunidos em *Projetos para o Brasil*, um estilo que soube se manter saboroso até hoje. É notável o nível de elaboração de suas reflexões sobre literatura:

O forte é o produto do grande pelo terrível; e há mais facilidade em inventar coisas lindas do que fortes, porque a imaginação não tem tanto deleite e descanso — precisa convulsões —, necessita termos correspondentes, e frase própria, que exprima o conceito com clareza lacônica, e imagem adequada; grande sem inchação, viva sem doidice. Se as regras de retórica e poética formassem oradores e poetas faríamos versos como os caixeiros uma conta de soma; e os professores, que nunca pariram boa coisa, seriam os melhores compositores.[10]

Bonifácio não é um caso isolado. A poesia dessa fase tem uma qualidade muito inferior aos gêneros públicos como o ensaio e o jornalismo, usados como armas de guerra.

A fase neoclássica está indissoluvelmente ligada à Ilustração, ao filosofismo do século XVIII; e isto contribuiu para incutir e acentuar a vocação aplicada de nossos escritores, por vezes verdadeiros delegados da realidade junto à literatura. Se não decorreu daí realismo no alto sentido, decorreu certo imediatismo, que não raro confunde as letras com o padrão jornalístico; uma bateria de fogo rasante, cortando baixo as flores mais espigadas da imaginação. Não espanta que os autores brasileiros tenham pouco da gratuidade que dá asas à obra de arte; e, ao contrário, muito da fidelidade documentária ou sentimental, que vincula à experiência bruta.[11]

Se, num país sem letras, escritores que se dedicaram à causa pública, como Gregório de Matos e Tomás Antônio Gonzaga, podem ser considerados jornalistas *lato sensu*, jornalistas de pena hábil, como Hipólito da Costa, podem ser julgados escritores. Em *Formação da literatura brasileira*, Antonio Candido não se furta de fazer uma análise literária da obra dos principais jornalistas brasileiros do período. Para ele, o jornalismo que se faz até 1836, quando surgem as primeiras manifestações românticas, pode ser dividido em três ramos: ensaio, panfleto e artigo.

Hipólito da Costa teria sido o melhor representante do primeiro. A ele, o crítico reserva elogios que não ofereceu até então a nenhum escritor, no sentido estrito do termo, em seu estudo sobre os primórdios da literatura brasileira.

> Num livro de história literária, cabe não apenas como representante dum momento em que a literatura pública domina em qualidade e quantidade, mas como prosador de raça, como o primeiro brasileiro que usou uma prosa moderna, clara, vibrante e concisa, cheia de pensamento, tão despojada de elementos acessórios, que veio até nós intacta, fresca e bela, mais atual que a maioria da que nos legou o século XIX e o primeiro quarto deste. Como maior jornalista que o Brasil teve, o único cuja obra se lê toda hoje com interesse e proveito, foi um escritor e um homem de pensamento, exprimindo melhor que ninguém os temas centrais da nossa época das luzes.[12]

Também não perde a oportunidade de comparar o estilo de Hipólito da Costa ao de outro jornalista, Rui Barbosa, numa saborosa execração.

> Dele [Hipólito] provém um modo de pensar e escrever que, através dos grandes publicistas da Regência e do Segundo Reinado, contribuiu até os nossos dias para dar nervo e decoro à prosa brasileira, contrabalançando o estilo predominante que lhe corre paralelo e, definido naquele mesmo tempo pelos oradores sacros, veio contorcendo-se até a perigosa retoriquice dum Rui Barbosa.[13]

O segundo modelo apontado por Antonio Candido foi o panfletário, de Frei Caneca, que difere do de Hipólito da Costa por seu arrebatamento. Patriota radical e coerente até o fuzilamento, o religioso foi poeta ocasional e autor de *Cartas de Pítia a Damão*. Criador do *Tifis Pernambucano*, jornal que editou entre 1823 e 1824, redigindo ao todo 29 números, Frei Caneca influenciou profundamente a revolta armada de 1824. Literariamente falando, suas idéias podem ser "comuns do tempo, expressas sem maior personalidade".[14] Mas...

> [...] o sangue quente de suas veias parecia comunicar-se à pena e fazê-la vibrar segundo o mesmo ritmo apaixonado. A idéia aparece como pulsação, e os batimentos da frase ora surgem picados pelo tumulto do arranco polêmico, ora se espraiam em compasso largo de ironia. Cada palavra é vivida, os conceitos caem na página como algo visceral, e tanto o seu riso quanto a sua cólera, enlaçando-se em cadências variadas, dão lugar a uma das expressões mais saborosas do nosso jornalismo, redimindo o lugar-comum, vivificando os torneios sediços, lançando-se a ousadias de metáfora e sintaxe [...] vai a extremos de irreverência, misturada a arroubos poéticos e a um nacionalismo pitoresco, análogo ao que os modernistas utilizarão, cem anos mais tarde.[15]

Já Evaristo da Veiga, exemplo de um terceiro estilo de texto e também poeta bissexto, jamais teria sido um pensador, como Hipólito da Costa, nem um autor visceral, como Frei Caneca. "Faltava-lhe, em comparação a ambos, energia de sentimento e energia de pensamento. Todavia, foi, mais do que eles, jornalista no sentido moderno."[16] No influente *A Aurora Fluminense*, editado por Evaristo, o forte não eram os ensaios, como nos outros jornais, mas notas e textos informativos. Como bom jornalista, seu estilo "é fácil e correto, abandonando poucas vezes o tom de serenidade, objetivo e simples. O seu período tende à largueza, como era comum no tempo, e quando o ardor da argumentação o empolga chega a ser muito extenso, cortado de subordinadas sem perder a clareza e o fio".[17] Já como escritor... Da obra do autor da letra do primeiro hino nacional brasileiro — começada aos treze anos e abandonada 263 poemas depois (sintomaticamente dois meses antes de sair o primeiro número de *A Aurora Fluminense*, em 21 de dezembro de 1827) —, diz Antonio Candido: "É difícil encontrar maior coleção de versos razoavelmente metrificados tão fora da poesia. Lê-los é experimentar a que ponto vai a força anuladora da rotina, mesmo em homens de talento".[18] Os três estilos jornalísticos mais se complementam do que concorrem.

> Se [...] imaginarmos a pena como algo orgânico do escritor, fazendo parte do seu corpo e prolongando no contato com a página o ritmo da sua vida, diremos, à maneira simbólica de Roland Barthes, que o de Hipólito da Costa é estilo-encefálico, o de Frei Caneca um estilo-sangue, o de Evaristo um estilo-linfa. Necessário à vida, mas pálido, evocando idéias de serenidade e mediania.[19]

Alfredo Bosi também não deixa de incluir o jornalismo em sua *História concisa da literatura brasileira*, chamando a atenção para o fato de Hipólito ter passado boa parte da vida na Inglaterra, em contato com uma cultura política mais complexa do que a de Evaristo, o que explicaria a diferença de densidade entre um estilo e outro. "A prosa de Hipólito é a do ensaísmo ilustrado. A de Evaristo cinge-se à crônica política que tempera como pode as reações ao imprevisto. Mas uma e outra foram indispensáveis à formação de um público ledor em um país que mal nascera para a vida pública."[20]

Como principal gênero literário do século XIX, o jornalismo político abriu espaço para o primeiro contato do escritor brasileiro com seus leitores, criando uma mediação entre a língua falada nas ruas e a dos clássicos da cultura européia. O problema, entretanto, é que a militância intelectual, girando em torno dos gêneros públicos, como do auditório, do palanque e do púlpito, não formou exatamente um público de leitores, mas, sim, como sugere Bosi, de auditores. O que responde, em parte, à sua pergunta sobre o porquê de tanta má literatura no período.

> Quando consideramos a literatura no Brasil, vemos que a sua orientação dependeu em parte dos públicos disponíveis nas várias fases, a começar pelos catecúmenos, estímulo dos autos de Anchieta, a eles ajustados e sobre eles atuando como lição de vida e concepção de mundo. Vemos em seguida que durante cerca de dois séculos, pouco mais pouco menos, os públicos normais da literatura foram aqui os auditórios — de igreja, academia, comemoração. O escritor não existia enquanto papel social definido; vicejava como atividade marginal de outras, mais requeridas pela sociedade pouco diferenciada.[21]

Certamente, o intelectual era ouvido. Mas muito pouco lido, contentando-se com seu prestígio social, distinção inquestionável num país onde a dificuldade de instrução era enorme e os livros, raros. E desse reconhecimento social vinham os cargos e os mandatos. Para os homens letrados chamados a tomar as rédeas da nação, a literatura não passava mesmo de uma "acanhada musa", tão luxuriosa e supérflua que os que a ela dedicavam seus louvores preferiam fazê-lo sob pseudônimo, como José Bonifácio. Sem o valor artístico que mais tarde lhe seria atribuído...

> [...] quase sempre [o grupo literário] produziu literatura como a produziriam leigos inteligentes, pois quase sempre a sua atividade se elaborou à margem de outras, com as quais a sociedade o retribuía. Papel social reconhecido ao escritor, mas pouca remune-

ração para o seu exercício específico; público receptivo, mas restrito e pouco refinado. Conseqüência: literatura acessível mas pouco difundida, consciência grupal do artista, mas pouco refinamento artesanal.[22]

Num contexto como esse, a profissionalização do escritor era uma meta inconcebível. Assim como a do jornalista, que mais se parecia com um político em campanha. Na era pré-industrial, em que pasquins nasciam e morriam conforme os interesses de seus redatores, ainda não era norma para um escritor alugar sua pena.

## UM LONGO NAMORO

Foi apenas em 1836 que o jornal realmente descobriu a literatura. Nem tanto através da crítica, que nesse mesmo ano começava de forma pioneira por revistas literárias como a *Nictheroy*, ou da publicação de um eventual poema inédito nas páginas sempre receptivas de *A Aurora Fluminense*.[23] Nesse ano, o francês Émile Girardin fez uma experiência inovadora: pediu a alguns romancistas que escrevessem histórias para serem publicadas em capítulos no jornal *La Presse*. Sem querer, Girardin provocaria uma revolução editorial. Com o folhetim, o jornal encontrou na literatura um multiplicador de vendas. Em um ano, a tiragem de La Presse pulou de 70 mil para 200 mil exemplares. E seu exemplo seria copiado por inúmeros jornais em todo o mundo.

A febre do folhetim não tardou a contaminar a imprensa brasileira. Menos de dois anos depois de surgir na França, um folhetim — *O capitão Paulo*, de Alexandre Dumas — foi traduzido e publicado no *Jornal do Commércio*. Os escritores nacionais logo iriam seguir o exemplo de pioneiros, como João Manuel Pereira da Silva, que viria a ser um dos fundadores da Academia

Brasileira de Letras. Vindo de Paris, onde escreveria para a *Nictheroy* um dos primeiros artigos sobre os fundamentos da crítica literária romântica, Pereira da Silva acabaria se dedicando ao jornalismo político (mais tarde chegaria a deputado e senador) em órgãos de imprensa como o *Jornal dos Debates, Jornal do Commércio* e *O Cronista*. O interesse pela política, no entanto, não o impediu de publicar nos jornais obras de ficção como *O aniversário de Dom Miguel em 1828*, escrito apenas um ano depois de a moda do folhetim ter chegado ao Brasil.

Entre os precursores, encontra-se ainda Justiniano José da Rocha, que, apesar de ser de família humilde e mulato, estudou em Paris e ocupou cargos importantes no Segundo Reinado. Foi deputado três vezes, professor do Colégio Pedro ii e da Escola Militar. Justiniano escreveu sobre política para *O Cronista, O Regenerador* e o *Jornal do Commércio*, entre outros órgãos de imprensa, além de ensaios críticos para a revista da Sociedade Filomática, precursora do romantismo, em que já apelava para uma literatura nacional, livre da imitação dos clássicos e fiel à realidade local. Justiniano também escreveu contos e novelas. Com *Os assassinos misteriosos ou a paixão dos diamantes*, estreou no romance-folhetim em 1839. No entanto, segundo o escritor, a história era uma tradução livre de um livro francês. Ele mesmo o revela, depois de fazer um pouco de suspense: "Será traduzida, será imitada, será original a novela que ofereço, leitor benévolo? Nem eu mesmo que a fiz vo-lo posso dizer".[24]

Dois autores que, na posteridade, iriam brigar pela honra de terem escrito "o primeiro romance da literatura brasileira", Antonio Gonçalves Teixeira e Sousa (*O filho do pescador*, de 1843) e Joaquim Manuel de Macedo (*A moreninha*, de 1844) também tiveram passagem pelo jornalismo e pelo folhetim. Nessa época, a imprensa já começa a se tornar um espaço de profissionalização e inserção social para literatos pobres. Se essa não foi a história de Joaquim Manuel de Macedo, médico, professor dos filhos da princesa Isabel, e várias vezes deputado — além de fundador da revista *Guanabara* e redator de *A nação* e do *Correio Mercantil*, onde posteriormente trabalharia José de Alencar —, certamente foi a de Teixeira e Souza, o "Camões africano", e de vários outros que ingressariam no mercado editorial pela porta dos fundos da tipografia.[25] Carpinteiro, tipógrafo, caixeiro da livraria de Paula Brito, revisor de provas, jornalista, folhetinista, chegaria a abrir uma oficina tipográfica e uma loja de objetos de escritório. Falido, conseguiu ainda alguns empregos com os poderosos da época, e terminou a vida como escrivão, em 1861, exatas quatro décadas antes de Lima Barreto contar a história de um jovem negro e talentoso que conhece as ilusões e desilusões do jornalismo e acaba a vida encerrado no mesmo cargo do serviço público em *Recordações do escrivão Isaías Caminha*.

Os jornalistas escritores Teixeira e Sousa e Joaquim Manuel de Macedo são testemunhas de um momento em que os folhetins começaram a formar o público para a ficção nacional e para os jornais. Encantados com o poder de penetração da imprensa num país de poucos leitores e parcas livrarias, praticamente todos os grandes escritores brasileiros do final do século xix e do início do século xx iriam publicar seus romances primeiro no jornal, como José de Alencar e Machado de Assis.

Os folhetins encontraram um terreno propício no Brasil porque o perfil da imprensa mudou completamente a partir de 1840. Após o golpe da maioridade de d. Pedro ii, os jornais panfletários e os pasquins políticos que proliferaram desde a volta de d. João vi a Portugal cederam lugar a uma imprensa menos belicosa. E o jornalista revolucionário ao novo homem de letras. Segundo Nelson Werneck Sodré, "na fase anterior, essa não era a regra: Cipriano Barata, Borges da Fonseca não eram homem de letras, a rigor, mas tão-somente jornalistas. Mais ainda os panfletários e os pasquineiros. Não havia, então nos jornais, espaço para as letras".[26]

Como sede do Império, o Rio de Janeiro passou a contar com tipografias, livrarias, bibliotecas e escolas. Quando, em 1854, José de Alencar ingressou no *Diário do Rio de Janeiro*, passando logo depois para o *Correio Mercantil* (onde o rapaz de 25 anos ficou responsável pela seção forense e pelo rodapé dominical), o jornalismo já era a opção preferida dos aspirantes a escritor, como Bernardo Guimarães (o autor de *A escrava Isaura*) e Manuel Antônio de Almeida, dispostos a usar seu espaço na mídia como vitrine, quando não como trampolim para maiores saltos.

Disposto a fazer carreira, depois de uma rápida passada pelo *Jornal do Commércio*, Alencar foi contratado como gerente redator do *Diário do Rio de Janeiro*, ainda em 1855. O escritor usaria a visibilidade oferecida pelo jornal de grande prestígio para se legitimar social e intelectualmente. Foi lá que, na histórica batalha crítico-literária sobre *A confederação dos tamoios*, Alencar enfrentou, num lance ousado, o maior medalhão da época, o poeta Gonçalves de Magalhães e o próprio imperador, patrocinador do livro. Protegido pelo cargo de direção, em 1856, Alencar publicou uma série de oito cartas, desancando o grande poema e, de quebra, o esquema de mecenato dos românticos da primeira geração. A estratégia é analisada por João Cezar de Castro Rocha:

> Como enunciar com naturalidade o que hoje denuncia uma óbvia estratégia de inserção social? O escritor-intelectual forçando seu ingresso no meio social-acadêmico por meio de polêmicas e de seu recorrente arsenal: frases dedo-em-riste, juízos definitivos, citações de efeito. Não é uma sabedoria anciã que na guerra todos os recursos são válidos? Adquirir direito à voz em sociedade caracterizada pela instabilidade do espaço público recorda a atmosfera de verdadeiras batalhas.[27]

É preciso reconhecer que Alencar tirou da briga muito mais do que um reles "alpinista" intelectual conseguiria. O jornalista daria a chave para o escritor. A discussão o obrigou a pôr no papel jornal seu próprio projeto nacionalista de literatura, que não se daria pela poesia, mas pela prosa. E não por meio do mecenato, mas de um projeto de literatura popular.

Beneficiado pela onda do folhetim, desde o sucesso inesperado de *Cinco minutos*, escrito com funções puramente mercantis (para servir de brinde de fim de ano aos assinantes do *Diário do Rio de Janeiro*, em 1856), Alencar deu início, no ano seguinte, a sua arrancada literária, escrevendo dois romances (entre eles *O guarani*), também publicados em forma de folhetim, e três peças de teatro. Tudo isso sem deixar suas funções executivas no jornal. Não abandonaria a imprensa nem ao entrar na política, fundando dois jornais. Como principal autor do romantismo, José de Alencar faria todo o trajeto descrito por Silvio Romero, em seu *Compêndio de literatura brasileira*: "No Brasil, mais ainda que noutros países, a literatura conduz ao jornalismo e este à política".[28]

Mas pagaria um preço pela popularidade alcançada: o desprezo da crítica, da qual reclama o total silêncio quanto ao primeiro livro e, mais ainda, após o lançamento de *O guarani*. Se, por causa do desdém da roda literária, o livro caiu nas pocilgas dos alfarrabistas, *O guarani* foi um sucesso quando publicado em folhetim, o que diz muito sobre os hábitos de leitura no Brasil do Segundo Reinado. Manuel Antônio de Almeida reclamaria do mesmo fenômeno. Quando publicou *Memórias de um sargento de milícias* em folhetim, entre 1852 e 1853, foi bem-sucedido. Mas o mesmo texto lançado em livro, em 1854, foi um fracasso de vendas.

Cada capítulo desses folhetins era aguardado como se fosse uma telenovela de sucesso nos dias de hoje. O Rio de Janeiro, em peso, lia *O guarani* e seguia comovido e enlevado os amores de Ceci e Peri. O boca-a-boca ultrapassou até as fronteiras do estado, segundo Affonso de Taunay.

Quando a São Paulo chegava o correio, com muitos dias de intervalo, então, reuniam-se muitos estudantes, numa república em que houvesse qualquer feliz assinante do *Diário do Rio de Janeiro*, para ouvir, absortos e sacudidos por elétrico frêmito, a leitura feita em voz alta, por algum deles que tivesse órgão mais forte. E o jornal era depois disputado com impaciência e pelas ruas se viam agrupamentos em torno dos fumegantes lampiões da iluminação pública de outrora — ainda ouvintes para cercarem, ávidos, qualquer improvisado leitor.[29]

Também Machado de Assis conquistou nas páginas dos jornais seus futuros leitores. *A mão e a luva, Helena* e *Iaiá Garcia* foram serializados em jornais. No entanto, se a imprensa a médio prazo trouxe leitores para os romancistas, também manchou a prosa de ficção com as tintas do preconceito contra toda e qualquer arte popular. O maior pecado do folhetim foi inverter os terrenos previamente delimitados para a literatura e para o jornalismo, em que à primeira caberia a arte desinteressada e casta, ao segundo, a comercialização da palavra.

# 11. Fronteiras cruzadas

*Ninguém faz nada se se divide entre dois senhores.*

Guimarães Rosa a Otto Lara Resende

Ao dividir os mesmos autores e as mesmas páginas, desde o início de seu casamento jornalismo e literatura geraram híbridos. Um dos melhores exemplos é *O subterrâneo do Morro do Castelo*, de Lima Barreto. Misto de reportagem e folhetim, a história explora a descoberta, por operários que preparavam o terreno para a criação da avenida Central, pilar do projeto de modernização da cidade empreendido por Pereira Passos, de uma suposta galeria secreta no Morro do Castelo. Publicado originalmente em 1905, sem assinatura, no jornal *Correio da Manhã*, cujos bastidores Lima Barreto expôs sem dó nem piedade em *Recordações do escrivão Isaías Caminha*, o folhetim só seria editado em forma de livro 92 anos depois.[1]

Lima mistura uma história de amor, *D. Garça*, cujos manuscritos estão guardados na Biblioteca Nacional, com uma suposta reportagem sobre as escavações. A trama de *D. Garça* era passada em 1709, durante a invasão do Rio de Janeiro por piratas franceses, e tinha ingredientes que faziam a festa do folhetim, como paixões proibidas, padres pecaminosos, o rapto de uma linda condessa italiana e a lenda de um tesouro que os jesuítas teriam escondido sob as fundações de seu convento, para protegê-lo de um eventual confisco durante a expulsão da ordem do Brasil, determinada pelo marquês de Pombal.

O folhetim é propositalmente mesclado a um relato jornalístico, descrevendo como sucessivas escavações em busca dos objetos em ouro e em prata, moedas e uma grande biblioteca deram em nada. Até que um trabalhador, ao abrir caminho para a avenida Central, hoje Rio Branco, deparou com a entrada de uma grande galeria, de 1,60 metro de altura por meio metro de largura. O repórter vai até o local para checar.

Sem se furtar a usar a primeira pessoa, suas descrições assemelham-se muito às de João do Rio em *A alma encantadora das ruas* ou às de Benjamin Costallat em *Mistérios do Rio*. Também Lima Barreto deixou, com esse folhetim-reportagem, seu registro da transformação da cidade colonial num projeto de Paris tupiniquim. Personagens fictícios se misturam a fidedignos, como Lauro Müller, Paulo de Frontin, Rodrigues Alves e Souza Aguiar, numa ação que vai e volta no tempo, antecipando procedimentos típicos da literatura pós-moderna. Eventualmente a narrativa é interrompida com ordens ao revisor e até uma palpitante carta de leitor, capaz de causar uma reviravolta na trama.

Justamente por não ser um gênero preciso nem literariamente nobre, o folhetim "certamente encorajou os jovens jornalistas folhetinistas patrícios a não se acanharem diante da palavra escrita", ampliando seus recursos e sua capacidade de prender a atenção do leitor, acredita Marlyse Meyer.[2] Ele teria um papel de fundamental importância para o nascimento e desenvolvimento do romance no Brasil. "De um modo geral, o território livre do folhetim na nossa ainda balbuciante cultura vai ajudar a dar forma a esse balbucio, a soltar a língua e obrigando precisamente a não ficar só de olho em Paris, mas também baixá-lo para ver e daí falar do que vai por aqui."[3] E, de quebra, criou as condições para a expansão da produção e consumo da literatura.

Quando arte e mercado se misturam, entretanto, ocorrem grandes mudanças nas condições de produção e comercialização do trabalho literário, que passa a se guiar pelos imperativos da demanda. Ainda que grandes escritores, como Balzac, Flaubert, Dickens e Dostoiévski, para não falar nos brasileiros José de Alencar e Machado de Assis, tenham publicado obras-primas em forma de folhetim, o gênero ficou rotulado como subliteratura, por sua relação intrínseca com a nascente indústria cultural. Segundo Muniz Sodré:

> O produtor da mercadoria cultural não busca, como o produtor da obra burguesa elitista a aristocrática consagração de seus pares. Mesmo que o indivíduo criador, o autor, deseje consagrar-se, a produção é agora progressivamente coletiva e guiada primordialmente pelas leis do mercado. O produto destina-se a coincidir com a própria expressão do desejo público, para permitir a completa realização do valor do capital.[4]

Híbrido por natureza, o folhetim não seguia um modelo, mas vários: o romance em folhetim, capaz de manter sua integridade literária quando reunido em livro; o mirabolante folhetim folhetinesco, uma obra aberta cujas soluções oscilavam ao gosto do leitor; além do ensaio, da crítica e da crônica. O conceito de folhetim muda de sentido ao longo do tempo e até na obra de um mesmo autor, tornando difícil sua definição em regras rígidas, como, por exemplo, ficção e não-ficção.

O que se pode dizer com certeza é que originalmente a palavra *feuilleton* se refere não a um estilo, mas a um espaço geográfico preciso, o rodapé do jornal, quase sempre na primeira página. Cabia de tudo neste espaço, também chamado de *variétés*: piadas, histórias de crimes e suicídios, charadas, receitas de cozinha, críticas de livros e peças de teatro, narrativas que, se ultrapassavam o espaço da coluna, eram publicadas em série. O modelo de folhetim ficcional, que se firma a partir de 1836, acabaria deslocando a seção de variedades para as páginas internas.

Mesmo nobre, o espaço seria pequeno para contar uma história com início, meio e fim. Para manter a fórmula do "continua amanhã", os escritores precisaram mais do que retalhar romances. Foi necessário criar ganchos, suspense, redundâncias para atualizar a memória do leitor distraído ou não deixar os novos confusos, personagens fortes e, mais do que tudo, uma obra aberta capaz de ser encurtada ou espichada, modificada segundo o maior ou menor interesse do público. "Brotou assim, de puras necessidades jornalísticas, uma nova forma de ficção, um gênero novo de romance: o indigitado, nefando, perigoso, o muito amado, o indispensável folhetim folhetinesco."[5] Os críticos odiaram. Os leitores adoraram.

De olho no sucesso de público, praticamente todos os escritores do final do século xix e do início do xx passam a fatiar seus romances em forma de folhetim nos jornais e nas revistas ilustradas.

Se é difícil definir o folhetim, que dirá seu autor. Para Machado de Assis, se "o folhetim nasceu do jornal, o folhetinista por conseqüência do jornalista".[6]

Esta íntima afinidade é que desenha as saliências fisionômicas da moderna criação. O folhetinista é a fusão agradável do útil e do fútil, o parto curioso e singular do sério, consorciado com o frívolo. Estes dois elementos, arredados como pólos, heterogêneos como água e fogo, casam-se perfeitamente na organização do novo animal.[7]

## FOLHETIM E SENSACIONALISMO

O novo animal teria vida relativamente longa. Só em meados do século xx, com a radical expulsão da literatura das páginas dos jornais, ele se tornaria uma espécie em extinção. Embora várias tentativas de reavivar o gênero tenham sido feitas posteriormente, coube a Nelson Rodrigues o título de último grande folhetinista brasileiro. Sem atentar para os limites entre os dois tipos de texto, o escritor é provavelmente o melhor exemplo de contaminação entre jornalismo e ficção. Nos 68 anos em que viveu, Nelson Rodrigues escreveu dezessete peças de teatro, oito folhetins e apenas um romance propriamente dito. Nas cinco décadas em que freqüentou as redações, acompanhou de perto a substituição do jornalismo político pela imprensa sensacionalista, sua derrocada em nome da objetividade, a crescente influência do rádio, da tv, do cinema. A censura do Estado Novo e da ditadura militar. O nascimento de *O Globo* e da tv Globo, a explosão e a decadência dos Diários Associados e da revista *O Cruzeiro*, as pressões políticas que levaram à criação e à crise do jornal *Última Hora*. E ainda teve tempo para inserir seu nome como autor na história da literatura, do teatro, da tv e do cinema brasileiros.

É o autor nacional que mais teve textos transformados em filmes: *Meu destino é pecar, Boca de ouro, Bonitinha, mas ordinária*, o premiado *A falecida, Asfalto selvagem, A dama do lotação, Toda nudez será castigada, O casamento*, além de episódios de A Vida Como Ela É..., como "Traição" e "Gêmeas". Também escreveu telenovelas — *A morta sem espelho, Sonho de amor* (anunciada como uma adaptação de *O tronco do ipê*, de José de Alencar, para driblar a censura) e *O desconhecido*. O personagem Nelson Rodrigues faria ainda quatro aparições semanais na TV Globo, no quadro A Cabra Vadia. Na hilariante seção do programa *Noite de Gala*, havia uma cabra de verdade, que testemunhava suas entrevistas (a cabra começara como um personagem em prosa da coluna À Sombra das Chuteiras Imortais). A TV, o teatro e o cinema tornaram Nelson ainda mais popular.

Foi o jornal, porém, que projetou seu nome. Mais especificamente um tipo de jornalismo que não temia cruzar as fronteiras da ficção. Para Nelson Rodrigues, elas eram quase inexistentes. "Eu não via nenhuma dessemelhança entre literatura e jornalismo. Já ao escrever o primeiro atropelamento, me comovi como se fosse a minha estréia literária", dizia.[8] O atropelamento também faria parte de sua estréia no teatro, com *Vestido de noiva*. A peça que revolucionou o teatro brasileiro em 1943 levou apenas seis dias para ser escrita, boa parte na redação de *O Globo Juvenil*, onde Nelson e Antonio Callado, entre outras coisas, traduziam balões de história em quadrinhos.[9] A reportagem sobre esse primeiro atropelamento, de 1925, quando Nelson tinha treze anos, exigiu não dias, mas várias horas de concentração. "Eu me torturei como um Flaubert fazendo uma linha de *Salambô*", recordava o escritor, confessando a tentação de acrescentar elementos ficcionais — uma vela e uma senhora de preto — na nota.[10]

> Faltava muito pouco para concluir a notícia. Bastava um empurrão e pronto. Mas comecei a duvidar de mim mesmo. Mais tarde, fazendo meus textos teatrais, sentiria, por vezes, o mesmíssimo medo de trair uma rotina sagrada. E terminei limpa e honradamente assim: "o *chauffeur* fugiu". Foi esta a minha primeira pusilanimidade de ficcionista.[11]

Nas reportagens seguintes, o redator mostrou que era capaz de inventar histórias mirabolantes a partir de um único telefonema a uma delegacia. Sua imaginação criava diálogos, cenários, tramas. Sua especialidade era macabra: os pactos de morte entre namorados, os únicos crimes que faziam Nelson sair da redação para apurar *in loco*. Ele defenderia o sensacionalismo até o fim da vida.

> Via de regra, o nosso jornal moderno tem pudor de valorizar e dramatizar o crime passional (fora os casos já referidos de *O Dia* e da *Luta Democrática*). Marido que mata mulher, ou mulher que mata marido, é tratado sem nenhum patético, em forma de pura, sucinta e objetiva informação. (O *Jornal do Brasil* vai mais longe. Ignora qualquer modalidade de crime e de criminoso. Os atropelados, os esfaqueados, os enforcados, que comprem outros jornais. O *do Brasil* não lhes dará a mínima cobertura).[12]

O jornalismo sensacionalista foi introduzido nos Estados Unidos por Joseph Pulitzer, que em 1883 comprou o *World*, e por William Randolph Heast, quando se tornou o dono do *New York Journal* em 1895. Ao se esvaziar a ênfase política que a tinha guiado até o século XIX, a imprensa teve que conquistar o público de outra maneira. E descobriu que poderia atrair o mesmo segmento interessado nos folhetins, falando de crimes e escândalos que despertassem emoções fortes. Os *faits-divers* gradativamente foram ganhando importância até chegarem às manchetes dos jornais. Segundo Muniz Sodré:

> O *faits-divers* espreita sempre a notícia, na medida em que esta é suscetível de moldagem pelo imaginário. Além disso, toda e qualquer notícia contém potencialmente uma narrativa, cujo esquema é claramente retórico. Vêm do *Manual de retórica* de Quinti-

liano, datado de 2 mil anos atrás, as perguntas essenciais *quis, ubi, quibus, auxiliis, cur, quomodo, quando*.[13]

Não admira que o personagem do folhetim e o da reportagem sensacionalista sejam, de certa forma, aparentados. Os dois gêneros tratam de assuntos perturbadores, descritos num estilo dramático, com explícita intenção de chocar, assustar, excitar, colocar o leitor em suspense. Em qualquer lugar do mundo, o jornalismo sensacionalista é essencialmente narrativo: "ele conta uma história e, quanto mais lúbrica e fora do normal, melhor".[14]

A promiscuidade entre a imprensa sensacionalista e o folhetim provocou uma contaminação entre os campos literário e jornalístico, que, se manchou suas reputações, também ampliou repertórios expressivos de ambos os lados, como bem percebeu Nelson Rodrigues.

Com seu mix de notícias e entretenimento, o sensacionalismo revolucionou a imprensa, dando início, no começo do século xx, ao que se convencionou chamar de "a era do repórter".[15] Sensacionalista já era o tom das reportagens de João do Rio, em *As religiões do Rio*, ou de Benjamin Costallat ao descrever uma casa de ópio em *Mistérios do Rio*, inspirado numa série do folhetinista francês Eugène Sue, *Mistérios de Paris*. No Brasil, na França ou nos Estados Unidos, "os repórteres tornaram-se conhecidos por suas matérias, mas também por se tornarem, em muito casos, atores dos dramas que reportavam".[16]

O repórter policial passou a ser uma das estrelas da redação, só perdendo em prestígio para o redator de política. Mas Nelson Rodrigues tinha um segundo motivo para se interessar pela área de polícia: como ele mesmo dizia, com um ano no *métier*, o repórter adquiria uma "experiência shakespeariana".[17] Lá, podia exercitar livremente seus dotes de ficcionista e dramaturgo. Para Aníbal González:

244

Devido a seu interesse nos indivíduos e como eles reagem a experiências que mudam completamente suas vidas, o jornalismo sensacionalista tende a ver os eventos de uma forma marcadamente teatral, e sua retórica é a mesma do melodrama. De fato, o sensacionalismo pode ser definido com a fusão do melodrama com o factual. Os acontecimentos escandalosos e crimes sangrentos que usualmente reporta são enquadrados num contexto moralizador, numa tentativa, eventualmente crua, de explorar os meandros da alma humana. Sensacionalismo é praticamente impensável sem algum tipo de psicologia implícita, de curiosidade sobre como as pessoas agem ou reagem de dadas formas em contextos específicos. Sua exploração de motivos e de *plots* (em todos os sentidos do termo) tem, sem dúvida, muito em comum com a narrativa ficcional.[18]

Jornalistas sensacionalistas davam ótimos folhetinistas, logo os donos de jornal perceberiam. Quando algum órgão de imprensa precisava aumentar a tiragem, apelava para uma história, de preferência traduzida da França ou dos Estados Unidos. Era o caso de *O Jornal*, que já tinha sido o carro-chefe dos Diários Associados, mas que, em 1944, vendia pouco mais de 3 mil exemplares por dia. Nelson Rodrigues, sabendo que havia interesse do jornal por comprar um folhetim, ofereceu-se para produzir um: *Meu destino é pecar*. Com a única condição de que não assinasse o verdadeiro nome. O pseudônimo escolhido foi Suzana Flag.

Os capítulos de *Meu destino é pecar* eram escritos na redação mesmo. Cerca de catorze laudas por dia, datilografadas com apenas dois dedos. O folhetim ocupava uma página no diário, que viu sua tiragem pular de 3 mil para 30 mil exemplares. Logo sairia em livro, um fenômeno editorial que vendeu 50 mil exemplares em três meses. Dois anos depois, chegaria a 300 mil exemplares vendidos. Embora quase toda a imprensa carioca soubesse que era Nelson o autor do *best-seller*, o escritor não levava o folhetim a sério. Tanto que, quando via que amigos como Millôr Fernandes escreviam frases inteiras em sua lauda quando levantava da mesa, apenas dava um sorriso e continuava do ponto em que o intruso tinha parado.

No mesmo ano, Suzana Flag/Nelson Rodrigues começou outro folhetim, *Escravas do amor*, republicado em todos os jornais dos Diários Associados. O êxito em livro também foi retumbante. Suzana chegou a ganhar uma autobiografia, *Minha vida*, um dramalhão que vendeu horrores em 1946. Mas os amigos intelectuais, como Raimundo Magalhães Jr., já protestavam contra a dissipação de um talento dramático em folhetins rocambolescos.

Nem assim Nelson Rodrigues sossegou. Em 1948, lançou mais um dramalhão de Suzana Flag, *Núpcias de fogo*. Quando mudou-se para o *Diário da Noite*, Nelson trocou Flag por Myrna, que produziu apenas um folhetim, *A mulher que amou demais*. Depois disso, ganhou uma coluna de correio sentimental. Na *Última Hora*, para onde foi três anos depois, Nelson assumiu a coluna de crônicas A Vida Como Ela É..., teoricamente baseada em fatos reais. E inventou tudo, ou quase tudo.


## A CRÔNICA DO RODAPÉ AO ALTO DA PÁGINA

Ao longo da história, muitas vezes o folhetinista se confundiu com o cronista. Também a crônica é um gênero *borderline*, oscilando entre a imaginação e a realidade, o jornalismo e a literatura, língua culta e coloquial. Originalmente, crônica era a narrativa dos fatos de acordo com a ordem temporal, registrando os eventos que marcaram uma época. O sentido da palavra era pôr em ordem cronológica.

A crônica, pela própria etimologia — *chronos*/crônica — é um gênero colado ao tempo. Se em sua acepção original, aquela da linhagem dos cronistas coloniais, ela pretende-se registro ou narração dos fatos em sua ordenação cronológica, tal como estes pretensamente ocorreram de fato, na virada do século xix para o século xx, sem perder seu caráter de narrativa e registro, incorpora uma qualidade moderna: a do lugar reconhecido à subjetividade do narrador.[19]

Em 1828, o jornal *Espelho Diamantino* lançou no Brasil a idéia de que todo jornal deveria contar com um observador de costumes, que registrasse o que visse e ouvisse em suas andanças pelas ruas da cidade. Esse *flâneur* dá o primeiro passo do que se convencionaria chamar de crônica de costumes.[20] A representação satírico-moralista dos tipos e hábitos do cotidiano brasileiro ganharia impulso mais adiante, com os textos do padre Lopes Gama em *O Carapuceiro*, a partir de 1832; de Martins Pena no *Correio da Moda*, em 1839; e de Josino do Nascimento Silva em *O Cronista*, em 1837. Mas vai se firmar mesmo é na segunda metade do século xix, com a fundamental participação de escritores jornalistas do porte de Joaquim Manuel de Macedo e José de Alencar, que deram início a uma raça de "cães vadios, livres farejadores do cotidiano, batizados com outro nome vale-tudo: crônica".[21]

A esses vira-latas exigia-se um talento, ou melhor, um foco especial. "Eu gosto de catar o mínimo e o escondido. Onde ninguém mete o nariz, aí entra o meu, com a curiosidade estreita e aguda que descobre o encoberto", comentou Machado de Assis, na coluna A Semana, na *Gazeta de Notícias*, em 1897. "A vantagem dos míopes é enxergar onde as grandes vistas não pegam."[22]

Em suas crônicas, percebe-se claramente que Machado, no jornal, "antecipa procedimentos que utilizará mais tarde como escritor, como o apelo a um narrador não confiável e o constante diálogo com o leitor".[23] Como para muitos escritores antes e depois dele, a crônica funcionou como um "laboratório de ficção", explica Lucia Granja em *Machado de Assis: escritor em formação*. No entanto, a idéia da literatura como exercício prático contraria o mito do escritor como talento nato. Seria a literatura uma técnica passível de ser aprendida, como o jornalismo?

Novamente, o caso de Machado de Assis é exemplar. Sua estréia em livro aconteceu em 1864, com os poemas de *Crisálidas*, seguidos pelo romance *Ressurreição*. Sobre as primeiras obras de ficção, que incluem ainda *Contos fluminenses* e *Histórias da meia-noite*, Lúcia Miguel Pereira observa que soavam inconsistentes e falsas. Na sua opinião, Machado "fiou-se inteiramente na fantasia e por isso falhou".[24] Para evoluir, teria sido fundamental para o escritor o trabalho na imprensa. Segundo José Aderaldo Castello:

> Para o romancista, sem dúvida, o maior campo de experiência reflexiva foi a crônica. De variada matéria, estendeu-se por toda a atividade do escritor. Fez o registro do cotidiano observado e informado de diferentes maneiras, nos limites da vida no Rio de Janeiro — mundanismo, vida artística, política nacional representada por deputados, senadores, ministros — até outros fatos em âmbito nacional e mundial. Acumulou dados diversos, associados, para a procura de um denominador comum. E o cronista extrairia do gênero, em que se tornou mestre, sugestões e situações decisivas para a ficção. Aperfeiçoaria uma linguagem inconfundível, de tal maneira, como já o dissemos, que muitas páginas de romances e contos tiveram nas crônicas a primeira forma de tratamento. Por outro lado, a crítica cultivada durante a primeira fase de formação literária daria a Machado de Assis o testemunho seguro das mudanças e inovações do Romantismo ao Realismo e Parnasianismo. Como experiência e orientação, revela segurança, preparo e imparcialidade, enquanto, pelo exercício dessa atividade, se tornaria severo observador e aperfeiçoador de si mesmo.[25]

Certamente Machado tinha consciência de pelo menos uma vantagem da crônica — não pretender ser literatura — quando propôs, numa coluna de agosto de 1878: "Sobretudo, aproveitemos a ocasião, que é única; deixemos hoje as unturas dos estilos; demos a engomar os punhos literários; falemos à fresca, de paletó branco e chinelas de tapete".[26] Esse tom despretensioso, que sempre caracterizou a crônica, anuncia uma literatura feita para durar tanto quanto uma notícia de jornal ou uma conversa ao pé do ouvido. Mas que, indiferente aos modismos estéticos e moldes retóricos, eventualmente se revelaria mais atraente aos leitores do futuro do que a Obra literária, com O maiúsculo, de muitos autores. "Gênero menor", a crônica foi capaz de elaborar uma linguagem mais próxima do coloquial, longe da "magnitude do assunto e a pompa da linguagem" da literatura. Para Antonio Candido:

> Isso acontece porque não tem pretensões a durar, uma vez que é filha do jornal e da era da máquina, onde tudo acaba tão depressa. Ela não foi feita originariamente para o livro, mas para uma publicação efêmera que se compra num dia e no dia seguinte é usada para embrulhar um par de sapatos ou forrar o chão da cozinha [...] quando passa do jornal ao livro, nós verificamos meio espantados que a sua durabilidade pode ser maior do que ela própria pensava.[27]

Um dos melhores exemplos dessa surpreendente eternidade do efêmero está na obra, com o minúsculo, de Olavo Bilac, que se manteve imune ao bolor que atingiu a poesia parnasiana. Com o único compromisso de se comunicar diretamente com o público, o cronista Bilac deixou páginas memoráveis sobre jornalismo, como "Sem nervos". Ao comentar a afirmação de que "para ser jornalista é preciso não ter nervos", o poeta ironiza:

"Oh! Ideal sublime! Ser como as engenhosas máquinas americanas de escrever — uma fila de teclas, um rolo de tinta, uma bobina de papel — mais nada...". Se isso acontecesse, os "especialistas de moléstias nervosas" estariam arruinados. "Porque é bom que se saiba: as moças solteiras e os jornalistas são freqüentadores constantes desses consultórios." Na crônica, Bilac descreve a vida de um jornalista neurastênico desde o momento em que "bem dormido e bem almoçado, sai de casa, a caminho de seu jornal" até o fim da noite, quando "x não é mais um homem; x é o mundo inteiro".[28]

A menção à máquina de escrever não é gratuita. A crônica acompanha de perto o progresso e as evoluções tecnológicas, como a fotografia e o cinema. Como bons fotógrafos, a grande pretensão dos cronistas, já na era de João do Rio, era captar instantâneos reveladores da sociedade.

A crônica evolui para a cinematografia. Era reflexão e comentário, reverso desse sinistro animal de gênero indefinido a que chamam: o artigo de fundo. Passou a desenho e a caricatura. Ultimamente era fotografia retocada mas com vida. Com o delírio apressado de todos nós, é agora cinematográfica — um cinematógrafo de letras, romance da vida do operador no labirinto dos fatos, da vida alheia e da fantasia —, mas romance em que o operador é personagem secundário arrastado na torrente dos acontecimentos.[29]

No século xx, a crônica transcenderia sua condição efêmera, herdada do jornalismo, para se tornar ela própria um gênero específico, quase autônomo. Pelo menos até o ponto em que pode ser considerado autônomo um tipo de literatura que tem como característica a ambigüidade entre o conto, a reportagem, o ensaio, o humorismo e até o poema em prosa. Quando a divisão do trabalho na imprensa se tornou mais nítida, a obrigação de informar passou para o jornalista. Ao cronista, sobrou o entretenimento do leitor. Com isso, "a linguagem se tornou mais leve, mais descompromissada e (fato decisivo) se afastou da lógica argumentativa ou da crítica política, para penetrar poesia adentro".[30]

Talvez por isso tenha atraído tantos poetas, como Carlos Drummond de Andrade. Sem compromisso com os fatos nem a obrigação de criar uma história com início, meio e fim, a crônica era compatível com certas habilidades, como a capacidade de sintetizar em poucas palavras todo o sentimento do mundo. Com o fim do *Correio da Manhã*, onde assinou uma coluna entre 1954 e 1968, e atuava como colaborador esporádico desde 1942, Drummond levou sua assinatura para o *Jornal do Brasil*, que o recebeu, no dia 2 de outubro de 1969, com uma chamada na primeira página.

> Carlos Drummond de Andrade é o novo colaborador do *Jornal do Brasil*: a partir de hoje, o maior poeta brasileiro vivo estará presente na última página do *Caderno B*, para onde escreverá crônicas e poesias regularmente, às terças, quintas e sábados. Com sua larga experiência de vida literária, Carlos Drummond de Andrade abre agora no *JB* uma nova etapa de sua carreira de escritor, na verdade, a continuação de uma longa e permanente atividade em jornal.[31]

Enquanto muitos viam no Drummond cronista uma banalização do poeta, ele parecia se divertir com suas artes num gênero que não tinha as mesmas pretensões da poesia. Em "Autorretrato", é um espelho extremamente irônico quem diz:

> O sr. Carlos Drummond de Andrade é um razoável prosador que se julga bom poeta, no que se ilude. Como prosador, assinou algumas crônicas e alguns contos que revelam certo conhecimento das for-

mas graciosas de expressão, certo *humour* e malícia. Como poeta, falta-lhe tudo isso e sobram-lhe os seguintes defeitos: é estropiado, antieufônico, desconceituoso, arbitrário, grotesco e tatibitate.[32]

A partir da década de 1930, a crônica moderna se consolidaria no Brasil. Mário de Andrade, Oswald, Manuel Bandeira e até Tarsila do Amaral se ocuparam do gênero. Também os modernistas latino-americanos, como Rubén Darío, José Martí e José Enrique Rodó praticaram "com particular devoção este gênero no meio do caminho".[33] A crônica jornalística foi um laboratório para os escritores de todo o continente, o espaço no jornal onde testaram novos estilos e idéias, além de tornar seus nomes e propostas conhecidos dos leitores. Eventualmente, as crônicas chegam a corresponder a até dois terços das obras completas desses autores. Embora considerado "um gênero bem brasileiro", a versão latino-americana da crônica não é diferente da que conhecemos: "Este gênero consiste de breves artigos sobre virtualmente nenhum assunto, escritos num estilo literário autoconsciente, que pretendia ser tanto informativo como entretenimento".[34]

Mas quem daria o tom definitivo da crônica brasileira seria a geração seguinte à dos modernistas. No rastro de Drummond, muitos escritores nascidos ou criados em Minas dirigiram-se para as redações de jornais: Rubem Braga (dono de um "nariz-de-cera" péssimo para um aprendiz de repórter, mas perfeitamente talhado para a crônica, como logo percebeu seu chefe, o também escritor Guilhermino César, no *Diário da Tarde*, na década de 1930), Otto Lara Resende, Wilson Figueiredo, Murilo Rubião, Paulo Mendes Campos, Autran Dourado. Uns ficaram, outros saíram de fininho, como Autran. Poucos, como Fernando Sabino, conseguiriam se firmar logo de cara como cronistas. Para a maioria, a reportagem era o caminho natural e a crônica o prêmio de consolação.

Além do *status* privilegiado em relação ao repórter diário, da visibilidade, e até mesmo pelo exercício obrigatório da escrita, a crônica também tinha um grande atrativo: remunerar seu autor. Numa delas, "O escritor responde, coitado", Drummond abre um desalentado parêntese para definir o "escritor brasileiro": "(chamo escritor brasileiro ao nativo ou naturalizado que consegue escrever obra literária nos intervalos de exercícios da profissão de servidor público, bancário, médico, advogado, jornalista etc.)".[35] Com essa observação, Drummond demonstra que tinha plena consciência da impossibilidade de viver da literatura. Mesmo que fosse "o maior poeta brasileiro vivo".

Seus sucessores, como Rubem Braga e Paulo Mendes Campos, logo perceberam que, já que não havia mercado para a poesia pura e simples, o jeito era exercitá-la indiretamente na crônica. Com isso, algumas das mais belas peças literárias dessa geração de poetas saíram das prosaicas páginas dos jornais.

Cronista em tempo integral, Rubem Braga foi o primeiro a marcar com esse gênero menor seu nome na história da literatura. Na década de 50, considerada a era de ouro da crônica brasileira, integrava um time que incluía Paulo Mendes Campos, Sérgio Porto e Antônio Maria. Para Antonio Candido:

> Tanto em Drummond quando nele observamos um traço que não é raro na configuração da moderna crônica brasileira: no estilo, a confluência de uma tradição, digamos clássica, com a prosa modernista. Essa fórmula foi bem manipulada em Minas (onde Rubem Braga viveu alguns anos decisivos da vida); e dela se beneficiaram os que surgiram nos anos 40 e 50, como Fernando Sabino e Paulo Mendes Campos. É como se (imaginemos) a linguagem seca e límpida de Manuel Bandeira, coloquial e corretíssima, se misturasse ao ritmo falado de Mário de Andrade, com uma pitada do arcaísmo programado dos mineiros.[36]

Mas, antes, o cronista precisou suar muito como jornalista. Braga fundou um jornal (*Folha do Povo*, em 1935) e uma revista (*Diretrizes*, em 1938, com Samuel Wainer). Atuou como correspondente do *Diário Carioca* na Segunda Guerra Mundial e chegou a diretor de redação da TV Globo, entre outras atividades. De seus 31 livros, incluindo seis publicações póstumas, apenas dois são de poesia. A maioria reúne crônicas, como *Ai de ti, Copacabana*, e reportagens, como *Com a FEB na Itália*. Mesmo na guerra, o escritor falaria mais alto que o jornalista. Como lembra Joel Silveira, seu concorrente nos Diários Associados, a questão era também tecnológica. Joel usava o telégrafo para agilizar a cobertura. Rubem Braga, que representava o *Correio da Manhã*, a mala postal. Seus artigos só chegavam ao Brasil mais de um mês depois dos fatos, o que praticamente inutilizava a reportagem. O que acabou sendo um trunfo, como admite Joel.

> Ele podia ficar dois, três dias num posto de comando. Não tinha a obrigação idiota, como eu, de ter que correr de um lado para outro, com medo de perder uma notícia, pois minhas reportagens eram diárias. Então, com aquele talento que Deus lhe deu e a capacidade de observação extraordinária, ia vendo mais coisas do que os outros. Esses detalhes acabaram fazendo de seus artigos algo histórico, bonito, apesar do lado triste, desumano da guerra.[37]

Aos que cobravam um romance, Braga lembrava que, no fundo, não passava de um jornalista que sonhava ser poeta. "Não sou de inventar história", dizia. "Como jornalista, eu me acostumei a escrever sempre para ser publicado no dia seguinte ou na próxima semana."[38] As crônicas não exigiam necessariamente um enredo. Algumas das melhores, admitia, foram feitas justamente a partir da falta de assunto. "Isso porque trabalhei muito tempo em jornal, tendo que escrever todo dia, com ou sem assunto."

Apesar do reconhecimento em vida, Rubem Braga duvidava que seu nome fosse entrar para a história da literatura brasileira. "Cronista quando fica velho ou morre, o pessoal esquece. Portanto, não tenho razão para me enfeitar."

Também o cronista Paulo Mendes Campos traía um grande poeta. Para ele, "a única relação que existe entre o poeta, o cronista e o jornalista é a matéria-prima: palavras. O cronista é um ser ambivalente, fica sempre no meio, uma ponte entre o castelo do poeta e a redação da notícia".[39] Assim como Braga, Paulo Mendes Campos começou na imprensa na vala comum do jornalismo, como redator do *Correio da Manhã*. Foi cronista do *Diário Carioca*, de *O Jornal*, do *Correio da Manhã* e da revista *Manchete*, entre outras publicações, além de redator de cinema e publicidade. Seu primeiro livro, *A palavra escrita*, foi publicado em outubro de 1951, numa edição minimalista de apenas 37 poemas e 126 exemplares.

> Procurei ser jornalista por gostar de escrever. Esta afirmação, entretanto, não diz tudo. Tudo é o seguinte: procurei ser jornalista por gostar de escrever e por gostar da "fábrica" de escrever que é o jornal. É possível que os bancários cheguem a ingressar no banco pelo gosto do dinheiro. Cheguei ao jornal pelo gosto da "máquina de escrever": é toda uma equipe fazendo piruetas inimagináveis a fim de produzir uma "obra" por dia. Este aspecto lúdico do jornalismo me fascinou infantilmente. Sobretudo na mocidade.[40]

Na maturidade, a crônica mostrou-se um espaço ideal para aqueles que não queriam mais se prender ao jornalismo diário e factual, a horários e humores das chefias. E mesmo assim tiravam partido da projeção de seu trabalho para o grande público e até do salário no fim do mês oferecido pelo jornal. Paulo Mendes Campos resumiu em poucas palavras o motivo de tantos escritores jornalistas terem partido para a crônica: ela "permitia a liberdade de espaço, liberdade de horário e liberdade de assunto: três proveitos num saco só".[41]

Liberdade nem tão grande assim, como lembrou Otto Lara Resende em sua coluna na *Folha de S.Paulo* de 6 de junho de 1991, na coluna em que homenageava Paulo Mendes Campos, morto cinco dias antes.

> Na tentativa de preservar sua liberdade, fugiu do que na nossa geração foi o cativeiro do jornalismo de banca. Se a crônica era uma tríplice liberdade — de espaço, de horário e de assunto —, era também facilidade e, pior, por seu turno uma outra escravidão. Essa liberdade, que ele próprio chamou de aparente, custou-lhe muito trabalho e muita insegurança. A veia boêmia representava aí uma válvula de escape. Ou a busca de equilíbrio, que é a seu modo ascética. Assim como congrega, o álcool isola. E ajuda a sair da depressão, como ele próprio declarou. A sair e a entrar. A cair no ciclo da fatalidade que, sendo escolha, é também destino.[42]

Em sua geração, o escritor Otto Lara Resende foi talvez que mais investiu na carreira jornalística. A literária se resumiu a um romance (*O braço direito*, de 1963) e cinco livros de novelas e contos. Cronista, como os colegas de juventude Paulo Mendes Campos e Fernando Sabino, ao contrário destes jamais abandonou completamente "o cativeiro do jornalismo de banca". Desde que começou a trabalhar no jornal mineiro *O Diário*, em 1940, com apenas dezoito anos, Otto passou por praticamente todos os jornais importantes da época: *Diário de Notícias, O Globo, Diário Carioca, Correio da Manhã, Última Hora, Folha de S.Paulo*. Sem temer a responsabilidade e o nível de absorção de um cargo de chefia, dirigiu o *Jornal do Brasil*, a revista *Manchete* e a TV Globo.

Frasista de primeira, dizia que desde jovem fora vítima de

um certo vírus literário. "Esta grave infecção que me impediu de ter um destino mais pacato, de dormir melhor e viver menos cansado."[43] No entanto, a veia literária acabaria quase que completamente absorvida pelo jornal, se não pelas atribulações da chefia, pelo exercício da crônica, que escrevia habitualmente no sábado pela manhã, com a redação vazia. O jornalismo para Otto teria sufocado e atrofiado a vocação para a literatura? Ou ele seria um escritor que simplesmente teria encontrado na crônica seu meio de expressão?

Nelson Rodrigues, com quem trabalhou em *O Globo*, na *Última Hora* e na *Manchete*, não se conformava que ele tivesse publicado apenas um romance, o eternamente reescrito *O braço direito* (foram três versões, dentre várias inacabadas), e os alguns livros de contos. E não perdia a oportunidade de espetá-lo, como na segunda parte de *Asfalto selvagem*, folhetim publicado originalmente na *Última Hora*, entre 1959 e 1960. Seu personagem, o juiz Odorico, tem uma admiração obsessiva por Otto, citado a torto e a direito, e lamenta apenas que um taquígrafo não andasse atrás dele, as 24 horas do dia, para imortalizar-lhe as frases perfeitas. E perguntava como um gênio verbal como Otto não produzia uma *Comédia humana*, uma *Divina Comédia* ou mesmo *A vida dos doze Césares* por semana. Em 1962, Nelson levaria o jornalista mineiro ao desespero ao intitular uma peça de *Otto Lara Resende ou Bonitinha, mas ordinária*.

O problema é que Otto dizia e repetia ter perdido a fé na literatura. Ou talvez a adorasse demais.

Profissionalmente, sou essa coisa indefinida que é todo sujeito da nossa geração o qual um dia cismou que podia ser escritor. Só pensava nisto. Meu projeto era esse. Escrever. O quê? Sei lá. Escrever. Ser escritor. Fui estudar direito porque os escritores estudavam direito, muitos. Depois, acabou tudo, né? Perdi a fé em mim.

Perdi a fé na literatura. Mas isto não deve ser levado ao pé da letra. É verdade, mas não quero que acreditem.[44]

E não era só Nelson Rodrigues quem lembrava, a todo momento, o que Otto jamais esqueceu. O crítico Álvaro Lins, com quem o jornalista conviveu no *Correio da Manhã*, perguntava: "O que está fazendo? O que planeja escrever? Sempre esperei de você um grande destino literário".[45] Também Guimarães Rosa o incitava: "Condense-se [...]. Não se disperse [...], que ninguém faz nada se se divide entre dois senhores".[46] Em 1975, numa carta a Paulo Mendes Campos, Otto confessaria: "Talvez agora eu possa pensar em escrever. Sempre penso. Vivo, sobrevivo porque tenho esse recado, esse telegrama a entregar".[47]

Otto Lara Resende ingressou na imprensa em 1938, aos dezesseis anos, por ser uma profissão que, na época, não exigia pré-requisitos. "Fui jornalista pela mesma razão que o cachorro entra na igreja: porque achei a porta aberta."[48] Mas, cumprindo o destino de muitos escritores no Brasil, reconhecia: "o uso do cachimbo me fez a boca torta. Jornalista a vida toda, acabei jornalista".[49] O que não impedia que, desde cedo, questionasse seu destino profissional. E, ao longo da vida, deixasse escapar uma frustração literária que o sucesso na imprensa jamais aplacou. Era como se tivesse se resignado a esquecer os sonhos de juventude. "Moço, irritei-me com o dia-a-dia do jornalismo. Eu me acreditava reservado para tarefas mais altas, mais nobres. Soberba intelectual, restos daquele menino orgulhoso que a vida iria quebrar o topete."[50]

Ainda hoje, em pleno momento literário 2000, dois dos mais renomados escritores jornalistas brasileiros vivem das crônicas e não dos livros. Ao escapar da estiva diária, João Ubaldo Ribeiro e Carlos Heitor Cony encontraram no "gênero menor" a tal tríplice liberdade com que todos os repórteres sonham e os escritores realistas (no sentido não-literal do termo) resignam-se. Em

2002, perguntado se podia se orgulhar de viver de direitos autorais, João Ubaldo Ribeiro foi taxativo: "Não, vivo das minhas crônicas. Os direitos autorais são uma coisa incerta". Por mais consagrado que seja, segundo ele, um escritor nunca sabe dizer se um livro fará sucesso ou não. "Às vezes você acha que um livro não vai dar em nada e ele vende extraordinariamente. Às vezes você acha que vai ser um sucesso e dá com os burros n'água. Não há profissional que consiga predizer o que o público vai gostar. Seria o sonho..."[51]

Carlos Heitor Cony diz que vive de literatura num sentido amplo:

> [...] depende do que você considera literatura. Se imaginar como um bonde, em que entra tudo o que for relacionado com as letras, então é possível, sim. Nunca ganhei um tostão que não fosse assim, a não ser com o jogo do bicho. Mas eu faço livros, adaptações, artigos, entrevistas, conferências, prefácios. Mas não dá para viver exclusivamente dos romances, como Jorge Amado. Do meu jeito dá para viver, não posso me queixar, mas trabalha-se para burro.[52]

Nenhum dos dois parece se incomodar com o fato de escrever sob encomenda. Ubaldo chega a dizer que "não há maior fonte de inspiração para um escritor" do que o cheque de adiantamento.

> A encomenda sempre foi a regra na obra de arte. Desde o teatro grego. Toda a arte da Renascença foi feita sob encomenda. Os trabalhos de Michelangelo e de Mozart foram feitos sob encomenda, assim como os de Balzac e Dickens. Esse negócio de ficar reclamando da literatura de encomenda é bobagem. Acho ruim é esse neo-romantismo brasileiro, essa glorificação boba do escritor como um ser privilegiado. Sou a favor do escritor profissional, de

uma estrutura editorial. A não ser que seja uma encomenda que não possa aceitar por problemas de consciência, eu topo. É um desafio como outro qualquer.[53]

Não é apenas uma questão financeira. Até mesmo os mais bem-sucedidos *best-sellers* brasileiros, Luis Fernando Verissimo e Paulo Coelho, os únicos que podem se dar ao luxo de viver exclusivamente de seus livros, assinam colunas nos jornais. No caso de Verissimo, que chegou a trabalhar como jornalista em Porto Alegre, é da própria crônica que tem sido feita boa parte de sua obra.

Além da "tríplice liberdade", de que falam Otto Lara e Paulo Mendes Campos, o gênero oferece ao escritor jornalista uma quarta vantagem: a visibilidade, mantendo o contato com o leitor entre a produção de um livro e outro, que pode levar anos.

E ainda uma quinta, a de usar o pronome cada vez mais raro na imprensa objetiva e impessoal: a primeira pessoa no seu mais absoluto singular.

## ISTO NÃO É UMA CRÔNICA, OU É?

Meio-dia de quinta-feira. Os saltos do sapato alto martelavam o chão. Discretamente os olhares se levantavam e voltavam embaraçados para as teclas da máquina de escrever. Envolta em sua capa de mistério, ela atravessava o corredor entre as mesas e ia direto à principal. Um tanto atordoada, ia tirando coisas e mais coisas de dentro da bolsa com a mão queimada que tentava a todo custo esconder. Os olhares se levantavam e baixavam de novo, fingindo indiferença, enquanto os ouvidos tentavam captar os sons da rápida conversa. Pronto, ali estavam: as benditas laudas de papel pardo, um tanto amarrotadas e rasuradas. As páginas viradas no longo processo descrito em *A descoberta do mundo*, de Clarice Lispector.

Em 1967, quando começou sua carreira de cronista, Clarice tinha em torno de quarenta anos e uma fama considerável, embora sua popularidade estivesse longe da que ostenta hoje. "Quando o Drummond chegava, era aquele silêncio... Ele era um monstro sagrado. Ela não. Era uma autora muito respeitada, mas não tinha esse prestígio que talvez só tenha vindo depois de sua morte", lembra Léa Maria, na época subeditora do *Caderno B*. Léa tem na memória uma mulher grande, de ombros largos, ainda muito bonita, com maçãs do rosto bem salientes, "mas meio maltratada".[54]

No dia 19 agosto de 1967, Clarice estreou uma coluna aos sábados no *Caderno B*, que manteve praticamente sem interrupções até 29 de dezembro de 1973. As 244 crônicas que testemunharam sua passagem pelo *Jornal do Brasil* foram reunidas no livro *A descoberta do mundo*, publicado em 1984, sete anos após sua morte. Mas a ilustre colaboradora raramente aparecia na redação do jornal, ainda no tempo em que a sede ficava num prédio *art-déco* da avenida Rio Branco.

Em geral, mandava as crônicas num envelope pela secretária ou por um mensageiro que também servia aos outros colunistas. Quando dava a honra de sua presença, chegava de ônibus, como todo mundo na época, lembra Alberto Dines, editor-chefe do jornal, que convidou a escritora para publicar uma coluna no *Caderno B* integrando um time de cronistas que já contava com Carlos Drummond de Andrade e Carlinhos Oliveira.

Os olhos da redação estavam voltados para ela. "Simpática não era. Também não era antipática. Era uma pessoa muito assustada, parecia atormentada pelas pequenas coisas, insegura", conta Léa Maria. Observadora, ela nunca viu um fio de cabelo branco em Clarice Lispector. "Certamente ela tingia." A vaidade era ainda expressada na boca e nos olhos sempre pintados. "Ela usava muita maquiagem. Mas não era perua, não. Não se preocupava com a moda, usava umas saias rodadas e compridas", recorda a jornalista.

"Não, isso foi depois do acidente em que queimou a mão", corrige Maksen Luiz, crítico de teatro do *JB*. "Nas primeiras vezes em que a vi, parecia uma embaixatriz. Sempre de tailleur. Depois, rareou ainda mais as visitas e já não era mais aquela mulher elegante. Parecia que estava se escondendo."

Na época, o *Caderno B* era chefiado pelo editor Paulo Afonso Grisoli (mais tarde diretor de teatro em Portugal). A escritora Marina Colasanti e Léa Maria eram subeditoras. Por sinal, não faltavam futuros romancistas, poetas e cronistas àquela redação. Além de Marina, trabalharam como repórteres, redatores e editores no *JB*, entre os áureos anos de 1960 e 1980, Affonso Romano de Sant'Anna, Ivan Junqueira, Cecília Costa, Marcos Santarrita, Maria Helena Malta, Noênio Spínola, Muniz Sodré, Fritz Utzeri, Mário Pontes, Wilson Figueiredo, Fernando Gabeira, Mário Faustino, Carlinhos Oliveira, Cony, Otto Lara e Gullar, entre outros.

Embora nunca tenha trocado uma palavra com Clarice — "ela era aquela coisa misteriosa. Só falava com o Grisoli ou a Marina" —, o então copidesque Maksen Luiz ainda se recorda da voz grave, com um certo sotaque que arrastava "erres" e "eles" enquanto sussurrava alguma informação. Mesmo sendo uma estrela, o jeito de Clarice falar era alvo de gozações na redação. Quando ligava para o jornal procurando por Marina Colasanti, todos reconheciam a sua voz. Tapando o bocal do telefone, alguém dizia: "É a carbono frrranze". Marina explica o apelido: "Ela pedia para ter cuidado para não perder a crônica. Não fazia cópias porque teria que usar carbono e toda a vez explicava: é porque carbono *frrranze* quando colocado na máquina de escrever". A futura escritora era uma das poucas pessoas, ao lado de Grisoli e Dines, que mantinham uma relação pessoal fora do jornal com a cronista Clarice Lispector. "Uma vez a levei numa cartomante no

Méier, Dona Nadir, que depois acabou como personagem do romance *A hora da estrela*", lembra Marina.

Da redação, os textos de Clarice Lispector iam para a composição, e depois de o jornal impresso eram jogados fora. Nem ela nem ninguém dessa época se preocupou em preservar os originais. Dessas folhas amassadas e rasuradas que o tempo levou, praticamente só restaram as páginas do jornal, que serviram de base para a publicação de *A descoberta do mundo*. Nelas, a escritora expunha sua vida e suas incertezas. "Ainda continuo um pouco sem jeito na minha nova função daquilo que não se pode chamar propriamente de crônica. E, além de ser neófita no assunto, também o sou em matéria de escrever para ganhar dinheiro. Já trabalhei na imprensa como profissional, sem assinar. Assinando, porém, fico automaticamente mais pessoal. E sinto-me um pouco como se estivesse vendendo minha alma", confessa Clarice na crônica de 9 de setembro de 1967.[55]

A relação de Clarice com o jornalismo começou no início da década de 1940, quando ainda era estudante de Direito. Ela trabalhou como redatora, tradutora e repórter da Agência Nacional, coordenada pelo DIP, e também no jornal *A Noite*, onde conviveu com outros jornalistas, como Lúcio Cardoso, Antonio Callado e José Condé. Dois anos depois, conseguiu o registro profissional, mas passou dez anos sem trabalhar na imprensa, até ressurgir como Tereza Quadros, autora de uma página feminina intitulada Entre Mulheres, no jornal *O Comício*, dirigido por Joel Silveira e Rubem Braga.

Além de escrever e traduzir textos, que ela mesma selecionava, Clarice recortava modelos de vestidos, dava dicas de beleza, moda, economia doméstica e até receitas culinárias. A futura autora de *A paixão segundo G. H.* chegou a oferecer a suas leitoras um método natural para matar baratas, com açúcar, farinha e gesso, misturadas em partes iguais, receita que as mumificava e seria retomada no conto "A quinta história", do livro *Felicidade clandestina*.

O jornal acabou no mesmo ano. Porém só em 1956 Clarice voltou à imprensa, publicando crônicas e contos e entrevistas na revista *Senhor*.[56] Três anos depois, passou a colaborar regularmente no *Correio da Manhã*, sob o pseudônimo de Helen Palmer. A coluna Feira de Utilidades durou de 1959 a 1961 e também dava conta das preocupações da "mulher moderna": receitas, filhos, beleza. Em 1960, a escritora foi para o *Diário da Noite*, onde trabalhou sob as ordens de Alberto Dines por um ano. Ele conta:

> O Otto Lara Resende me falou que ela precisava de emprego, tinha se separado do marido e sofrido um terrível acidente, estava precisando de dinheiro. Mas o jornal era popular demais para ela. Então, tive a idéia de deixá-la como redatora da página feminina que a Ilka Soares assinava. Ela vinha uma vez por semana com tudo pronto. Cortava modelos das revistas francesas, escrevia textos com dicas de como tirar manchas de roupa e receitas de comida.[57]

O resultado da utilização de uma escritora importante numa função jornalística tão subserviente foi, por incrível que pareça, bastante satisfatório. E Alberto Dines, quando se mudou de armas e bagagens para o *JB*, convidou-a de novo, dessa vez para um posto mais nobre que o de *ghost writer*, o de cronista. Clarice seguia a trajetória de várias escritoras que alcançaram essa honra, como Nísia Floresta e Carmem Dolores, na virada do século. E ainda Rachel de Queiroz, que começou a escrever para o jornal *O Ceará* aos dezesseis anos, três antes de publicar *O quinze*, seu primeiro romance. Rachel passou pelo *Correio da Manhã*, cujas crônicas foram reunidas no livro *A donzela e a moura torta*, e ainda pelo *Diário de Notícias*, *O Jornal* e *O Estado de S. Paulo*. Durante trinta anos, entre 1945 e 1975, manteve uma coluna na última página da revista *O Cruzeiro*.

As biografias de Clarice são unânimes em apontar os textos assinados na imprensa como fatores responsáveis pela popularização de sua obra. "Embora o motivo primeiro talvez tenha sido mesmo o financeiro — era preciso ganhar dinheiro —, essa atividade trouxe ao público uma Clarice que já existia — a Clarice cronista —, mas numa nova postura narrativa", afirma Nadia Batella Gotlib em *Clarice: uma vida que se conta*.[58] "Na crônica semanal do *Jornal do Brasil*, Clarice podia dialogar com seus leitores", comenta Teresa Cristina Montero Ferreira em seu livro *Eu sou uma pergunta: uma biografia de Clarice Lispector*.[59] A própria Clarice deixou entrever um grande prazer por se tornar conhecida.

> É curiosa esta experiência de escrever mais leve e para muitos, eu que escrevia minhas coisas para poucos. Está sendo agradável a sensação. Aliás, tenho me convivido muito ultimamente e descobri com surpresa que sou suportável, às vezes até agradável de ser.[60]

Ao mesmo tempo, a escritora sentia uma forte insegurança quanto à superexposição de sua intimidade em textos fatalmente autobiográficos. Uma coisa era se mostrar em livro. Outra, no jornal. "Quando combinei com o jornal escrever aqui aos sábados, logo em seguida morri de medo", revela na crônica de 22 de junho de 1968.[61]

Clarice também temia ter a mão muito pesada para se adaptar à leveza do gênero. "Sei que o que escrevo aqui não se pode chamar de crônica nem de coluna nem de artigo. Mas sei que hoje é um grito. Um grito!", diz na crônica de 9 de março de 1968.[62]

A cronista revelou no jornal histórias da infância no Recife, esboçou a mágica relação entre o ovo e a galinha, pôs em palavras uma intraduzível epifania. Trechos da crônica "Estado de graça", publicada pelo *Jornal do Brasil* em 6 de abril de 1968, aparecem com pequenas modificações nas páginas 88 a 90 do romance *Água Viva*.[63] E nas páginas 146 a 150 de *Uma aprendizagem ou o livro dos prazeres*.[64] Seus dois livros escritos durante o período em que atuava como cronista. O detalhe não passou despercebido pelos especialistas em sua obra, como Walnice Nogueira Galvão:

> Observa-se no conjunto da obra de Clarice Lispector um curioso fenômeno, bastante peculiar, a que se poderia chamar transmigração auto-inter-textual. Com esse abuso polissilábico pretende-se apenas indicar que seus textos são dotados de mobilidade e que o leitor poderá reencontrá-los onde menos espera. Uma crônica já publicada vai reaparecer integrada a um conto posterior. Um trecho de romance ressurge como um conto independente.[65]

Se tocava em questões profundas em suas crônicas, a ponto de reutilizar parágrafos inteiros nos romances e contos, a escritora também se mostrou uma mulher igualzinha às outras ao narrar uma prosaica paixão platônica pelo cantor Chico Buarque, de quem ressaltou a candura dos olhos claros. "Numa quarta-feira, 11h30 da noite, dei um beijo *hippy* em cada face de Chico Buarque, nas dimensões 7×4 centímetros, com batom cor de carmim. Trata-se de uma explicação para meu amigo Xiko Buark dar em casa", contou, cúmplice, aos leitores.[66]

Da morte de uma baleia no Leme até uma conversa com a empregada, tudo era assunto para Clarice, que, numa de suas últimas colunas, definiu seu trabalho no jornal: "Vamos falar a verdade: isto aqui não é crônica coisa nenhuma. Isto é apenas. Não entra em gênero. Gêneros não me interessam mais. Interessa-me o mistério".[67]

## A INFLUÊNCIA DO *NEW JOURNALISM*

Nos anos 60, os Estados Unidos também experimentaram, e exportaram, uma nova forma de cruzar as fronteiras entre jornalismo e literatura. Ou melhor, nem tão nova assim. De Mark Twain a Ernest Hemingway, não foram poucos os escritores que saíram das redações para a ficção. O realismo americano se desenvolveu paralelamente ao jornalismo, a partir das histórias de jornalistas como Stephen Crane, Theodore Dreiser e Willa Cather, que incorporaram a idéia de objetividade à ficção. A comparação entre as reportagens de Hemingway e seus contos, alguns transportados sem mudar quase nenhuma vírgula do jornal para o livro, mostram que o escritor "praticava técnicas similares na ficção e no jornalismo, como a ironia, a concisão e o diálogo como forma de acelerar a narrativa".[68] Segundo Phyllis Fruss, em *The Politics and Poethics of Journalism Narrative*:

> Os efeitos da objetividade na ficção e no jornalismo são similares; ambos funcionam ocultando os sentidos da representação, utilizam um narrador determinado ou anônimo, geralmente adotam um consistente mas limitado ponto-de-vista, e implicam na separação de um mundo objetivo de seu observador.[69]

Mas o *new journalism* fez o caminho inverso, adaptando técnicas ficcionais às reportagens, como as variações de ponto de vista, os monólogos interiores de um narrador autoconsciente e participante, a ênfase na composição dos personagens, e, principalmente, na transcendência da objetividade. Segundo Norman Mailer, um de seus principais autores, a grande contribuição do gênero foi "um jornalismo enormemente personalizado em que o personagem do narrador era um dos elementos não apenas da narração mas também da forma como o leitor teria acesso à experiência".[70]

Ao longo do tempo, o rótulo de *new journalism* patenteou várias tentativas de usar técnicas literárias na reportagem. Ele foi aplicado pela primeira vez por volta de 1830, nos Estados Unidos, em relação à *penny press*, o jornal barato voltado para as massas. A idéia de que era necessário criar um novo jornalismo trazia embutida uma certa dose de preconceito: "Leitores das classes trabalhadoras supostamente queriam histórias, enquanto leitores educados da classe média desejavam informação".[71]

Cerca de cinqüenta anos depois, o termo "novo jornalismo" voltou a ser usado, dessa vez em relação ao jornalismo sensacionalista praticado por Pulitzer e Hearst. Seus repórteres já se fingiam de mendigos nas ruas, internavam-se voluntariamente em campos para migrantes ou chegavam a simular ataques de loucura para serem admitidos em asilos, muito antes que se reinventasse o jornalismo participativo como uma grande novidade. Assim, longe de ser uma ruptura, o *new journalism* pode ser considerado uma "manifestação tardia de uma longa mas ignorada tradição de jornalismo literário que vem de Mark Twain", garante Fruss.[72]

No Brasil, essa tradição também era antiga e teve como marco principal a cobertura de Euclides da Cunha, destacado em 1897 pelo jornal *O Estado de S. Paulo* para cobrir a Guerra de Canudos, na Bahia, e que originou o clássico *Os sertões*, cinco anos depois. Já era um exemplo de jornalismo dotado de técnicas literárias a reportagem "Pennando", que Oswald de Andrade publicou na edição paulista do *Jornal do Commércio*, em 13 e 14 de março de 1909, num claro trocadilho com o nome do presidente Afonso Penna, cuja comitiva o jornalista foi encarregado de acompanhar numa viagem ao Paraná e a Santa Catarina. "Com dois 'n', sim: Pen-nan-do, de penar-acompanhar o dr. Afonso Penna", ironizava o repórter na explicação para o título. Como a imprensa foi proibida de fazer a cobertura direta dos acontecimentos, Oswald inventou um personagem, o repórter Juca Tigre, para tomar o lugar do presidente como protagonista da reportagem.

Mas o dr. Afonso Penna, apesar de chefe da Nação e de *clou* de festa, não nos divertiu nem nos deslumbrou; também, por ordem de s.s., andávamos sempre meia hora depois, a imprensa, sim, meia hora depois. Por isso vamos falar somente do que nos fez rir e do que nos fez chorar durante essa famosa viagem de seis dias.[73]

Na década de 40, Joel Silveira produziu autênticas peças do que mais tarde se convencionaria chamar de *new journalism*, como mostram as reportagens reunidas pela primeira vez em 2003, no livro *A milésima segunda noite da avenida Paulista*.[74] Mas o principal foco de influência do *new journalism* no Brasil foi *Realidade*, revista da Editora Abril que começou a circular em 1966 — mesmo ano em que Truman Capote publicou *A sangue frio* na *New Yorker* — e fechou dez anos depois, suplantada pelo sucesso do modelo *Veja*. Seu objetivo era criar um jornalismo literário que unisse uma apuração rigorosa às técnicas narrativas ficcionais, assim como as revistas americanas *New Yorker*, sob o comando de William Shawn, *Esquire*, de Harold Hayes, *Harper's*, de Willie Morris e *Rolling Stone*, editada por Jann Wenner.

Muitos livros, como *Os exércitos da noite*, baseado na célebre cobertura da convenção do Partido Democrata em Los Angeles realizada por Norman Mailer, nasceram nessas revistas. Antes mesmo de batizado, precursores, como John Hersey e Joseph Mitchell, já escreviam um novo gênero de jornalismo na *New Yorker*, onde publicaram dois clássicos: *Hiroshima* e *O segredo de Joe Gould*.

Os jornais brasileiros também se interessaram por textos capazes de cruzar as fronteiras com a literatura. Se a experimentação formal já era permitida no espaço exíguo da crônica assinada, passou a ser autorizada nos suplementos culturais, nas reportagens de comportamento e, dependendo do jornal, até nas matérias de polícia. Dirigido pelo escritor Ivan Angelo, o *Jornal da*

*Tarde* inovou a linguagem do jornalismo brasileiro com textos que nada tinham a ver com o padrão tradicional de lide e sublide. Ex-repórter, redator e subeditor do *JT*, Marçal Aquino conta:

> Fiz muita coisa em Geral, polícia inclusive. Eu trabalhava para um veículo, o *Jornal da Tarde*, que naquele momento estimulava o texto de viés literário. Foi o melhor momento em termos de conciliação. O jornalismo era uma espécie de extensão da literatura (cheguei a fazer verdadeiras novelas policiais a partir de fatos reais). Saí quando o *JT* começou a mudar (a orientação, me parece hoje, era transformá-lo num veículo mais parecido com os similares do mercado, que se limitam a cobrir o dia-a-dia sem dar grande importância à qualidade do texto e à utilização das fotos). O salário, naquele momento, era a menor das insatisfações.[75]

O projeto de fazer um jornalismo literário foi frustrado a partir dos anos 80, entre outras coisas, pela crescente tendência à normatização do texto jornalístico. Em 1982, o jornal *USA Today* inaugurou um novo padrão formal: o da TV impressa. O declínio da circulação dos jornais foi atribuído ao menor tempo dedicado a sua leitura no mundo moderno. Para corrigir essa defasagem, o jornal americano inovou — e vários outros em todo o mundo o acompanharam em maior ou menor grau —, investindo em infográficos coloridos, muitas fotos, cobertura jornalística centrada em serviços, celebridades, TV e esportes, interatividade e atualização das notícias em *web sites* e, acima de tudo, matérias curtas, básicas e puramente informativas. A fórmula logo foi copiada no Brasil, reorientando projetos gráficos e manuais de redação. Se o leitor não tem mais do que quinze minutos para folhear seu jornal diário, para que gastar tempo, papel e dinheiro com grandes reportagens e textos elaborados?

A REAÇÃO VIA *NARRATIVE WRITING*

Simplesmente porque a tiragem dos jornais começou a despencar. Em 2000, a revista *Nieman Reports*, da Nieman Foundation for Journalism da Harvard University, publicou seu primeiro número especial sobre *narrative journalism*. Na introdução, assinalava o surgimento de um "movimento narrativo não-oficial", formado por editores e repórteres solitários em sua busca de um texto jornalístico que ultrapassasse a mera descrição dos fatos e as limitações do modelo normatizado, sensibilizando o leitor para o lado humano das histórias reais narradas pela imprensa. Desde então, o Nieman Program on Narrative Journalism vem organizando conferências anuais sobre o tema.

Na verdade, o objetivo não é demarcar a oposição entre jornalismo objetivo e *narrative writing* (ou *narrative nonficition, criative nonfiction* ou ainda *literary journalism*), mas mostrar que essa pode ser uma falsa dicotomia. "Bom texto e boa reportagem reforçam um ao outro. Ponto final", definiu o jornalista Roy Peter Clark, professor do Poynter Institute, um dos principais centros de ensino de jornalismo do mundo, e um dos pioneiros do movimento. Em seu artigo na *Nieman Reports*, ele definiu as posições ortodoxas que hoje separam os jornalistas em escolas rivais: é preciso descobrir o que os leitores querem × é fundamental dar aos leitores a informação que eles precisam; os infográficos são a saída × o texto é a saída; o jornal é feito pelo editor × o jornal é feito pela reportagem; deve-se investir na oferta de serviços para o leitor × deve-se investir no jornalismo investigativo; o leitor quer matérias curtas × o leitor quer grandes reportagens; o leitor deseja furos de reportagem × o leitor deseja textos primorosos; a principal preocupação deve ser a relação entre custos e benefícios × a principal preocupação deve ser a qualidade.

A proposta não é aposentar os tradicionais "quem, quando,

onde, como e por quê?", que formam a base da pirâmide invertida e do padrão moderno de jornalismo. Mas adaptá-los ao modelo de *narrative writing*, de forma que permitam a construção de um texto mais complexo. Dessa forma, "quem?" vira sinônimo de personagem; "o quê?", de *plot*; "onde?", de cenário; "quando?", de contexto; "por quê?", de *leitmotiv*; "como?", de forma.

Também caracterizam os termos desse jornalismo literário um narrador com uma personalidade discernível, que não esconde sentimentos, sensações e observações atrás da máscara da impessoalidade jornalística. E que, de alguma forma, ao transformar essa experiência pessoal em narrativa, consegue se relacionar com o leitor.[76]

A diferença entre *new journalism* e *narrative writing* é, antes de mais nada, uma questão de contexto. Enquanto o primeiro rotulou os procedimentos experimentais que caracterizaram a aproximação entre jornalismo e literatura nos anos 60, o último é um termo mais geral, usado hoje para descrever um texto escrito num estilo narrativo, não exatamente experimental. E que pode ser aplicado tanto à reportagem quanto a textos de não-ficção sem qualquer relação com o jornalismo, como as narrativas de viagem, a crônica e o memorialismo.

Em relação à imprensa, o modelo de *narrative writing* não prega a volta aos tempos anteriores ao jornalismo-verdade, em que tudo valia desde que houvesse um mínimo de verossimilhança. Mesmo que leve em conta a subjetividade do jornalista e utilize procedimentos ficcionais para dar colorido ao texto jornalístico, as linhas entre ficção e não-ficção são claramente demarcadas. A *narrative writing* permite a incorporação de recursos literários, como uso da primeira pessoa, transcrição de diálogos, descrições das reações físicas dos personagens, seus gestos, os cheiros que sentem, os sons que ouvem e até mesmo de seus pensamentos mais íntimos. No entanto, quando aplicada ao jornalismo, seu primeiro mandamento continua sendo o mesmo que rege a imprensa em geral:

> Nenhum repórter deveria adicionar a uma matéria eventos ou detalhes que não ocorreram de fato. Nem uma reportagem deveria intencionalmente fazer o público de bobo. Um contrato implícito existe entre repórter e leitor de que uma verossímil versão da realidade está sendo apresentada, com cuidado e honestidade.[77]

O problema é que até essa última fronteira entre jornalismo e literatura vem sendo ultrapassada. E o contrato de leitura que, em última análise, os separa, rasgado em pedacinhos.

# 12. Real e ficcional

*É bem possível que falte à realidade a riqueza estilística da mentira — assim como a verdade desconhece a retórica tentadora da imaginação.*

Antonio Fernando Borges

Autor do livro *Hiroshima*, a reportagem editada na revista *New Yorker*, em 1946, que se tornou um dos maiores clássicos do jornalismo literário, o jornalista John Hersey definiu a principal diferença entre um gênero e outro. "Há uma regra sagrada no jornalismo. O repórter não pode inventar", afirmou, num ensaio publicado em 1980. Para Hersey, a legenda implícita da imprensa deveria ser: "Nada disso foi criado".[1] Seu puxão de orelhas foi a primeira reação a uma série de denúncias que, a partir daquele ano, iriam abalar a credibilidade dos jornais.

O primeiro caso diagnosticado foi o da repórter Janet Cooke, autora de uma grande reportagem no jornal *The Washington Post*, intitulada "Jimmy's World", sobre o dramático cotidiano de um garoto de oito anos de classe média viciado em heroína. Janet Cooke descreveu em detalhes o rosto de anjo do garoto, assim como as marcas das picadas em seu braço. E não poupou o leitor de cenas chocantes, como quando o namorado da mãe dele, um traficante de drogas, injeta heroína nas veias do menino. A reportagem correu mundo e mobilizou uma força especial de policiais e assistentes sociais de Washington para localizar o garoto, que a repórter se negava a identificar, alegando respeito às fontes. A verdade só veio à tona quando ela ganhou o Pulitzer e sua biografia foi divulgada. Boa parte do currículo tinha sido inventada, assim como a história de Jimmy.[2]

A jornalista poderia ter ganho o Pulitzer de ficção, mas, em vez disso, foi execrada. O *affair* Janet Cooke repercutiu em todo o mundo, por ter destruído um dos pilares do jornalismo contemporâneo: o compromisso com o real. Apesar de exemplarmente condenada pelos colegas e pela opinião pública, casos semelhantes pipocaram na imprensa americana, ameaçando tornarem-se epidêmicos. Em 1981, o jornalista Christopher Jones publicou uma reportagem de capa no jornal *The New York Times*, em que narrava sua experiência durante um mês nas selvas do Camboja com guerrilheiros do Khmer Vermelho, além de trazer entrevistas com autoridades locais. Choveram cartas de leitores e *experts* no assunto, apontando erros factuais e geográficos grosseiros na reportagem, a ponto de um personagem feminino supostamente entrevistado ser descrito como um homem. Após checar todos os dados, o *NYT* concluiu que Jones não esteve com os rebeldes cambojanos nem entrevistou as pessoas citadas. O jornal *Village Voice* foi mais além: demonstrou que ele não tirou a reportagem do nada. Surpreendentemente, parte dela foi plagiada da literatura, palavra por palavra, mais exatamente de um romance de André Malraux, escrito cinqüenta anos antes.[3]

Outros casos foram relatados, em jornais de menor importância, até que o caso Jason Blair veio à tona. Em 2003, mesmo escaldado pelo caso Jones, o *New York Times* teve que publicar quatro páginas com correções das reportagens de Blair. O escândalo, entre outras coisas, causou a saída do diretor-executivo do jornal. "Eu menti, menti e menti um pouco mais. Eu menti sobre onde estive, eu menti sobre onde obtive as informações, eu menti sobre como escrevi reportagens", confessou Blair, na primeira página de seu livro *Burning Down My Master's House: My Life at The New York Times.*[4]

O livro foi lançado em março de 2004 com uma campanha de *marketing* digna dos maiores *best-sellers*: tiragem inicial de 100 mil exemplares (que, insuficiente, exigiu uma segunda, de 20 mil, na semana seguinte), audiolivro, entrevistas nos principais programas da TV, e um adiantamento de 500 mil dólares. Seu autor não procurou se defender das acusações de falta de ética profissional. Simplesmente contou toda a "verdade" sobre suas mentiras e explicou como, afinal, nem o maior jornal do mundo foi capaz de garantir a veracidade de suas notícias.

A epidemia de jornalismo-mentira parece estar longe de acabar. Em janeiro de 2004, Jack Kelley, correspondente internacional do *USA Today*, demitiu-se após o jornal concluir uma investigação de seis meses sobre a veracidade de suas reportagens. Estrela da redação, o jornalista, que fez entrevistas exclusivas com chefes de Estado do porte de Yasser Arafat, Fidel Castro e Mikhail Gorbachev, foi acusado de inventar situações e entrevistas. A pior delas: numa dramática reportagem sobre a explosão de uma pizzaria em Jerusalém, em 2001, Kelley narrou seu dilema entre pegar o bloco de notas e ajudar as pessoas. Mas o jornal recebeu uma carta anônima dizendo que ele não estava lá na hora do atentado. Outras denúncias se seguiram. O presidente paquistanês Pervez Musharraf negou que tivesse recebido o repórter para uma entrevista publicada pelo jornal logo após o 11 de Setembro.

Com a demissão de Kelley, uma nova investigação foi realizada. Um time de cinco repórteres e um editor, monitorados por três conselheiros de fora do jornal, passou sete semanas examinando uma a uma as 720 reportagens publicadas por Kelley entre 1993 e 2003. Elas passaram por um *software* antiplágio, tiveram seu processo de apuração refeito, foram checadas pessoalmente pelos repórteres na Jordânia, em Israel e em Cuba. Gravadas, as explicações do repórter, que teve o sigilo telefônico quebrado, duravam mais de vinte horas. Mas como justificar que uma mulher cuja foto ilustrava uma reportagem sobre balseiros mortos na travessia para os Estados Unidos tivesse sido encontrada bem viva na recepção do hotel onde Kelley se hospedou em Cuba? As evidências demonstraram que pelo menos cem das 720 reportagens analisadas continham irregularidades, como entrevistas jamais realizadas.[5]

No Brasil, casos semelhantes não têm sido noticiados. Mas ninguém em sã consciência acredita que esse seja um problema exclusivo da imprensa americana. O escândalo da entrevista com falsos traficantes no programa *Domingo Legal*, de Gugu Liberato, no SBT, em 7 de setembro de 2003, mostrou que nem a televisão está imune à fraude, quanto mais os jornais impressos, que usam fontes em *off* e não precisam necessariamente mostrar o rosto dos entrevistados. Acusações de plágio, desmentidos e "barrigas" (jargão usado para classificar notícias inverídicas) são relativamente comuns e costumam ser abafados pelo corporativismo da imprensa.

Diante desse fenômeno, por mais que a pergunta pareça óbvia, é necessário refletir: uma característica essencial do jornalismo seria o apego à verdade, ou, no mínimo, o respeito aos fatos? Aquilo que o diferencia da literatura?

## A ERA DO ILUSIONISMO

Historicamente não. Antes de ser um escândalo, que afeta a credibilidade da imprensa como um todo, o chamado jornalismo-mentira já foi até incentivado pelos proprietários dos veículos de comunicação. No Brasil, certas reportagens borraram as fronteiras entre realidade e a ficção, como nas célebres histórias de David Nasser. Nos anos 50, Nasser era um dos mais famosos jornalistas brasileiros, a maior estrela da revista *O Cruzeiro*, por sua vez o principal título dos Diários Associados, de Assis Chateaubriand — grupo que chegou a reunir 31 jornais, cinco revistas, 21 emissoras de rádio e três estações de TV. Letrista de quase trezentas músicas, como *Nega do cabelo duro*, Nasser oscilava entre a mitomania e a cara-de-pau. Se não inventou a "reportagem ficcionista", certamente cunhou o seu conceito.

Por mais sensacionalistas e até inverossímeis que fossem suas reportagens, os leitores, muito mais crédulos do que hoje, caíam na conversa. Figura como jornalismo a série "43 dias nas selvas amazônicas", em que Nasser descreve índios com rabo de macaco e a criação de botos em currais. As fotos, que davam um toque de realidade ao texto, foram feitas no Jardim Zoológico do Rio de Janeiro, porque a dupla David Nasser e Jean Manzon nem ao menos saiu da cidade.[6]

Nelson Rodrigues tinha uma teoria para essa capacidade do jornalista de enganar o leitor: "Não sei se, de vez em quando, a sua fantasia retoca pouco ou muito os fatos", despista, no prefácio de *Mergulho na aventura*, segundo livro reunindo reportagens de Nasser. "O que sei é que sua técnica de repórter tem tal eficiência, que os maiores absurdos passam a adquirir uma tremenda veracidade e o leitor acredita piamente em tudo. Quer dizer, a sua fantasia, se existe, não aparece como tal. E vem daí, talvez, o maior motivo de sua popularidade como repórter."[7]

Ligado à velha escola, Nelson reclamava que, nos novos tempos (leia-se: depois de instaurada a "ditadura da objetividade"), "o repórter mente pouco, mente cada vez menos".[8] E ensinava, contra tudo o que os manuais de redação diziam: "Ai do repórter que for um reles e subserviente reprodutor do fato. A arte jornalística consiste em pentear ou desgrenhar o acontecimento e, de qualquer forma, negar a sua imagem autêntica e alvar".[9]

Inspirado no sucesso de *Meu destino é pecar*, de Suzana Flag, pseudônimo feminino de Nelson Rodrigues, Nasser estreou como ficcionista no *Diário da Noite* com Giselle, a espiã nua que abalou Paris, em 1948. A história da francesa e de seu envolvimento com oficiais nazistas era pura invencionice. Mas o jornal apresentou o folhetim como um "documentário" traduzido do original francês, com direito a fotos eróticas que comprovariam a existência da tal Giselle. Mais tarde, Freddy Chateaubriand, diretor do jornal, reconheceu a armação: "Nunca houve Giselle, ela nunca abalou Paris, mas o *Diário da Noite* foi o jornal de maior circulação daquela época. O Manzon trazia aquelas fotos, não sei de onde, e o David escrevia com aquela facilidade. Tirei 240 mil exemplares, o dobro de *O Globo*".[10] Nasser ganhava um percentual baseado na tiragem do jornal.

O livro, editado em formato de bolso, foi um sucesso em 1964, vendendo 500 mil exemplares. Mas seu autor foi contra a publicação, dizendo que o folhetim era horroroso. Outros redatores foram convocados para reescrevê-lo, com direito a uma continuação, narrando a vida de Brigitte, filha da Giselle. A mentira chegou a tal ponto que ninguém mais tinha dúvida de que se tratava de um folhetim e não de um texto factual.

O público era outro, como lembra Carlos Heitor Cony, que trabalharia com o jornalista—ficcionista apenas na década de 1970, no auge da crise dos Diários Associados. "David e o Jean Manzon tiveram a audácia de produzir reportagens como hoje você produz uma novela. Naquela época, era uma novidade: ao invés de acompanhar, criava-se o fato, a produção, a cenografia. No final dos anos 40, 50, as pessoas eram ingênuas. Não tinha televisão, novela", conta Cony. "Inventavam e tinham carta branca para fazer isso. Fizeram o jornalismo produzido."[11]

Na década de 50, o jornalismo mudou de rumo. E mesmo que David Nasser continuasse a ser uma estrela, como mostra a reportagem de oito páginas que a revista *O Cruzeiro* dedicou a seu principal repórter em 1955, quando completava dez anos de casa e seiscentas reportagens, já havia uma pesada crítica ao sensacionalismo e à "reportagem ficcional".

> Hoje, que o jornalismo no Brasil atingiu fase adulta, certas reportagens de David que, na época, fizeram sucesso absoluto, não encontrariam mais guarida nas páginas de *O Cruzeiro*. Sinal dos tempos, talvez. Ele próprio evoluiu no sentido da perfeita correção profissional em relação à notícia e aprendeu a aquilatar a importância da palavra escrita. Um repórter completo não pode errar, não pode enganar — pode, quando muito, silenciar.[12]

A separação entre ficção e jornalismo ficou ainda mais clara quando Nasser publicou o melancólico artigo "Luz de vela", no mesmo ano, congratulando um colega da revista que, com um texto objetivo e puramente informativo sobre retirantes da seca, ganhou o Prêmio Esso de Jornalismo. No júri, alguns "idiotas da objetividade", como Antonio Callado, então redator-chefe do *Correio da Manhã*, Danton Jobim, diretor-redator-chefe do *Diário Carioca*, e Otto Lara Resende, diretor da revista *Manchete*. No artigo, Nasser admitia que mesmo no coração de um típico homem de imprensa como ele pulsava o sangue de um ficcionista. Mas que daí em diante precisaria abrir mão de sua imaginação, interditada pelos novos tempos, que exigiam uma separação radical entre ficção e realidade.

O repórter tem um inimigo, um agente desintegrador, um micróbio que cumpre eliminar de seu organismo profissional, de sua máquina de armar notícias: esse inimigo é o poeta que está em quase todo homem que procura a banca de redação, a mesa de jornal, como meio de ganhar a vida. Vimos, assim, que o repórter é um buquê de frustrações. Ele precisa trazer o dom nato da poesia e esmagá-lo dentro de si mesmo. Necessita ter imaginação e não usá-la, porque, se a verossimilhança é mais importante que a verdade, o secretário de redação deixa de saber disso.[13]

A briga entre os dois modelos de jornalismo esquentou nos anos seguintes. Acuada pela concorrência com a *Manchete*, a revista *O Cruzeiro* tentou uma modernização estética e ética de seus textos, com a criação de uma "seção de texto", em que atuou o jornalista Jânio de Freitas. Mas o novo grupo se bateu com os que, acostumados a ganhar um pagamento extra, por fora, com suas matérias, queriam evitar qualquer mudança ética.

Eles passaram a ser o estorvo, o vinhoto, o bagaço de cana da sua usina. São os velhos, os superados, os que não souberam acompanhar o ritmo da revista. Os que já não sabem fazê-la. Os que deixaram de ser mestres para se tornarem alunos na universidade de imprensa que foi *O Cruzeiro* [...].[14]

Em sua coluna de duas páginas considerada intocável, Nasser se posicionou do lado da velha guarda e ainda rogou uma praga:

A platéia é a mesma, a mesma platéia de 1952, dos 730 mil exemplares de *O Cruzeiro* jamais alcançados de novo. E por quê? Por desprezarmos os nossos métodos vitoriosos para abraçar os métodos de uma revista vencida. Por menosprezarmos a nossa equipe, os nossos homens, para ir buscar, na sentina dos Diários Associados, os elementos da intriga, da mediocridade e do cinismo, aqueles que, à falta das qualidades naturais para o êxito, encontraram na calúnia, no rebaixamento do trabalho alheio, a sua própria sobrevivência.[15]

Nos anos 60, com a entrada do grupo de Odylo Costa, filho, mesmo os textos de repórteres premiados passaram a ser reescritos, por incompatibilidade com o novo estilo, em que não havia espaço para linguagem empolada, nariz-de-cera, informação não-checada e reportagens quilométricas. Tomando as dores dos companheiros, postos de lado pela nova geração, Nasser registraria o embate num artigo da própria revista *O Cruzeiro*, intitulado "Esquadrão de ouro".

> Hoje, na mudança geral, temos gente nova misturada com os velhos guerreiros da casa. Do berço à cátedra, nada mais que um salto. Da cartilha à antologia, apenas um passo. E esse admirável domador de focas que se chama Odylo Costa, filho, mestre do jornalismo de duas gerações. Urge a renovação. E, como num harém de velhas odaliscas que já não fazem vibrar o bandolim do sultão, faz-se a muda. O Esquadrão de Ouro da reportagem se esfacela. Não creio que disputará a próxima copa. O Repórter envelhece. A Experiência dá lugar à ousadia.[16]

Depois disso, Nasser foi para a *Manchete*. E, assumindo seu lado ficcional, criou uma novidade estilística: a "entrevista imaginária". Podia ser com um morto, como Costa e Silva, Tiradentes ou a princesa Isabel, ou mesmo com vivos, como Kissinger ou Médici. Muitas vezes, os personagens dialogavam, como numa conversa entre Ernesto Geisel e a rainha Elizabeth. Homem de fronteira, nunca assumiu a ficção por inteiro. *Giselle* foi seu único livro ficcional, contra dezessete de memórias e reportagens, muitas delas tão criativas quanto o folhetim. Jamais se dobrou à ditadura da objetividade. Em dezembro de 1980, foi enterrado sob um epitáfio que resume seu credo: "Saio deste mundo com a convicção de que não é nem a razão nem a verdade que nos guiam: só a paixão e a quimera nos levam a resoluções definitivas".[17]

## O QUE NÃO É JORNALISMO

A era em que jornalismo e ilusionismo rimavam perfeitamente parecia sepultada na primeira metade do século passado, quando os sucessivos escândalos na imprensa americana após 1980 assinalaram uma recaída na tentação de retocar a realidade. Para preservarem as fronteiras entre fato e ficção, vários órgãos de imprensa, como a revista *New Yorker*, apelavam para departamentos de *fact-checking*. No Brasil, a revista *Veja* fez o mesmo, criando um grupo de "checadores". O medo da contaminação deu origem à *prosecutorial editing*, ou edição cética, um método que checa as afirmações e os fatos do repórter linha por linha, como um promotor num interrogatório. Segundo Kovach e Rosenstiel:

> No fim, a disciplina da verificação é o que separa o jornalismo do entretenimento, da propaganda, da literatura ou da arte. O entretenimento — e seu primo "*infotainment*" — se concentra no que é mais divertido. A propaganda seleciona os fatos ou os inventa para servir a um propósito, que é a persuasão ou a manipulação. A literatura inventa cenários para chegar a uma impressão mais pessoal do que chama verdade. Só o jornalismo se concentra primeiro em registrar direto o que aconteceu.[18]

Embora de forma não sistemática, o *fact-checking* começou a ser aplicado em 1965, quando a *New Yorker* publicou a série de

Truman Capote que daria origem a outro clássico do jornalismo literário, *A sangue frio*. Capote se recusava a usar gravador e até mesmo a tomar notas dos depoimentos. Dizia que tinha uma memória fantástica. Seus críticos, que era um mentiroso. Um checador profissional foi enviado ao interior do estado do Kansas, onde o escritor pesquisou durante seis anos o assassinato de um fazendeiro e sua família, e voltou impressionado com o rigor no levantamento de dados. Mais impressionados ainda ficaram os leitores com a capacidade do autor de descrever pensamentos dos personagens e reconstruir cenas e diálogos que jamais presenciara.

Em princípio, um ficcionista enfrenta maiores dificuldades do que um repórter para narrar uma história, por ter de criar todo um enredo, personagens e cenários a partir da imaginação. A vantagem é que pode moldar o personagem ao bel prazer. Esse seria o sonho do repórter quando, forçado por uma espécie de jornalismo-gincana, é obrigado a encontrar o entrevistado perfeito para encarnar um ideal que muitas vezes só existe na pauta. Mesmo que seja preciso retocar a imagem ou omitir dados sobre o personagem, o importante é que ele ilustre a "tese" da matéria, que dificilmente será mudada, mesmo que diga algo muito mais interessante ou surpreendente.

Por isso, a tentação de desgrenhar o acontecimento, como dizia Nelson, é grande. E de penteá-lo também. Nem sempre o repórter testemunha a cena de um ângulo perfeito, seus entrevistados são verbalmente articulados, os fatos ou as versões têm alguma coerência. Em circunstâncias desfavoráveis, o jornalista se vê tentado a corrigir a realidade ou ir mais além, apelando para o chamado *fabrifact*, fato fabricado.[19] Mesmo que não chegue ao maquiavelismo do Amado Ribeiro de *O beijo no asfalto*, peça em que Nelson Rodrigues expõe a falta de escrúpulos de uma imprensa que não se importa em destruir vidas para vender jornal, o jornalista é capaz de criar cenas, torcer declarações, ignorar contradições e induzir depoimentos de forma que uma história banal se transforme num escândalo. Se não o fizer, seu editor, com um simples título mais forte, pode fazer por ele. Ou mesmo a fonte, soltando "balões de ensaio", boatos ou informações em *off* para prejudicar concorrentes ou desafetos.

Em 1994, o caso Escola Base mostrou-se um exemplo de linchamento público de inocentes. Os donos, professores e servidores do colégio foram acusados de pedofilia sem nenhuma prova concreta. Acabaram liberados pela Justiça, falidos e traumatizados. Para Luís Nassif:

> Os anos 90 se constituíram em um período perigoso para o jornalismo. Abusou-se do chamado "esquentamento da notícia", método que levou o jornalismo aos limites da ficção. Em nome do espetáculo atropelaram-se princípios básicos de direitos individuais, deixou-se de lado a objetividade e a isenção, abriu-se espaço para chantagistas, para dossiês falsos. Não raras vezes, levou-se o país à beira da desestabilização política.[20]

Mas descrever um acontecimento não é algo tão simples assim, mesmo para quem se atém à ética jornalística. Numa reportagem, o mais importante pode ser encoberto pelo mais interessante. Fatos objetivos são suscetíveis a interpretações discordantes. A verdade depende da perspectiva de quem observa — e de um olhar treinado para perceber manipulações. O jornalista Zuenir Ventura narra o momento em que o conceito de objetividade começou a ser posto em questão.

> Acho que o que é específico do jornalismo é o contato com a realidade, o corpo-a-corpo com o real. A partir dos anos 80/90, a gente tinha muito nítida a diferença entre jornalismo e literatura.

Nas minhas aulas, dizia: jornalismo é realidade, fala de um fato verificável. Literatura trabalha com a imaginação.

A partir dessa época, há uma mistura de planos. O que é realidade? A discussão vem de outras áreas e acabou se refletindo de uma forma curiosa no jornalismo. Exemplo, meu livro *Inveja: o mal secreto* brinca com essas fronteiras, com a arrogância do jornalista que diz: o que eu escrevo é verdade. O jornalismo não é o território da verdade, há sempre subjetividade, recriação. Essas fronteiras ficaram muito nítidas nos anos 60, como reação ao jornalismo mentira, de David Nasser & Cia. O lide era uma tentativa de aprisionar naquela fórmula a realidade. O mito da objetividade foi muito bom, num primeiro momento, porque livrou o jornalismo do nariz-de-cera e da mentira (o que era pior, o jornalista não dizia que estava mentindo, inventava, dizendo que estava falando a verdade). Mas, num segundo momento, o mito foi ruim porque fez o jornalista acreditar que poderia ter esse nível de objetividade. Lembro-me de uma frase de Godard dizendo que a câmera pode ser de esquerda ou de direita. Se uma máquina pode ser a favor ou contra, só mudando o ângulo, imagine o que não se pode fazer com a linguagem, que está encharcada da nossa subjetividade.[21]

O que significa para o jornalista dizer a verdade, quando o relativismo cultural mostra que não existe essa tal verdade empiricamente verificável fora das condições ideais dos laboratórios científicos? A exatidão factual também pode esconder distorções, porque jornalistas não apenas reproduzem os fatos, mas dão sentido a versões dos acontecimentos em suas reportagens. Eventualmente, uma história pode ser escrita a partir de ângulos diferentes e vários deles serem verdadeiros. Por isso, relatar o fato de forma fidedigna é muito diferente de descobrir a verdade sobre o fato, aprende-se com a prática. A mentira é muito clara para quem a comete. Mas a verdade é complexa para quem a busca.

*BLOG*: A FONTE FALA

Abalada pela crise de credibilidade que a onda de reportagens fraudulentas e o próprio questionamento sobre o conceito de verdade produziram, a imprensa se vê ainda atacada em outro flanco: seu papel de mediadora entre o público e o real. A internet democratizou o acesso à informação, transformando-a num recurso compartilhado, pelo menos entre aquelas 600 milhões de pessoas, cerca de 10 % da população mundial, que, de alguma forma, têm acesso a computadores. Nesse cenário, o jornalista não mais detém o privilégio da informação em primeira mão, nem é mais seu *gatekeeper*, seu guardião.

Os governos não podem censurá-la, a não ser como fez o de Cuba, que, em janeiro de 2004, aprovou uma lei limitando o acesso à internet no país a umas poucas pessoas autorizadas.[22] O temor dos governos se explica porque as próprias fontes passaram a produzir conteúdo jornalístico em *websites* e *webblogs*, participando ativamente na criação e disseminação de informações.

É uma espécie de jornalismo "faça-você-mesmo". Publicações virtuais contendo comentários, *links* e notícias atualizadas, organizadas em ordem cronológica, os *blogs* têm um formato que varia do diário pessoal à formação de grupos de discussão. Fáceis de criar, operar e manter, sua tecnologia é baseada no hipertexto, o que permite que o conteúdo de várias fontes seja "lincado" à página, transformando-a numa nova forma de edição de informações. Jason Lasica comenta:

> Chame isso de jornalismo participativo ou jornalismo marginal. Simplificando, o *blog* diz respeito a indivíduos que desempenham um papel ativo no processo de coletar, reportar, armazenar, analisar e disseminar notícias e informações — tarefa antes reservada quase que exclusivamente aos meios de comunicação.[23]

O *blog* também pode ser uma fonte primária, produzido por pessoas que estejam no centro de algum acontecimento. Foi o caso de Salam Pax, pseudônimo usado por um arquiteto iraquiano de 29 anos. Entre 2002 e 2003, seu *blog* <www.dear_raed.blogspot.com> registrou em tempo real a invasão de Bagdá. A experiência, que começou como uma espécie de brincadeira para se corresponder com o amigo Raed, na Jordânia, deixou de lado os comentários triviais típicos de um diário *on-line* para se tornar uma fonte privilegiada de informações sobre o cotidiano iraquiano antes, durante e depois da guerra. E acabou virando livro, *O blog de Bagdá*, publicado em vários países.

Seus *posts*, na linguagem da internet, equivalem aos informes que os correspondentes passavam para o outro lado do mundo antes mesmo do advento da imprensa. Amadores que, quando profissionalizados, passaram a se chamar jornalistas. O próprio Salam Pax acabaria cooptado pela grande imprensa, convidado a assinar uma coluna no jornal inglês *Guardian*.[24]

O repórter americano Christopher Allbritton também usou o formato do *blog* para mandar informes direto do Iraque durante a guerra. *Free-lancer*, ele ofereceu aos leitores que o acompanhavam em sua jornada a Bagdá informação e fotos em primeira mão, além de o direito de postar comentários e sugestões. Autofinanciado, o <www.Back-to-Iraq.com> recebeu doações de mais de trezentas pessoas, contabilizando 14 mil dólares, usados para pagar a viagem do jornalista. Durante o conflito, o *blog* de Allbritton teve uma média de 25 mil *page views* por dia.[25]

O *blog* pode ser um novo tipo de jornalismo, mas não necessariamente. De certa forma, ele repersonaliza a figura do repórter, permitindo a interação com o leitor e a expressão de emoções e opiniões. Seu formato livre proporciona a combinação de diversos gêneros narrativos, como o diário, a correspondência, a colagem, a poesia, a ficção, o ensaio, a música, a fotografia, o vídeo. Mas também levanta dúvidas sobre a autenticidade de seu conteúdo. Quem garante que Salam Pax era mesmo quem dizia ser e não um autor de ficção, ou uma Psyop (*psychological operation*), como são designadas as ações militares realizadas para influenciar a percepção de indivíduos ou grupos formadores de opinião, se nem um órgão de imprensa tradicional como *The New York Times* conseguiu impedir Jason Blair de publicar suas ficções como se fossem reportagens?

## MAKING OF

Na literatura dos anos 90 também se verifica um embaralhamento das categorias de ficção e não-ficção. Um dos melhores exemplos é *Nove noites*, de Bernardo Carvalho, uma espécie de *making of* de uma grande reportagem. O formato está presente, ainda, em *Inveja: o mal secreto*, de Zuenir Ventura; *Santa Evita*, do jornalista argentino Tomás Eloy Martínez; *O ladrão de orquídeas*, da jornalista americana Susan Orlean, e *Mongólia*, do próprio Bernardo Carvalho, entre outros.

Na forma de cruzar as fronteiras entre literatura e jornalismo, o modelo do *making of* se distancia completamente do romance-reportagem dos anos 60, que ficcionalizava a informação, e mesmo do *new journalism*, que injetava técnicas literárias no texto jornalístico. Ao colocar em cena os bastidores da apuração, sua construção em forma de tentativa e erro, o modelo acaba por mostrar ser impossível separar fato de ficção, real de imaginação, dados objetivos da subjetividade do autor, o repórter do escritor moldado por suas influências literárias.

Quando planejado por escritores jornalistas, o jogo de verdade e mentira enlouquece até mesmo o leitor mais treinado a trilhar as pistas falsas das narrativas pós-modernas. "É preciso estar preparado. Alguém terá que preveni-lo. Vai entrar numa terra em que a verdade e a mentira não têm mais os sentidos que o trouxeram até aqui", avisam as primeiras linhas de *Nove noites*.[26] Em *Inveja: o mal secreto*, o objetivo também foi misturar deliberadamente real e imaginação ao descrever a apuração de um livro-reportagem.

> Eu não queria fazer ficção, pesquisei muito. Mas, quanto mais pesquisava, mais via que tudo já tinha sido escrito. E eu sou jornalista, não sou sociólogo, psicanalista, antropólogo. Eu sei contar histórias. Até que me toquei que, mais do que o que eu encontrava, a ida a certos lugares, o fato de conhecer certas pessoas, era o mais interessante. No jornalismo, a gente não conta o processo, só conta o resultado. Às vezes, você chega na redação e conta o que aconteceu e é muito mais legal do que a matéria que sai publicada. Então resolvi falar do processo. Por que não fazer um livro sobre o *making of*, não à parte, como no cinema? Mas dentro, um livro sobre alguém que estava escrevendo um livro. A partir de determinado momento, comecei a ver que teria problemas de natureza ética por ser um tema explosivo e usar determinados personagens. Comecei a disfarçar esses personagens, misturar, tirar nomes. A partir daí, tive liberdade para criar. Foi fundamental ter tido a base das pesquisas. A literatura começa a partir de uma realidade perdida ou de uma que não existiu. Essa realidade está sempre dentro da ficção. Essa base da realidade faz bem para a ficção. Zé Rubem Fonseca é um exemplo disso. Passou noites como mendigo para escrever "A arte de andar nas ruas do Rio de Janeiro". Até para transcender, para inventar, é preciso conhecer.[27]

Mas há grandes diferenças entre o velho realismo — quase sempre na terceira pessoa, impessoal, cujo projeto é esconder do leitor o ato deliberado de construção literária — e o novo, desconstrucionista, na primeira pessoa, que revela não só os andaimes da imaginação, mas o processo de apuração do jornalismo. A função objetiva (embora nem sempre consciente) do romance *making of* é minar a ilusão de verdade. Mostrar que o fato também é uma construção discursiva, uma ilusão referencial. A tensão que provoca entre os aspectos jornalísticos e literários introduz ambigüidades e dúvidas na narrativa, levando o leitor a se confundir sobre o que é factual e o que é ficcional. E mostra como ele pode ser facilmente iludido.

## O QUE É E O QUE NÃO É LITERATURA?

Da poesia parajornalística de Gregório de Matos ao folhetim-reportagem de Lima Barreto, do jornalismo-mentira de Nelson Rodrigues à liberdade diária da crônica, passando pelo *new journalism* e pela *narrative writing*, sem falar nos inúmeros casos de reportagens ficcionais e no falso realismo do *making of*, não faltam exemplos de *crossover texts* capazes de borrar as linhas de demarcação entre os gêneros literários. Fronteiras que, numa perspectiva histórica, são surpreendentemente novas.

Historicamente produzida, e devidamente naturalizada, a definição do objeto literário tem variado ao longo do tempo, conforme as convenções narrativas. O conceito de literatura desenvolveu seu sentido atual apenas no século xix. Até então, estava longe de ser sinônimo de ficção. Sob a Renascença, por exemplo, o sentido de *litterae humanae* distinguia apenas os textos seculares dos religiosos.

O processo de especialização literária levou a uma rígida distinção entre a ficção e outros tipos de escrita, como o jornalismo, a filosofia, o ensaio, o estudo histórico. Eles podem ou não possuir mérito literário. Mas não são geralmente descritos como literatura, "que pode ser entendida como livros bem escritos e ainda mais claramente entendida como livros bem escritos de um tipo imaginativo ou criativo", explica Raymond Williams.[28]

A especialização da literatura em direção à ficção, a um texto produzido exclusivamente pela imaginação, tornaria-se uma das bases do romantismo que consagrou a figura do autor. Mas, até o final do século XVIII as fronteiras entre ficção e não-ficção não eram nada rígidas. Um exemplo: os romances de um escritor jornalista reputado, como Daniel Defoe, sempre eram apresentados como histórias reais por seu autor. O motivo, explica Sandra Vasconcelos, em *Dez lições sobre o romance inglês do século 18*, era "vencer as resistências de um público acostumado à arenga de que leitura de ficção era sinônimo de perda de tempo e hábito reprovável".[29]

Quem compara a verdadeira história do corsário escocês Alexander Selkirk, que viveu isolado numa ilha do Chile, por quatro anos, com a de *Robinson Crusoé*, náufrago que teria passado 28 anos numa ilha perto do imaginário rio Oronoque, julga que, mesmo que Defoe tenha se inspirado nas reportagens e nos diários de Selkirk, sua história dificilmente poderia ser classificada como "baseada em fatos reais". Publicado em 1719, doze anos após o resgate do náufrago, o livro foi um sucesso, apesar de fatos inverossímeis, como um navio que afunda durante uma tempestade e é avistado algumas páginas depois, erro corrigido na segunda edição.[30]

O processo de separação entre o discurso jornalístico (*news*) e o ficcional (*novel*) acabaria sendo fundamental para a constituição do romance moderno. Segundo Sandra Vasconcelos:

> Essa incerteza quanto ao caráter factual ou ficcional da narrativa fez, então, com que uma das maiores preocupações dos primeiros romancistas fosse desenvolver uma teoria do romance que lidasse

de forma adequada com essa questão epistemológica. Nos seus estágios iniciais, o romance se apresentava como uma forma ambígua, uma ficção factual que negava sua ficcionalidade e produzia em seus leitores um sentimento de ambivalência quanto a seu possível conteúdo de verdade. Essa indiferenciação teria que ser desfeita para que as narrativas factuais pudessem se distinguir das ficcionais e se pudessem constituir os dois tipos de discurso originários daquela matriz: o jornalismo e a história, de um lado, e o romance, do outro.[31]

Hoje, o *status* de ficcional ou factual depende de um contrato implícito. No caso do jornalismo, o de narrar um fato verdadeiro. No da literatura, o de privilegiar a imaginação e a concepção estética. Mas a exclusão de conteúdos não-ficcionais do conceito de literatura pode interferir profundamente na forma de recepção de um texto. Às vezes, basta mudar seu suporte material. Com isso, uma reportagem pode ganhar *status* literário quando impressa em livro. Ou um texto ficcional pode simular uma reportagem a ponto de enganar jurados experientes de prêmios como o Pulitzer. Por esse motivo, o conceito fechado de literatura tem sido abandonado em prol de outros mais abertos, como texto, escritura ou discurso, propõe Raymond Williams.

Significativamente, nos últimos anos, literatura e literário, embora ainda tenham o sentido corrente semelhante ao que ganharam após o século XVIII, têm sido conceitos cada vez mais transformados, no que é convencionalmente seu próprio campo, por conceitos como escritura e comunicação, que tentam recobrar o senso mais ativo e geral que a extrema especialização parece ter excluído. No entanto, em relação a esta reação, literário adquiriu dois sentidos desfavoráveis, ligados ao livro impresso ou ao passado literário mais do que ao texto e discurso contemporâneo; ou como (irreal) evidência direta dos livros em vez de "experiência factual". Este último sentido esbarra em todo o complexo de relações entre literatura (poesia, ficção, escrita imaginativa) e real ou experiência atual.[32]

Os diferentes graus de separação entre jornalismo e literatura correspondem à divisão em dois modos distintos de produzir, publicar, difundir, ensinar, ler e criticar os textos, baseados em dois mitos: o da objetividade da imprensa e o da autonomia da ficção como uma categoria estética. Essa divisão instaura convenções narrativas diferentes para a literatura e para o jornalismo, estabelecendo um contrato de leitura entre emissor e receptor que está na base da polarização entre os dois campos. Contrato que "age a uma só vez na objetividade, sob a forma de um espaço de posições antagônicas, e nos espíritos, sob a forma de esquemas de apreciação que organizam toda a percepção do espaço dos produtores e dos produtos", adverte Bourdieu.[33] Essas convenções regulam o estatuto social do escritor, a forma de consumo e os critérios estéticos para apreciação de um texto.

A confusão provocada por *crossover texts*, como o jornalismo ficcional e o *making of* literário, revela que essas convenções narrativas têm uma autoridade como produtoras de real muito maior do que aparentam. No caso da imprensa, não está em jogo apenas seu poder de declarar a verdade sobre os acontecimentos, mas de ditar até mesmo a forma como um discurso pode ser lido como verdadeiro. Uma vez naturalizada, essa tecnologia cognitiva pode ser facilmente manipulada. E, com isso, a obsessão pela clareza de linguagem e objetividade presente nos meios de comunicação pode esconder, por exemplo, o uso do jornalismo como veículo de propaganda.

Enquanto o jornalismo reage ultrajado ao descumprimento de seu mandamento número um, o compromisso com o real, fonte de toda a sua credibilidade, o conceito de literatura também vem sendo relativizado, dissolvendo a oposição entre ficção e não-ficção numa nova ordem de discursos. A vantagem é que novas categorias, como a de discurso, permitem ver com mais clareza suas utilidades e contaminações: um discurso dificilmente é puro. Como diz Phyllis Fruss:

> Isso move a divisão entre os discursos fora da questão fato-ficção (se as referências do texto são históricas ou inventadas) e desloca essa diferença para o processo de produção e reprodução, os atos de escrever e ler. Uma vez que percebamos que algumas narrativas sugerem estratégias particulares de leitura [...] vemos que podemos ler romances realistas ou jornalismo objetivo (que tende a esconder seu *status* de discurso) com atenção à sua materialidade.[34]

## O NOVO ROMANCE REALISTA

Em julho de 2003, o jornal *Folha de S.Paulo* publicou um debate entre os quatro principais escritores da nova geração: Bernardo Carvalho, Luiz Ruffato, Marçal Aquino e Milton Hatoum. Os três primeiros, jornalistas. O último, professor universitário com uma breve experiência como crítico na revista *IstoÉ*.[35] Entre as questões abordadas, o novo surto de realismo que estaria vivendo a ficção contemporânea.

"Um dos problemas da literatura brasileira hoje é essa submissão à realidade", provocou Bernardo Carvalho. "Se você for submisso à realidade não precisa nem escrever. Quando se escreve é por que se acredita em algo. Acho que há uma espécie de volta ao naturalismo na literatura brasileira que é uma submissão a essa idéia de que a realidade determina o que a realidade é."

Mas seria possível para a ficção fechar os olhos a essa realidade brutal que se impõe a cada manchete de jornal? Luiz Ruffato ressalva que "todo tipo de literatura reflete em algum grau a inserção" do autor na realidade. "Com certeza a visão desesperançada é uma característica da literatura como um todo. Não há muita saída para isso. A realidade sempre sufoca." Pode-se ler nas entrelinhas do depoimento de Ruffato que o jornalismo figura como o principal contraponto para o literário: "Uma coisa que eu chamarei de mimética, que é quase jornalística, que se faz muito, e que acho um horror. Outra coisa é a reflexão sobre essa realidade".

Marçal Aquino reconhece esse parentesco entre os dois gêneros, mas lembra que há sutilezas e gradações nessa aproximação entre ficção e real. Do tosco romance-reportagem, praticamente sem valor literário, que ainda teimam em realizar alguns autores que desconhecem seu anacronismo, a um realismo-naturalismo que se aproveita das técnicas literárias e cinematográficas, há uma enorme distância.

> Existe uma literatura que está, a rigor, muito próxima do jornalismo, que é quase o registro *in natura* da ocorrência cotidiana. Tem outra que só parte da realidade, o que é maravilhoso. Não se pode ter a pretensão de apreender a realidade, você parte dela para criar. A realidade é sempre mais brutal do que qualquer ficção enlouquecida. No meu caso a realidade está muito próxima do meu texto, é um caminho que escolhi, é até uma limitação minha.

> Mas até pela prática do jornalismo percebi que querer transportar a realidade de forma direta sem o filtro da ficção soa artificial.

Milton Hatoum chama a atenção para a falta de elaboração estética de uma ficção realista, que herdaria as piores características do jornalismo, entre elas, a pressa, inimiga da perfeição, e a preocupação com o mercado. Segundo ele, "há uma pressa muito grande em publicar. E temas comuns em grande parte. Um erotismo cru, a violência, como se de alguma forma o conto-reportagem dos anos 70 ressurgisse com outra feição".

Bernardo Carvalho voltaria ao tema do realismo cinco meses depois, em sua coluna na *Ilustrada*, da *Folha de S.Paulo*. Ao comentar a obra de um novo escritor, João Paulo Cuenca, representante da geração batizada de 00, ele aprofunda suas concepções estéticas. "Todo escritor que se preza sabe que os infernos reais, quando transpostos para a literatura, são sempre imaginários, são sempre uma criação. Se a literatura é um espaço privilegiado e libertário, é justamente por dar à imaginação o mesmo peso da vida", afirma.

> Seria preciso uma certa dose de pobreza de espírito para defender a esta altura do campeonato a ilusão de que só faz boa literatura quem viveu na carne o que tem para contar. Seria endossar uma concepção empobrecida do que significa viver (e escrever). Seria reduzir a literatura ao depoimento. Seria descartar noventa por cento do que de melhor já se escreveu na história da humanidade, o fim da imaginação, da invenção e da arte. Basta estar vivo para contar. Em literatura, a experiência é sempre imaginária, por mais que ela tenha sido vivida pelo autor (e ela sempre é vivida, de uma forma ou de outra, o que torna essa questão totalmente secundária). O texto literário não é apenas o relato de uma experiência prévia; ele é a própria experiência.[36]

De fato, na literatura realista, a experiência de real tende a ser tão ou mais valorizada do que a experiência estética. Vida e ficção estão intimamente conectadas. Mas seria mesmo possível desconectá-las? "Escrevemos — e isso se mistura com o 'vivemos'", diz Marçal Aquino em sua carta-confissão na coletânea *Geração 90: manuscritos de computador*.[37] "Felizes os que deixam isso para lá e vão cuidar da vida. Mas que vida? A nossa andou tão misturada com essa coisa da literatura que é impossível concebê-la de outra forma. E mesmo os que abandonam o barco continuam sonhando com o mar."[38]

No entanto, o realismo não é apenas uma ficção que reproduz factualmente a experiência. Também ele é um artifício que produz, isso sim, uma ilusão de mundo que reconhecemos como real. O novo realismo baseia-se justamente na indefinição entre realidade e ficção, arte e não-arte, obra e produto. Num reflexo do brutal rompimento de todas as barreiras e proteções, ele se identifica primordialmente com a questão da violência. Herança do romance-reportagem ou influência da obra de Rubem Fonseca, não importa. É à violência — e não ao amor, como no romantismo — que o escritor contemporâneo se sentirá obrigado a recorrer quando quiser discutir as questões relevantes do presente e buscar um efeito de realidade. Mas a repetição de um *leit-motiv* tem seu preço, o esgotamento da fórmula. Como nota Beatriz Resende:

> Convenhamos, leitores e espectadores têm sido submetidos a uma *overdose* de matadores por todos os lados. Começa a cansar. A exibição realista de cenas violentas não é mais privilégio de nenhum veículo, mas, quando esse realismo ocupa de forma tão radical a literatura, duas conseqüências aparecem. Em algum momento o excesso de realidade torna-se banal, perde o impacto, começa a produzir indiferença. O foco excessivamente fechado do mundo do crime termina por recortá-lo do espaço social e político, da vida pública. Torna-se, então, ação passada num espaço desterritorializado que não tem mais nada a ver com o leitor. Em seguida, expõe o autor a pecados de verossimilhança, conceito mais do que superado que volta a valer quando o realismo toma as rédeas da criação.[39]

Por isso, "é bem possível que falte à realidade a riqueza estilística da mentira — assim como a verdade desconhece a retórica tentadora da imaginação", filosofa o escritor morto, "como o século xx e as canetas-tinteiro", de Antonio Fernando Borges, em *Braz, Quincas e Cia.*[40] Essa "tensão dialética dos estratos reais e irreais", já diagnosticada por Eduardo Portella, permeia, de forma sutil ou explícita, toda a ficção produzida por escritores jornalistas.[41] E, mais ainda, coloca em jogo uma questão metodológica: em que sentido a narrativa do real difere da narração imaginária?

Sem dúvida, o principal critério de distinção entre textos ficcionais e não-ficcionais, mesmo que produzidos pelo mesmo autor, é a realidade. Convencionou-se que a narrativa jornalística trata de um fato real e não imaginário. Já à literatura, o critério de verdade não se aplica. Quando muito, o da verossimilhança.

O segundo critério que distingue os dois gêneros é a linguagem. Em oposição ao discurso literário, o jornalismo dá ênfase a seu aspecto utilitário, com uma linguagem voltada para a compreensão do leitor, e também a sua transparência, como se os fatos pudessem falar por si mesmos. Esse efeito de objetividade é produzido na medida em que o narrador jamais intervém, apagando as marcas de sua subjetividade.

Mas, na ficção ou no jornalismo, a escolha do pronome pessoal pode ser apenas um "álibi retórico", um efeito literário como outro qualquer, como diz Roland Barthes:

A nível de discurso, a objetividade — ou carência dos signos do enunciante — aparece assim como uma forma particular de imaginário, o produto do que se poderia chamar de ilusão referencial, visto que o historiador pretende deixar o referente falar por si só. Essa ilusão não é exclusiva do discurso histórico: quantos romancistas — na época realista — imaginam ser "objetivos" porque suprimem do discurso os signos do eu![42]

Ao contrário da transitividade do texto jornalístico, sempre de olho no leitor (e no mercado, em última instância), a "intransitividade radical" da literatura se basearia em dois ideais: autonomia lingüística e auto-referência. Ou seja, não ter necessidade de "comunicar" algo de forma objetiva, nem ter nenhuma relação com a realidade. Mas até onde iria essa autonomia no mercado editorial brasileiro contemporâneo?

# 13. Hierarquias alteradas

*Assim como a pintura perdeu muitas de suas funções tradicionais para a fotografia, o romance as perdeu para a reportagem e para os meios da indústria cultural.*

Theodor Adorno

Ainda não se pode dizer com certeza quem é o grande nome, talvez nem tenha sido escrito o grande romance da geração que se firmou a partir dos anos 90 — se é que esse tipo de raciocínio ainda é possível. Mas parece ser bastante claro que o mercado para a ficção e a poesia contemporâneas mostra um encolhimento em relação às grandes tiragens dos autores da geração anterior. Os jornalistas que conseguem chegar às listas de mais vendidos com seus livros escrevem, em geral, não-ficção, como Caco Barcellos, Eduardo Bueno, Elio Gaspari, Ernesto Rodrigues, Fernando Morais, Marcel Souto Maior, Mario Sergio Conti, Ruy Castro e Zuenir Ventura. Seus livros são verdadeiros *bestsellers*, com números de vendagem que ultrapassam os cinco dígitos. No topo, está Fernando Morais, autor de *Olga* (400 mil exemplares vendidos desde o lançamento, em 1985, até o início de 2004, antes de virar filme e voltar às listas de mais vendidos), *Chatô* (205 mil exemplares) e *Corações sujos* (65 mil exemplares).[1]

Entre esses escritores jornalistas, apenas dois, Zuenir Ventura (com *Inveja: mal secreto*) e Ruy Castro (com *Bilac vê estrelas*), aventuraram-se na ficção, buscando uma síntese entre imaginação e apuração. No caso de Zuenir Ventura, trata-se do *making of* de uma reportagem sobre esse pecado capital. No de Ruy Castro, de um pastelão de romance histórico. "Hoje você precisa do mercado. Mais do que nunca. E o mercado não é literário, é jornalístico, com pouquíssimas exceções", comenta Zuenir, arriscando explicações para o "fastio do leitor pela ficção."

> Quando fiz 68 [o livro *1968: o ano que não terminou*], as pessoas me elogiavam dizendo: parece um romance. Eu preferia que me dissessem: parece uma grande reportagem. Hoje posso dizer que era um romance sem ficção. Usei muitos recursos da literatura, mas não foi nenhuma apropriação indébita. Nada naquele livro foi inventado, tudo pode ser checado. Após a abertura, havia uma enorme demanda de realidade, a literatura serviu de inventário da ditadura. Gabeira foi um dos primeiros a contar o que foi escamoteado durante trinta anos. Mas a geração que escrevia ficção durante a ditadura fazia uma literatura alegórica. Cansou. Talvez o fastio do leitor pela ficção hoje seja resíduo disso. Assim como o interesse pelas grandes reportagens. Para mim, é um mistério, porque nunca houve tanta realidade exposta como agora. Hoje, a censura é do mercado. Você publica o que quiser, você sabe tudo. Apesar dessa *overdose* de realidade, por que é que a realidade em livro ainda vende? Talvez isso tenha a ver com uma realidade fragmentada. Num livro, ela faz sentido. Talvez o leitor esteja em busca de sentido. Afinal, o jornalismo tem informação demais. O que falta é explicação.[2]

Como mostra o exemplo desses dois jornalistas, que tiveram a vendagem de seus livros sensivelmente diminuída quando enveredaram pela literatura, existe um maior interesse do público pela não-ficção produzida por jornalistas — biografias, grandes reportagens, depoimentos, memória, história — do que pela ficção nacional. Em comparação com o livro-reportagem, a ficção e a poesia nacionais merecem o título de *worst-sellers*. A literatura "pouco rendeu, quase nada foi editado em outros países", assinala Nelson de Oliveira no prefácio de *Geração 90: manuscritos de computador*.[3] Sintomaticamente, nessa coletânea de contos de dezessete autores contemporâneos, sete são jornalistas (Antonio Fernando Borges, Cadão Volpato, Carlos Ribeiro, Marçal Aquino, Michel Laub, Luiz Ruffato e Cíntia Moscovich).

A partir dos anos 80, difundiu-se na imprensa a idéia de que os leitores estão ocupados demais, imersos num excesso de informação, para se interessar por grandes reportagens, cuidadosamente apuradas e escritas. No entanto, se elas foram virtualmente expulsas dos jornais e revistas, no mercado editorial vivem uma era de ouro. Livros-reportagem têm mais chance do que a ficção de render para seus autores polpudos adiantamentos, prêmios e até contratos de adaptação para o cinema e para a TV.

Por trás disso, há o problema do custo. Revistas e jornais estão redefinindo seu espaço editorial em torno de reportagens menores, mais rápidas e baratas. Em vez de pagar uma estrela do jornalismo para se dedicar a uma matéria que pode levar semanas, ou meses, para ocupar algumas páginas, os órgãos de imprensa optam por contratar repórteres iniciantes, que se disponham a preparar várias matérias (e preencher muitas páginas) ao mesmo tempo, de preferência sem sair da redação. E usar o jornalista mais experiente para editar seus textos ou escrever uma coluna. O jornal já não quer mais pagar pela reportagem, subsidiando os gastos, viagens e salário de um profissional caro, que pode levar semanas para pesquisar, apurar, estruturar, escrever e reescrever um texto. Uma série de reportagens, como a desenvolvida por Zuenir Ventura entre 1989 e 1990, em torno do caso Chico Mendes, hoje seria financeiramente inviável para um órgão de imprensa como o *Jornal do Brasil*. Mesmo que pudesse render prêmios, como o Esso de Jornalismo e o Vladimir Herzog de reportagem. A volta do repórter à Amazônia, em 2003, foi viabilizada pela editora que publicou o livro, apostando em seu potencial comercial. Lançado em dezembro do mesmo ano, *Chico Mendes: crime e castigo* logo chegou ao topo da lista de mais vendidos.

Mas não foi só o enxugamento dos custos que minou a grande reportagem. Fatores como as *breaking news*, canais de notícias 24 horas e a informação em tempo real na internet fizeram com que a noção de tempo do jornalismo mudasse, gerando ciclos mais curtos até mesmo na formação de seus profissionais, que dificilmente saem das faculdades prontos para encarar uma grande reportagem.

Por sua vez, a ficção vive, neste momento, uma desconfiança do leitor semelhante ao do espectador de cinema, dez anos atrás: se é produção brasileira, não vi e não gostei. Nem os críticos e professores de literatura escapam desse preconceito, indiferentes até aos prêmios que seus principais representantes já conquistaram. De costas para o presente, a grande maioria prefere repisar o caminho seguro das obras-primas indiscutíveis a analisar as questões que estão sendo colocadas pela nova geração. Nos colégios, os alunos saltam das obras infanto-juvenis para um treinamento forçado em história da literatura brasileira. Isso faz com que, em matéria de autores contemporâneos, cheguem no máximo aos clássicos do alto modernismo. Dos escritores que tratam das questões de seu tempo, em geral, nunca ouviram falar.

Poetas, então, nem pensar. O gênero é desprezado pelas grandes editoras, porque não vende, e seu consumo restringe-se quase que exclusivamente ao próprio círculo de produtores. No momento em que esta enquete foi realizada, apenas quatro escritores jornalistas da geração 90 dedicavam-se à poesia, três deles paralelamente à carreira acadêmica.

## BEST-SELLERS E WORST-SELLERS

Os números do mercado editorial refletem uma inversão na tradicional hierarquia entre literatura e jornalismo, em que caberia ao último uma espécie de inferioridade estrutural. A ponto de Ronaldo Bressane enumerar, entre as vantagens de trabalhar na imprensa, a possibilidade de, "ao chegar a um hotel em qualquer lugar do mundo, poder escrever na ficha de entrada 'jornalista' para ganhar o melhor quarto ('escritores' sempre ficam com o quarto dos fundos)".[4]

Não é a primeira vez na história que esse tipo de inversão acontece. Antes que fossem institucionalizadas as atuais fronteiras e hierarquias, o romance é que era considerado um gênero bastardo, inferior à poesia e ao teatro. Até o início do século xx, era suspeito por sua relação com o folhetim. A comercialização de literatura e seu retalhamento para ser consumida nas páginas dos jornais implicava uma desvalorização da arte, logo pressentida por aqueles que pregavam a incompatibilidade entre os dois discursos.

Mas é preciso levar em conta que, em matéria de literatura, a hierarquia que tem como valor a posição da obra na lista de mais vendidos coexiste com uma pirâmide invertida, em que uma alta vendagem pode ser até fator de desprestígio para um autor. Para a crítica literária mais simplista, vigora uma espécie de "lógica Tostines" ao contrário. Se o livro é bom, não vende. Se vende, é porque não é bom. Como não é considerada literatura, mesmo que brilhantemente escrita, a grande reportagem escapa a essa lógica. Por isso, é fundamental discutir relações, fronteiras e contaminações e não simplesmente repisar hierarquias discursivas.

Hoje, a velha questão se o jornalismo é ou não um gênero literário, levada a cabo por Alceu Amoroso Lima e Antonio Olinto, tornou-se obsoleta.[5] A dúvida sobre se o jornalismo merece ou não ser enquadrado como um subgênero literário revelou-se uma conseqüência do processo histórico que permitiu a elevação da ficção a uma categoria quase transcendente no século XIX, graças ao rebaixamento do jornalismo ao puramente factual e comercial. Para Phyllis Fruss:

> Em vez de se dar conta das raízes etimológicas que *novel* divide com *news* (O que é novidade?), este gênero, quando visto como uma categoria naturalmente superior, ganha uma transcendência sobre a imprensa, torna-se uma forma de acesso a uma verdade maior, acima dos meros fatos e dia-a-dia do jornalismo. Assim, a divisão dos discursos no início do século XX passou da separação da poesia e da prosa para a separação da literatura de formas não-literárias, da ficção para a não-ficção.[6]

A separação em campos autônomos fez com que, gradativamente, literatura e jornalismo passassem a se enxergar como tipos diferentes de textos, com seus próprios valores estéticos, numa relação paralela e não hierárquica. Grandes jornalistas hoje podem se dar ao luxo de dispensar a literatura e ainda assim terem a marca de seu estilo autoral reconhecida e admirada. Com isso, a ênfase em questões como a suposta superioridade estética da ficção pode ser deslocada para sua inter-relação com outros gêneros.

Num momento em que a realidade parece ultrapassar a mais fértil imaginação de qualquer escritor, o discurso jornalístico pode até se julgar — com base no aval dos leitores — superior à literatura. Isso já foi dito e repetido em relação a fenômenos tão diferentes como as inacreditáveis imagens do atentado do 11 de Setembro, a febre dos docudramas e a moda dos *reality shows*. Os livros de não-ficção escritos por jornalistas teriam a seu favor uma credibilidade, ou suspensão de descrença, que o romance, por mais realista que seja, não mais permite. Mas a verdade é que tanto a ficção quanto as biografias, narrativas históricas e grandes reportagens — sem falar na própria imprensa — vêem impotentes a diminuição do papel central da cultura escrita no mundo contemporâneo.

Para a literatura a queda de *status* é mais acentuada por culpa de um assassinato, ainda não devidamente processado. Com a morte do autor, o antigo sentimento de superioridade da poesia e da ficção, por sua inigualável capacidade de expressão da subjetividade, cai por terra. Em seu célebre texto, Roland Barthes, numa tentativa de dessacralizar a figura do Autor (a ponto de matá-lo), mostra que todo recurso à "interioridade do escritor" não passa de pura ficção. Para Roland Barthes, quem sucede o autor, o *escriptor* moderno "não possui mais em si paixões, humores, sentimentos, impressões, mas esse imenso dicionário de onde retira uma escritura que não pode ter parada".[7]

O autor é uma personagem moderna, produzida sem dúvida por nossa sociedade na medida em que, ao sair da Idade Média, com o empirismo inglês, o racionalismo francês e a fé pessoal da Reforma, ela descobriu o prestígio do indivíduo ou, como se diz mais nobremente, da "pessoa humana". Então é lógico que, em matéria de literatura, seja o positivismo, resumo e ponto de chegada da ideologia capitalista, que tenha concedido a maior importância à pessoa do autor. O autor reina ainda nos manuais de história literária, nas biografias de escritores, nas entrevistas dos periódicos e na própria consciência dos literatos, ciosos por juntar, graças a seu diário íntimo, a pessoa e a obra; a imagem da literatura que se pode encontrar na cultura corrente está tiranicamente centralizada no autor, sua pessoa, sua história, seus gostos, suas paixões [...] a explicação da obra é sempre buscada do lado de quem a produziu, como se, através da alegoria mais ou menos transparente da ficção, fosse sempre afinal a voz de uma só e mesma pessoa, o autor, a entregar sua "confidência".[8]

Quem mata essa ilusão de um sujeito superior, dotado de uma riqueza interior que o permite desprezar os bens terrenos, é a lingüística, ao mostrar que discursos como jornalismo, poesia e literatura de ficção compartilham as mesmas unidades básicas. Suas qualidades e defeitos não são intrínsecos, mas resultados de um longo processo de distinção entre arte e produto, alta e baixa cultura, ficção e não-ficção, subjetividade e objetividade.

### EFÊMEROS E PERENES

Dentre essas distinções, uma das mais arraigadas é a que coloca o livro do lado da posteridade e aprisiona o jornal no império do efêmero. Um olhar treinado pode ver que, novamente, quando se trata de literatura e imprensa, pares de opostos denunciam que, na verdade, trata-se de dois lados da mesma moeda. Para a cultura de massa, tudo é descartável.

O que faria o livro superior ao jornal? A pergunta foi respondida pela maioria dos entrevistados com uma referência à "durabilidade" e à "permanência" da obra literária. Mesmo que seja com ironia, como faz Sérgio Rodrigues. "Custa mais caro, leva mais tempo para fazer, e no dia seguinte não está forrando gaiola de passarinho."[9] Cíntia Moscovich usou a própria experiência para descrever essa superioridade:

Quando saio do jornal muito tarde e escuto as rotativas, tenho a certeza de que o livro é superior ao jornal. As rotativas dão a dimensão da diferença: o jornal de hoje já está velho no momento em que roda. O livro fica e fica. Se fosse diferente, a gente teria que guardar infinitamente jornais e jornais. Mas tudo é datado, tudo já aconteceu. Nos livros, está tudo acontecendo. Sempre, em tempo integral.[10]

Mas, se o livro é mais durável, "existe um encantamento na efemeridade do jornal", como admite Heloisa Seixas.[11] Por outro lado, diz Michel Laub, "uma boa reportagem é melhor do que um mau livro". Com a vantagem de que "o sofrimento da literatura pode ser em vão (será, por exemplo, se eu jogar fora esse novo romance, ou se ele não ficar da maneira como eu quero que fique). O do jornalista nunca é: o artigo sai de qualquer jeito, sempre. E é remunerado decentemente, claro".[12]

Outros escritores preferiram fugir da armadilha da hierarquização. Livro e jornal "são coisas que não se pode comparar", diz José Castello.[13] "São veículos com fins diversos", argumenta Luiz Ruffato. "Não haveria um preconceito implícito na pergunta?", desafia Sérgio Alcides. Já Luciano Trigo...

[...] não usaria essa palavra, superior... Objetivamente, uma vantagem do livro é a permanência, mas se o livro for ruim, isso se volta contra o autor, naturalmente. Num jornal você até pode escrever uns textos mais fraquinhos, ou algumas bobagens, sem maiores conseqüências. Mas o que você escolhe incluir num livro de certa forma pode formar a sua imagem para a posteridade, se é que ainda existe posteridade.[14]

Essa é outra palavra que parece fazer parte da mística da literatura. Assim como vocação, que, em geral, é usada pelos escritores em contraposição à profissão, o jornalismo. Tudo isso está ligado a um mistério: o da criação artística. "O que escrevo vem de uma região abissal, dentro ou fora de mim, sei lá. A pessoa pode ser agnóstica, dar o nome que quiser, mas uma coisa é inegável: o escritor, ao fazer ficção, abre um canal misterioso, sem controle. Entra em contato com o desconhecido", afirma Heloisa Seixas.[15] José Castello também fala de um abismo insondável.

> Creio que o escritor habita um abismo existente entre a imaginação e a realidade. O escritor, eu diria, tem um pé na imaginação, outro no real e se oferece, para usar uma imagem de Rilke, como uma espécie profana de anjo, que se lança no abismo na esperança de tapá-lo. O escritor é um habitante privilegiado desse abismo aberto entre o destino e a liberdade e escreve para tentar preenchê-lo, num esforço para ligar as duas partes — tarefa que, na verdade, jamais conseguirá cumprir. O jornalista, ao contrário, tem por princípio um apego radical à realidade. Ele a privilegia e sua tarefa, igualmente impossível, é escavá-la, trazê-la à luz, e jamais traí-la. Nesse sentido, jornalismo e literatura são atividades absolutamente distintas, embora estejam marcadas pela mesma impossibilidade. Por mais que se agarre ao real, o jornalista jamais deixará de estar lidando, também, e sempre, com aspectos imaginários, ou ilusórios — e nesse sentido, sobretudo nas mãos dos grandes jornalistas, daqueles que já perderam as ilusões a respeito da "verdade absoluta" e da "pureza dos fatos", o jornalismo pode se aproximar sim, um pouco, da literatura. Mas jamais será literatura.[16]

No processo de constituição da literatura como um campo à parte, expressões como criador, inspiração, dom e vocação foram emprestadas pela teologia. Ao optar pelas mesmas palavras, a literatura passa a dividir com a religião a mesma gramática da criação. Barthes chega mesmo a dizer, em seu texto sobre a morte do autor, que deixar de falar em literatura para se falar de escritura é uma atividade "contrateológica".[17] Novamente se percebe que a mística da arte se baseia em pares de opostos, como transcendência e real, essencial e circunstancial. Dicotomias que têm um objetivo claro: a produção de diferenças e a redistribuição da linguagem por cortes.

No entanto, por mais que a teoria aponte para o desencantamento da arte, a literatura continua a ter algo a oferecer a esses escritores de que o jornalismo não dá conta. Talvez porque permita uma fuga da realidade não só para o leitor como para o autor.

> Ao fechar-se para ler, ao fazer da leitura um estado absolutamente separado, clandestino, no qual o mundo inteiro é abolido, o leitor — o lente — identifica-se com dois outros sujeitos humanos a bem dizer bem próximos um do outro — cujo estado requer igualmente uma separação violenta: o sujeito amoroso e o sujeito místico; Teresa de Ávila fazia explicitamente da leitura um substituto da oração mental; e o sujeito amoroso, nós o sabemos, é marcado por uma retirada da realidade, desinveste-se do mundo exterior. Isso confirma que o sujeito-leitor é um sujeito inteiramente deportado sob o registro do Imaginário; toda a sua economia de prazer consiste em cuidar da sua relação dual com o livro (isto é, com a Imagem), fechando-se a sós com ele, colado a ele, de nariz dentro dele, ousaria dizer, como a criança fica colada à Mãe e o Namorado suspenso ao rosto amado.[18]

Quando se pergunta o que, além da mística, separaria o texto literário de um texto jornalístico, esbarra-se em uma nova bipolaridade: o plano da expressão (ou do significante) e o plano do conteúdo (ou significado). Como num cabo-de-guerra, jornalismo e literatura foram colocados em planos opostos e puxam a corda cada qual para seu lado. O que não impede que se veja uma linha contínua entre eles.

Não se quer negar aqui as diferenças entre um gênero e outro. Mas, ao contrário do que nossa percepção mais imediata nos diz, elas não estariam baseadas em estruturas profundas, ou formas universais. Podem ser "apenas depósitos de cultura", como sugere Barthes: "repetições, não fundamentos; citações, não expressões; estereótipos, não arquétipos".[19]

São essas mitologias, fundadas em distinções binárias, que acabam regulando a leitura, os critérios críticos, os modos de produção, difusão e consumo de um texto. E até mesmo o valor comercial ou intelectual de seu autor.

Mas se as fronteiras entre jornalismo e literatura foram construídas ou se fazem parte da essência dos dois gêneros, o fato é que elas existem. Hoje talvez o *gatekeeper* seja mais forte na imprensa do que na ficção. Regras mais rígidas de exclusão — como a exigência de diploma, habilidades técnicas e até mesmo a exigência de "vocação" — correspondem a seu *status* econômico mais elevado na sociedade contemporânea. Capaz até mesmo de sustentar a prima pobre, a literatura nacional, como afirmam Zilberman e Lajolo.

> Imprensa e literatura são formas discursivas diferentes, emanadas de lugares sociais igualmente distintos; mas ambas integram o mesmo sistema de escrita. Não se confundem, posto sejam comunicantes. E o fato de a imprensa, durante um certo tempo e em certos casos, financiar a literatura é, talvez, a manifestação mais visível desta intercomunicabilidade.[20]

Com isso, voltamos ao principal problema do escritor jornalista: o dinheiro.

# 14. Problemas comuns

*Você vai fazendo exercícios franciscanos exaustivos, reduzindo tudo ao mínimo essencial, e o resultado, claro, numa sociedade ca-pi-ta-lis-ta, é pura falta de prazer.*

Caio Fernando Abreu

Num artigo de pouco mais de cinco páginas, "O fator econômico no romance brasileiro", publicado em 1945, Graciliano Ramos chama a atenção para a relação entre a precariedade da profissão de escritor no Brasil e a dificuldade de nossos autores em abordar questões relacionadas a dinheiro em sua obra.

Procuramos a razão da indiferença dos nossos escritores para os assuntos de natureza econômica. Talvez isso se relacione com as dificuldades em que se acham quase todos num país onde a profissão literária ainda é uma remota possibilidade e os artistas em geral se livram da fome entrando no funcionalismo público. Constrangidos pelo orçamento mesquinho, esses maus funcionários buscam na ficção um refúgio e esquecem voluntariamente as preocupações que os acabrunham. Sendo assim, temos de admitir que são exatamente cuidados excessivos de ordem econômica que lhes tiram o gosto de observar os fatos relativos à produção. O que eles produzem rende pouco, quase uma insignificância, e é possível que não queiram pensar nisso.[1]

Há uma profunda e pouco estudada correlação entre valores estéticos e monetários, aponta Graciliano. Para ele, o resultado dessa ocultação do fator econômico seria a causa de um excesso de subjetividade nos romances brasileiros e uma flagrante inverossimilhança de suas tramas e personagens, que, desprovidos de necessidades essenciais, só agiriam movidos por sentimentos.

Perguntamos com desânimo se estamos condenados a ver surgirem nas vitrinas livros que fazem barulho e em menos de um ano morrem e se enterram, a elogiar outros que um patriotismo vesgo afirma serem ótimos e ninguém lê.

Prudente de Morais Neto me dizia há alguns anos que atribuía a deficiência de nossos romances à escassez de material romanceável. Discordei [...] Faltava-nos naquele tempo, e ainda hoje nos falta, a observação cuidadosa dos fatos que devem contribuir para a formação da obra de arte. Numa coisa complexa como o romance o desconhecimento desses fatos acaba prejudicando os caracteres e tornando a narrativa inverossímil.[2]

O público não ficaria alheio a essa "deficiência". "Lendo certas novelas, temos o desejo de perguntar de que vivem as suas personagens", questiona Graciliano.[3] É colocando-se do outro lado que o escritor afirma: "Leitores comuns e perfeitamente equilibrados, buscamos na arte figuras vivas, imagens de sonho; tipos que se comportem como toda a gente, não nos mostrem ações e idéias que briguem com as nossas".[4] Ignorando este fator, a literatura brasileira estaria atulhada de "criações mais ou menos arbitrárias, complicações psicológicas, às vezes de um lirismo atordoante, espécie de morfina, poesia adocicada, música de palavras".[5]

A verossimilhança, para Graciliano, exigiria do escritor não só a observação direta da realidade, mas uma análise estrutural da sociedade. Não se deve menosprezar a influência do marxismo, quando o autor de *São Bernardo* diz que o fundamento desta análise não deveria ser procurado na política ou na sociologia, e sim no estudo das bases econômicas em que se movem os personagens. Seus argumentos sugerem a necessidade de uma literatura mais racional do que subjetiva.

Parece-nos que novelistas mais ou menos reputados julgaram certos estudos indignos de atenção e imaginaram poder livrar-se deles. Assim, abandonaram a outras profissões tudo quanto se refere à economia. Em conseqüência, fizeram uma construção de cima para baixo, ocuparam-se de questões sociais e questões políticas, sem notar que elas dependiam de outras mais profundas, que não podiam deixar de ser examinadas [...]. Os romancistas brasileiros, ocupados com a política, de ordinário esquecem a produção, desdenham o número, são inimigos de estatísticas.[6]

No entanto, o realismo de Graciliano não preconiza uma literatura jornalística pura e simples. "Está visto que não desejamos reportagens, embora certas reportagens sejam excelentes. De ordinário, entrando em romance, elas deixam de ser jornal e não chegam a constituir literatura."[7] O que esse escritor jornalista faz é um chamado à objetividade também na literatura.

Com certeza, os nossos autores dirão que não desejam ser fotógrafos, não têm o intuito de reproduzir com fidelidade o que se passa na vida. Mas então por que põem nomes de gente nas suas idéias, por que as vestem, fazem que elas andem e falem, tenham alegrias e dores?[8]

A análise é mais arguta quando Graciliano aponta o dedo para a ferida: o escritor brasileiro não toca na questão econômica porque tem que medo de sujar as mãos com o dinheiro, ferindo sua imagem de artista desinteressado. Para ele, uma literatura que se pretendesse moderna não deveria escamotear essas relações arcaicas, pré-capitalistas, do escritor com o produto de seu trabalho.

Acontece que alguns escritores se habituam a utilizar em romance apenas coisas de natureza subjetiva. Provavelmente há o receio de que, sendo comércio e indústria, oferta e procura etc. vistos muito de perto, a questão social venha à baila. Deve existir também um pouco do velho preconceito medieval que jogava para um plano secundário os produtores.[9]

A hipótese de Graciliano coincide com a de Pierre Bourdieu, que, em *As regras da arte*, vai chamar atenção para o fato de que "o comércio das coisas das quais não há comércio" só pode ser efetivado à custa "de um recalque constante e coletivo do interesse propriamente econômico".[10] Isso gera uma "economia às avessas", em que valores simbólicos e valores mercantis apareçam em pólos opostos.[11] Assim, para um escritor, sucesso comercial e consagração crítica quase sempre são excludentes. A miséria é sinônimo de sua grandeza.

Poucos livros ilustram tão bem as teses defendidas em "O fator econômico no romance brasileiro" quanto *O feijão e o sonho*, publicado sete anos antes. Não é mera coincidência que seu autor, Orígenes Lessa, tenha sido também escritor e jornalista.

Após tentar a poesia, como seu personagem Campos Lara, ele descobriu no romance, no conto e na literatura infantil o sucesso que levaria seu nome à Academia Brasileira de Letras.

Em *O feijão e o sonho*, o autor expõe as contradições do campo literário e as estratégias de sobrevivência dos escritores num país sem leitores, que incluem o jornalismo e o emprego público. No início, o poeta talentoso e desprendido das coisas materiais desperta os sonhos românticos das mocinhas iludidas. Mas, na prática, mostra-se um homem preso a um ideal imobilizante, que o impede de desenvolver os mínimos requisitos para enfrentar a realidade. Orígenes Lessa faz uma relação de "tudo o que havia de pejorativo naquele título" de poeta promissor: abobadado, preguiçoso, tonto inútil, mundo-da-lua, entre outras coisas.[12]

> Culpa dele, bem o sabia. Um inadaptado, um incapaz para a vida prática. Homem como ele não nascera para o casamento, para a vida do lar. Não tinha jeito para ganhar dinheiro, incapaz de prover às necessidades da família. Maria Rosa tinha razão, quase sempre. Ela era o Bom Senso. Ele, o sonho. Nunca vão juntos os dois. Ouvia humildemente, com resignação fatalista, os destemperos da esposa. Maria Rosa não era uma inimiga. Maria Rosa era o outro lado da vida. O lado em que não daria coisa nenhuma, em que ele sempre fracassaria. O duro. O difícil. O sem cadência nem rima. O do seu permanente naufrágio. [...] E o triste é que, das modalidades da arte de escrever, a fatalidade o destinara à mais inútil. Nem sequer nascera para o jornalismo. Seu jornalismo era simples literatura. Coisa muito bonita, muito bem feita, muito interessante, mas que o diretor preteria sempre diante de qualquer crime de última hora, da mais desonesta nota da oposição ou de apoio ao governo, da primeira reclamação do Constante Leitor contra o calçamento da rua, contra o cachorro do vizinho ou contra as emanações deletérias de um bueiro entupido.[13]

Uma cena do livro resume a relação do escritor com o dinheiro. "Quanto você vai ganhar?", pergunta a esposa, quando o poeta chega animado de um encontro com um tipógrafo que se propõe a editar um de seus livros de poesia. "Você também só pensa dinheiro?", responde.[14] Campos Lara não era do tipo que pensava nisso. Ou melhor, tentava não pensar. Seguidor confesso do modelo romântico de escritor na primeira parte do romance, era presa fácil para o culto do desinteresse de que fala Bourdieu, em que o infortúnio não é sinônimo de falta de talento, mas, sim, prova de autenticidade e filiação aos mais elevados valores da arte. Na descrição dos pensamentos do escritor, Orígenes Lessa faz uma radiografia da relação do literato com o mercado.

> Nunca passara pela cabeça de Campos Lara que um livro de versos fosse objeto de lucro. Dava graças a Deus que um livreiro estivesse disposto a fazer a bobagem de publicá-lo. Parecia-lhe até um crime pensar quanto dinheiro lhe poderia render o Borba Gato ou qualquer outro poema.[15]

No entanto, o fato de que o valor de uma obra literária não possa ser medido pelo mercado não quer dizer que o artista não busque algum lucro com ela. Pelo menos indireto. Campos Lara dá um salto em direção à profissionalização ao trocar a poesia, literatura de baixo consumo, pelo romance, mais popular. Pela primeira vez, recebe um polpudo adiantamento, antes mesmo da entrega dos originais. O poeta entra de cabeça no novo mercado: a visibilidade conquistada abre para o ficcionista as portas da imprensa, que lhe dava "trabalho para quase toda a noite e ordenado modesto. Mas pago em dia. Não chegava a cobrir as despesas. Deixava de pé, violentas, ameaçadoras, as velhas dívidas. Mas já entrava pão, o açougue fornecia".[16]

Além do jornal, também o serviço público e a propaganda,

ofício em que Orígenes Lessa começou a trabalhar com 25 anos, ajudavam a pagar as contas do escritor. A indiferença ao dinheiro ostentada por Campos Lara, no início da vida, obriga-o à humilhação de fazer versos publicitários para um açougue, permutando sua arte por um quilo de filé. Foi a primeira vez em que o poeta efetivamente recebeu algum pagamento por seu trabalho.

Com o tempo, o perfil sonhador é trocado por outro "mais prático, materialão", que decide abrir mão da poesia definitivamente: "Verso não dava lucro. Só faria romances".[17] A dificuldade de lidar com o dinheiro, que parecia uma inabilidade inata ao escritor, mostra-se, na verdade, uma espécie de deficiência adquirida. Na postura romântica do não-escrevo-para-ganhar dinheiro, está embutida a mensagem subliminar de que é indigno viver da própria pena.

Profissional ou marginal, o escritor divide-se entre escrever de olho no mercado e julgar-se acima dele. O embate, que já está presente na discussão levada a cabo pelos escritores ouvidos por João do Rio, no início do século passado, acirrou-se nos anos 30, quando os retirantes, os flagelados da literatura, migraram em busca de um lugar ao sol na capital do país. Os Búfalos do Nordeste, como Oswald de Andrade apelidou os precursores do romance regionalista, enfrentam, na disputa por um espaço no concorrido campo literário, a concorrência de uma elite urbana, encastelada na fortuna familiar ou em cargos públicos. Uma concorrência desleal, baseada no oligopólio, denunciou Graciliano em seu artigo "Os donos da literatura", de 1937.

> Há realmente uns figurões que se tornaram, com habilidade, proprietários da literatura nacional, como poderiam ser proprietários de estabelecimentos comerciais, arranha-céus, usinas, charqueadas ou seringais. São muito importantes e formam um pequeno sindicato que representa a inteligência indígena lá fora nos pon-

tos em que ela precisa aparecer de casaca. Impossível saber por que esses cavalheiros fingem adotar ofício tão ruim, podendo dedicar-se a negócios rendosos, a política por exemplo, ou outra qualquer indústria. É preciso admitir que ser literato é bonito, embora o tipo que se enfeita com este nome nunca tenha escrito coisa nenhuma.

Se não fosse assim, não se compreenderia que pessoas razoáveis, bons pais de família, com dinheiro no banco e muita consideração na praça, homens gordos, gordíssimos, escolhessem uma profissão excelente para matar de fome os sujeitos que pretendem viver dela. Está claro que não ganham nada, isto é, ganham uma espécie de glória. Exatamente como se não ganhassem nada.[18]

Refletindo uma luta de classes no seio da arte, confrontam-se duas literaturas, a dos figurões de casaca, "que se oferece ao estrangeiro, não em volumes, mas nas figuras de cidadãos bem educados, que falam com perfeição línguas difíceis e sabem freqüentar embaixadas" e outra "suada, ainda bem fraquinha, mas enfim uma coisa real, arranjada não se sabe como por indivíduos bastante ordinários".[19] São "Os sapateiros da literatura", como Graciliano define a categoria na qual se inclui, em artigo de 1939.

Dificilmente podemos coser idéias e sentimentos, apresentá-los ao público, se nos falta a habilidade indispensável à tarefa, da mesma forma que não podemos juntar pedaços de couro e razoavelmente compor um par de sapatos, se os nossos dedos bisonhos não conseguem manejar a faca, a sovela, o cordel e as ilhós. A comparação efetivamente é grosseira: cordel e ilhós diferem muito de verbos e pronomes. E expostos à venda romance e calçado, muita gente considera o primeiro um objeto nobre e encolhe os ombros diante do segundo, coisa de somenos importância. Essa distinção é o preconceito. Se eu soubesse bater sola e grudar palmilha, estaria colando, martelando. Como não me habituei a semelhante gênero de trabalho, redijo umas linhas, que dentro de poucas horas serão pagas e irão transformar-se num par de sapatos bastante necessários. Para ser franco, devo confessar que esta prosa não se faria se os sapatos não fossem precisos.[20]

A questão da economia literária é retomada no artigo seguinte, em que Graciliano ironiza a imagem com que Mário de Andrade dividiu os escritores brasileiros em duas classes: a dos contos de réis e a dos tostões, de acordo com sua cotação no mercado. Na do contos de réis, figurariam "alguns indivíduos que arrumam idéias com desembaraço". Na dos tostões, uma "gavetinha encerra criaturas de munheca emperrada e escasso pensamento".[21]

A economia não é só uma metáfora nesta discussão. A elite tem uma vantagem decisiva quando se trata da arte pura: livre da sujeição às leis da sobrevivência, pode resistir tranqüilamente na ausência de mercado. Mas investimento de tempo e dinheiro estão longe de garantir a qualidade de uma obra de arte — embora sejam requisitos necessários para sua produção. "O que nos desagrada nessa questão, hoje morta, é notar que o crítico paulista, colando em alguns escritores etiquetas com preços muito elevados e rebaixando em demasia o valor de outros, vai tornar antipática a boa causa que defende", critica Graciliano.

Os indivíduos que se imaginam com boa cotação no mercado naturalmente se encolhem, silenciosos por vaidade ou por não quererem molestar os níqueis comparando-se a eles. E as moedinhas devem andar rolando por aí, satisfeitas, arejadas, brilhantes, pensando mais ou menos assim: [...] Mexamo-nos, fundemos sociedades e pinguemos em revistas os nossos cinco vinténs de literatura.[22]

Erguer fronteiras parece ser a estratégia universalmente usada pelos escritores já estabelecidos para garantir suas posições contra a "irrupção de recém-chegados, que, apenas como resultado de seu número e de sua qualidade social", modificam as relações de força no tabuleiro de xadrez que é o campo literário.[23] Especialmente se esse campo é pequeno e seu mercado restrito.

> Descaramento ou ingenuidade. Ninguém de bom senso que tenha visto de perto um literato pode afirmar que literatura seja profissão no Brasil, pelo menos que seja profissão decente. Para que então chamar para isso tantos indivíduos que, sem o engodo de alguns cobres escassos e de uma publicidade vã, talvez não tivessem a idéia infeliz de manejar a pena ou bater em teclados.[24]

A literatura, para Graciliano, é um mau negócio. Pelo menos no curto prazo de uma vida, já que hoje seus livros, adotados por escolas em todo o Brasil, rendem uma pequena fortuna para seus herdeiros. Em 2004, *Vidas secas* (cuja primeira edição de mil exemplares levou dez anos para esgotar) chegou a 92 edições, com mais de 1 milhão de exemplares vendidos.[25] Uma herança que poucos homens de negócio poderiam deixar para seus descendentes. Preso às vicissitudes de uma vida dura, o escritor ignorou uma das regras ocultas do campo literário, que prevê uma defasagem temporal entre a oferta e a procura, necessária para que as obras que rompem com padrões estéticos se imponham ao público. Antes de se tornar um clássico do realismo, a história de Graciliano Ramos não foi diferente da de muitos outros escritores: frustração, dificuldades financeiras, necessidade de apelar ao jornalismo para sobreviver. Segundo Pierre Bourdieu:

> Parece que se trata aí de um modelo muito geral, que vale para todos os empreendimentos baseados na renúncia do lucro temporal

e na denegação da economia. A contradição inerente a empreendimentos, que, como os da religião ou da arte, recusam o lucro material, ao mesmo tempo que asseguram, a prazo mais ou menos longo, lucros de todas as ordens àqueles que mais ardentemente os recusaram, está sem dúvida no princípio do ciclo de vida que os caracteriza: à fase inicial, toda de ascetismo e de renúncia, que é a da acumulação de capital simbólico, sucede uma fase de exploração desse capital que assegura lucros temporais e [...] os herdeiros e os sucessores podem recolher os lucros do empreendimento ascético sem jamais ter tido de manifestar as virtudes que os asseguram.[26]

A literatura no Brasil estaria fadada a ser um mau negócio? Era o que parecia em 1873, quando José de Alencar publicou *Como e por que sou romancista*, hoje em domínio público, já que, pela lei, os direitos autorais deixam de ser pagos à família do autor setenta anos após a sua morte. Ainda em vida, Alencar desfrutou da glória e mesmo do sucesso comercial, mas, como homem prático, achava que tudo isso era nada comparado ao investimento feito. "O bom livro é, no Brasil, e por muito tempo será para seu autor, um desastre financeiro. O cabedal de inteligência e trabalho que nele se emprega daria em qualquer outra aplicação lucro cêntuplo", afirmava.[27] Houve época em que não achava que o valor da literatura pudesse ser medido em cifrões. Quando se tornar um escritor tão famoso quanto o jornalista Joaquim Manuel de Macedo era apenas um sonho distante, o jovem estudante de Direito se perguntava, embevecido: "Qual régio diadema valia essa auréola de entusiasmo a cingir o nome de um escritor?".[28] Pelo visto, pouca coisa.

Ao optar pelo folhetim, e não por gêneros com *status* literário superior, como a poesia, Alencar teve que conviver com o desprezo dos críticos por ganhar dinheiro com a literatura: "Muita gente acredita que eu me estou cevando em ouro, produto de minhas obras. E ninguém ousaria acreditá-lo, imputando-me isso a crime, alguma coisa como sórdida cobiça".[29] Nessa economia às avessas, em que "o artista só pode triunfar no terreno simbólico perdendo no terreno econômico (pelo menos a curto prazo)", como afirma Bourdieu, o sucesso imediato da literatura popular viria inevitavelmente manchado por sua inferioridade intelectual.[30]

Alencar também sofreria a acusação de que sua pena corria numa velocidade não artística, mas industrial. "Pobre livrinho", diz, no prefácio, intitulado "Bênção paterna", a *Sonhos d'ouro*. "Não faltará quem te acuse de filho de certa musa industrial, que nesse dizer tão novo, por aí anda a fabricar romances e dramas aos feixes. Musa industrial no Brasil! [...] Não consta que alguém já vivesse nesta abençoada terra do produto de obras literárias", ironiza.[31]

Mas não se curva ao modelo romântico do escritor indiferente ao mercado. E faz um prognóstico: "Quando as letras forem entre nós uma profissão, talentos que hoje apenas aí buscam passatempo ao espírito, convergirão para tão nobre esfera suas poderosas faculdades". Segundo o escritor, no momento em que isso acontecer, "hão de aparecer os verdadeiros intuitos literários; e não hoje em dia, quando o espírito, reclamado pelas preocupações da vida positiva mais pode, em horas minguadas, babujar na literatura".[32]

TEMPO É DINHEIRO

Se a falta de uma compensação financeira pelo trabalho literário passa, com o fim do regime de mecenato que sustentou o primeiro romantismo, a ser uma reclamação constante entre os escritores, a falta de tempo desde então já era a grande frustração dos jornalistas. Em *Como e por que sou romancista*, Alencar nos dá uma mostra de como dividia o seu no ano de 1857, quando escreveu nada menos que *O guarani*, *A viuvinha* e as peças de teatro *Rio de Janeiro* (*verso e reverso*), *O demônio familiar* e *O crédito*. E ainda carregava nos ombros de editor-chefe a tarefa de reerguer o *Diário do Rio de Janeiro*. Recordando-se da forma como *O guarani* foi produzido, "dia por dia para o folhetim do *Diário*", entre os meses de fevereiro e abril de 1857, revela:

> Meu tempo dividia-se desta forma. Acordava, por assim dizer, na mesa do trabalho; e escrevia o resto do capítulo começado no dia antecedente para enviá-lo à tipografia. Depois do almoço entrava por novo capítulo, que deixava em meio. Saía então para fazer algum exercício antes do jantar no Hotel de Europa. À tarde, até nove ou dez horas da noite, passava no escritório da redação, onde escrevia o artigo editorial e o mais que era preciso.[33]

Em sua esquizofrenia produtiva, capaz de trabalhar simultaneamente em ritmos diversos e eventualmente contraditórios, como os exigidos pela literatura e pelo jornalismo, Alencar já antecipa uma nova maneira de o escritor lidar com o tempo, baseada na rápida circulação da mercadoria. É como se o taxímetro estivesse sempre ligado. Gradativamente, aumenta a distância entre diletantismo e profissionalismo.

Nota-se essa mesma preocupação, na polêmica carta aberta à Academia Brasileira de Letras enviada por Oswald de Andrade, em 1925, que provavelmente contribuiu para sua derrota na disputa pela vaga de imortal. Com uma plataforma eminentemente política, Oswald propôs uma mudança administrativa na ABL, que passaria a contribuir para a profissionalização dos escritores brasileiros. Isso equivaleria a uma reforma agrária no latifúndio literário. Novamente, a metáfora econômica é usada.

A Academia Brasileira está fazendo o papel dum arrivista que, atulhado de milhões, não tem nem a tradição do bem viver nem o instinto da prosperidade.

Uma seção editorial, destinada à primeira passagem dos novos e à garantia de publicidade dos colocados, é medida urgente que se impõe.

O auxílio direto aos seus membros, por meio de comissões retribuídas, de relatórios pagos, de pesquisas encomendadas — fonte legítima de renda para os que não têm outra capacidade na vida senão a de matutar — é idéia justíssima.

O montepio à família dos grandes escritores, a instituição de prêmios para os operários da pena e do tinteiro (ou da pena-tinteiro) isso então é dever piedoso.

A atividade provocada por essas medidas talvez atulhasse de inutilidades o ex-Silogeu, mas dar-nos-ia, pelo menos, a ilusão de possuirmos uma literatura digna das atenções póstumas de Francisco Alves.

Longe de qualquer brincadeira, está aí, silenciosa, de chapéu de palha nos asfaltos, sob o céu das avenidas, a preocupação dramática de mil e um brasileiros de talento, cujas capacidades não se podem desenvolver por miséria.

A Academia ignora os sacrifícios das redações, os emigrados das províncias, os cansados da luta da inteligência proba contra a cavação.[34]

Oswald considerava que o intelectual é, de todos os trabalhadores, o mais pobre, por causa da falta de mercado para seu trabalho.

É trabalhador, apesar de muita gente não acreditar nisso; trabalho não é só bater martelo ou cavoucar terra. Pensar, estudar e escrever é trabalho também. E é desamparado, porque, não tendo mercado para seu produto, não tem, também, o salário. Em média, o intelectual é muito pobre.[35]

Entre esses intelectuais, fazia questão de incluir os jornalistas.

Meu conceito de intelectual e de obra intelectual é o mais amplo possível. O jornalista, o fotógrafo de jornal, o sujeito que trabalha em rádio, todos são intelectuais [...] Toda essa população de jornalistas, radialistas, pequenos poetas, modestos escritores, inéditos teatrólogos forma, de verdade, o público que lê, o público que estuda o ambiente que envolverá, mais tarde, o verdadeiro intelectual, o verdadeiro homem que pensa. Sem maus poetas, não haverá nunca bons poetas [...] Esse ambiente intelectual amplo, essa população de trabalhadores cerebrais, é o terreno indispensável para que haja cultura, para que exista o verdadeiro intelectual.[36]

Para haver futuro para a literatura no Brasil, diz Oswald, antes "precisaria existir quem lesse".[37] Por isso, o título de suas memórias foi *Um homem sem profissão*: "Pois no Brasil ser escritor é não ter profissão. Foi o que me aconteceu. E a tantos outros".[38] Sem profissionalização possível, o escritor não passaria de um pobre coitado que "tem de se vender, se isolar ou sorrir".[39] E, principalmente, trocar as horas dedicadas à literatura a alguma atividade rentável: "Intelectual, aqui no Brasil, se não trabalha em outras coisas, morre de fome".[40]

Quando tempo se torna sinônimo de dinheiro, o maior benefício do jornalismo para um escritor corresponde ao seu pior problema. Sem retorno financeiro, pelo menos a curto e médio prazo, a literatura só pode ser encarada como uma segunda atividade, a ser levada a cabo nas horas insones, com o cérebro e os dedos já esgotados por horas de trabalho. Nem mesmo nomes consagrados, capazes de conquistar os cargos mais altos do jornalismo, como Otto Lara Resende, escapariam do mesmo sentimento de frustração que eventualmente acomete todos os escritores que buscam na imprensa uma forma de sobrevivência. Homens fracionados, divididos entre o feijão e o sonho, que, depois de algum tempo, já não conseguem mais escolher ou renunciar.

> Estive pensando em todos os poetas e escritores que conheci ao longo da minha vida. Quem fez obra considerável (nada de eterno, permanente, coisa de que ninguém sabe, nem a posteridade), quem fez obra, digo, só a fez porque defendeu, com unhas e dentes, a sua própria disponibilidade. Quando adolescente, eu já sabia que, para me dedicar à minha paixão, eu devia renunciar ao mundo — à carreira, ao sucesso, ao dinheiro. Exatamente como na religião, no sentido estrito em que a palavra mundo (ou século) é empregada pelos teólogos e moralistas católicos. [...] O Mário, este chegava a dizer que para escrever, para se dar por inteiro às letras e ao estudo, à poesia, à criação, era preciso até não casar. O casamento para o escritor, o homem de letras, podia (pode) ser um entrave. Está nas suas cartas, como estava na sua conversa. [...] Murilo Mendes é outro que lutou pela sua liberdade, sem fazer fé na carreira, sem dar qualquer importância ao que pensassem dele. Tinha-se na conta de poeta — e pronto.[41]

Ainda jovem, Otto ficou marcado por um encontro com Murilo Mendes e Carlos Drummond de Andrade, em que ficou patente a grande diferença entre escritores e jornalistas: o tempo livre.

> Na verdade, encontramo-nos na rua e MM [Murilo Mendes] me levou ao café. Sentamo-nos, ele num tom alto, meio estratosférico, em estado de poesia, meio inspirado solto, livre, e eu veementemente preso à redação d'*O Globo*, de onde tinha saído e para onde devia voltar. A conversa do Murilo me deliciava e me dava um imen-

so remorso — remorso de não cumprir o dever, de me esquivar à rotina, de não ter voltado, como me cumpria, ao jornal — e o superego pensando, a formação disciplinar, a correção moral, tudo o que me tinha sido passado desde o leite materno. Eu, fascinado pela prosa do poeta, quase pedindo desculpas, murmurei que tinha de ir, que ia trabalhar... MM afinal pôs os olhos em mim, me deu atenção e, paternalmente, me perguntou se eu tinha certeza de que devia voltar ao jornal. Achei estranha aquela ênfase. Ele sentiu a minha dúvida e me sapecou este aforismo: "O., conserve da vida apenas o essencial". Eis a questão: *O Globo*, de que eu tinha um sagrado horror, era essencial ou não? [...] Fatalizado pela presença do Murilo, que vadiou a vida toda, respondi que não. Não era essencial. Esse encontro me custou uma crise no jornal e na vida.[42]

Nesse momento, Otto se fez a mesma indagação que todo escritor jornalista (ou pelo menos aspirante a escritor) que estiver lendo estas páginas pensou um dia.

Uma coisa que me pergunto, com todas estas reminiscências, é por que me deixei seduzir pela dispersão, por que me deixei ficar preso no jornal, por que aceitei a direção, por que entrei *full time* num ambiente que não era o meu, que não passava pelo horizonte da minha ambição... Por que não me condensei, como me implorava o Rosa [Guimarães Rosa]? Por que não conservei da vida apenas o essencial, como me aconselhou o MM [Murilo Mendes]? Por que cedi à vida burguesa, à obrigação de uma rotina, de uma canga dura?[43]

No "vasto cemitério literário", onde Otto Lara Resende calcula ter enterrado o escritor que poderia ter sido, há desde obras apenas esboçadas a corpos de desavisados que escorregaram no precipício.[44] Especialmente dos que não notaram que, como já tinham avisado Bilac e seus contemporâneos, a modernidade não comportava a personagem anacrônica do escritor marginal. No prefácio de *Órfão da tempestade: a vida de Carlinhos Oliveira e da sua geração, entre o terror e o êxtase*, o também escritor e jornalista Carlos Heitor Cony admite que o biografado, apesar de ter descrito e vivido a turbulência dos anos 60 e 70 como poucos, nunca foi moderno. "Pelo contrário, no físico e na obra se aproximava, por temperamento e circunstâncias, do escritor maldito que teve sua hora e vez no início do século."[45] O próprio Carlinhos reconheceria: "A simpatia pelos malditos e a antevisão do reino da inocência me fazem crer no meu futuro de romancista. (Devo repetir mais uma vez que sou um romancista frustrado?)".[46]

Pobre (era filho de uma lavadeira, viúva aos 33 anos com sete filhos para criar, e de um soldado que se matou quando ainda era criança), provinciano (em 1952, o garoto que já começava a ganhar fama como jornalista no Espírito Santo veio tentar a sorte no Rio de Janeiro com a cara e a coragem), autodidata (embora carecesse de formação universitária, gostava de se proclamar intelectual), Carlinhos descreveu sua peregrinação pelos jornais do Rio atrás de um emprego, no início dos anos 50, quando a cidade tinha o *Correio da Manhã, Diário Carioca, Jornal do Brasil, O Globo, O Jornal, Tribuna da Imprensa, Diário de Notícias, Última Hora, A Noite, Jornal do Commércio* e *A Manhã*. Além das revistas *O Cruzeiro, A Cigarra, Revista da Semana, A Cena Muda, Eu Sei Tudo, Manchete* e muito mais. Um grande mercado, mas pouco profissionalizado.

Diziam: "Volte daqui a quinze dias. Pode ser que apareça alguma vaga daqui até lá". Os mais sinceros diziam: "Vê-se na sua cara que está sendo consumido por uma fome de meses. Pelo estado dessas roupas, é evidente que anda dormindo ao desabrigo, debaixo das estrelas. Não adianta trabalhar conosco, pois nosso patrão não tem o hábito de remunerar os seus jornalistas. Só quem recebe o salário no fim do mês, religiosamente, são os linotipistas, porque têm um sindicato organizado e podem parar as máquinas no dia em que não encontrarem no guichê o dinheiro que o patrão lhe deve. Jornalismo não é profissão — é bico. Jornalista bem-sucedido é aquele que consegue realizar chantagens sem dar chance ao chantageado de se queixar na polícia. Mas esses vitoriosos são raros. A maioria, de vez em quando, recebe um vale correspondente a cinco dias de trabalho, e com essa miséria tem que continuar vivendo. Sinto muito, rapaz. Você nasceu no país errado".[47]

Nem assim ele desistiu. Espécie de *alter ego* do autor, era assim que o personagem de *Domingo 22* se apresentava. "Charlot. Profissão: repórter. Vocação: escritor."[48] Assim como Carlinhos, Charlot suportava a imprensa porque não poderia viver de literatura. Convidado para jantar na casa do patrão Gottemburgo (personagem claramente inspirado em Adolfo Bloch), ele demonstra em um diálogo com a dona da casa o *status* que conferia ao literato. "Não posso adular seu marido, porque sou escritor, tenho meu orgulho, e acho que quando um homem rico e poderoso encontra um escritor pobre e obscuro, mesmo assim a adulação deve partir do homem rico."[49]

Mas uma coisa era a fantasia. Outra, a realidade. Sentindo-se "esmagado pela pedreira do jornalismo", Carlinhos repisou todo o ressentimento dos escritores brasileiros na crônica "O escritor visto como Drácula", publicada no *Jornal do Brasil* em 24 de agosto de 1983.

Não há espaço literário. O espírito fecundo, o espírito maduro para a coisa sufoca, vai apodrecer. A literatura se confinou nos livros. O livro é o Presídio do Escritor. O Escritor não pode circular fora dos livros e deve obedecer ao toque de recolher, quando as livrarias fecham.

O Escritor que queira viver literatura as vinte e quatro horas do dia, respirar, flanar, ver, discutir, sonhar, dormir e despertar literatura, está fora da sociedade, fora da realidade, fora do mundo.[50]

Por várias vezes, rompeu com o jornalismo, em verdadeiros surtos literários. Achava que tinha que escrever ficção, sua meta ao se mudar para o Rio. Acabou tendo que dar dois passos atrás, trabalhando em vários empregos para pagar as dívidas. Em 1960, Carlinhos projetou seu nome como cronista. Mas, amargurado, largou o jornal em 1984 para tentar a vida de escritor. Foi o último passo rumo ao precipício.

Para quem se vicia em escrever por dinheiro, com base em fatos empíricos, em meio à balbúrdia da redação, em laudas previamente demarcadas, a leveza da folha em branco é assustadora. As horas passam e nada. As chances de não conseguir chegar ao fim do livro são angustiantes. O medo de perder toda a poupança duramente conquistada, enorme. No momento em que se libertam os maiores sonhos, junto vêm os piores pesadelos. Com Carlinhos Oliveira só os últimos se tornaram realidade. Quando, assustado, pediu de volta sua coluna, três meses depois, recebeu um sonoro não. Tentou emprego como redator da revista *Veja* e de *O Globo*. Como redator, sim. Mas nada de coluna. Aborrecido, desistiu do jornal. Já não queria mais corrigir texto de repórter e fazer títulos e legendas. Morreu, em 1986, frustrado por não conseguir fazer da literatura um meio de vida.

"Depressões, confusões, pirações", como definiu o escritor e jornalista Caio Fernando Abreu, em carta ao colega Luis Fernando Emediato, não eram certamente exclusividade de quem se propunha servir a dois senhores tão exigentes naqueles conturbados anos 70. Mesmo o mais românticos dos escritores, capaz de todos os sacrifícios (como lavar pratos em Paris ou passar quase um ano num apartamento sem luz nem telefone, vivendo de uma "mesada" da editora) para se dedicar integralmente à literatura sentia falta de uma estabilidade financeira. O sentimento de inadequação do artista dentro das redações era maior porque nem todos tinham capacidade de se adaptar ao ritmo puxado de trabalho ou adquirir a couraça necessária para suportar um trabalho coletivo e hierarquizado.

"Caio vivia extremas dificuldades financeiras. Chamei-o então para trabalhar comigo no *Caderno 2* de *O Estado de S. Paulo*, que eu dirigia na época", em 1988, conta o amigo Luis Fernando Emediato.

> Foi um desastre. Desaparelhado para o exercício do estafante jornalismo diário, vivia à custa de pílulas e cada texto a ser editado parecia pesar uma tonelada em seus ombros frágeis e magros.
>
> Convidei-o para escrever uma crônica todas as quartas-feiras e fez grande sucesso: era, segundo as pesquisas, um dos autores mais lidos do *Caderno 2*. Mas, chocado com a minha agitação, meus gritos diários para editar o jornal no prazo determinado, minha falta de sensibilidade para entender melhor as pessoas de sua condição, passou a ver-me como o chefe careta que usava gravata, enquanto ele usava brinco. Olhava-me todos os dias com olhos de mágoa e desalento.[51]

O depoimento contrasta com uma das cartas de Caio, enviada doze anos antes para Emediato, em que o escritor se diz estimulado pela atividade na imprensa, embora "cansado, vampirizado".[52] Entre outras coisas, Caio trabalhou como repórter de *Veja* e da *IstoÉ*, foi redator de revistas femininas da Editora Abril e da Editora Bloch, da *Pop* e da *Around*, do jornal *Folha da Manhã* e do *Zero Hora*, fez roteiros de TV e cinema, foi tradutor e revisor.

Trabalho: hoje fiz — SOZINHO — DUAS páginas do jornal. Repórter, redator, *copydesk*, editor — só faltou mesmo a diagramação e a fotografia. Fui para lá às 9 da matina, cheguei em casa quase 10 da noite. Ufa. Mas sabe que eu gosto? Acho o ambiente de redação deliciosamente neurótico. E, sei lá, o contato obrigatório com a palavra, todo santo dia, tá me fazendo escrever muito: saio de lá e venho pra casa escrever minhas próprias coisas.[53]

Em várias outras cartas da antologia organizada por Italo Moriconi, há referências ao trabalho na imprensa. E, mais ainda, aos problemas financeiros de um escritor que, embora estivesse entre os melhores de sua geração, "mantinha um olho meio temeroso em relação ao futuro, ao jantar de amanhã, à conta telefônica".[54] Pela insistência com que a questão econômica é tocada nas cartas, é possível ver como o hedonismo consumista das décadas de 70 e 80 contaminava até mesmo um autor com vocação para a literatura marginal, sem "condiçõe$$$", como Caio gostava de se descrever.[55] "TENHO QUE ENRIQUECER COM URGÊNCIA", Caio gritava, em letra maiúscula, ao amigo Luiz Arthur Nunes, em carta de 1984. Mesmo tendo consciência de que literatura não enchia barriga, numa entrevista publicada seis anos depois, explicaria por que deixou o jornalismo: "Para o escritor — um ficcionista que se alimenta de sonho, ilusão e fantasia — é melhor ser jardineiro ou sapateiro do que se submeter ao vão comércio da palavra".[56]

A vida ascética, reduzida ao essencial, que Murilo Mendes pregara a Otto Lara Resende, como única forma de se dedicar à literatura no Brasil, já não era viável, mesmo para um escritor sem mulher e filhos, como Caio. Na sua boca, a metáfora econômica novamente volta à tona: "Você vai fazendo exercícios franciscanos exaustivos, reduzindo tudo ao mínimo essencial, e o resultado, claro, numa sociedade ca-pi-ta-lis-ta, é pura falta de prazer".[57]

Para se dedicar integralmente à literatura, alguns escritores se afastariam não só do jornalismo como das grandes metrópoles, como o mineiro Luiz Vilela, um dos nomes mais promissores de sua geração. Depois de lançar dois dos principais romances dos anos 70, *Os novos* e *O inferno é aqui mesmo*, este sintomaticamente passado numa redação de jornal, e ser traduzido para o alemão, inglês, polonês e até servo-croata, o escritor passou uma temporada nos Estados Unidos, participando do International Writing Program, e na Europa. Na volta, preferiu ficar em Ituiutaba, no interior de Minas, sua cidade natal. "Ao voltar, tomei a decisão de me dedicar só à literatura, fosse qual fosse o preço a pagar", revelou numa entrevista.[58]

A opção pela volta às origens rurais já estava prevista no último capítulo de *O inferno é aqui mesmo*, em grande parte baseado na experiência do escritor como repórter do *Jornal da Tarde*, em 1968. O romance descreve as baixarias de gente que vive para o jornal 24 horas por dia, sua febre e excitação, suas maluquices, derrubações, frituras e paixões. É como se o ambicioso protagonista-autor não tivesse ouvido os conselhos do velho jornalista amargurado de *O Estado de Minas*, que aparece em *Os novos*, e seguido em frente. "Isso aqui é uma máquina de destruir talentos, uma fábrica de esterilização literária. Se o sujeito quer é mesmo se dedicar ao jornalismo, então OK, nada de mais. Mas se é literatura o que ele quer, é preferível passar fome do que entrar para um jornal."[59]

Para os que nunca dispuseram a tanto sacrifício, um alto preço literário deveria ser pago. O jornalismo "desgasta fisicamente o escritor e o entrega cansado à sua atividade criativa ou aos seus estudos e especulações", admite Ivan Angelo.

Uma obra como um romance exige tempo livre pela frente, não se escreve nos intervalos. Os intervalos de um romance é que deveriam ser preenchidos com pequenas coisas. Outra atividade não tenho, além do amor. Mulher, filhas, e vem um neto por aí. Pessoas queridas merecem renúncias, senão não vale a pena ser pai, marido. Não sou daqueles gênios que bradam "minha obra em primeiro lugar!" e o resto se der.[60]

As gerações, escolas e momentos literários mudam, o mercado editorial se moderniza, mas a literatura ainda continua sendo um *part-time job* para a imensa maioria dos escritores brasileiros. Como define João Gabriel de Lima, é preciso "ganhar dinheiro para sustentar o 'vício' de escrever ficção".[61] O grande risco do jornalismo continua sendo o de afastar o escritor de seu projeto inicial, "pois o tempo se torna mercadoria escassa", assinala Arnaldo Bloch.[62]

"Diante da rotina massacrante que o jornalismo impõe", fazer literatura passa a ser uma "questão de vontade e disciplina", diz Bernardo Ajzenberg.[63] Mesmo que, como avisara José de Alencar, tal esforço possa render cem vezes mais se aplicado a outra atividade. O grande problema da falta de tempo "só é resolvido com invenção de tempo, isto é, sacrifício", afirma Toni Marques, para quem ainda hoje "o artista ideal é o artista espartano".[64]

Ou rico. Mesmo considerando que qualquer profissão é prejudicial ao escritor, por queimar "tempo e neurônios", João Ximenes Braga questiona qual seria a alternativa: "Ter uma literatura produzida tão-somente por herdeiros? Esperar que todo escritor se encaixe no ideal romântico do artista faminto? Prejudicial ou não, mesmo com o risco de a linguagem jornalística contaminar a literatura, o fato é que aspirantes a escritor precisam trabalhar". Para ele, o meio literário brasileiro ainda tem um pé no parnasianismo. "Não no estilo, mas na idéia de que O Escritor e A Literatura estão lá no Parnaso, flutuando acima da vida."[65]

A frustração por não unir tempo e dinheiro pode ser imobilizante para o escritor. "O que não agüento mais é o chororô de gente que diz não conseguir escrever porque não tem condições ideais. Isso é uma bobagem, um exemplo terrível de autocomiseração. Ninguém tem tempo de ser escritor", diz Paulo Roberto Pires. "*O Deserto dos Tártaros*, de Dino Buzzatti, foi escrito numa redação. Jornalismo não frustra carreira de ninguém. Como dizia o Otto Lara Resende: Shakespeare não teve tempo de ser Shakespeare. Se o escritor não sabe conciliar a necessidade de escrever com a necessidade de sobreviver, azar o dele."[66]

LEITORES DE MENOS

Mas a culpa seria realmente do jornalismo? A sucessão de queixas e ressentimentos quanto à impossibilidade de viver de literatura no Brasil, em qualquer momento literário, aponta para uma razão estrutural. A situação dos escritores hoje não é muito diferente da identificada por Olavo Bilac, no início do século. Basicamente, faltam leitores.

> Se os nossos escritores ainda não têm trabalho fácil e vida folgada, é porque ainda não existe no país uma grande massa de leitores. Ao analfabetismo já existente, vem dia-a-dia juntar-se o analfabetismo de uma grande parte das correntes imigratórias. Se, cuidando mais da instrução popular, nós começássemos desde já a dilatar por todo o país a esfera de ação da palavra escrita — os escritores que viessem depois de nós já não poderiam dizer que a língua portuguesa é um túmulo: teriam 20 milhões de leitores, e não haveria então literatura de mais fácil e profícua expansão.[67]

Bilac tinha claro que o analfabetismo era o grande problema do mercado editorial nacional. Para ele, a pequena proporção de cidadãos iletrados restringia a literatura a um círculo mínimo de pessoas, enquanto o povo parecia "ter mais medo da letra de forma do que do diabo".[68] Também entre os outros escritores ouvidos na enquete de João do Rio, as referência ao analfabetismo são constantes. Afinal, como afirma Coelho Neto, "o público é um animal que se educa".[69] Medeiros e Albuquerque tem opinião semelhante:

> Não é verdade que o jornalismo prejudique em nada a nossa literatura. O que prejudica é a falta de instrução. Sem público que leia, a vida literária é impossível. O jornal faz até a preparação desse público. Habitua alguns milhares de pessoas a uma leitura quotidiana de alguns minutos, dando-lhes amostras de todos os gêneros. Os que têm gosto e tempo começam por aí e passam para os livros. Mas o jornal é o indicador. Em nenhum país de grande literatura deixa de haver grande jornalismo. Sem este, aquela é impossível. Os que atacam a imprensa o que deviam fazer era atacar a falta de instrução.[70]

Mas como fazer literatura ou jornalismo num país de iletrados?

A pergunta vale tanto para o século passado quanto para o atual. Embora o censo do IBGE aponte para uma queda dos índices de analfabetismo, de 33,6 % para 12,8 % da população acima de quinze anos, entre 1970 e 2000, os mesmos números mostram que o Brasil chegou ao novo milênio com 17,6 milhões de pessoas que não sabem ler nem escrever.

Os dados são ainda mais assustadores quando se leva em conta um grupo mais amplo: o de analfabetos funcionais, conceito usado pela Unesco para medir de forma quantitativa a educação em todo o mundo. O INAF (Indicador Nacional de Analfabetismo Funcional) indica que, entre os brasileiros que têm de quatro a sete anos de estudo, só a metade atinge o nível básico de domínio da língua necessário para a leitura de um texto de jornal. Nada menos do que um terço dos que estudaram de um a três anos continuam analfabetos absolutos. Pela pesquisa, 30 % dos alfabetizados lêem apenas frases soltas, como as dos *outdoors*. E outros 37 % conseguem apenas ler textos curtos. Só 25 % dos alfabetizados no Brasil teriam pleno domínio da língua. Ou seja, apenas um em cada quatro brasileiros é leitor potencial de literatura ou jornal. Os outros 75 % da população estariam excluídos do mundo letrado.[71]

Segundo o Censo 2000, só 3,43 % dos brasileiros (5,8 milhões) têm curso superior. E os 304 mil com mestrado ou doutorado representam apenas 0,4 % da população.[72] O problema começa no ensino básico. Segundo dados de uma pesquisa realizada pelo Sistema de Educação Básica (Saeb) do Ministério da Educação, divulgados em 2003, 33 milhões de brasileiros não sabem ler, embora tenham sido formalmente alfabetizados. Dos jovens de dezoito a 24 anos, 66,8 % não concluem o ensino médio. E, mesmo em cidades grandes como o Rio de Janeiro, 45 % dos alunos que chegam à quarta série têm desempenho insuficiente em leitura.[73]

O mercado editorial brasileiro vive um paradoxo: está entre os dez maiores do mundo, mas o índice de leitura *per capita* no país é de apenas 2,5 exemplares por ano. Excluindo-se os didáticos, o consumo cai para 0,9 livro por habitante. Para se ter uma idéia, nos Estados Unidos cada pessoa consome uma média de sete livros por ano. Sem crescimento substancial da demanda, os pontos de venda mal ultrapassam os 1.200 contabilizados por Monteiro Lobato na década de 1930.

Em 2000, o BNDES divulgou o estudo "Cadeia de comercialização de livros" mostrando que, para 170 milhões de habitantes, temos 1.200 mil livrarias, quando o número ideal seria 17 mil, segundo a Unesco.[74] E estas poucas estão concentradas em apenas 10 % dos cerca de 6 mil municípios do país, deixando quase 90 % do território nacional descoberto. Mesmo nas grandes metrópoles, a proporção é insatisfatória. Com 5, 5 milhões de habitantes, o município do Rio de Janeiro contava no início do século xxi com 164 livrarias, divididas entre 157 bairros. Os outros 118 bairros, que concentram 60 % da população, não tinham livrarias.

Se os pontos de venda não passavam de 1,2 mil, as editoras cadastradas pelo Sindicato Nacional dos Editores de Livros chegavam a 1280 em 2000 — e ainda não tinham entrado na briga as editoras estrangeiras que se estabeleceram no Brasil após essa data. O gargalo da falta de distribuição é apenas em parte suprido pelos supermercados, grandes magazines e livrarias virtuais (responsáveis por pouco mais de 3 % das vendas de exemplares no país). Como não dependem exclusivamente do livro, oferecem descontos significativos nos *best-sellers*, o que acaba prejudicando a sobrevivência das pequenas livrarias. A política também é usada pelos quatro grandes grupos livreiros, que concentram 11 % das lojas, e conseguem grandes descontos no preço de capa. O problema é que, com exceção de uns poucos *best-sellers*, a maioria dos autores brasileiros não se beneficia de um aumento substantivo das vendas por conta de um preço mais baixo.

Nem os leitores, porque só grandes tiragens podem garantir um barateamento efetivo do livro. Se há um enxugamento dos pontos de distribuição, com o fim das pequenas livrarias, a possibilidade de fazer uma grande tiragem também é diminuída. E surge ainda outro problema. Segundo Rui Campos:

> Nas grandes cadeias, livros de pequenas editoras não são nem aceitos. O perigo é o mercado virar a indústria do *best-seller*, em que os livros de venda lenta, de autores mais sofisticados, não encontrem mais espaço. A preservação das pequenas livrarias não tem

como objetivo preservar o livreiro, como se fosse um mico-leão dourado, mas sim a pluralidade, da diversidade de títulos, de características, de idéias, de pequenos editores.[75]

Sem distribuição e comercialização, as tiragens são reduzidas aos mesmos 2 mil exemplares do tempo de João do Rio e o preço do livro de ficção, entre vinte e cinqüenta reais, torna-se incompatível com o poder aquisitivo da população. Em 2000, segundo o censo do IBGE, o salário médio no Brasil era de 768,83 reais. Mas 50 % dos 44,7 milhões de chefes de família recebiam até 350 reais por mês. Destes, 8 milhões eram analfabetos.[76] O que faz com que comprar um livro, na maioria das casas brasileiras, seja um gasto exorbitante e dispensável.

Num cenário como esse, a carência de livrarias está longe de ser a principal pedra no caminho da profissionalização do escritor brasileiro. Além dela, o estudo do BNDES aponta como problemas do mercado editorial nacional: baixa escolaridade da população, número insuficiente de bibliotecas, falta de hábito de leitura, preço alto—pequena tiragem dos livros, baixo consumo *per capita* e falta de estímulo à produção intelectual. Alguém duvida de que esses problemas estão intimamente interligados? Afinal, a propriedade intelectual de um escritor só pode se confirmar quando o livro que escreve é consumido por um leitor em potencial.

Entretanto, o número de livros produzidos pela indústria editorial brasileira subiu de 295 milhões para 329 milhões entre 1999 e 2000 (destes, 196 milhões eram didáticos) — muito embora o consumo *per capita* não tenha variado significativamente no mesmo período. "Não há significativo aumento do número de novos leitores e as editoras querem que o mesmo público compre mais títulos", comentam os organizadores do estudo do BNDES.[77]

A grande quantidade de novos títulos publicados a cada mês

não é necessariamente uma indicação de saúde editorial. Na verdade, é o reflexo da estagnação ou redução das compras de livros pelos leitores, em parte pela transferência dos gastos da população letrada para outras atividades culturais, como a música, o cinema, o teatro, o turismo e a internet. A resposta das editoras, em todo o mundo, tem sido a multiplicação dos lançamentos, numa tentativa de atrair a atenção dos leitores para algum tema ou autor e, assim, compensar as perdas com a queda do número médio de exemplares vendidos.

Para o autor nacional, cresce a possibilidade de que seu livro seja editado, desde que demonstre alguma viabilidade comercial, como, por exemplo, a visibilidade oferecida pelos meios de comunicação. Só que, quanto mais títulos publicados, maior a competitividade nos pontos de venda. Para dar vazão a uma quantidade tão grande de lançamentos, as livrarias têm que promover uma alta rotatividade em suas prateleiras. Como boa parte dos livros é vendida pelas editoras em sistema de consignação, é comum que após pouco tempo de exposição, mesmo antes de começarem a pingar as primeiras críticas, os livros de ficção de autores nacionais ainda não consagrados sejam simplesmente devolvidos pelas livrarias e sumam das vistas dos leitores.

A multiplicação de títulos também faz com que os livros fiquem mais caros, já que as tiragens são reduzidas. E aumenta a necessidade das editoras de publicar títulos de alta vendagem, grandes êxitos editoriais que possam ajudar a manter no catálogo outros sem apelo comercial. Mas mesmo essa política vem mudando. Nas grandes corporações editoriais que tomaram conta do mercado mundial, a tendência é exigir que cada livro seja lucrativo. O mercado editorial internacional — e o brasileiro está entre os dez maiores do mundo — vive hoje um dilema: como medir sua rentabilidade? Pela vendagem de cada livro publicado ou pelo equilíbrio entre os livros que deram lucro ou prejuízo?

Num cenário como esse, o espaço para a ficção nacional fica ainda mais incerto. E a garantia de emprego para o escritor na imprensa também. Em setembro de 2003, o índice que mede a circulação dos dezesseis principais jornais do Brasil mostrava que, mesmo no dia de maior tiragem, o domingo, todos eles juntos não vendiam mais de 2,2 milhões de exemplares. A tiragem da *Folha de S.Paulo*, o jornal mais consumido do país, ficava em torno de 300 mil de segunda a sábado, e de 311 mil aos domingos.[78] O número de jornais impressos no país vem encolhendo, assim como o de exemplares vendidos, que está longe de acompanhar o crescimento populacional.

A crise começou no final da década de 1990. Entre 2000 e 2002, a circulação de revistas caiu de 17,1 milhões para 16,2 milhões de exemplares por ano. A de jornais, de 7,9 milhões de exemplares por dia para 7 milhões. As dificuldades financeiras provocaram um enxugamento das redações.[79]

A complexidade do problema mostra que reduzi-lo "à instrução como panacéia" não vai resolver o distanciamento do escritor brasileiro, nem mesmo o do jornalista, em relação a seu público potencial.[80] Até porque a educação pura e simples não tem o poder de criar leitores para a literatura nacional. Sem uma reformulação da política cultural, alerta Antonio Candido,

> é possível imaginar que o escritor latino-americano esteja condenado a ser sempre o que tem sido: um produtor de bens culturais para minorias, embora no caso estas minorias não signifiquem grupos de boa qualidade estética, mas simplesmente os poucos grupos dispostos a ler.[81]

O perigo de continuarmos escrevendo reportagens e livros para um público restrito a nós mesmos é perder definitivamente o contato com os milhões de brasileiros que estão sendo excluídos da cultura letrada, seja pela ausência de livrarias e bibliotecas, pelo preço exorbitante do livro, ou mesmo pela força avassaladora dos meios de comunicação não-literários. "Com efeito, não esqueçamos que os modernos recursos audiovisuais podem motivar uma tal mudança nos processos de criação e nos meios de comunicação, que quando as grandes massas chegarem finalmente à instrução, quem sabe irão buscar fora do livro os meios de satisfazer as suas necessidades de ficção e poesia", previu Candido já na década de 1960.[82] Infelizmente, o novo momento literário não está longe disso.

# Conclusão

Afinal, o jornalismo tem sido um fator bom ou mau para a literatura brasileira? Por mais que tenha entrevistado jornalistas escritores contemporâneos, vasculhado vidas e obras dos que não estão mais vivos, garanto ser impossível formular uma resposta única para essa pergunta. Cada momento literário ou jornalístico tem seus próprios dilemas. Cada autor, uma forma de lidar com o problema.

No entanto, é possível mapear os pontos de conflito e convergência entre os dois campos ao longo dos últimos cem anos. E, numa apropriação do modelo sugerido pelo crítico uruguaio Ángel Rama em seu clássico ensaio "Dez problemas para o romancista latino-americano", propor uma lista de dez problemas para o escritor jornalista brasileiro.[1] Com isso, explicitar o que há por trás do jogo de antagonismos entre imprensa e literatura que há mais de cem anos divide a literatura nacional.

## 1. ARTE × MERCADO

Ao mesmo tempo que o talento para escrever é visto como atividade rentável é, como arte, um dom inegociável. Dividido entre essas duas grandes forças, o escritor jornalista sente-se como se fosse obrigado a escolher entre a prostituição e o monastério. Quando se mistura aos que vendem o seu talento por milréis ou reais, desvirtua-se. Caso ceda aos apelos ciumentos de uma arte pura e virginal, arrisca-se a viver à margem da sociedade de consumo, preso a um modelo romântico de artista que se sacrifica por seu ideal tal qual um monge por sua fé. Mas arte e mercado, como as nove oposições binárias que a seguem, revelam-se duas faces da mesma moeda. Diferentes, como cara e coroa, mas interligadas. Isso porque as condições estruturais que permitiram a profissionalização do trabalho intelectual no Brasil, nos últimos cem anos, desenvolveram-se paralelamente à massificação dos meios de comunicação. Mas não à constituição de um efetivo mercado para a literatura, que, de cara, exclui praticamente 75 % da população.

## 2. ARTISTA × TRABALHADOR

A frustração do jornalista que quer ser escritor dá origem a uma espécie de sentimento de inferioridade voluntário, baseado numa ancestral distinção entre trabalho braçal (ou comercial-industrial) e intelectual e artístico. E reflete uma superioridade historicamente expressada pela divisão entre as classes vistas como ociosas (os nobres e os artistas) e as trabalhadoras. Essa imagem negativa dos jornalistas só é modificada quando a imprensa se torna efetivamente um campo à parte, com regras específicas, em que o prestígio profissional é medido por seus próprios valores estéticos e produtivos. Hoje a maior parte dos escritores jornalistas bem-sucedidos no mercado editorial mantém-se no terreno da não-ficção. A qualidade de seu texto jornalístico é reconhecida como tal. São autores com A maiúsculo, mesmo que nunca tenham publicado um livro. Mas uma análise detalhada da vida e da obra dos autores que serviram aos dois senhores — jornalismo e literatura — ao longo de vários momentos literários permite ver que o artista em tempo integral está mais para exceção do que para regra no Brasil. E que talvez não passe de um mito, uma ilusão capaz de congelar os que se medem por ele numa imobilidade frustrante, à espera de um momento perfeito, em que possam se enquadrar nesse ideal de disponibilidade total. Para só então perceberem que se esqueceram do que iam dizer.

## 3. LINGUAGEM CONDICIONADA × LIBERDADE CRIATIVA

Em contraste com a normatização da linguagem jornalística, fruto da economia de meios para comunicar uma mensagem ao maior número de interlocutores possível, a linguagem literária se oferece como o espaço da experimentação por excelência. Mas não se deve esquecer que, ao longo dos últimos cem anos, a imprensa foi, em muitos casos, o laboratório da poesia e do romance nacionais. Ensinou o escritor a afiar suas armas, transcrever falas e dialetos, manipular ritmos, cortar palavras, dominar a língua, aproximar-se do coloquial, comunicar-se com o leitor. E também a compreender que a experimentação pode estar fora das regras rígidas da grande tradição literária, em gêneros de fronteira, como o folhetim, a crônica, o *new journalism*, a *narrative writing* e o *making of.* Hoje é possível perceber que escritores e jornalistas, assim como editores, professores e críticos, estão diretamente envolvidos na naturalização de um conceito mais restrito de literatura, que se estabelece em oposição a outras formas narrativas. Os próprios jornalistas orientam seu texto de forma a negar a subjetividade, território da ficção. Entretanto, essa autonomia do campo jornalístico tem seu preço: desde o desinteresse do leitor por uma reportagem descolorida de vida até a dificuldade do escritor de se livrar de padrões mentais arraigados no dia-a-dia das redações e encontrar sua própria voz.

## 4. EXPERIÊNCIA × ESTERILIDADE

Não foram só as formas narrativas que a literatura tomou emprestado do jornalismo, foi também uma de suas principais características: o culto da experiência. O naturalismo se firma no início do século xx, o realismo se torna uma forma hegemônica nos anos 30, mas é apenas a partir dos anos 60 que os jornalistas tomam de assalto a ficção, levando como trunfo a capacidade de imersão no real. Alguns dos principais escritores brasileiros aprenderam seu artesanato como repórteres, nas ruas, interagindo com pessoas fora do seu meio. No jornalismo, encontraram subsídios para sua entrada num mundo mais vasto, acesso a outras camadas, das mais baixas às mais altas, da população. Mas o exercício de narrar a realidade pode efetivamente viciar o escritor e mesmo bloquear sua imaginação. A ponto de paralisá-lo diante de uma página em branco, sem pauta, *dead-lines* e diagramação para orientá-lo. Como um animal acostumado a um determinado *habitat*, o escritor jornalista muitas vezes se sente inibido quando não encontra mais os limites que fixaram seu território.

## 5. VISIBILIDADE × PRECONCEITO

Entrar no fechado mundo intelectual, consagrar o nome diante do público, legitimar-se socialmente, fazer contatos que possam abrir portas no meio editorial. Desde que João do Rio publicou *O momento literário*, esses são alguns dos atrativos da imprensa mais tentadores para um aspirante a escritor. Confessáveis ou não, eles são o lado positivo de uma realidade que tem também seu revés. Aos escritores, a arte. Aos jornalistas, a divulgação de suas obras. O modelo "cada-macaco-no-seu-galho", mesmo que não reflita a história da literatura brasileira, é incorporado pela própria imprensa, que tende a encarar como diletante aquele poeta ou romancista com que pode esbarrar no dia-a-dia das redações. E a julgar a qualidade de sua obra literária pelo valor de seu trabalho jornalístico, esquecendo-se que se maus escritores podem até se mostrar bons redatores, a recíproca também pode ser verdadeira.

## 6. PERENIDADE × IMEDIATISMO

Há uma espécie de angústia de esquecimento no trabalho do escritor jornalista. De fato, não foram poucos os que buscaram na literatura uma forma de preservar seu nome e suas palavras do rápido amarelar das notícias de jornal. No entanto, num mercado editorial abarrotado de livros, a obsolescência também persegue a literatura. Um livro logo é substituído por outro nas seções de crítica literária da imprensa, nas prateleiras das livrarias, nas listas de mais vendidos e na memória do leitor.

## 7. FATO × FICÇÃO

Toda teoria literária pós-moderna encaminha-se no sentido de desnaturalizar as categorias de real e ficcional. No entanto, a depreciação do trabalho na imprensa, mesmo por escritores jornalistas contemporâneos, perpetua sua posição como um tipo inferior de discurso, que deve ser abandonado pelo romancista ou poeta ao sentir uma forte pressão interior para dedicar-se ao que seria sua vocação original. Muitas vezes, o que se busca é simplesmente a independência que apenas um trabalho individual e criativo, sem chefes nem horários, pode oferecer.

## 8. OBJETIVO × SUBJETIVO

Se a crise da narrativa, expressada pela teoria literária pós-moderna, mina a noção romântica do texto como uma obra de arte que expressa a subjetividade de um autor como uma *persona* literária coerente, por parte do jornalismo ela faz o caminho inverso, destruindo a ilusão de uma objetividade isenta de contaminações, como em experiências de laboratório, que jamais se reproduzem na vida real. À morte do autor como um ser casto e incorruptível corresponde a morte do repórter como produtor de verdade.

## 9. TEMPO × DINHEIRO

O aspirante a escritor que envereda pelo jornalismo como forma de se aproximar da literatura corre o risco de perder-se nesse fascinante labirinto e nunca mais sair. As exigências da profissão, maiores do que a de um emprego regular, sem hora para entrar nem para sair e sem as garantidas folgas nos fins de semana e feriados, dificultam tremendamente a continuidade exigida pelo trabalho literário. Mais do que sua pena, é seu precioso tempo o que o escritor vende para o jornalismo.

## 10. LOCAL × UNIVERSAL

A relação, por vezes híbrida, por vezes antagônica, eventualmente parasitária, entre jornalismo e literatura não é privilégio dos ficcionistas e poetas brasileiros. A intimidade entre os dois gêneros está na base da dicotomia *news/novels* do romance inglês: uma tradição inaugurada por escritores jornalistas, como Daniel Defoe, que tem em Jack London, Charles Dickens e George Orwell seus mais famosos seguidores. E, na França, Émile Zola como seu principal exemplo. Também a ficção e a poesia latino-americanas devem sua força a muitos escritores jornalistas, como García Márquez e Vargas Llosa. Na literatura portuguesa, verifica-se, de Eça de Queirós a José Saramago, toda uma linhagem de escritores jornalistas. Nos Estados Unidos, ela se faz sentir na obra de autores fundamentais, como Walt Whitman, que trabalhou 25 anos em jornais antes de publicar seu primeiro livro de poemas. Ou Mark Twain, que também passou mais de duas décadas em redações antes de editar seu primeiro romance. Ernest Hemingway, John Dos Passos, Eugene O'Neill, Norman Mailer, Tom Wolfe, a lista de escritores que deram seus primeiros passos no jornal é aparentemente infinita. Menor apenas do que a dos sonhadores que gastaram seus fósforos sem jamais acender a grande fogueira.

# Notas

1. MOMENTO LITERÁRIO 1900 [pp. 19-37]

1. João do Rio. *O momento literário*. 1994, p. 96.
2. Idem, ibidem, p. 104.
3. Idem, ibidem, p. 247.
4. Idem, ibidem, p. 120.
5. Idem, ibidem, p. 134.
6. Idem, ibidem, p. 135.
7. Idem, ibidem, p. 164.
8. Idem, ibidem, p. 268.
9. Idem, ibidem, p. 287.
10. Idem, ibidem, p. 72.
11. Idem, ibidem, p. 73.
12. Idem, ibidem, p. 75.
13. Idem, ibidem, p. 73.
14. Idem, ibidem, p. 151.
15. Idem, ibidem, p. 171.
16. Idem, ibidem, p. 213.
17. Idem, ibidem, p. 206.
18. Idem, ibidem, p. 4.
19. Idem, ibidem, p. 207.
20. Sergio Miceli. *Intelectuais à brasileira*. 2001, p. 17.

21. João do Rio, op. cit., p. 159.

22. Pierre Bourdieu. *As regras da arte*. 1996, p. 45.

23. Idem, ibidem. p. 44.

24. Nicolau Sevcenko. *Literatura como missão*. 1983, p. 226.

25. A informação se baseia em declaração de Salvador de Mendonça, muito ligado ao jovem escritor, embora Jean-Michel Massa diga que não pôde ser comprovada em nenhum documento. Jean-Michel Massa. *A juventude de Machado de Assis*. 1971, p. 88. Lucia Miguel Pereira comenta que a história se baseia na "tradição". Lucia Miguel Pereira. Machado de Assis. 1988, p. 54.

26. Lawrence Hallewell. *Books in Brazil, a history of the publishing trade*. 1982, p. 63.

27. Lucia Miguel Pereira, op. cit., p. 61.

28. Jean-Michel Massa, op. cit., p. 87.

29. Idem, ibidem, p. 173.

30. Parte do conto, publicado sob o pseudônimo de jj em 1874 no *Jornal das Famílias*, está reproduzido em Lucia Miguel Pereira, op. cit., p. 61.

31. Machado de Assis, s.d. Apud: Lucia Miguel Pereira, op. cit., p. 79.

32. Lucia Miguel Pereira, op. cit., p. 186.

33. Machado de Assis, 1986. *Obras completas*, vol. 3, pp. 944-63.

34. Idem, ibidem, p. 963.

35. Idem, ibidem, p. 945.

36. Idem, ibidem.

37. Idem, ibidem, p. 946.

38. Lucia Miguel Pereira, op. cit., p. 75.

39. Idem, ibidem, p. 119.

40. Idem, ibidem, p. 77.

41. Jean-Michel Massa, op. cit., p. 506.

42. Idem, ibidem, p. 508.

43. Lucia Miguel Pereira, op. cit., p. 139.


## 2. MOMENTO JORNALÍSTICO 1900 [pp. 38-45]

1. João do Rio, op. cit., p. 19

2. Idem, ibidem, pp. 188-9.

3. Idem, ibidem, p. 189.

4. Idem, ibidem, p. 193.

5. Idem, ibidem, p. 298.

6. Idem, ibidem, p. 294.

7. Pseudônimo de Emilia Moncorvo Bandeira de Melo (1852-1910), que

assinava a coluna dominical A Semana na primeira página de *O Paíz,* entre 1905 e 1910, então o jornal de maior tiragem da América do Sul. Foi ainda romancista, contista e dramaturga. Para um levantamento biobibliográfico sobre a autora, consultar Zahidé Lupinacci Muzart. *Escritoras brasileiras do século XIX.* 1999, pp. 500-25.

8. João do Rio, op. cit., p. 295.

9. Idem, ibidem, p. 296.

10. Brito Broca. *A vida literária no Brasil — 1900.* s.d., p. 236.

11. Idem, ibidem, p. 207.

12. Emile Zola. *Do romance.* 1995, p. 23.

13. Idem, ibidem, pp. 24-5.

14. Para uma análise mais detalhada dessa correlação, ver Flora Süssekind. *Cinematograph of words.* 1977, p. 59.

### 3. O PAPEL E A PENA DE UM ESCRITOR JORNALISTA [pp. 46-68]

1. Olavo Bilac, 1887. Apud: Flora Süssekind, op. cit., p. 47.

2. Idem, 1907. Apud: Raimundo Magalhães Jr. *Olavo Bilac e sua época.* 1974, p. 298.

3. Idem, 1916. Apud: Raimundo Magalhães Jr., op. cit., pp. 38-9.

4. Idem, 1916. Apud: Broca, op. cit., p. 206.

5. Idem. *Vossa insolência.* 1996, p. 57.

6. Idem, ibidem, p. 59.

7. Idem, ibidem, p. 60.

8. Idem. 1907. Apud: Raimundo Magalhães Jr., op. cit., p. 297.

9. João do Rio, op. cit., p. 294.

10. Idem, ibidem, p. 164.

11. Adolfo Caminha. *Cartas literárias.* 1999, p. 147.

12. Coelho Neto. *A conquista.* s.d., p. 263.

13. Raimundo Magalhães Jr. *José de Alencar e sua época.* 1977, p. 109.

14. Machado Assis, op. cit., p. 946.

15. Nicolau Sevcenko, op. cit., p. 103.

16. Coelho Neto, 1924. Apud: Nicolau Sevcenko, op. cit, p. 90.

17. João do Rio, op. cit., p. 11.

18. Para mais detalhes ver Cruz e Souza. *Formas e coloridos.* 2000.

19. Lima Barreto. s.d.. Apud: Francisco de Assis Barbosa. *A vida de Lima Barreto.* 1988, pp. 198-9.

20. Idem, ibidem, p. 199.

21. Antonio Candido, 1975, p. 74.

22. Lima Barreto. *Recordações do escrivão Isaías Caminha*. 1990, p. 131.

23. Erico Verissimo. *Um certo Henrique Bertaso*, p. 14.

24. Idem, ibidem, p. 15.

25. Idem, ibidem, p. 38.

26. Idem, ibidem, p. 223.

27. Pierre Bourdieu, op. cit., p. 82.

28. Idem, ibidem, p. 102.

29. Idem, ibidem.

30. Lima Barreto. s.d. Apud: Francisco de Assis Barbosa, op. cit., p. 207.

31. Idem, ibidem, p. 146.

32. Lima Barreto. *Diário do hospício, o cemitério dos vivos*. 1993, p. 68.

33. Nicolau Sevcenko, op. cit., p. 167.

34. Lima Barreto. *Diário do hospício, o cemitério dos vivos*. 1993, pp. 138-9.

35. Idem, ibidem, p. 168.

36. Idem, ibidem.

37. Pierre Bourdieu, op. cit., p. 44.

38. Brito Broca, op. cit., pp. 20-1.


4. LITERATURA COMO NEGÓCIO [pp. 69-92]

1. Benjamim Costallat. *Mademoiselle Cinema*. 1999, p. 60.

2. Idem, ibidem, pp. 60-1.

3. Informação reproduzida na coluna Páginas da história, no *Jornal do Brasil* de 14 de fevereiro de 2004, p. 11. Na mesma nota, informava-se que o personagem de Costallat tinha feito tanto sucesso que batizara um sorvete da Avear, uma marchinha de Freire Júnior, um penteado da moda e um laço de gravata.

4. Monteiro Lobato, 1948. *A barca de Gleyre*, vol. 2, pp. 20-1.

5. Idem. *Na antevéspera*. 1948, p. 286.

6. Idem. *Cartas escolhidas*. 1959, p. 9.

7. Idem. s.d. Apud: Marisa Lajolo. *Lobato: um brasileiro sob medida*. 2000, pp. 30-1.

8. Idem, ibidem.

9. Idem. *Prefácios e entrevistas*. 1948, p. 277.

10. Idem, ibidem, p. 67.

11. Idem. *A barca de Gleyre*. 1948, vol. 2, p. 231.

12. Monteiro Lobato, *Urupês*. 1962, p. 30.

13. Marisa Lajolo, op. cit., pp. 56-7.

14. Monteiro Lobato, *A barca de Gleyre*. 1948, vol. 2, pp. 207-8.

15. Idem, ibidem, p. 298.

16. Para mais detalhes ver Lawrence Halewell, op. cit., pp. 171-96.

17. Monteiro Lobato, 1927. Apud: Marisa Lajolo, op. cit., p. 69.

18. Idem, *Cartas escolhidas*. 1959, t. 2, p. 177.

19. Idem, ibidem, p. 128.

20. Afrânio Coutinho. s.d., Apud: Denis de Moraes. *O velho Graça: uma biografia de Graciliano Ramos*. 1992, p. xviii.

21. Para mais dados, ver Elizabeth W. Rochadel Torresini. *Editora Globo: uma aventura editorial nos anos 30 e 40*. 1999.

22. Erico Verissimo. *Solo de clarineta*, p. 236.

23. Idem, ibidem, p. 233.

24. Lawrence Halewell, op. cit., p. 337.

25. Erico Verissimo. *A liberdade de escrever*. 1999, p. 189.

26. Idem, ibidem, p. 166.

27. Idem, ibidem, p. 195.

28. A partir de 1945, a Editora Globo entrou em crise. De quase duzentos títulos por ano, passou a publicar menos de cem, até cair para menos de vinte em 1950. O que não impediu o sucesso de *O tempo e o vento*, cujo último volume foi publicado em 1963. E que, depois de comprada em 1986 pelas Organizações Globo e transferida para São Paulo, publicasse a obra completa de seu principal escritor e editor a preços populares, em banca de jornal, em 1998.

29. Clarice Lispector, 1997. Apud: Erico Verissimo, *A liberdade de escrever*. 1999, p. 25.

30. Erico Verissimo, *A liberdade de escrever*. 1999, p. 26.

31. Idem, ibidem, p. 25.

32. Marisa Lajolo & Regina Zilberman. *A formação da leitura no Brasil*. 1996, p. 71.

33. Jorge Amado. *Suor*. 1987, p. 56.

34. Idem. *Capitães de Areia*, 2000, p. 51.

35. Durante muito tempo na vida de Jorge Amado, jornalismo e política seriam exercidos lado a lado com a literatura. Em 1939, Jorge Amado tornou-se redator-chefe das revistas *Dom Casmurro* e *Diretrizes*. No ano seguinte, passou a trabalhar para o jornal *Meio-Dia*. Em 1945, chefiou a redação do jornal *Hoje*, do PCB, e também escreveu na *Folha da Manhã*. No ano seguinte, Jorge Amado foi eleito deputado federal pelo PCB. Cassado três anos depois, com seus livros considerados material subversivo, partiu para um exílio de quatro anos e meio na Europa, onde ganhou projeção internacional, ficando amigo de celebridades como Jean-Paul Sartre, na época também ligado ao Partido Comunista. Não há dúvida de que a rede formada pelos intelectuais militantes do PC abriu muitas portas ao escritor brasileiro.

36. Fonte: Editora Record.

37. Graciliano Ramos. *Linhas tortas*, 1980, p. 90.

38. Idem, ibidem. p. 91.

## 5. O PAPEL E A PENA DO JORNALISTA ESCRITOR [pp. 93-130]

1. Otto Lara Resende. s. d. Apud: Denis de Moraes, op. cit., p. 245.

2. Graciliano Ramos. s. d. Apud: Carlos Alberto dos Santos Abel. *Graciliano Ramos: cidadão e artista*. 1997, p. 305.

3. Antonio Callado. s. d. Apud: Denis de Moraes, op. cit., p. 241.

4. Idem, ibidem, p. xxii.

5. Graciliano Ramos. *Memórias do cárcere*. 1979, p. 34.

6. Paulo Mendes Campos. s. d. Apud: Denis de Moraes, op. cit., pp. 242-3.

7. Antonio Callado. s. d. Apud: Denis de Moraes, op. cit., p. 242.

8. Graciliano Ramos. s. d. Apud: Denis de Moraes, op. cit., p. 29.

9. Idem, ibidem, p. 31.

10. Idem, ibidem, p. 32.

11. Entrevista a Homero Senna, reproduzida no livro *República das Letras*. 1996, p. 198. Graciliano revelará que a inspiração de *Angústia* veio principalmente de sua experiência como revisor no período em que viveu na pensão do largo da Lapa, 110, seu primeiro endereço no Rio.

12. Graciliano Ramos. *Angústia*. 1980, p. 7.

13. Idem, ibidem, p. 213.

14. Nelson Werneck Sodré. *História da imprensa no Brasil*. 1999, p. 18.

15. Idem, ibidem, p. 20.

16. Carlos Eduardo Lins da Silva. *O adiantado da hora: a influência americana sobre o jornalismo brasileiro*. 1990, p. 112.

17. Idem, ibidem, p. 110.

18. Para mais detalhes sobre a discussão, ver Phyllis Fruss. *The politics and poetics of journalism narrative*. 1994, cap. 2.

19. Aurélio Buarque de Holanda. s. d. Apud: Denis de Moraes, op. cit., p. 91.

20. Idem, ibidem, p. 96.

21. Graciliano Ramos. s. d. Apud: Denis de Moraes, op. cit., p. 295.

22. Idem. *Angústia*. 1998, p. 6.

23. Idem, ibidem, pp. 8-9.

24. Idem, ibidem, p. 191.

25. Oswald fundaria ainda várias revistas: *Papel e Tinta, Klaxon* e *Revista da Antropofagia*. Na década de 30, já filiado ao Partido Comunista, lançou o jornal *O Homem do Povo* e participou da criação do jornal *A Platéia*.

26. Oswald de Andrade. *Os dentes do dragão: entrevistas*. 1990, pp. 22-3.

27. Idem. *Um homem sem profissão: memórias e confissões*, vol.1. 1974, p. 117.

28. Idem, ibidem.

29. Idem. *Memórias sentimentais de João Miramar*. s. d., p. 13.

30. Idem. *Os dentes do dragão...* 1990, p. 149.

31. Oswald foi redator do *Jornal do Commércio* (de 1916 a 1922), *O Jornal* (1916) e *Correio Paulistano* (de 1921 a 1924), além de eventual "correspondente telegráfico" do *Correio da Manhã* no exterior.

32. Oswald de Andrade. *Os dentes do dragão...* 1990, p. 145.

33. Carlos Drummond de Andrade. *Sentimento do mundo*. 2000, p. 41.

34. Idem. *Tempo, vida, poesia: confissões no rádio*. 1987, pp. 32-3.

35. Idem, ibidem, pp. 33-4.

36. Idem, ibidem, p. 34.

37. Idem. s. d. Apud: Maria Zilda Ferreira Cury. *Horizontes modernistas: o jovem Drummond e seu grupo em papel jornal*. 1998, p. 146.

38. Idem, ibidem.

39. Humberto Werneck. *O desatino da rapaziada: jornalistas e escritores em Minas Gerais*. 1992, p. 17.

40. Carlos Drummond de Andrade. s. d. Apud: Maria Zilda Ferreira Cury, op. cit., p. 29.

41. Emílio Moura. s. d. Apud: Humberto Werneck, op. cit., p. 26.

42. Mário de Andrade. s. d. Apud: Maria Zilda Ferreira Cury, op. cit, p. 94.

43. João Alphonsus. *Melhores contos*. 2001, pp. 35-9.

44. Idem, ibidem, p. 36.

45. Carlos Drummond de Andrade. *Tempo, vida, poesia...* 1987, pp. 88-9.

46. Idem. 1923. Apud: Maria Zilda Ferreira Cury, op. cit., p. 56.

47. Maria Zilda Ferreira Cury, op. cit., p. 17.

48. Humberto Werneck, op. cit., p. 82.

49. Carlos Drummond de Andrade, 1992. Apud: Maria Zilda Ferreira Cury, op. cit., p. 187.

50. Idem, ibidem, p. 161.

51. Idem, ibidem, p. 113.

52. Carlos Drummond de Andrade. *Tempo, vida, poesia...* 1987, p. 25.

53. Idem, ibidem, pp. 125-6.

54. Publicado na capa do caderno comemorativo das novas instalações do *Jornal do Brasil*, em 15 de agosto de 1973.

55. Alzira Alves de Abreu et al. *A imprensa em transição*. 1996, p. 10.

56. Idem, ibidem, p. 17.

57. Trecho do depoimento de Ferreira Gullar. Ver site www.penadealuguel.com.br.

58. Ferreira Gullar. *Toda poesia*. 2000, p. 335.

59. Trecho do depoimento de Ferreira Gullar. Ver site.

60. Nelson Rodrigues. *A cabra vadia*. 1995, pp. 46-8.

61. Bill Kovach & Tom Rosenstiel. *Os elementos do jornalismo*. 2003, p. 114.

62. Idem, ibidem, p. 116.

63. Idem, ibidem, p. 117.

64. *Valsa número 6*.

65. Nelson Rodrigues. *A menina sem estrela*. 1993, p. 207.

66. Alzira Alves de Abreu et al., op. cit., p. 15.

67. Ruy Castro. *O anjo pornográfico: a vida de Nelson Rodrigues*. 1992, pp. 45-6.

68. Nelson Rodrigues. *A menina sem estrela*. 1993, p. 211.

69. Idem, ibidem, pp. 243-4.

70. Na mesma época, Samuel Wainer também empregaria outro literato na redação de *Flan*, João Cabral de Melo Neto. Sem salário e sem posto no exterior, foi redator, detalhe que tem passado despercebido em sua biografia.

## 6. MEDIAÇÃO E MISSÃO [pp. 131-65]

1. Malcolm Silverman. *Protesto e o novo romance brasileiro*. 2000, p. 418.

2. Idem, ibidem, p. 420.

3. Silviano Santiago. *Nas malhas da letra*. 1989, p. 24.

4. Trecho do depoimento de Ferreira Gullar. Ver site www.penadealuguel.com.br.

5. Idem, ibidem.

6. Paulo Francis. *Cabeça de papel*. 1978, pp. 34-5.

7. Idem, ibidem, p. 35.

8. Idem, ibidem, p. 72.

9. Idem, ibidem, p. 97.

10. Pierre Bourdieu, op. cit., p. 189.

11. Paulo Francis, op. cit., p. 118.

12. Idem, ibidem, pp. 113-4.

13. Idem, ibidem, p. 114.

14. Idem, ibidem, pp. 112-3.

15. Idem, ibidem, p. 116.

16. Idem, ibidem, p. 120.

17. Idem, ibidem, p. 119.

18. Davi Arrigucci Jr. *Outros achados e perdidos*. 1999, p. 85.

19. O último romance de Paulo Francis, *As filhas do segundo sexo*, é um folhetim que nem merece ser considerado. A não ser como parte da estratégia, ex-

perimentada por outros autores da época, como Carlinhos de Oliveira, com *Terror e êxtase* e *Domingo 22*, de tentar um ficção popular, baseada no modelo do folhetim, já apropriado pela TV com maior felicidade. Só que, como os tempos eram outros, esse folhetim literário vinha com doses mais fortes de erotismo, que não escondiam a misoginia dos autores e seu moralismo de tintas rodriguianas que resistia ao desbunde.

20. Paulo Francis, op. cit., p. 101.

21. Detalhe: o editor Otto Lara Resende se recusava a contratá-lo porque ele faltava muito e chegava atrasado.

22. José Carlos Oliveira. *Um novo animal na floresta*. 1981, p. 115.

23. Paulo Francis, op. cit., p. 128.

24. José Carlos Oliveira. Entrevista publicada em 18 de novembro de 1976. Apud: Jason Tércio. *Orfão da tempestade: a vida de Carlinhos Oliveira e sua geração, entre o terror e o êxtase*. 1999, p. 280.

25. Jason Tércio, op. cit., p. 296.

26. Idem, ibidem, p. 336.

27. José Carlos Oliveira, op. cit., p. 75.

28. Idem, ibidem, p. 87.

29. Idem, ibidem, pp. 97-8. Em 1984, Carlinhos escreveria outro romance, *Domingo 22*, ligeiramente autobiográfico, narrando sua experiência como jornalista nos anos 50.

30. João Antonio. *Abraçado ao meu rancor*. 2001, p. 90.

31. Idem, ibidem, pp. 90-1.

32. Idem, ibidem.

33. Idem, ibidem, p. 98.

34. Idem, ibidem, p. 99.

35. Idem, ibidem, pp. 99-100.

36. Idem, ibidem, p. 100.

37. Karl Marx, 1842. Apud: Michael Kunczik. *Conceitos de jornalismo*. 2001, p. 54.

38. Flora Süssekind. *Literatura e vida literária: polêmicas, diários e retratos*. 1985, p. 10.

39. Anibal González. *Journalism and the development of Spanish American narrative*. 1993, p. 2.

40. José Louzeiro, trecho do depoimento que consta do site www.penadealuguel.com.br.

41. Flora Süssekind. *Literatura e vida literária...* 1985 p. 57.

42. Renato Franco. *Itinerário político do romance pós-64: a festa*. 1998, p. 40.

43. Idem, ibidem, p. 127.

44. Davi Arrigucci Jr., op. cit., p. 91.
45. Paulo Francis, op. cit., pp. 114-5.
46. Malcolm Silverman, op. cit., p. 156.
47. Fernando Gabeira. *O que é isso companheiro?* 1998, p. 35.
48. Ivan Angelo. *A festa.* 1976, pp. 15-6.
49. Idem, ibidem, p. 125.
50. Idem, ibidem, p. 114.
51. Idem, ibidem, pp. 117-8.
52. Idem, ibidem, p. 117.
53. Idem, ibidem, p. 123.
54. Idem, ibidem, p. 131.
55. Idem, ibidem, p. 139.
56. Fernando Gabeira, op. cit., p. 43.
57. Idem, ibidem, p. 78.
58. Idem, ibidem, pp. 78-9.
59. Idem, ibidem, p. 78.
60. Silviano Santiago, op. cit., p. 38.


7. MOMENTO LITERÁRIO 2000 [pp. 166-86]

1. Silviano Santiago. O artigo "Literatura anfíbia" foi publicado na *Folha de S.Paulo*, Suplemento *Mais!*, em 30 de junho de 2002, pp. 4-8.
2. Trechos dos depoimentos de Sérgio Rodrigues e Paulo Roberto Pires. Ver site www.penadealuguel.com.br.
3. Trecho do depoimento de Juremir Machado da Silva. Ver site.
4. Trecho do depoimento de Sérgio Alcides. Ver site.
5. Trecho do depoimento de Marcelo Moutinho. Ver site.
6. Trecho do depoimento de Marcelo Coelho. Ver site.
7. Trecho do depoimento de Fabrício Marques. Ver site.
8. Ricardo Piglia. "A ficção paranóica", *Folha de S.Paulo*, Caderno *Mais!*, 15 de julho de 2003, pp. 5-7.
9. Trecho do depoimento de João Gabriel de Lima. Ver site.
10. Trecho do depoimento de Carlos Ribeiro. Ver site.
11. Trecho do depoimento de José Castello. Ver site.
12. Trecho do depoimento de Michel Laub. Ver site.
13. Idem, ibidem.
14. Trecho do depoimento de Arthur Dapieve. Ver site.
15. Trecho do depoimento de Bernardo Carvalho. Ver site.
16. Trecho do depoimento de Luiz Ruffato. Ver site.

17. Caio Fernando Abreu. *Correspondência.* 2002, p. 35.

18. Idem, ibidem, p. 43.

19. Silviano Santiago. "Literatura anfíbia", *Folha de S.Paulo,* Suplemento *Mais!,* 30 de junho de 2002, pp. 4-8.

20. Trecho do depoimento de Bernardo Carvalho. Ver site.

21. Trecho do depoimento de Marçal Aquino. Ver site.

22. Idem, ibidem.

23. Benedict Anderson. *Imagined communities.* 1991, pp. 34-5.

24. Idem, ibidem, p. 35.

25. Andreas Huyssen. *Memórias do modernismo.* 1997, p. 2.

26. Marçal Aquino. *O invasor.* 2002.

27. Idem. *O amor e outros objetos pontiagudos.* 1999.

28. Idem, ibidem, pp. 83-8; Idem. *Faroeste.* 2001, pp. 12-26.

29. Beatriz Sarlo. *The new Latin Americanism: cultural studies.* 2001, p. 7.

30. Trecho do depoimento de Luiz Ruffato. Ver site.


## 8. MOMENTO JORNALÍSTICO 2000 [pp. 187-99]

1. Trecho do depoimento de Sérgio Alcides. Ver site www.penadealuguel.com.br.

2. Idem, ibidem.

3. Trecho do depoimento de Luciano Trigo. Ver site.

4. José Ricardo Ramalho & Mareo Aurélio Santana. *Sociologia do trabalho no mundo contemporâneo.* 2004, p. 35.

5. *Valor Econômico,* 10 de junho de 2003, p. 15.

6. *Folha de S.Paulo,* 22 de fevereiro de 2004, p. A6 (os dados citados são do IVC).

7. *Folha de S.Paulo,* 15 de fevereiro de 2004.

8. Informações que constam da reportagem "Onde falta pão", publicada pela revista *Carta Capital,* em 12 de fevereiro de 2003.

9. Trecho do depoimento de Bernardo Ajzenberg. Ver site.

10. Steve Johnson. *Cultura da interface: como o computador transforma nossa maneira de criar e comunicar.* 2001, p. 105.

11. Trecho do depoimento de Carlos Heitor Cony. Ver site.

12. Idem, ibidem.

13. Davi Nasser. s. d. Apud: Luiz Maklouf Carvalho. *Cobras criadas: David Nasser e O Cruzeiro.* 2002, pp. 49-50.

14. Para uma história material do livro, do jornal e das técnicas de escrita e impressão e das mudanças introduzidas pelo computador, ver Chartier, 1998, p. 24.

15. Roger Chartier. *A aventura do livro*. 1998, p. 16.

16. Philippe Willemart. *Bastidores da criação literária*. 1999, p. 82.

## 9. ROMANCES × REPORTAGENS [pp. 200-218]

1. Trecho do depoimento de Toni Marques. Ver site www.penadealuguel.com.br.

2. Trecho do depoimento de Ronaldo Bressane. Ver site.

3. Trecho do depoimento de Cadão Volpato. Ver site.

4. Trecho de depoimento de Antonio Fernando Borges. Ver site.

5. Trecho de depoimento de Juremir Machado da Silva. Ver site.

6. Trecho de depoimento de Heitor Ferraz. Ver site.

7. Trecho do depoimento de Gisela Campos. Ver site.

8. Trecho de depoimento de Luciano Trigo. Ver site.

9. Trecho de depoimento de Carlos Herculano Lopes. Ver site.

10. Trecho do depoimento de Mário Sabino. Ver site.

11. Trecho de depoimento de João Gabriel de Lima. Ver site.

12. Trecho de depoimento de Luiz Ruffato. Ver site.

13. Trecho do depoimento de Juremir Machado da Silva. Ver site.

14. Trecho de depoimento de Bernardo Ajzenberg. Ver site.

15. Trecho de depoimento de Sérgio Rodrigues. Ver site.

16. Idem, ibidem.

17. Michel Foucault. *Ditos e escritos*. 2001, p. 267.

18. Idem, ibidem.

19. Idem, ibidem, p. 271.

20. Roger Chartier, op. cit., p. 31.

21. Idem. *A ordem dos livros*. 1994, p. 61.

22. Idem. *A aventura do livro*. 1998, p. 49.

23. Idem. *A ordem dos livros*. 1994, p. 41.

24. Idem, ibidem, p. 43.

25. Marisa Lajolo & Regina Zilberman, op. cit., p. 61.

26. Roger Chartier. *A ordem dos livros*. 1994, p. 38.

27. Bill Kovach & Tom Rosenstiel, op. cit. , p. 9.

28. Carlos Rizzini. *O livro, o jornal e a tipografia no Brasil — 1500-1822*. 1945, p. 11.

29. Michael Kunczik, op. cit., p. 58.

30. A remuneração está na base da constituição do campo jornalístico. O decreto-lei nº 972, de 17/10/1969, art. 2, que instituiu a profissão no Brasil, é bem claro: "A profissão de jornalista compreende, privativamente, o exercício habitual e remunerado" de atividades que vão da redação à diagramação.

31. Carlos Rizzini, op. cit., p. 65.

32. Há controvérsias sobre as primeiras tentativas de estabelecimento de tipografias no Brasil nos séculos XVII e XVIII. Autores como Rizzini, Sodré e Vianna dão como certo que, em 1706, teria havido em Recife uma iniciativa frustrada de impressão de letras de câmbio e orações devotas, que, no mesmo ano, teria sido reprimida pela Coroa Portuguesa por meio de uma Carta Régia, segundo a qual deveriam ser seqüestradas as letras impressas, e os donos, notificados de que não era permitida a impressão de livros ou papéis avulsos. Tal hipótese é refutada por Wilson Martins, no capítulo 11 de *A palavra escrita*, mostrando que jamais houve tal Carta Régia. Recife também teria sido sede de uma tipografia implantada durante a invasão holandesa, da qual restaria um documento, o *Brasilsche Gell-Sack*. No entanto, hoje sabe-se que ele foi, na verdade, impresso na Holanda. Embora Maurício de Nassau tenha acertado a vinda de um mestre impressor, ele morreu antes de embarcar. Nassau insistiu, mas não havia tipógrafos disponíveis numa época em que a profissão prosperava na Europa. Há também indícios de que, entre 1700 e 1730, uma pequena tipografia teria funcionado nas missões jesuíticas da margem esquerda do Paraná, com prelo e caracteres de madeira e metal, aparelhada pelos próprios índios.

33. Carta Régia. Apud: Carlos Rizzini, op. cit., p. 310.

34. Nelson Werneck Sodré. *História da imprensa no Brasil.* p. 18.

35. Hipólito da Costa, 1808. Apud: Carlos Rizzini, op. cit., p. 336.

36. Carlos Rizzini, op. cit., p. 356.

37. Michel Foucault, op. cit., p. 274.

38. Idem, ibidem.

39. Idem, ibidem, p. 297.

40. Anibal González, op. cit. , p. 93.

41. Trecho do depoimento de Antonio Fernando Borges. Ver site.

42. Trecho do depoimento de Juremir Machado da Silva. Ver site.

43. Trecho do depoimento de Fernando Molica. Ver site.

## 10. A MESMA TECLA [pp. 219-36]

1. Gregorio de Matos. *Literatura comentada.* 1988, p. 28.

2. Idem, ibidem, p. 46.

3. As *Cartas chilenas* são um poema satírico composto de 4268 versos decassílabos brancos, agrupados em cartas que o personagem Critilo remete da cidade de Santiago do Chile a seu amigo Doroteu, na Espanha, criticando o governo de Fanfarrão Minésio. Trata-se de uma alusão clara ao governador da capitania de Minas Gerais entre 1783 e 1788, dom Luís da Cunha Meneses. Há

ainda outros criptônimos, como Albino (José Pereira Alvim, fiador do contrato dos dízimos) e Lobésio (José de Sousa Lobo e Melo, capitão da cavalaria), criticados no texto. A autoria do poema é polêmica.

4. Antonio Candido. *Formação da literatura brasileira.* v.1, 1975, p. 147.

5. Ronald Carvalho. *Pequena história da literatura brasileira.* 1984, p. 101; Juarez Bahia. *Jornal, história e técnica.* 1990, p. 35.

6. Juarez Bahia, op. cit., p. 32.

7. José Aderaldo Castello. *A literatura brasileira.* v.1, 1999, p. 225.

8. Isabel Lustosa. *Insultos impressos.* 2000, p. 33.

9. José Bonifácio de Andrada e Silva. s.d. Apud: Juarez Bahia, op. cit., p. 89.

10. Idem. *Projetos para o Brasil.* 1998, p. 280.

11. Antonio Candido. *Formação da literatura brasileira.* v. 1, 1975, p. 27.

12. Idem, ibidem, pp. 233-4.

13. Idem, ibidem, p. 234.

14. Idem, ibidem, p. 238.

15. Idem, ibidem, pp. 241-2.

16. Idem, ibidem, p. 247.

17. Idem, ibidem, p. 248.

18. Idem, ibidem, p. 258.

19. Idem, ibidem, p. 248.

20. Alfredo Bosi. *História concisa da literatura brasileira.* 1994, p. 85.

21. Antonio Candido. *Literatura e sociedade,* p. 78.

22. Idem, ibidem, p. 87.

23. Do grupo inicial da *Nictheroy,* pelo menos dois escritores, Manuel de Araújo Porto Alegre e Francisco Sales Torres Homem, tiveram parte de seus estudos na Europa custeada por Evaristo da Veiga, que em seu jornal *A Aurora Fluminense* investia na juventude, divulgando as obras de poetas iniciantes, como Gonçalves de Magalhães. O poeta medíocre, mas jornalista de renome, acabou sendo o elo de ligação entre a sua geração de jornalistas estadistas e a geração romântica, que herdaria seu projeto nacionalista.

24. Justiniano José da Rocha. s. d. Apud: Tania Rebelo Costa Serra. *Antologia do romance-folhetim.* 1997, pp. 57-8.

25. Além de Teixeira de Souza, Manuel Antônio de Almeida, Paula Brito e Machado de Assis começaram na imprensa e na literatura pelo "andar de baixo".

26. Nelson Werneck Sodré, op. cit., p. 210.

27. João Cézar de Castro Rocha. *Literatura e cordialidade.* 1998, p. 41.

28. Silvio Romero. *Compêndio de literatura brasileira.* 2001, p. 343.

29. Taunay, s.d. Apud: José de Alencar. *Sonhos d'Ouro.* s. d., p. 3.

## 11. FRONTEIRAS CRUZADAS [pp. 237-73]

1. Lima Barreto. *Recordações do escrivão Isaías Caminha*. 1990.
2. Marlyse Meyer, 1992. Apud: Antonio Candido et al. *A crônica: o gênero, sua fixação e transformações no Brasil*. 1992, p. 127.
3. Idem, ibidem, p. 126.
4. Muniz Sodré, op. cit., p. 115.
5. Marlyse Meyer, 1992. Apud: Antonio Candido et al., op. cit., p. 98.
6. Machado de Assis, op. cit., v. 3, p. 959.
7. Idem, ibidem.
8. Nelson Rodrigues. *A cabra vadia*. 1993, p. 245.
9. A estranha relação deste escritor maldito com o jornalismo infantil não terminaria aí. Em 1941, Nelson Rodrigues foi convidado para dirigir as revistas *Detetive* (de contos de mistério) e *Guri* (com heróis de quadrinhos americanos), dos Diários Associados — serviço que, dois anos depois, passaria para o também escritor Lúcio Cardoso.
10. Nelson Rodrigues. *A cabra vadia*. 1993, p. 190.
11. Idem, ibidem, p. 191.
12. Idem, ibidem, p. 88.
13. Muniz Sodré, op. cit., p. 135.
14. Anibal González, op. cit., p. 44.
15. Phyllis Fruss, op. cit., p. 42.
16. Idem, ibidem.
17. Nelson Rodrigues. *A cabra vadia*. 1993, p. 136.
18. Anibal González, op. cit., p. 45.
19. Neves, 1992. Apud: Antonio Candido et al., op. cit., p. 82.
20. Flora Süssekind. *O Brasil não é longe daqui*. 1990, pp. 222-3.
21. Marlyse Meyer, 1992. Apud: Antonio Candido et al., op. cit., p. 128.
22. Machado de Assis, op. cit., v. 3, p. 772.
23. Lucia Granja. *Machado de Assis: escritor em formação*. 2000, p. 16.
24. Lucia Miguel Pereira, op. cit., p. 135.
25. José Aderaldo Castello. *A literatura brasileira*. 1999, v. 1, p. 392.
26. Machado de Assis, op. cit., v. 3, p. 394.
27. Antonio Candido et. al., op. cit., pp. 13-5.
28. Olavo Bilac. *Vossa insolência*. 1996, pp. 150-2.
29. João do Rio, 1909. Apud: Ivete Helou da Silva. *Machado de Assis: o cronista míope*. 2002, p. 49.
30. Antonio Candido et al, op. cit., p. 15.
31. *Jornal do Brasil*, p. 1, 2 de outubro de 1969.
32. Carlos Drummond de Andrade. *Auto-retrato e outras crônicas*. 1989, p. 13.
33. Anibal González, op. cit., p. 81.

34. Idem, ibidem, p. 84.

35. Carlos Drummond de Andrade. *Tempo, vida, poesia...* 1987, p. 160.

36. Antonio Candido et al, 1992, p. 17.

37. Joel Silveira fala sobre Rubem Braga na reportagem "A vida colhida na calçada", publicada no jornal *Folha de S.Paulo,* em 10 de janeiro de 1983, p. 27.

38. Rubem Braga em entrevista a Zuenir Ventura, publicada na revista *IstoÉ,* de 31 de outubro de 1984, pp. 78-80. As citações seguintes também foram retiradas dessa entrevista.

39. Paulo Mendes Campos em entrevista a Beatriz Marinho, publicada no jornal *O Estado de S. Paulo,* pp. 1-3, *Caderno 2,* 22 de setembro de 1985.

40. Idem, ibidem.

41. Idem, ibidem.

42. Otto Lara Resende. *Folha de S.Paulo,* 6 de junho de 1991, p. 3.

43. Idem. s.d. Apud: Medeiros, 1998, p. 24.

44. Idem. *Três Ottos por Otto Lara Resende.* 2002, p. 27.

45. Álvaro Lins, 1951. Apud: Otto Lara Resende, op. cit., p. 38.

46. Guimarães Rosa. s.d. Apud: Otto Lara Resende, op. cit., p. 144.

47. Otto Lara Resende, op. cit., p. 28.

48. Idem, ibidem, p. 97.

49. Idem, ibidem, p. 30.

50. Idem, ibidem, p. 97.

51. Entrevista publicada no caderno *Idéias* do *Jornal do Brasil,* em 6 de abril de 2002, p. 3.

52. Trecho de entrevista de Carlos Heitor Cony. Ver site www.penadealuguel.com.br.

53. Entrevista publicada no caderno *Idéias* do *Jornal do Brasil* em 6 de abril de 2002, p. 3.

54. As informações e depoimentos aqui citados foram tirados da reportagem "Crônica de uma escritora", de minha autoria, publicada em 8 de maio de 1999, nas pp. 1 e 2 do caderno *Idéias* do *Jornal do Brasil.*

55. Clarice Lispector. *A descoberta do mundo.* 1999, p. 29.

56. De 1968 a 1969, também faria entrevistas para a revista *Manchete,* publicadas com o título "Diálogos possíveis com Clarice Lispector". E, em 1975, para a revista *Fatos e Fotos.*

57. Trecho da reportagem "Crônica de uma escritora", op. cit.

58. Nádia Batella Gotlib. *Clarice, uma vida que se conta.* 1995, p. 241.

59. Teresa Cristina Monteiro Ferreira. *Eu sou uma pergunta: uma biografia de Clarice Lispector.* 1999, p. 233.

60. Clarice Lispector, op. cit., p. 399.

61. Idem, ibidem, p. 113.

62. Idem, ibidem, p. 81.

63. Idem, ibidem, pp. 91-3 (crônica) e Lispector, 1980, pp. 88-90 (romance).

64. Lispector, 1982, pp.146-150.

65. Walnice Nogueira Galvão. *Os melhores contos de Clarice Lispector.* 1996, p. 11.

66. Clarice Lispector. *A descoberta do mundo.* 1999. p. 86.

67. Idem, ibidem, p. 347.

68. Phyllis Fruss, op. cit., p. 63.

69. Idem, ibidem, p. 68.

70. Norman Mailer, s. d. Apud: Phyllis Fruss, op. cit., p. 128.

71. Phyllis Fruss, op. cit., p. 137.

72. Idem, ibidem, p. 253.

73. Oswald de Andrade. 1909. Apud: Vera Chalmers. *3 linhas e quatro verdades: o jornalismo de Oswald de Andrade.* 1976, p. 50.

74. Joel Silveira. *A milésima noite da Avenida Paulista.* 2003.

75. Trecho de entrevista de Marçal Aquino. Ver site.

76. Para mais informações, ver a discussão que vem sendo desenvolvida no site www.nieman.harvard.edu/narrative.

77. *Nieman Reports.* Cambridge: The Nieman Foundation for Journalism at Harvard University, 2000, v. 54, nº 3, p. 12.


## 12. REAL E FICCIONAL [pp. 274-300]

1. John Hersey. "The legend on the license". *Yale Review.* 1980, p. 70.

2. Mais detalhes em Phyllis Fruss, op. cit., p. 211.

3. Idem, ibidem, p. 213.

4. Informações retiradas da reportagem: "'Menti, menti e menti', diz pivô do escândalo no *New York Times*". *Folha de S.Paulo,* 28 de fevereiro de 2004.

5. Detalhes do Caso Kelley: reportagem de Blake Morrison: "Ex-USA Today reporter faked major stories", *USA Today,* 13 de março de 2004.

6. Luiz Maklouf Carvalho, op. cit., 2002, p. 91.

7. Nelson Rodrigues. s. d. Apud: Luiz Maklouf Carvalho, 2001, p. 128.

8. Nelson Rodrigues. *Flor de obsessão.* 1987, p. 87.

9. Idem, ibidem.

10. Freddy Chateubriand. s. d. Apud: Luiz Maklouf Carvalho, 2001, p. 198.

11. Carlos Heitor Cony. s. d. Apud: Luiz Maklouf Carvalho, 2001, p. 536.

12. Trecho da reportagem reproduzido em Luiz Maklouf Carvalho, 2001, p. 313.

13. David Nasser, 1955 Apud: Luiz Maklouf Carvalho, 2001, p. 326.

14. Idem. 1958 Apud: Luiz Maklouf Carvalho, 2001, p. 358.

15. Idem, ibidem, p. 359.

16. Idem. 1963, Apud: Luiz Maklouf Carvalho, 2001, p. 408.

17. Idem. s.d. Apud: Luiz Maklouf Carvalho, 2001, p. 557.

18. Bill Kovach & Tom Rosenstiel, op. cit., p. 113.

19. Phyllis Fruss, op. cit., p. 216.

20. Luís Nassif. *O jornalismo dos anos 90.* 2003, p. 3. Sobre o caso Escola Base, ver pp. 44-8.

21. Trecho do depoimento de Zuenir Ventura. Ver site www.penadealuguel.com.br.

22. Informação veiculada pela agência de notícias Reuters, em 11 de janeiro de 2004.

23. Jason Lasica. O texto consta de um dossiê da revista *Nieman Reports,* v. 57, nº 3, 2003, p. 71, intitulado "Weblogs and journalism".

24. Trechos do site foram publicados no livro de Salam Pax, *O blog de Bagdá.* 2003.

25. *Nieman Reports,* 2003, v. 57, nº 3, pp. 82-5.

26. Bernardo Carvalho. *Nove noites.* 2002, p. 7.

27. Trecho do depoimento de Zuenir Ventura. Ver site.

28. Raymond Williams. *Keywords: a vocabulary of culture and society.* 1985, p. 186.

29. Sandra Guardini Vasconcelos. *Dez lições sobre o romance inglês do século XVIII.* 2002, p. 19.

30. Para uma comparação, ver Diana Souhami. *A ilha de Selvirk: a verdadeira história de Robison Crusoé.* 2000.

31. Sandra Guardini Vasconcelos, op. cit., p. 18.

32. Raymond Williams, op. cit., p. 187.

33. Pierre Bourdieu, op. cit., p. 192.

34. Phyllis Fruss, op. cit., p. 48.

35. Reportagem de Cassiano Elek Machado: "A literatura brasileira dividida por quatro", publicada em 26 de julho de 2003. *Folha de S.Paulo, Ilustrada,* pp. 1 e 3. Todas as citações a seguir foram reproduzidas dessa reportagem.

36. Bernardo Carvalho. Coluna. "Corpo Ausente". *Folha de S.Paulo,* 9 de dezembro de 2003. *Ilustrada,* p. E8.

37. Marçal Aquino. *Faroeste,* 2001, p. 24.

38. Idem, ibidem, p. 25.

39. Beatriz Resende. A crítica "Refém de suas próprias qualidades" foi publicada no caderno *Idéias, Jornal do Brasil,* em 21 de novembro de 2003, p. 6.

40. Antonio Fernando Borges. *Braz, Quincas & Cia.* 2002, pp. 91 e 13.

41. Eduardo Portella. *Teoria da comunicação literária.* 1973, p. 23.

42. Roland Barthes. *O rumor da língua.* 1988, pp. 149-50.

## 13. HIERARQUIAS ALTERADAS [pp. 301-12]

1. Fonte: Editora Companhia das Letras.
2. Trecho de entrevista de Zuenir Ventura. Ver site www.penadealuguel.com.br.
3. Nelson Oliveira. *Geração 90: manuscritos de computador.* 2001, contracapa.
4. Trecho do depoimento de Ronaldo Bressane. Ver site.
5. Alceu Amoroso Lima. *O jornalismo como gienero literário.* 1969, pp. 9-45; Antonio Olinto. *2 ensaios: o "journal" de André Gide e Jornalismo e literatura.* 1960, pp. 77-143.
6. Phyllis Fruss, op. cit., p. 54.
7. Roland Barthes, op cit., pp. 67-9.
8. Idem, ibidem, p. 66.
9. Trecho do depoimento de Sérgio Rodrigues. Ver site.
10. Trecho do depoimento de Cíntia Moscovich. Ver site.
11. Trecho do depoimento de Heloisa Seixas. Ver site.
12. Trechos do depoimento de Michel Laub. Ver site.
13. Trecho do depoimento de José Castello. Ver site.
14. Trecho do depoimento de Luciano Trigo. Ver site.
15. Trecho do depoimento de Heloisa Seixas. Ver site.
16. Trecho do depoimento de José Castello. Ver site.
17. Roland Barthes, op. cit., p. 70.
18. Idem, ibidem, p. 48.
19. Idem, ibidem, p. 42.
20. Marisa Lajolo & Regina Zilberman, op. cit., p. 87.

## 14. PROBLEMAS COMUNS [pp. 313-44]

1. Graciliano Ramos. *Linhas tortas,* p. 249.
2. Idem, ibidem, p. 246.
3. Idem, ibidem, p. 247.
4. Idem, ibidem, p. 250.
5. Idem, ibidem, p. 247.
6. Idem, ibidem, pp. 246-7.
7. Idem, ibidem, p. 250.
8. Idem, ibidem, p. 249.
9. Idem, ibidem.
10. Pierre Bourdieu, op. cit., pp. 170-1.
11. Idem, ibidem, p. 162.

12. Orígines Lessa. *O feijão e o sonho.* 2001, p. 40.

13. Idem, ibidem, p. 36.

14. Idem, ibidem, pp. 72-3.

15. Idem, ibidem, p. 73.

16. Idem, ibidem, pp. 117-8.

17. Idem, ibidem, p. 118.

18. Graciliano Ramos. *Linhas tortas,* p. 97.

19. Idem, ibidem.

20. Idem, ibidem, pp. 183-4.

21. Idem, ibidem, pp. 185-6.

22. Idem, ibidem, p. 186.

23. Pierre Bourdieu, op. cit., p. 255.

24. Graciliano Ramos. *Linhas tortas,* p. 194.

25. Fonte: Editora Record.

26. Pierre Bourdieu, op. cit., p. 289.

27. José de Alencar. *Como e por que sou romancista.* 1998, p. 75.

28. Idem, ibidem, p. 40.

29. Idem, ibidem, p. 76.

30. Pierre Bourdieu, op. cit., p. 102.

31. José de Alencar. *Sonhos d'Ouro.* s.d. p. 13.

32. Idem, ibidem.

33. José de Alencar. *Como e por que sou romancista.* 1998, p. 61.

34. Oswald de Andrade. *Os dentes do dragão...* 1990, p. 152.

35. Idem, ibidem.

36. Idem, ibidem, pp. 153-4.

37. Idem, ibidem, p. 216.

38. Idem, ibidem, p. 230.

39. Idem, ibidem, p. 178.

40. Idem, ibidem, p. 154.

41. Otto Lara Resende. *Três Ottos por Otto Lara Resende.* 2002, pp. 142-3.

42. Idem, ibidem.

43. Idem, ibidem, pp. 149-50.

44. Idem, ibidem, p. 132.

45. Carlos Heitor Cony. s.d. Apud: Jason Tércio, op. cit., p. 10.

46. José Carlos Oliveira. *Os olhos dourados do ódio.* 1963, p. 144.

47. Idem. *Domingo 22.* 1984, pp. 6-7.

48. Idem, ibidem, p. 17.

49. Idem, ibidem, p. 13.

50. "O escritor visto como Drácula", publicada no *Jornal do Brasil,* em 24 de agosto de 1983, p. 8, *Caderno B.*

51. Cf. "Meu caso de amor com Caio Fernando Abreu", de Luiz Fernando Emediato, *Revista Geração*, ano 2, nº 3, dezembro de 2001.

52. Caio Fernando Abreu, op. cit., pp. 480-1.

53. Idem, ibidem,

54. Idem, ibidem, p. 84.

55. Idem, ibidem, p. 70.

56. Fonte: reportagem "Adeus, Brasil cruel", com Geneton Moraes Neto, publicada pelo jornal *O Globo, Segundo Caderno*, p. 4, 30 de setembro de 1990.

57. Caio Fernando Abreu, op. cit., p. 89.

58. Fonte: reportagem "O perseguidor da simplicidade", de Paulo Celso Pereira, publicada pelo *Caderno B, Jornal do Brasil*, p. 1, 6 de setembro de 2004.

59. Luiz Vilela. *Os novos*. 1984, pp. 182-3.

60. Trecho de entrevista de Ivan Angelo. Ver site www.penadeluguel.com.br.

61. Trecho do depoimento de João Gabriel de Lima. Ver site.

62. Trecho do depoimento de Arnaldo Bloch. Ver site.

63. Trecho do depoimento de Bernardo Ajzenberg. Ver site.

64. Trecho do depoimento de Toni Marques. Ver site.

65. Trecho do depoimento de João Ximenes Braga. Ver site.

66. Trecho do depoimento de Paulo Roberto Pires. Ver site.

67. Olavo Bilac, op. cit., p. 186.

68. Idem, ibidem, p. 190.

69. João do Rio, op. cit., p. 60.

70. Idem, ibidem, p. 76.

71. Dados da reportagem "Só 25% têm domínio pleno da leitura", publicada pelo *Jornal do Brasil*, em 9 de setembro de 2003, p. A7.

72. Dados da reportagem "Só 3,43% dos brasileiros têm curso superior", publicada pelo jornal *O Globo*, em 3 de dezembro de 2003, p. 12.

73. Dados do Saeb, revelados na reportagem "A tragédia do ensino básico", publicada pelo *Jornal do Brasil*, em 23 de abril de 2003, p. A2.

74. Os dados citados sobre o mercado editorial brasileiro pertencem ao estudo "Cadeia de comercialização de livros", realizado por William George Saab e Luiz Carlos Gimenez para o BNDES durante os últimos cinco meses de 1999 e divulgado em 2000. O estudo foi citado na reportagem "Raio X do mercado editorial", assinada por Rodrigo Alves, nas pp. 1 e 2 do caderno *Idéias*, do *Jornal do Brasil*, de 9 de setembro de 2000.

75. Entrevista do livreiro Rui Campos a Heloisa Buarque de Hollanda, publicada originalmente no portal www.portalliteral.com.br e republicada em 12 de abril de 2003, no *Jornal do Brasil*, caderno *Idéias*, p. 3.

76. Dados citados no caderno especial *Retratos do Brasil* do jornal *O Globo*, em 20 de dezembro de 2001, pp. 1-8.

77. Ibidem.

78. Fonte: o site especializado www.comunique-se.com.br.

79. Reportagem "Mídia nacional acumula dívida de R$ 10 bilhões", de Elvira Lobato, publicada no jornal *Folha de S.Paulo*, 8 de março de 2004.

80. Antonio Candido. *A educação pela noite*, p. 147.

81. Idem, ibidem, p. 146.

82. Idem, ibidem, p. 144.

## CONCLUSÃO [pp. 345-51]

1. Ángel Rama. *Literatura e cultura na América Latina.* 2001, pp. 47-110.

# Bibliografia

ABEL, Carlos Alberto dos Santos. *Graciliano Ramos: cidadão e artista*. Brasília, Editora UNB, 1997.

ABREU, Alzira Alves de et al. *A imprensa em transição*. Rio de Janeiro, FGV, 1996.

_____. *A modernização da imprensa (1970-2000)*. Rio de Janeiro, Joge Zahar, 2002.

ABREU, Caio Fernando. *Correspondência*. Rio de Janeiro, Aeroplano, 2002.

ABREU, Márcia (org.). *Leitura, história e história da leitura*. São Paulo, FAPESP/ Mercado das Letras, 1999.

ABREU, Regina. *A fabricação do imortal*. Rio de Janeiro, Rocco, 1996.

ADORNO, Theodor W. *Notas de literatura 1*. São Paulo, Duas Cidades/Editora 34, 2003.

AJZENBERG, Bernardo. *Variações Goldman*. Rio de Janeiro, Rocco, 1998.

ALCIDES, Sérgio. *O ar das cidades*. São Paulo, Nankin, 2000.

ALENCAR, José. *Ao correr da pena*. São Paulo, Martins Fontes, 2004.

_____. *Como e por que sou romancista*. Porto Alegre, Mercado Aberto, 1998.

_____. *Sonhos d'Ouro*. Rio de Janeiro, Ediouro, s. d.

ALPHONSUS, João. *Melhores contos*. São Paulo, Global, 2001.

AMADO, Jorge. *Capitães da areia*. Rio de Janeiro, Record, 2000.

_____. *Suor*. Rio de Janeiro, Record, 1987.

ANDERSON, Benedict. *Imagined Communities*. Londres, Verso, 1991.

ANDRADE, Ana Luiza. *Transportes pelo olhar de Machado de Assis: passagens entre o livro e o jornal*. Chapecó, Grifos, 1999.

ANDRADE, Carlos Drummond de. *Auto-retrato e outras crônicas*. Rio de Janeiro, Record, 1989.

\_\_\_\_. *Sentimento do mundo*. Rio de Janeiro, Record, 2000.

\_\_\_\_. *Tempo, vida, poesia: confissões no rádio*. Rio de Janeiro, Record, 1987.

ANDRADE, Oswald de. *Memórias sentimentais de João Miramar*. São Paulo, Círculo do Livro, s. d.

\_\_\_\_. *Os dentes do dragão: entrevistas*. São Paulo, Globo, 1990.

\_\_\_\_. *Um homem sem profissão: memórias e confissões*. Rio de Janeiro, Civilização Brasileira, 1974. v. 1.

ANGELO, Ivan. *A festa*. São Paulo, Summus, 1976.

ANTONIO, João. *Abraçado ao meu rancor*. São Paulo, Cosac & Naify, 2001.

AQUINO, Marçal. *Faroestes*. São Paulo, Ciência do Acidente, 2001.

\_\_\_\_. *O amor e outros objetos pontiagudos*. São Paulo, Geração Editorial, 1999.

\_\_\_\_. *O invasor*. São Paulo, Geração Editorial, 2002.

ARRIGUCCI JR., Davi. *Outros achados e perdidos*. São Paulo, Companhia das Letras, 1999.

ASSIS, Machado de. *Obras completas*. Rio de Janeiro, Nova Aguilar, 1986. v. 3.

AZEVEDO, Carmen Lucia et al. *Monteiro Lobato: furacão na Botocúndia*. São Paulo, Senac, 2000.

BAHIA, Juarez. *Jornal, história e técnica*. São Paulo, Ática, 1990.

BARBOSA, Francisco de Assis. *A vida de Lima Barreto*. Belo Horizonte, Itatiaia, 1988.

BARRETO, Lima. *Diário do hospício, o cemitério dos vivos*. Rio de Janeiro, Biblioteca Carioca, 1993.

\_\_\_\_. *Recordações do escrivão Isaías Caminha*. Rio de Janeiro, Garnier, 1990.

\_\_\_\_. *Subterrâneo do Morro do Castelo*. Rio de Janeiro, Dantes, 1999.

BARTHES, Roland. *O prazer do texto*. São Paulo, Perspectiva, 1977.

\_\_\_\_. *O rumor da língua*. São Paulo, Brasiliense, 1988.

BILAC, Olavo. *Melhores poemas*. São Paulo, Global, 2000.

\_\_\_\_. *Vossa insolência*. São Paulo, Companhia das Letras, 1996.

BLOCH, Arnaldo. *Talk Show*. São Paulo, Companhia das Letras, 2000.

BOAVENTURA, Maria Eugenia. *O salão e a selva*. São Paulo/Campinas, Unicamp/Ex-Libris, 1995.

BORGES, Antonio Fernando. *Braz, Quincas & Cia*. São Paulo, Companhia das Letras, 2002.

BOSI, Alfredo. *História concisa da literatura brasileira*. São Paulo, Cultrix, 1994.

BOURDIEU, Pierre. *As regras da arte*. São Paulo, Companhia das Letras, 1996.

BRANDÃO, Ignácio de Loyola. *Zero*. São Paulo, Global, 2001.

BRESSANE, Ronaldo. *10 presídios de bolso*. São Paulo, Altana, 2001.

BROCA, Brito. *A vida literária no Brasil — 1900*. Rio de Janeiro, MEC, s. d.

CALLADO, Antônio. *Bar Don Juan*. Rio de Janeiro, Nova Fronteira, 2001.

CALLADO, Antônio. *Quarup.* Rio de Janeiro, Nova Fronteira, 1967.

CAMINHA, Adolfo. *Cartas literárias.* Fortaleza, Edições UFC, 1999.

CANDIDO, Antonio et al. *A crônica: o gênero, sua fixação e transformações no Brasil.* Campinas/Rio de Janeiro, Editora da Unicamp/Fundação Casa de Rui Barbosa, 1992.

CANDIDO, Antonio. *A educação pela noite e outros ensaios.* São Paulo, Ática, 2000.

____. *Formação da literatura brasileira.* São Paulo, Itatiaia, 1975. v. 1, 2.

____. *Literatura e sociedade.* São Paulo, T. A. Queiroz Editor, 2000.

CARVALHO, Bernardo. *As iniciais.* São Paulo, Companhia das Letras, 1999.

____. *Nove noites.* São Paulo, Companhia das Letras, 2002.

____. *Teatro.* São Paulo, Companhia das Letras,1998.

CARVALHO, Luiz Maklouf. *Cobras criadas: David Nasser e O Cruzeiro.* São Paulo, Senac, 2002.

CARVALHO, Ronald. *Pequena história da literatura brasileira.* Brasília/Belo Horizonte, Itatiaia/Instituto Nacional do Livro, 1984.

CASTELLO, José Aderaldo. *A literatura brasileira.* São Paulo, Edusp, 1999. v. 1, 2.

CASTELLO, José. *Fantasma.* Rio de Janeiro, Record, 2001.

____. *Na cobertura de Rubem Braga.* Rio de Janeiro, José Olympio, 1996.

CASTRO, Gustavo de & GALENO, Alex de (org.). *Jornalismo e literatura: a sedução da palavra.* São Paulo, Escrituras, 2002.

CASTRO, Ruy. *Bilac vê estrelas.* São Paulo, Companhia das Letras, 2000.

____. *O anjo pornográfico: a vida de Nelson Rodrigues.* São Paulo, Companhia das Letras, 1992.

CHALMERS, Vera M. *3 linhas e quatro verdades: o jornalismo de Oswald de Andrade.* São Paulo, Duas Cidades, 1976.

CHARTIER, Roger. *A aventura do livro.* São Paulo, Unesp, 1998.

____. *A ordem dos livros.* 2ª ed. Brasília, UNB, 1994.

COELHO NETO. *A conquista.* Porto, Lello e irmãos, s. d.

CONY, Carlos Heitor. *Pesach: a travessia.* São Paulo, Companhia das Letras, 1997.

____. *Quase memória, quase-romance.* São Paulo, Companhia das Letras, 1995.

COSTALLAT, Benjamin. *Mademoiselle Cinema.* Rio de Janeiro, Casa da Palavra, 1999.

____. *Mistérios do Rio.* Rio de Janeiro, Biblioteca Carioca, 1990.

COUTINHO, Afrânio & SOUZA, Galante. *Enciclopédia de literatura brasileira.* São Paulo, Global, 2001. 2 v.

CRUZ E SOUZA. *Formas e coloridos.* Florianópolis, Editora Papa-Livro, 2000.

CURY, Maria Zilda Ferreira. *Horizontes modernistas: o jovem Drummond e seu grupo em papel jornal.* Belo Horizonte, Autêntica, 1998.

FACINA, Adriana. *Literatura e sociedade.* Rio de Janeiro, Jorge Zahar, 2004.

FAR, Alessandra El. *A encenação da imortalidade*. Rio de Janeiro, FGV/Fapesp, 2000.

FERRAZ, Heitor. *Resumo do dia*. São Paulo, Ateliê Editorial, 1996.

FERREIRA, Teresa Cristina Monteiro. *Eu sou uma pergunta: uma biografia de Clarice Lispector*. Rio de Janeiro, Rocco, 1999.

FISHKIN, Shelley Fisher. *From fact to fiction*. Nova York, Oxford University Press, 1985.

FOUCAULT, Michel. *Ditos e escritos III. Estética: literatura e pintura, música e cinema*. Rio de Janeiro, Forense Universitária, 2001.

FRANCIS, Paulo. *Cabeça de negro*. São Paulo, Francis, 2003.

_____. *Cabeça de papel*. Rio de Janeiro, Civilização Brasileira, 1978.

FRANCO, Renato. *Itinerário político do romance pós-64: a festa*. São Paulo, Unesp, 1998.

FRUSS, Phyllis. *The politics and poetics of journalism narrative*. Nova York, Cambridge University Press, 1994.

GABEIRA, Fernando. *O que é isso, companheiro?* São Paulo, Companhia das Letras, 1998.

GALVÃO, Walnice Nogueira. "Entre o silêncio e a vertigem". In: GALVÃO, Walnice Nogueira (org.). *Os melhores contos de Clarice Lispector*. São Paulo, Global, 1996.

GODIM, Eunice Ribeiro. *Vida e obra de Paula Brito*. Rio de Janeiro, Livraria Brasiliana Editora, s. d.

GOMES, Mayra Rodrigues. *Jornalismo e ciência da linguagem*. São Paulo, Edusp, 2000.

GOMES, Renato Cordeiro. *João do Rio*. Rio de Janeiro, Relume Dumará, 1996.

GONTIJO, Silvana. *O mundo em comunicação*. Rio de Janeiro, Aeroplano, 2002.

GONZAGA, Tomás Antônio. *Cartas Chilenas*. São Paulo, Companhia das Letras, 1995.

GONZÁLEZ, Anibal. *Journalism and the developement of Spanish American narrative*. Nova York, Cambridge University Press, 1993.

GOTLIB, Nádia Batella. *Clarice, uma vida que se conta*. São Paulo, Ática, 1995.

GRANJA, Lucia. *Machado de Assis: escritor em formação*. Campinas: Mercado de Letras/Fapesp, 2000.

GULLAR, Ferreira. *Toda poesia*. Rio de Janeiro, José Olympio Editora, 2000.

_____. *Rabo de foguete*. Rio de Janeiro, Revan, 1998.

HALEWELL, Lawrence. *Books in Brazil, A History of the Publishing Trade*. Metuchen/Londres, The Scarecrow Press, 1982.

HUYSSEN, Andreas. *Memórias do modernismo*. Rio de Janeiro, Editora UFRJ, 1997.

JOHNSON, Steven. *Cultura da interface: como o computador transforma nossa maneira de criar e comunicar*. Rio de Janeiro, Jorge Zahar, 2001.

KOVACH & Bill; ROSENSTIEL, Tom. *Os elementos do jornalismo*. São Paulo, Geração Editorial, 2003.

KUNCZIC, Michael. *Conceitos de jornalismo*. São Paulo, Edusp, 2001.

LAJOLO, Marisa. *Monteiro Lobato: um brasileiro sob medida*. São Paulo, Moderna, 2000.

LAJOLO, Marisa & ZILBERMAN, Regina. *A formação da leitura no Brasil*. São Paulo, Ática, 1996.

_____. *O preço da leitura*. São Paulo, Ática, 2001.

LAUB, Michel. *Música anterior*. São Paulo, Companhia das Letras, 2001.

LESSA, Orígenes. *O feijão e o sonho*. São Paulo, Ática, 2001.

LIMA, Alceu Amoroso. *O jornalismo como gênero literário*. 2ª ed. Rio de Janeiro, Agir, 1969.

LIMA, João Gabriel de. *O burlador de Sevilha*. São Paulo, Companhia das Letras, 2000.

LIPECTOR, Clarice. *A descoberta do mundo*. Rio de Janeiro, Rocco, 1999.

_____. *Água viva*. Rio de Janeiro, Nova Fronteira, 1980.

_____. *Uma aprendizagem ou o livro dos prazeres*. Rio de Janeiro, Nova Fronteira, 1969.

LOBATO, Monteiro. *A barca de Gleyre*. São Paulo, Brasiliense, 1948a. v. 1, 2.

_____. *Cartas escolhidas*. São Paulo, Brasiliense, 1959.

_____. *Conferências, artigos e crônicas*. São Paulo, Brasiliense, 1959.

_____. *Na antevéspera*. São Paulo, Brasiliense, 1948.

_____. *Prefácios e entrevistas*. São Paulo, Brasiliense, 1948.

_____. *Urupês*. São Paulo, Brasiliense, 1962.

LOPES, Carlos Herculano. *Coração aos pulos*. Rio de Janeiro, Record, 2001.

LOUZEIRO, José. *Lúcio Flávio, o passageiro da agonia*. Rio de Janeiro, Record, 1978.

_____. *Pixote: a infância dos mortos*. Rio de Janeiro, Ediouro, 1998.

LUSTOSA, Isabel. *Insultos impressos*. São Paulo, Companhia das Letras, 2000.

_____. *O nascimento da imprensa brasileira*. Rio de Janeiro, Jorge Zahar, 2003.

MACHADO, Ubiratan. *A vida literária no Brasil durante o romantismo*. Rio de Janeiro, Editora da UERJ, 2001.

MAGALHÃES JR., Raimundo. *A vida vertiginosa de João do Rio*. Rio de Janeiro, Civilização Brasileira, 1978.

_____. *José de Alencar e sua época*. Rio de Janeiro, Civilização Brasileira, 1977.

_____. *Olavo Bilac e sua época*. Rio de Janeiro, Companhia Editora Americana, 1974.

_____. *Vida e obra de Machado de Assis*. Rio de Janeiro, Civilização Brasileira, 1981.

MARCO, Valéria de. *O império da cortesã*. São Paulo, Martins Fontes, 1986.

MARCONDES FILHO, Ciro. *Jornalismo fin-de-siècle*. São Paulo, Scritta Editorial, 1993.

MARQUES, Toni. *Vós: uma auto-ajuda da maldade*. Rio de Janeiro, Rocco, 2000.

MARTÍNEZ, Tomás Eloy. *Santa Evita*. São Paulo, Companhia das Letras, 1997.

MARTINS, Wilson. *A palavra escrita*. 3ª ed. São Paulo, Ática, 2001.

MASSA, Jean-Michel. *A juventude de Machado de Assis*. Rio de Janeiro, Civilização Brasileira, 1971.

MATOS, Gregório. *Literatura comentada*. São Paulo, Nova Cultural, 1988.

MEDEIROS, Benício. *Otto Lara Resende: a poeira da Glória*. Rio de Janeiro, Relume Dumará, 1998.

MICELI, Sergio. *Intelectuais à brasileira*. São Paulo, Companhia das Letras, 2001.

MINÉ, Elza. *Páginas flutuantes: Eça de Queirós e o jornalismo no século XIX*. São Paulo, Ateliê Editorial, 2000.

MOLICA, Fernando. *Notícias do Mirandão*. Rio de Janeiro, Record, 2002.

MORAES, Denis de. *O velho Graça: uma biografia de Graciliano Ramos*. Rio de Janeiro, José Olympio, 1992.

MOREL, Marco & BARROS, Mariana Monteiro. *Palavra, imagem e poder: o surgimento da imprensa no Brasil do século XIX*. Rio de Janeiro, DP&A, 2003.

MOSCOVICH, Cíntia. *Anotações durante o incêndio*. Porto Alegre, L&PM, 2000.

MOURA, George. *Ferreira Gullar*. Rio de Janeiro, Relume Dumará, 2001. (Coleção Perfis do Rio).

MUZART, Zahidé Lupinacci. *Escritoras brasileiras do século XIX*. Florianópolis, Editora Mulheres, 1999.

NASSIF, Luís. *O jornalismo dos anos 90*. São Paulo, Futura, 2003.

NOBLAT, Ricardo. *A arte de fazer um jornal diário*. São Paulo, Contexto, 2002.

OLINTO, Antonio. *2 ensaios: o "journal" de André Gide e Jornalismo e literatura*. Rio de Janeiro, Livraria São José, 1960.

OLIVEIRA, José Carlos. *Domingo 22*. São Paulo, Ática, 1984.

_____. *Os olhos dourados do ódio*. Rio de Janeiro, José Álvaro Editor, 1963.

_____. *Terror e êxtase*. 2ª ed. Rio de Janeiro, Codecri, 1978.

_____. *Um novo animal na floresta*. Rio de Janeiro, Codecri, 1981.

OLIVEIRA, Nelson (org.). *Geração 90: manuscritos de computador*. São Paulo, Boitempo, 2001.

PEREIRA, Lucia Miguel. *Machado de Assis*. Belo Horizonte, Itatiaia, 1988.

PIRES, Paulo Roberto. *Do amor ausente*. Rio de Janeiro, Rocco, 2000.

PORTELLA, Eduardo. *Teoria da comunicação literária*. Rio de Janeiro, Tempo Brasileiro, 1973.

QUEIROZ, Rachel de & QUEIROZ Maria Luíza de. *Tantos anos*. São Paulo, Siciliano, 1998.

RABAÇA, Carlos Alberto & BARBOSA, Gustavo Guimarães. *Dicionário de comunicação*. Rio de Janeiro, Campus, 2002.

RAMA, Ángel. *Literatura e cultura na América Latina*. São Paulo, Edusp, 2001.

RAMALHO, José Ricardo & SANTANA, Marco Aurélio. *Sociologia do trabalho no mundo contemporâneo*. Rio de Janeiro, Jorge Zahar, 2004.

RAMOS, Graciliano. *Angústia*. Rio de Janeiro, Record, 1980.

____. *Linhas tortas*. Rio de Janeiro, Record, 1980.

____. *Memórias do cárcere*. Rio de Janeiro, Record, 1979.

____. *São Bernardo*. Rio de Janeiro, Record, 1980.

RESENDE, Otto Lara. *O braço direito*. 3ª ed. São Paulo, Companhia das Letras, 1993.

____. *Três Ottos por Otto Lara Resende*. Rio de Janeiro, IMS, 2002.

RIBEIRO, João Ubaldo. *Setembro não tem mais sentido*. Rio de Janeiro, Nova Fronteira, 1987.

RIBEIRO, Vera Masagão (org.). *Letramento no Brasil*. São Paulo, Global, 2003.

RIO, João do. *A alma encantadora das ruas*. Rio de Janeiro, Biblioteca Carioca, 1987.

____. *O momento literário*. Rio de Janeiro, Fundação Biblioteca Nacional, 1994.

RIZZINI, Carlos. *O livro, o jornal e a tipografia no Brasil — 1500-1822*. Rio de Janeiro, Livraria Kosmos Editora, 1945.

ROCHA, João Cézar de Castro. *Literatura e cordialidade*. Rio de Janeiro, Ed. da UERJ, 1998.

RODRIGUES, Antonio Edmilson Martins. *João do Rio*. Rio de Janeiro, FGV, 2000.

RODRIGUES, Nelson. *A cabra vadia*. São Paulo, Companhia das Letras, 1995.

____. *A menina sem estrela*. São Paulo, Companhia das Letras, 1993.

____. *Beijo no asfalto*. Rio de Janeiro, J. Ozon Editor, 1961.

____. *Flor de obsessão*. São Paulo, Companhia das Letras, 1987.

____. *Meu destino é pecar*. São Paulo, Companhia das Letras, 2001.

____. *O baú de Nelson Rodrigues*. Org. Caco Coelho. São Paulo, Companhia das Letras, 2004.

____. *O óbvio ululante*. São Paulo, Companhia das Letras, 1993.

RODRIGUES, Sérgio. *O homem que matou o escritor*. Rio de Janeiro, Objetiva, 2000.

ROMERO, Silvio. *Compêndio de literatura brasileira*. Rio de Janeiro, Imago, 2001.

RUFFATO, Luiz. *Eles eram muitos cavalos*. São Paulo, Boitempo, 2001.

SANTIAGO, Silviano. *Nas malhas da letra*. São Paulo, Companhia das Letras, 1989.

SARLO, Beatriz. *The new latin americanism: cultural studies*, 2001, mimeo.

SCHWARTZ, Jorge. *Vanguardas latino-americanas. Polêmicas, manifestos e estudos críticos*. São Paulo, Edusp/Iluminuras/Fapesp, 1995.

SEIXAS, Heloisa. *A porta*. Rio de Janeiro, Record, 1996.

____. *Pente de Vênus*. Rio de Janeiro, Record, 2000.

SENNA, Homero. *República das letras*. Rio de Janeiro, Civilização Brasileira, 1996.

SERRA, Tania Rebelo Costa. *Antologia do romance-folhetim*. Brasília, UNB, 1997.

SEVCENKO, Nicolau. *Literatura como missão*. 4ª ed. São Paulo, Brasiliense, 1983.

SILVA, Carlos Eduardo Lins da. *O adiantado da hora: a influência americana sobre o jornalismo brasileiro*. São Paulo, Summus, 1990.

SILVA, Ivete Helou da. *Machado de Assis: o cronista míope*. Rio de Janeiro, Edições Galo Branco, 2002.

SILVA, José Bonifácio de Andrada e. *Projetos para o Brasil*. São Paulo, Companhia das Letras, 1998.

SILVA, Juremir Machado da. *Cai a noite sobre Palomas*. Porto Alegre, Sulina, 1997.

_____. *A miséria do jornalismo brasileiro*. Petrópolis, Vozes, 2000.

SILVEIRA, Joel. *A milésima noite da Avenida Paulista*. São Paulo, Companhia das Letras, 2003.

SILVERMAN, Malcolm. *Protesto e o novo romance brasileiro*. Rio de Janeiro, Civilização Brasileira, 2000.

SODRÉ, Muniz. *Reiventando a cultura*. Petrópolis, Vozes, 1997.

SODRÉ, Nelson Werneck. *História da imprensa no Brasil*. Rio de Janeiro, Mauad.1999.

SOUHAMI, Diana. *A ilha de Selkirk: a verdadeira história de Robinson Crusoé*. Rio de Janeiro, Ediouro, 2002.

SOUZA, José Inácio de Melo. *O Estado contra os meios de comunicação (1889-1945)*. São Paulo, Fapesp/Annablume, 2003.

STEINER, George. *Gramáticas da criação*. São Paulo, Globo, 2004.

SÜSSEKIND, Flora. *Cinematograph of words*. California, Stanford University Press, 1977.

_____. *Literatura e vida literária: polêmicas, diários e retratos*. Rio de Janeiro, Jorge Zahar, 1985.

_____. *O Brasil não é longe daqui*. São Paulo, Companhia das Letras, 1990.

_____. *Papéis colados*. Rio de Janeiro, Editora UFRJ, 2002.

TÉRCIO, Jason. *Órfão da tempestade: a vida de Carlinhos Oliveira e sua geração, entre o terror e o êxtase*. Rio de Janeiro, Objetiva, 1999.

TORRES, Antônio. *Balada da infância perdida*. Rio de Janeiro, Record, 1999.

_____. *Um cão uivando para a lua*. Rio de Janeiro, Edições Gernasa, 1972.

_____. *Um táxi para Viena d'Áustria*. Rio de Janeiro, Record, 2002.

TORRESINI, Elisabeth W. Rochadel. *Editora Globo: uma aventura editorial nos anos 30 e 40*. São Paulo, Edusp/Editora da UFRGS, 1999.

TRIGO, Luciano. *Vampiro*. Rio de Janeiro, Rocco, 1994.

VASCONCELOS, Sandra Guardini. *Dez lições sobre o romance inglês do século XVIII*. São Paulo, Boitempo, 2002.

VEBLEN, Thorstein. *A teoria da classe ociosa*. São Paulo, Abril, 1985.

VELLOSO, Monica Pimenta. *Modernismo no Rio de Janeiro*. Rio de Janeiro, FGV, 1996.

VENTURA, Zuenir. *1968: o ano que não terminou*. São Paulo, Companhia das Letras, 1988.

_____. *Inveja: o mal secreto*. Rio de Janeiro, Objetiva, 2001.

_____. *Chico Mendes: crime e castigo*. São Paulo, Companhia das Letras, 2003.

VERISSIMO, Erico. *Um certo Henrique Bertaso*. Porto Alegre, Editora Globo, 1972.

_____. *A liberdade de escrever*. São Paulo, Globo, 1999.

VILELA, Luiz. *O inferno é aqui mesmo*. São Paulo, Ática, 1979.

_____. *Os novos*. Rio de Janeiro, Nova Fronteira, 1984.

VOLPATO, Cadão. *Dezembro de um verão maravilhoso*. São Paulo, Iluminuras, 1999.

WERNECK, Humberto. *O desatino da rapaziada: jornalistas e escritores em Minas Gerais*. São Paulo, Companhia das Letras, 1992.

WILLEMART, Philippe. *Bastidores da criação literária*. São Paulo, Iluminuras/FAPESP, 1999.

WILLIAMS, Raymond. *Keywords: A Vocabulary of Culture and Society*. Nova York, Oxford University Press, 1985.

ZOLA, Emile. *Do romance*. São Paulo, Edusp, 1995.


A bibliografia completa dos autores entrevistados pode ser consultada no site <www.penadealuguel.com.br>

# Índice onomástico

ABC, 64

Abreu, Alzira Alves de, 175

Abreu, Caio Fernando, 12, 313, 332, 373

Abreu, Capistrano de, 30

Abreu, Casemiro de, 30

*Ação entre amigos* (filme), 180, 183

*Aeropagítica* (Milton), 214

Agostini, Ângelo, 58

*Água Viva* (Lispector), 266

*Ai de ti, Copacabana* (Braga), 254

Ajzenberg, Bernardo, 16, 167, 172, 185, 192, 203, 336, 363, 364, 373

Alcides, Sérgio, 16, 167, 169, 188, 309, 362, 363

Alencar, José de, 12, 27, 31, 36, 40, 41, 43, 44, 49, 56, 71, 233, 234, 235, 239, 240, 242, 247, 323, 324, 325, 336, 366

Allbritton, Christopher, 288

*Alma do tempo, A* (Arinos), 111

*Alma encantadora das ruas, A* (João do Rio), 42, 43, 238

*Almanaque Fontoura*, 76

Almeida, Manuel Antônio de, 30, 71 234, 235, 366

Alphonsus, João, 109, 111

Alvarenga, Silva, 215, 216

Amado, Jorge, 12, 14, 81, 86, 87, 88, 89, 90, 91, 92, 155, 259, 357

Amaral, Tarsila do, 81, 252

*Amor e outros objetos pontiagudos, O* (Aquino), 167

*Amores brutos* (filme), 183

Anchieta, José de, 210

Anderson, Benedict, 182

Andrade, Mário de, 78, 105, 109, 110, 114, 252, 253, 321

Andrade, Oswald de, 12, 15, 73, 76, 81, 92, 93, 99, 100, 104, 105, 106, 110, 119, 134, 252, 268, 319, 325, 326, 327, 358, 359

Angelo, Ivan, 12, 15, 131, 132, 154, 156, 158, 269, 335, 373

*Angústia* (Ramos), 97, 98, 103, 358

*Aniversário de Dom Miguel em 1828, O* (Pereira da Silva), 232
Anjos, Cyro dos, 109, 112
Antonio, João, 131, 149, 150, 151, 153, 155, 182
Aquino, Marçal, 16, 166, 167, 172, 177, 180, 181, 183, 184, 270, 295, 296, 297, 303, 363, 369
Arinos, Afonso, 109, 111
*Armazém Literário*, 214, 215
*Around*, 333
Arrigucci Jr., Davi, 141, 157
*Arte de andar nas ruas do Rio, A* (Fonseca), 290
*Asfalto selvagem* (Rodrigues), 128, 129, 241, 257
*Assassinos misteriosos ou a paixão dos diamantes, Os* (Rocha), 232
*Atlântida*, 43
*Aurora Fluminense, A*, 224, 228, 229, 231, 366
*Aventuras de Tibicuera, As* (Verissimo), 84
Azevedo, Aluísio, 19, 155
Azevedo, Arthur, 19, 48

*Bagatelas* (Barreto), 65
Bahia, Juarez, 221
Bala, Pedro, 89
*Balada da infância perdida* (Torres), 132
Balzac, Honoré de, 148, 239, 259
Bandeira de Melo, Emilia Moncorvo, 354
Bandeira, Manuel, 132, 252, 253
Barbosa, Rui, 73, 227
Barcellos, Caco, 301
Barreto, Lima, 12, 19, 32, 33, 39, 58, 59, 60, 61, 62, 63, 64, 65, 66, 67, 69, 76, 182, 233, 237, 238, 291
Barreto, Paulo *ver* Rio, João do

Barros, Borges de, 215, 216
Barthes, Roland, 229, 299, 307
*Beijo no asfalto, O* (Rodrigues), 129, 284
Bernardi, Mansueto, 83
Beviláqua, Clóvis, 20
*Bilac vê estrelas* (Castro), 302
Bilac, Olavo, 12, 13, 27, 32, 38, 41, 46, 47, 48, 49, 50, 51, 52, 53, 54, 55, 57, 71, 73, 75, 99, 104, 249, 250, 330, 337, 367, 373
Bittencourt, Edmundo, 61
Blair, Jason, 275, 289
Bloch, Arnaldo, 16, 167, 171, 336, 373
*Blog de Bagdá*, 288, 370
*Boca de ouro* (filme), 241
Bocaiúva, Quintino, 34, 35
*Boletim de Ariel*, 102
Bonifácio, José, 13, 225, 230
*Bonitinha, mas ordinária* (Rodrigues), 129, 241, 257
Borges, Antonio Fernando, 16, 167, 171, 201, 218, 274, 299, 303, 364, 365
Borges, Jorge Luis, 171
Bosi, Alfredo, 229
Bourdieu, Pierre, 27, 66, 138, 316, 318, 322, 354
*Braço direito, O* (Resende), 256, 257
Braga, João Ximenes, 16, 167, 336, 373
Braga, Rubem, 132, 144, 148, 252, 253, 254, 255, 263, 368
Brandão, Ignácio de Loyola, 131, 133, 155
*Braz, Quincas & Cia* (Borges), 171
*Brejo das almas* (Drummond de Andrade), 92
Bressane, Ronaldo, 16, 167, 200, 305, 364, 371
*Breve y más compendiosa doctrina christiana*, 222, 223
Brito, Paula, 28, 29, 30, 31, 67, 233, 366
Broca, Brito, 41, 66

*Bruxa, A*, 50
Buarque de Holanda, Aurélio, 94, 102
Buarque de Hollanda, Heloisa, 373
Bueno, Eduardo, 301
Buzzatti, Dino, 337

*Cabeça de negro* (Francis), 15, 132, 136, 142
*Cabeça de papel* (Francis), 15, 132, 135, 136, 137, 138, 139, 141, 142, 157
*Caderno B*, 144, 145, 251, 261, 262, 373
Cairu, visconde de ver Lisboa, José da Silva
Callado, Antonio, 12, 94, 96, 131, 132, 154, 155, 178, 263
Caminha, Adolfo, 54
*Caminhos cruzados* (Verissimo), 84
Campos, Augusto de, 121
Campos, Gisela, 16, 167, 193, 202, 364
Campos, Haroldo de, 121
Campos, Paulo Mendes, 95, 96, 132, 144, 252, 253, 255, 256, 258, 260, 368
Campos, Rui, 373
Candido, Antonio, 219, 220, 226, 227, 229, 343
Caneca, Frei, 227, 228, 229
*Cão uivando para a lua, Um* (Torres), 132
Capanema, Gustavo, 80, 115
*Capitães da areia* (Amado), 88, 89
*Capitão Paulo, O* (Dumas), 231
Capote, Truman, 269, 284
*Carandiru* (filme), 183
*Carapuceiro, O*, 247
Cardoso, Lúcio, 92, 263, 367
*Careta, A*, 24
Carpeaux, Otto Maria, 95
*Carta Capital*, 363
*Cartas chilenas* (Gonzaga), 220, 365
*Cartas de Pítia a Damão* (Caneca), 228

*Cartas literárias* (Caminha), 54
Carvalho, Bernardo, 11, 16, 167, 172, 175, 177, 178, 179, 180, 289, 295, 297, 362, 363
Carvalho, Elísio de, 20
Carvalho, Ronald de, 221
*Casamento, O* (filme), 241
*Casamento, O* (Rodrigues), 128
Castello, José, 16, 167, 172, 173, 309, 310, 362, 371
Castello, José Aderaldo, 248
Castro, Amilcar de, 121
Castro, Ruy, 127, 195, 301, 302
Cather, Willa, 267
*Ceará, O*, 264
*Cena Muda, A*, 330
César, Guilhermino, 113, 252
Chartier, Roger, 187, 205
Chateaubriand, Assis, 113, 126, 196, 278
Chateaubriand, Freddy, 279
*Chatô* (Morais), 302
*Chico Mendes: crime e castigo* (Ventura), 304
*Choque das raças, O* (Lobato), 78
Christie, Agatha, 84
*Cidade de Deus* (filme), 183
*Cidade do Rio*, 41, 42, 49, 50, 58
*Cigarra, A*, 50, 73, 144, 330
*Clara dos anjos* (Barreto), 59, 65
*Clarice: uma vida que se conta* (Gotlib), 265
*Clarissa* (Verissimo), 84
Clark, Roy Peter, 271
Coelho, Marcelo, 16, 167, 170, 362
Coelho, Paulo, 260
*Coió, O*, 43
Colasanti, Marina, 262
*Combate, O*, 50
*Como e por que sou escritor* (Alencar), 325

*Compêndio de literatura brasileira* (Romero), 235

*Conciliador Maranhense*, 212

*Concórdia*, 97

Condé, José, 263

*Condenados, Os* (Oswald de Andrade), 76

*Confederação dos tamoios, A* (Gonçalves de Magalhães), 29, 234

*Conquista, A* (Neto), 55, 195

Conti, Mario Sergio, 301

*Contos fluminenses* (Machado de Assis), 248

Cony, Carlos Heitor, 12, 121, 131, 154, 155, 195, 258, 259, 279, 330, 363, 368

Cooke, Janet, 274, 275

*Corações sujos* (Morais), 302

Correia, Raimundo, 21

*Correio Braziliense*, 214, 215, 223, 224

*Correio da Manhã*, 24, 59, 61, 64, 73, 93, 94, 95, 96, 97, 98, 106, 115, 121, 132, 136, 192, 196, 237, 251, 254, 255, 256, 258, 264, 280, 330, 359

*Correio da Moda*, 247

*Correio da Noite*, 59

*Correio de Minas*, 158, 159, 162

*Correio do Povo, O*, 82

*Correio Mercantil*, 24, 31, 43, 233, 234, 240

*Correio Paulistano*, 104, 105, 359

*Correspondência de uma estação de cura, A* (João do Rio), 43

Costa, Cecília, 262

Costa, Hipólito da, 13, 214, 226, 227, 228, 229

Costallat, Benjamin, 14, 70, 71, 238, 244, 356

Coutinho, Edilberto, 131

Couto, Pedro, 20

Crane, Stephen, 267

*Crédito, O* (Alencar), 325

Crispin, Antonio, 113

*Crônicas e frases de Godofredo de Alencar* (João do Rio), 43

*Cronista, O*, 232, 247

Cruz e Souza, João da, 58, 67

*Cruzeiro, O*, 103, 192, 236, 241, 264, 278, 280, 281, 282, 330

Cuenca, João Paulo, 297

Cunha, Euclides da, 45, 75, 217, 268

*D. Garça* (Barreto), 237

*Daily Star*, 101, 102

*Dama do lotação, A* (filme), 241

Dapieve, Arthur, 16, 167, 174, 362

Dario, Rubén, 252

*Debate, O*, 59

Defoe, Daniel, 292, 351

*Demônio familiar, O* (Alencar), 325

*Dentro da noite veloz* (Gullar), 122

*Desatino da rapaziada, O* (Werneck), 112

*Descoberta do mundo, A* (Lispector), 260, 261, 263

*Detetive*, 367

*Dia, O*, 43, 193, 243

*Diário Carioca*, 99, 120, 124, 126, 144, 192, 196, 254, 255, 256, 280, 330

*Diário da Bahia*, 88

*Diário da Manhã*, 112

*Diário da Noite*, 246, 264, 279

*Diário da Tarde*, 112, 158, 252

*Diário de Minas*, 108, 109, 110, 112, 113, 115, 158

*Diário de Notícias*, 82, 99, 121, 144, 146, 256, 264, 330

*Diário de um detento* (Jocenir), 183

*Diário do Comércio*, 113

*Diário do hospício* (Barreto), 62, 64

*Diário do Rio de Janeiro,* 24, 32, 34, 234, 235, 236, 325
Dickens, Charles, 239, 259, 351
Dines, Alberto, 100, 261, 264
*Diretrizes,* 254, 357
*Do amor ausente* (Pires), 171
Dolores, Carmem, 40, 264
*Dom Casmurro,* 357
*Dom Quixote,* 73
*Domingo 22* (Oliveira), 15, 132, 331, 361
*Dona Flor e seus dois maridos* (Amado), 90, 91
*Donzela e a moura torta, A* (Queiroz), 264
Dos Passos, John, 351
Dostoiévski, Fiodor, 62, 239
Dourado, Autran, 252
Dreiser, Theodore, 267
Drummond de Andrade, Carlos, 12, 15, 80, 92, 94, 99, 100, 106, 107, 108, 109, 110, 111, 112, 113, 114, 115, 119, 132, 134, 251, 252, 253, 261, 328
Drummond, Roberto, 131, 155, 157
Dumas, Alexandre, 231

*Echo de Paris, L',* 26
Edmundo, Luis, 14, 20
Elbrick, Charles, 143
*Elementos do jornalismo, Os* (Kovach & Rosenstiel), 209
*Eles eram muitos cavalos* (Ruffato), 167, 185
Emediato, Luis Fernando, 332, 333
*Enchête sur l'evolution littéraire* (Heuret), 26
*Ensaios de Literatura,* 215
*Época, A,* 59
*Escândalo do petróleo, O* (Lobato), 79
*Escrava Isaura, A* (Guimarães), 234

*Escravas do amor* (Rodrigues), 246
*Espelho,* 33, 247
*Esquire,* 269
*Estado de Minas,* 113, 162, 335
*Estado de S. Paulo, O,* 24, 45, 72, 74, 121, 122, 191, 196, 264, 268, 333, 368
*Eu Sei Tudo,* 330
*Extra,* 193

*Falecida, A* (filme), 241
*Fantoches* (Verissimo), 84
*Farol Paulistano, O,* 212
*Fatos e Fotos,* 145, 192, 368
Fauchon, madame, 58
Faustino, Mário, 121, 262
*Federação, A,* 82
*Feijão e o sonho, O* (Lessa), 316, 317
*Feiras e Mafuás* (Barreto), 65
*Felicidade clandestina* (Lispector), 264
Fernandes, Millôr, 246
Ferraz, Heitor, 16, 167, 202, 364
Ferreira, Inácio Martins, 56
*Festa, A* (Angelo), 15, 132, 154, 156, 158, 159
Figueiredo, Wilson, 129, 252, 262
*Filhas do segundo sexo, As* (Francis), 136, 360
*Filho do pescador, O* (Teixeira e Sousa, Antonio Gonçalves ), 29, 232
*Filhote, O,* 50
Flaubert, Gustave, 239, 242
*Floreal,* 24, 59
Floresta, Nísia, 264
*Folha da Manhã,* 333, 357
*Folha de S.Paulo,* 136, 155, 191, 192, 256, 295, 297, 343, 362, 363, 368, 369, 374
*Folha do Povo,* 254
*Fon-Fon,* 24, 52, 59
Fonseca, Antônio Isidoro da, 213
Fonseca, Godim da, 30

Fonseca, José Rubens, 290
Fonseca, Rubem, 298
*Formação da literatura brasileira* (Candido), 226
Foucault, Michel, 204
Francis, Paulo, 12, 15, 131, 132, 135, 136, 137, 141, 142, 155, 157, 360
Franco, Renato, 156
*Frankfurter Journal*, 212
Freitas, Jânio de, 281
Fruss, Phyllis, 295, 306

Gabeira, Fernando, 131, 132, 143, 154, 155, 158, 163, 262
*Gabriela, cravo e canela* (Amado), 90
*Gaceta del Mexico y noticias de dueva España*, 223
*Gaiola Faraday, A* (Ajzenberg), 185
Galvão, Walnice Nogueira, 266
Gama, Lopes, 247
Gaspari, Elio, 301
*Gazeta Acadêmica*, 48
*Gazeta de Lisboa*, 223
*Gazeta de Notícias*, 11, 19, 24, 41, 43, 46, 47, 48, 51, 52, 64, 70, 97, 247
*Gazeta do Rio de Janeiro*, 223, 224
*Gazeta Mercantil*, 193
*Gazeta, A*, 104, 105, 223
*Geração 90: manuscritos de computador* (Oliveira), 303
Gimenez, Luiz Carlos, 373
Girardin, Émile, 231
*Glaura* (Alvarenga), 216
*Globo, O*, 99, 132, 191, 192, 193, 236, 241, 242, 256, 257, 279, 328, 329, 330, 332, 373
Gonçalves de Magalhães, Domingos José, 29, 234, 366
Gonçalves Dias, Antônio, 29, 30, 67
Gonzaga, Tomás Antônio, 220, 224, 226

González, Aníbal, 244
Gotlib, Nadia Batella, 265
Grunewald, José Lino, 95, 96
*Guanabara*, 233
Guanabara, Alcindo, 42, 49
*Guarani, O* (Alencar), 235, 325
Guimarães Rosa, João, 132, 237, 258, 329
Guimarães, Bernardo, 234
Gullar, Ferreira, 12, 121, 122, 123, 124, 134, 154, 173, 262, 359, 360
*Guri*, 367
Gusmão, Raul de, 61
Gutenberg, 208, 210

*Harper's*, 269
Hatoum, Milton, 295, 296
Hayes, Harold, 269
Heast, William Randolph, 243
*Helena* (Machado de Assis), 236
Hemingway, Ernest, 101, 102, 200, 267, 351
Hersey, John, 269, 274
Hesse, Paulo, 136, 137, 140, 141, 142
Heuret, Jules, 26
*Hiroshima* (Hersey), 269, 274
*História concisa da literatura brasileira* (Bosi), 229
*Histórias da meia-noite* (Machado de Assis), 248
*Histórias e sonhos* (Barreto), 65
*Hoje*, 64, 357
*Homem e a morte, O* (Picchia), 76
*Homem sem profissão, Um* (Oswald de Andrade), 105, 327
Huyssen, Andreas, 182

*Iaiá Garcia* (Machado de Assis), 236
*Idade d'Ouro do Brasil*, 224
*Ilustração Brasileira, A*, 43
*Ilustração do Brasil*, 24

*Imagined comunities* (Anderson), 182
*Imparcial, O*, 88
*Incidente em Antares* (Verissimo), 84, 85
*Infância dos mortos* (Louzeiro), 155
*Inferno é aqui mesmo, O* (Vilela), 132, 335
*Iniciais, As* (Carvalho), 179
*Intelectuais à brasileira* (Miceli), 87
*Invasor, O* (filme), 180, 183
*Inveja: o mal secreto* (Ventura), 289, 290
*IstoÉ*, 295, 333

Jardim, Reynaldo, 121
João VI, dom, 220, 223, 233
Jobim, Danton, 100, 280
Jocenir, 183
Jones, Christopher, 275
*Jornal da Tarde*, 88, 159, 181, 192, 269, 270, 335
*Jornal das Famílias*, 354
*Jornal de Minas*, 108
*Jornal do Brasil*, 24, 70, 115, 120, 122, 132, 144, 146, 163, 192, 193, 196, 243, 251, 256, 261, 265, 304, 330, 331, 356, 359, 368, 373
*Jornal do Commércio*, 24, 25, 29, 104, 105, 231, 232, 234, 268, 330, 359
*Jornal dos Debates*, 232
*Jornal, O*, 104
Junqueira, Ivan, 262
Kelley, Jack, 276
*Klaxon*, 358
*Kosmos*, 24, 43, 52
Kovach, Bill, 125, 209

*Ladrão de orquídeas, O* (Orlean), 289
Lage, João, 61
Lajolo, Marisa, 76, 87

*Lanterna*, 59
Laub, Michel, 16, 167, 171, 174, 303, 309, 362, 371
Lessa, Orígenes, 316, 317, 318, 319
*Letras da liberdade* (antologia), 183
Liberatto, Gugu, 277
*Liberdade de escrever: entrevistas sobre literatura e política, A* (Verissimo), 86
Líbero, Cásper, 105
Lima, Alceu Amoroso, 306
Lima, João Gabriel de, 16, 167, 173, 202, 336, 362, 364, 373
Lima, Mário de, 109
*Linhas tortas* (Ramos), 91
Lins, Álvaro, 95, 258
Lisboa, José da Silva, 225
Lispector, Clarice, 86, 121, 132, 260, 261, 262, 263, 265, 266, 357, 368
Llosa, Mario Vargas, 133, 351
Lobato, Monteiro, 12, 14, 69, 71, 72, 75, 76, 77, 79, 80, 87, 339
London, Jack, 150, 351
Lopes, Carlos Herculano, 16, 167, 202, 364
Louzeiro, José, 12, 131, 155
*Lugar ao sol, Um* (Verissimo), 84
Luiz, Maksen, 262
Luso, João, 23, 39
*Luta corporal, A* (Gullar), 121
Luz, Fabio, 39
Macedo, Joaquim Manuel de, 30, 40, 71, 232, 233, 247, 323
Machado de Assis, Joaquim Maria, 12, 19, 28, 29, 33, 34, 35, 36, 39, 41, 47, 51, 56, 58, 67, 75, 167, 171, 201, 204, 233, 236, 239, 240, 247, 248, 354, 366
Machado, Abílio, 113
Machado, Dyonélio, 82

Machado, Julião, 50
Mademoiselle Cinema (Costallat), 70
Mailer, Norman, 267, 269, 351
Maior, Marcel Souto, 301
Malagueta, A, 224
Maleita (Cardoso), 92
Mallet, Pardal, 49, 50
Malta, Maria Helena, 262
Manchete, 86, 124, 144, 145, 192, 255, 280, 282, 330
Manchete Esportiva, 144
Manhã, A, 78, 99, 127, 330
Mann, Hugo, 136, 142
Manzon, Jean, 278, 279
Mão e a luva, A (Machado de Assis), 236
Mar morto (Amado), 91
Marginália (Barreto), 65
Marginália (Ramos), 183
Maria, Antônio, 132, 144, 253
Maria, Léa, 261, 262
Marília de Dirceu (Gonzaga), 224
Marinho, Roberto, 135
Marmota Fluminense, 28
Marques, Fabrício, 16, 167, 170, 362
Marques, Toni, 16, 167, 200, 336, 364, 373
Márquez, Gabriel García, 133, 351
Martí, José, 252
Martinez, Tomaz Eloy, 289
Martins, Guimarães, 167
Martins, Jorge, 212
Martins, Wilson, 365
Marx, Karl, 134
Massa, Jean-Michel, 29, 30, 36
Matadores, Os (filme), 180, 183
Matos, Gregório de, 219, 220, 221, 226
Medeiros e Albuquerque, 14, 21, 22, 104, 202, 338
Meinel, Valério, 131, 155
Meirelles, Cecília, 80, 86

Melo Franco, Afonso Arinos de, 109
Melo Neto, João Cabral de, 132, 360
Memorial de Aires (Machado de Assis), 34
Memórias de um sargento de milícias (Almeida), 30, 71, 235, 240
Memórias de um sobrevivente (Mendes), 183
Memórias póstumas de Brás Cubas (Machado de Assis), 31, 36, 204
Memórias sentimentais de João Miramar (Oswald de Andrade), 105
Mendes, Chico, 304
Mendes, Luiz Alberto, 183
Mendes, Murilo, 86, 328, 329, 334
Mendonça, Curvelo de, 23
Mendonça, Salvador de, 354
Mequetrefe, O, 24
Mergulho na aventura (Nasser), 278
Merquior, José Guilherme, 121
Mesquita Filho, Júlio de, 122
Meu destino é pecar (filme), 241, 245, 279
Meyer, Augusto, 82
Meyer, Marlyse, 238
Miceli, Sergio, 25, 66, 87
Milésima noite da Avenida Paulista, A (Silveira), 269
Milton, John, 214
Minarete, O, 72
Minas Gerais, 109, 112, 113, 115, 159
Mistérios de Paris (Sue), 244
Mistérios do Rio (Costallat), 70, 238, 244
Mitchell, Joseph, 269
Molica, Fernando, 16, 167, 218, 365
Momento literário, O (João do Rio), 11, 16, 19, 25, 38, 41, 53, 57, 166, 219, 349
Mongólia (Carvalho), 289
Moraes, Vinicius de, 132, 146
Morais, Fernando, 195, 301

*Moreninha, A* (Macedo), 232

Morris, Willie, 269

*Morte e a morte de Quincas Berro D'Água, A* (Amado), 91

Moscovich, Cíntia, 16, 167, 193, 303, 308, 371

Moura, Emílio, 109

Moutinho, Marcelo, 167, 170, 362

*Mulher que amou demais, A* (Rodrigues), 246

*Mundo Literário, O,* 59

Musharraf, Pervez, 276

*Música anterior* (Laub), 171

*Música ao longe* (Verissimo), 84

*Nação, A,* 233

Nasser, David, 196, 278, 280, 286

Nassif, Luís, 285

Neto, Coelho, 12, 32, 46, 47, 48, 50, 55, 57, 58, 92, 99, 104, 195, 338

*New York Journal,* 243

*New York Times, The,* 198, 275, 276, 289, 369

*New Yorker,* 269, 274, 283

*Nictheroy,* 231, 232, 366

*Nieman Reports,* 271, 370

*Noite Ilustrada,* 135

*Noite, A,* 24, 43, 64, 121, 263, 330

*Notícia, A,* 64

*Nove noites* (Carvalho), 177, 179, 289, 290

*Novidades,* 49, 58

*Novo animal na floresta, Um* (Oliveira), 15, 132, 143, 146, 147

*Novos, Os* (Vilela), 335

Nunes, Luiz Arthur, 334

*Núpcias de fogo* (Rodrigues), 246

*O que é isso, companheiro?* (Gabeira), 143, 154, 158, 163

O'Neill, Eugene, 351

Ogier, René, 29

*Olga* (Morais), 301

*Olhai os lírios do campo* (Verissimo), 84, 87

*Olhos dourados do ódio, Os* (Oliveira), 145

Olinto, Antonio, 306

Oliveira, Carlinhos, 12, 15, 121, 129, 131, 132, 143, 146, 148, 154, 155, 261, 262, 332, 361

Oliveira, Franklin de, 95

Oliveira, Nelson de, 303

*Ônibus 174* (filme), 183

*Órfão da tempestade: a vida de Carlinhos Oliveira e da sua geração, entre o terror e o êxtase* (Cony), 330

Orlean, Susan, 289

Otaviano, Francisco, 30, 31

Otávio, Rodrigo, 23, 24

*Otto Lara Resende* (Rodrigues), 129

Pacheco, Félix, 25

*País, O,* 24, 43, 59, 61, 64, 355

*Palavra escrita, A* (Martins), 365

*Papel e Tinta,* 358

*Para Todos,* 109

*Pasquim,* 136, 145, 149

Passos, Guimarães, 20

*Pátria, A,* 43

*Patriota, O,* 215, 216

Patrocínio Filho, José do, 104

Patrocínio, José do, 42, 49, 58

*Pavão desiludido, O* (Oliveira), 145

Pax, Salam (pseudônimo), 288, 289, 370

Paz, Octávio, 154

Pedro II, dom, 232, 233

Pedrosa, Mário, 134

Pena, Martins, 29, 247

Penna, Afonso, 268, 269

393

*Pequena história da literatura brasileira* (Carvalho), 221

Pereira da Silva, João Manuel, 231, 232

Pereira, Lucia Miguel, 30, 34, 36, 248, 354

*Pesach*: *a travessia* (Cony), 154

Picchia, Menotti del, 76, 79, 80, 106

*Piedade e ironia* (Bilac), 51

Piglia, Ricardo, 172

Pignatari, Décio, 121

Pires, Paulo Roberto, 16, 167, 169, 171, 337, 362, 373

*Pirralho, O*, 73, 104

Plancher, 29

*Platéia, A*, 358

*Poema sujo* (Gullar), 122

*Poesias* (Bilac), 47

*Poesias de Américo Elísio* (Bonifácio), 225

*Poesias oferecidas às senhoras brasileiras por um baiano* (Barros), 215

Pólo, Marco, 16, 167, 170

Pombal, marquês de, 216, 238

Pombo, Rocha, 20, 21

Pompéia, Raul, 19, 49

Poniatowska, Elena, 154

*Pop*, 333

Porto, Sérgio, 144, 253

Prata, Mário, 195

*Presse, La*, 231

*Profissão de Jacques Pedreira, A* (João do Rio), 43

*Projetos para o Brasil* (Bonifácio), 225

Pujol, Alfredo, 30

Pulitzer, Joseph, 243, 268

*Quarup* (Callado), 154, 177

*Quase memória* (Cony), 195

*Que fim levou Brodie?* (Borges), 171

Queirós, Eça de, 351

Queiroz, Rachel de, 132, 264

*Queixoso, O*, 73

Quintiliano, 243

*Quinze, O* (Queiroz), 264

Rama, Ángel, 345

Ramos, Graciliano, 12, 14, 15, 80, 81, 86, 91, 92, 93, 94, 95, 96, 97, 98, 99, 100, 102, 103, 119, 134, 173, 182, 201, 313, 314, 315, 316, 319, 320, 321, 322, 358

Ramos, Hosmany, 183

Ramos, Silva, 20, 54

Rangel, Godofredo, 75, 76

Rap, André du, 183

*Realidade*, 149, 269

Rebelo, Marques, 132

*Recordações do escrivão Isaías Caminha* (Barreto), 60, 61, 233, 237

Redondo, Garcia, 23

*Regenerador, O*, 232

Rego, Pedro da Costa, 94

*Regras da arte, As* (Bourdieu), 316

*Relação da entrada que fez Fr. Antonio do Desterro Malheyro, Bispo do Rio de Janeiro, em o primeiro dia deste presente ano de 1747, A*, 213

*Religiões do Rio, As* (João do Rio), 43, 244

*República, A*, 24

Resende, Otto Lara, 12, 93, 95, 121, 129, 237, 252, 256, 257, 258, 264, 280, 328, 329, 334, 337

Resende, Severiano de, 20

*Ressurreição* (Machado de Assis), 36, 248

*Restaurador, O*, 29

*Resto é o silêncio, O* (Verissimo), 84

*Revista Alterosa*, 159

*Revista Brasileira, A*, 24, 31

*Revista da Antropofagia*, 358
*Revista da Semana*, 240, 330
*Revista do Brasil*, 73, 75, 77
*Revista do Globo*, 82, 83
*Revista Ilustrada*, 24, 58
*Revista, A*, 24, 31, 105, 112, 113
*Revolução das bonecas, A* (Oliveira), 145
Ribeiro, Carlos, 16, 167, 173, 303, 362
Ribeiro, João Ubaldo, 131, 258, 259
Ricardo, Cassiano, 80, 106
*Rio de Janeiro (verso e reverso)* (Alencar), 56, 325
Rio, João do, 11, 12, 13, 16, 19, 22, 24, 25, 26, 27, 38, 39, 40, 41, 42, 43, 44, 47, 52, 53, 54, 57, 61, 64, 67, 68, 166, 167, 187, 188, 200, 201, 219, 238, 244, 250, 319, 338, 341, 349
*Rio-Jornal*, 43, 64
*Riso, O*, 24, 64
*Robinson Crusoé* (Defoe), 292
Rocha, Glauber, 121
Rocha, Justiniano José da, 232
Rodó, José Enrique, 252
Rodrigues, Ernesto, 301
Rodrigues, Humberto, 183
Rodrigues, Mário, 78, 127, 196
Rodrigues, Nelson, 12, 15, 124, 126, 128, 129, 131, 144, 241, 242, 244, 245, 246, 257, 258, 278, 279, 284, 291, 367
Rodrigues, Sérgio, 16, 167, 168, 203, 308, 362, 364, 371
*Rolling Stone*, 269
Romero, Silvio, 235
Rosenstiel, Tom, 125, 209
Rubião, Murilo, 252
Ruffato, Luiz, 16, 167, 175, 177, 185, 202, 295, 296, 303, 309, 362, 363, 364

Saab, William George, 373
Sabino, Fernando, 144, 252, 253, 256

Sabino, Mário, 16, 167, 202, 364
Salgado, Plínio, 106
Sant'Anna, Affonso Romano de, 262
*Santa Evita* (Martinez), 289
Santarrita, Marcos, 262
Santiago, Gustavo, 21
Santiago, Silviano, 133, 164, 168, 177
Santos, Jorge Fernando dos, 16, 167, 169
*São Bernardo* (Ramos), 92, 94, 103, 315
Saramago, José, 351
Sarlo, Beatriz, 185
Sartre, Jean-Paul, 357
SDJB, 120, 121, 122, 144
*Século, O*, 96, 97
Seixas, Heloisa, 16, 167, 193, 309, 310, 371
*Semana, A*, 31, 247, 355
*Senhor*, 136
*Senhor embaixador, O* (Verissimo), 84
*Serafim Ponte Grande* (Oswald de Andrade), 92
*Sertões, Os* (Cunha), 45, 268
*Setembro não tem sentido* (Ribeiro), 132
Sevcenko, Nicolau, 64
Shawn, William, 269
Silva, Aguinaldo, 131, 154
Silva, Carlos Eduardo Lins da, 101
Silva, Josino do Nascimento, 247
Silva, Juremir Machado da, 16, 167, 169, 203, 218, 362, 364, 365
Silveira, Ênio, 132
Silveira, Joel, 103, 254, 263, 269, 368
Silverman, Malcolm, 133
Sinatra, Frank, 269
*Sítio do Picapau Amarelo, O* (Lobato), 77
*Sobrevivente* (du Rap), 183
Sodré, Muniz, 239, 262
Sodré, Nelson Werneck, 99, 213
*Sonhos d'ouro* (Alencar), 324

Souza, Inglês de, 23
Spínola, Noênio, 262
Strausz, Rosa Amanda, 16, 167, 193
Subterrâneo do Morro do Castelo, O (Barreto), 237
Sue, Eugène, 244
Sunday Times, 181
Suor (Amado), 92
Suplemento Dominical ver SDJB
Suplemento literário de Minas Gerais, 170
Süssekind, Flora, 154, 155

Tagarela, O, 43
Talese, Gay, 269
Tarde, A, 97, 158
Taunay, Afonso de, 222, 235, 366
Teatro (Carvalho), 172, 179
Teixeira e Sousa, Antonio Gonçalves, 28, 29, 67, 232, 233
Teixeira, A. M., 60
Tempo e o vento, O (Verissimo), 85, 357
Tempo, O, 58
Tenda dos milagres (Amado), 91
Terror e êxtase (Oliveira), 145, 361
Tifis Pernambucano, 228
Toda nudez será castigada (filme), 241
Toronto Star, 101
Torres, Antônio, 12, 131, 132, 155
Tribuna da Imprensa, 144, 330
Tribuna, A, 42, 115
Trigo, Luciano, 16, 167, 190, 202, 309, 363, 364, 371
Triste fim de Policarpo Quaresma (Barreto), 64
Tronco do ipê, O (Alencar), 242
Túmulos, Os (Barros), 215
Twain, Mark, 267, 268, 351

USA Today, 270
Última Hora, 120, 126, 128, 129, 130, 149, 192, 193, 241, 246, 256, 257, 330
Últimos cantos (Gonçalves Dias), 29
Urupês (Lobato), 72, 74
USA Today, 276
Utzeri, Fritz, 262

Valle-Inclán, Ramón del, 38
Vargas, Getúlio, 79, 82, 196
Variações Goldman (Ajzenberg), 185
Variedades, As, 215
Vaz de Caminha, Pero, 210
Veiga, Evaristo da, 228, 366
Veiga, J. J., 131
Veja, 32, 192, 269, 283, 332, 333
Ventura, Zuenir, 121, 285, 289, 301, 302, 304, 368, 370, 371
Verde, 113
Verissimo, Erico, 12, 14, 82, 84, 85, 86, 87
Verissimo, José, 31, 61
Verissimo, Luis Fernando, 260
Vestido de noiva (Rodrigues), 242
Vida literária 1900 (Broca), 66
Vida Moderna, 73, 104
Vidas do Carandiru (Rodrigues), 183
Vidas secas (Ramos), 94, 102, 322
Vilela, Luiz, 131, 132, 155, 335
Village Voice, 275
Virgens, Luiz Gonzaga das, 222
Volpato, Cadão, 16, 167, 201, 303, 364
Voz do Trabalhador, A, 59

Wainer, Samuel, 100, 129, 254, 360
Washington Post, The, 274
Wenner, Jann, 269
Werneck, Humberto, 112
Whitman, Walt, 351

Wilde, Oscar, 43
Wolfe, Tom, 351
*World*, 243

*Zero* (Brandão), 133
*Zero Hora*, 333
Zola, Émile, 44, 351

ESTA OBRA FOI COMPOSTA PELO GRUPO DE CRIAÇÃO EM MINION
E IMPRESSA PELA RR DONNELLEY MOORE EM OFSETE SOBRE
PAPEL PÓLEN SOFT DA SUZANO BAHIA SUL PARA A
EDITORA SCHWARCZ EM JUNHO DE 2005